全国高等教育自学考试指定教材
法律专业（本科）

国际法

（2007年版）

（附：国际法自学考试大纲）

全国高等教育自学考试指导委员会 组编

主　编　黄　瑶
撰稿人　（按姓氏笔画为序）
　　　　邓　烈　杨泽伟　黄　瑶

图书在版编目(CIP)数据

国际法 附:国际法自学考试大纲(2007年版)/黄瑶主编. —北京:北京大学出版社,2007.9
(全国高等教育自学考试指定教材)
ISBN 978-7-301-12691-2

Ⅰ.国… Ⅱ.黄… Ⅲ.国际法-高等教育-自学考试-教材 Ⅳ.D99

中国版本图书馆CIP数据核字(2007)第134148号

书　　　名:	国际法(2007年版)(附:国际法自学考试大纲)
	GUOJIFA
著作责任者:	黄　瑶　主编
责 任 编 辑:	王　晶
标 准 书 号:	ISBN 978-7-301-12691-2
出 版 发 行:	北京大学出版社
地　　　址:	北京市海淀区成府路205号　100871
网　　　址:	http://www.pup.cn
电　　　话:	邮购部 62752015　发行部 62750672　编辑部 62752027
	出版部 62754962
电 子 邮 箱:	编辑部 law@pup.cn　总编室 zpup@pup.cn
印 　刷 　者:	河北滦县鑫华书刊印刷厂
经 　销 　者:	新华书店
	880毫米×1230毫米　32开本　15.5印张　446千字
	2007年9月第1版　2025年1月第22次印刷
定　　价:	23.00元

未经许可,不得以任何方式复制或抄袭本书之部分或全部内容。
版权所有,侵权必究
举报电话:010-62752024　电子邮箱:fd@pup.cn

组 编 前 言

21世纪是一个变幻莫测的世纪,是一个催人奋进的时代。科学技术飞速发展,知识更替日新月异。希望、困惑、机遇、挑战,随时随地都有可能出现在每一个社会成员的生活之中。抓住机遇,寻求发展,迎接挑战,适应变化的制胜法宝就是学习——依靠自己学习、终生学习。

作为我国高等教育组成部分的自学考试,其职责就是在高等教育这个水平上倡导自学、鼓励自学、帮助自学、推动自学,为每一个自学者铺就成才之路,组织编写供读者学习的教材就是履行这个职责的重要环节。毫无疑问,这种教材应当适合自学,应当有利于学习者掌握、了解新知识、新信息,有利于学习者增强创新意识、培养实践能力,形成自学能力,也有利于学习者学以致用、解决实际工作中所遇到的问题。具有如此特点的书,我们虽然沿用了"教材"这个概念,但它与那种仅供教师讲、学生听,教师不讲,学生不懂,以"教"为中心的教科书相比,已经在内容安排、形式体例、行文风格等方面都大不相同了。希望读者对此有所了解,以便从一开始就树立起依靠自己学习的坚定信念,不断探索适合自己的学习方法,充分利用自己已有的知识基础和实际工作经验,最大限度地发挥自己的潜能达到学习的目标。

欢迎读者提出意见和建议。

祝每一位读者自学成功。

全国高等教育自学考试指导委员会
2005年1月

目　录

第一章　导论 （1）
第一节　国际法的概念 （1）
第二节　国际法渊源 （8）
第三节　国际法的主体 （18）
第四节　国际法与国内法的关系 （22）
第五节　国际法基本原则 （32）

第二章　国际法上的国家 （48）
第一节　国家的概念和类型 （48）
第二节　国家的基本权利和义务 （54）
第三节　国家豁免 （64）
第四节　国际法上的承认 （69）
第五节　国际法上的继承 （77）

第三章　国际法上的个人 （89）
第一节　国籍 （89）
第二节　外国人的法律地位 （97）
第三节　难民 （101）
第四节　引渡和庇护制度 （105）

第四章　国际法上的领土 （114）
第一节　国家领土和领土主权 （114）
第二节　领土取得与领土争端解决 （119）
第三节　边界和边境制度 （126）
第四节　南北极地区及其法律地位 （129）

第五章　海洋法 （133）
第一节　概述 （133）
第二节　内水与领海 （139）

第三节　毗连区与专属经济区 …………………………（148）
　　第四节　大陆架 …………………………………………（152）
　　第五节　用于国际航行的海峡与群岛水域 ……………（159）
　　第六节　公海 ……………………………………………（162）
　　第七节　国际海底区域 …………………………………（168）

第六章　航空法与外层空间法 ………………………………（178）
　　第一节　航空法 …………………………………………（178）
　　第二节　外层空间法 ……………………………………（188）

第七章　外交和领事关系法 …………………………………（200）
　　第一节　概说 ……………………………………………（200）
　　第二节　外交关系法 ……………………………………（204）
　　第三节　领事关系法 ……………………………………（216）

第八章　条约法 ………………………………………………（221）
　　第一节　概述 ……………………………………………（221）
　　第二节　条约的缔结 ……………………………………（225）
　　第三节　条约的效力 ……………………………………（238）
　　第四节　条约的解释和修订 ……………………………（244）
　　第五节　条约的无效、终止和暂停施行 ………………（251）

第九章　国际法律责任 ………………………………………（265）
　　第一节　概述 ……………………………………………（265）
　　第二节　国家对国际不法行为的责任 …………………（269）
　　第三节　国际法不加禁止行为所造成的损害的
　　　　　　责任问题 ………………………………………（281）
　　第四节　国际刑事责任问题 ……………………………（290）

第十章　国际组织法 …………………………………………（296）
　　第一节　国际组织与国际组织法的概念 ………………（296）
　　第二节　国际组织的一般法律制度 ……………………（301）
　　第三节　联合国法律制度 ………………………………（315）
　　第四节　区域性国际组织 ………………………………（328）

第十一章 国际法上的人权 ……………………………… (335)
　第一节　概说 ………………………………………… (335)
　第二节　国际人权公约的基本内容 ………………… (342)
　第三节　国际人权保护机制 ………………………… (351)
　第四节　中华人民共和国在人权问题上的立场 …… (359)

第十二章 国际争端的和平解决 ………………………… (363)
　第一节　国际争端及其解决方法 …………………… (363)
　第二节　国际争端的政治解决方法 ………………… (367)
　第三节　国际争端的法律解决方法 ………………… (371)
　第四节　通过国际组织解决国际争端 ……………… (389)

第十三章 战争与武装冲突法 …………………………… (396)
　第一节　战争与武装冲突法的体系与内容 ………… (396)
　第二节　战时中立 …………………………………… (409)
　第三节　国际人道法 ………………………………… (415)
　第四节　战争罪行及其责任 ………………………… (422)

后记 …………………………………………………………… (429)

国际法自学考试大纲
（含考核目标）

出版前言 ………………………………………………… (433)
Ⅰ　本课程的性质与设置目的 ………………………… (435)
Ⅱ　课程内容 …………………………………………… (437)
　第一章　导论 ………………………………………… (437)
　第二章　国际法上的国家 …………………………… (441)
　第三章　国际法上的个人 …………………………… (445)
　第四章　国际法上的领土 …………………………… (450)
　第五章　海洋法 ……………………………………… (453)
　第六章　航空法与外层空间法 ……………………… (459)
　第七章　外交和领事关系法 ………………………… (461)

第八章 条约法 …………………………………………… (463)
第九章 国际法律责任 …………………………………… (467)
第十章 国际组织法 ……………………………………… (470)
第十一章 国际法上的人权 ……………………………… (473)
第十二章 国际争端的和平解决 ………………………… (476)
第十三章 战争与武装冲突法 …………………………… (479)

Ⅲ 有关说明与实施要求 …………………………………… (482)
题型举例 ……………………………………………………… (484)
后记 …………………………………………………………… (486)

第一章 导　论

第一节　国际法的概念

一、国际法的定义

国际法,又称"国际公法"(public international law),旧称"万国法"(law of nations)。要给国际法下一个定义并非易事,因为学者们大多根据自己对国际法的理解来对国际法作出学术上的界定,不同的学者对国际法的表述不尽相同。简单地说,国际法是主要调整国家之间关系的有法律拘束力的原则、规则和制度的总体。

上述国际法的简单定义表明,国际法的调整对象主要是国家之间的关系即国际关系,国际关系包括国与国之间在政治、经济、法律、军事、外交等各方面的关系。那些用于调整这些关系并被各国所公认和遵守的原则、规则和制度,被总称为国际法。由于国际关系是以国家为主体,带有"公"的性质,国际法因之亦被称为"国际公法"。国际法除了调整国家之间的关系之外,还调整国家与其他国际法主体之间的关系或者其他国际法主体相互之间的关系。这里所称的"其他国际法主体",包括政府间国际组织(如联合国)、某些非国家政治实体(如民族解放运动组织、交战团体或叛乱团体),等等。

国际法的调整对象使它有别于国际私法和跨国法。国际私法(private international law)是调整具有涉外因素的民商事主体之间关系的法律部门。它主要是解决不同国家之间民商事法律冲突问题,国际私法因此又被称为"法律冲突法"或"法律的冲突"。由于国际私法的调整对象是涉外民商事法律关系,这种关系主要由国内法加以解决,所以国际私法实质上是国内法,或者说,它主要不是有关国家之间的法律,而主要是某个特定国家的法律。不过,在国际私法领域也存在一些各国为防止和解决法律冲突问题而缔结的国际条约,以及实践中形成的国际习惯,这部分国际私法的规范具有国际法的性质。而跨国法(transnational law),它是调整一切跨越国界的行为或事件的法律,它适用于国家相互之间的关系、国家与外国个人或公司法人之间的关系以及不同国家的个人之间的关系。一言以蔽之,跨国法适用于所有的国家和个人。可见,跨国法显然不同于主要适用于国家之间关系的国际法。跨国法实际上兼有国际公法和国际私法两方面的因素。

二、国际法的演变及范围

国际法是在国家之间的相互交往中形成的,国际关系是国际法赖以存在和发展的基础。近代国际法是近代国际关系的产物。17世纪时,为了结束欧洲三十年战争(1618—1648年),交战各方在1643—1648年之间召开了威斯特伐利亚公会,并于1648年缔结了《威斯特伐利亚和约》。该《和约》承认罗马帝国统治下的许多邦国享有主权,罗马帝国所主张的"世界主权"观念被"国家主权"观念所取代,这促成了有独立主权的近代国家的形成,近代国际关系也由此而产生。为了调整这种新的国际关系,该公会确认了主权平等和领土主权等近代国际法的最根本原则,奠定了近代国际法的基础。因此,1648年的《威斯特伐利亚和约》被认为是近代国际法(或称"传统国际法")产生的标志。而荷兰法学家格劳秀斯(Hugo Grotius,1583—1645年)目睹了欧洲三十年战争的惨状,深感重建和平与法律秩序的必要,遂写下了《战争与和平法》这部不朽名著。该书在历史上第一次系统地论述了近代国际法的基本原理,全面阐述了当时国际法的几乎全部内容,从而对《威斯特伐利亚和约》的拟订和内容产生了积极的影响。此外,格劳秀斯关于自然法和国际法的学说对近代国际法学的影响颇大,他因此而成为近代国际法的奠基人,被誉为"国际法之父"。

国际法产生于国家间相互交往的关系即国际关系,同时又随着国际关系的发展变化而不断发展和丰富。传统国际法主要调整国家之间的政治、外交关系,但第二次世界大战之后,随着国际关系的不断发展和科学技术的日新月异,国际法获得了很大的发展,当代国际法的调整范围已大为扩充,包括了下列的内容:国际法上的国家、国际法上的个人、国家领土、国家责任、外交和领事关系法、条约法、海洋法、国际航空法与外空法、国际经济法、国际环境法、国际组织法、国际人权法、和平解决国际争端法、战争与武装冲突法、国际刑法,等等。可见,国际法领域的扩展与人类活动范围的拓宽紧密相连,国际法的内容日益丰富,国际法体系的发展越来越庞大复杂。

由于篇幅所限,本书未能将国际法中的一些部门法列入其中。例如,国际经济法因其在自学考试中已被单列为独立科目,故本书不予重述。而作为国际法两个新分支的国际环境法和国际刑法,近年来在学术界占有一定的独立位置,故本书也未将其列入。①

三、国际法的特征

由于国际社会与国内社会的结构截然不同,作为国际社会法律秩序的国际法与调整某一国内社会关系的国内法相比,两者主要有下列不同之处:

首先,法律关系的主体不同。国际法的主体主要是国家,国家之间的关系是国际法的主要调整对象,国际法的绝大部分内容是调整国家之间关系的原则、规则和制度。正是在这个意义上,国际法被认为是关于国家行为规范的法律。而国内法主要调整一国之内个人与个人之间或者国家与个人之间的关系,国内法的主体主要是个人,包括自然人和法人。

其次,创制法律的方式不同。由于各国都是主权平等的实体,因而国际社会没有统一的凌驾于各国之上的立法机构来制定规范国际关系的原则、规则和制度。国际法规范是由组成国际社会的国家以明示的同意(即协议方式)或者默示的同意(即习惯法的形式)共同确认的。换言之,国际法规则是国际社会就某一问题达成法律上的共识之结果。而国内法规范是由一个国家单独创制的,由单个国家

---

① 对国际环境法和国际刑法有兴趣的读者,可参阅〔法〕亚历山大·基斯:《国际环境法》,张若思编译,法律出版社 2000 年版;林欣主编:《国际刑法问题研究》,中国人民大学出版社 2000 年版;〔日〕森下忠:《国际刑法入门》,阮齐林译,中国人民公安大学出版社 2004 年版。

的专门立法机构予以制定或认可的。

最后，强制实施方式不同。国际法的执行主要靠国家的自我遵守，而不是靠国家之上的强制执行机关来维护。就强制实施而言，由于国际社会的权力是分散的，相应地，国际法是一种分权的法律秩序，国际法缺乏国内法那样的"自上而下"的权威。因此，国际法没有强有力的执行机制，国际社会没有一个凌驾于国家之上强制执行国际法律规范并对所有国家都有管辖权的司法机构，国际法规范的强制实施虽然可通过一些政府间国际组织对违法国采取制裁措施来进行，但主要是依靠国家自身的行动，即受害国的自助（自我救济）措施。譬如，一国在遭受外来侵略时，有权采取单独或集体的自卫行动；受害国针对加害国所犯的国际不法行为，可以采取报复、适度的对抗措施（或称"反措施"）来回应违法行为。而在国内社会，其权力集中于国家，国内法主要依靠有组织的国家强制机关，如军队、警察和法庭等加以维护，并保证国内法的实施。

由于国际法的调整对象主要是主权国家之间的关系，因而普遍（或一般）国际法是一个单一的法律体系，在理论上，国际法在全世界都是一样的，亦即全世界只有一套国际法律制度。而以国内关系为调整对象的国内法则因国家的不同而不同，每个国家都有自己的国内法律制度。

四、国际法的法律性质

由于国际社会的主要成员是主权国家，国际社会各成员之间的关系是平行关系，在国家之上没有一个"世界政府"，国际社会没有一个集中的执法机构或"世界警察"，没有一个集中的司法机关或对所有国家都有强制性管辖权的"世界法院"，因此，国际法对国际违法行为的控制不像国内法那样有效。但这并不能说明国际法不是法律，从而否定国际法的法律性质。

第一，国际法是法律，因为它是由对国际社会成员具有法律约束力的各种行为规范组成的。国际社会存在许多的条约法规则、国际习惯法规则和其他各国共同接受的规则，在国际关系中国家有义务遵守国际法规则。例如，2003年伊拉克战争爆发后，世界各地和美国及其盟国国内都发生了广泛的抗议行动,因为美国及其盟国发动这场战争的行为严重违背了《联合国宪章》和现行国际法规范。

第二,国际法主体若违反国际法的规范,将构成国际不法行为,并由此而承担相应的国际法律责任。尽管国际法体系中缺乏有组织的中央强制机关,但如果一国或国际组织实施了违反国际法的行为,则必须为此承担所引起的国际责任,受害国、其他有关国家或有关国际组织有权依据国际法作出单独或集体的反应或采取强制措施,以促使违法者履行所应承担的国际义务。例如,作为当代最重要的国际法文件的《联合国宪章》,第2条第4项确立了禁止在国际关系中使用武力或武力威胁原则(简称"禁止使用武力原则"),一国若违反该原则将导致下列国际法律后果:(1)违反国将遭受联合国的制裁,包括非武力的和武力的制裁措施。(2)导致受害国行使单独或集体的自卫权。(3)违反禁止使用武力原则所产生的权益无效,因为"不法行为不产生权利"的法律原则在国际法上也是适用的。(4)违反国将承担国际法上的国家责任。如承担对发动战争所引起的一切损害的赔偿责任。(5)违反国承担削弱军备义务。如1991年科威特危机结束后,联合国安理会通过第687号决议对伊拉克施加全面削减军备的义务,要求它销毁大规模杀伤性武器。(6)战争策动者个人承担国际刑事责任。1945年的纽伦堡审判和1946年的东京审判正是此方面的先例。

第三,国际实践已经表明,国际法作为主要调整国家间关系的法律,不仅为世界各国所公认,而且也为各国所遵守。这正如美国国际法学家路易斯·亨金教授所指出的:"几乎所有的国家在几乎所有的时候都遵守几乎所有的国际法原则和这些国家几乎所有的义务。""甚至在冷战时期,甚至在两个敌对的超级大国之间,国际法通常也得到遵守。"[①]实际上,用国际法来裁判纠纷的判例不胜枚举,既有诸如常设国际法院、国际法院、常设仲裁法院等普遍性国际司法机关的裁决,也有各种区域性法院的判决,还有各种专门的国际争端解决机构(如国际海洋法法庭、国际刑事法院、人权法院、国际投资争端

---

① 〔美〕路易斯·亨金:《国际法:政治与价值》,1995年英文版,第46、51页。

解决中心等)的裁判,以及发达国家的国内法院的判决、临时仲裁的裁决等。这许许多多的判例表明,有众多的机构和国家都在适用国际法解决国家之间的纷争,也反映了各国对国际法的尊重和对国际法效力的认可,亦说明了国际法是国际社会成员判断是非曲直的标准,是国际和国内司法机关解决涉及国际法问题的纷争之法律依据。

需要特别指出的是,尽管国际法不能借助像国内法那样的强制执行机制来处理国际违法行为,但是随着国际社会法治化的呼声渐涨,有越来越多的政府间国际组织发展了各自的解决国际争端机制,如联合国的解决国际争端机制、世界贸易组织的解决国际贸易争端机制和欧洲法院的争端解决机制等,它们对国际法规范的监督实施和应对国际违法行为均起到了积极的作用。此外,近年来新设立的国际司法机构,诸如前南斯拉夫国际刑事法庭、卢旺达国际刑事法庭、国际海洋法法庭和国际刑事法院等,亦使国际法的强制实施得以不断增强,人们将这种现象描述为国际法长出了"牙齿"。基于此,当一个国家违反国际法侵害另一国的权利时,对违法国的制裁不仅可以由受害国自行实施,而且还可通过有关国际组织予以裁判或采取制裁措施。

应该承认,现实中确有一些违反国际法的行为没有受到有效的法律追究,有的国际非法行为禁而不止。然而,如果以此来否认国际法的法律性显然是不客观的。试想,有哪一个国家的法律不存在禁而不止的例外情况?但人们并没有因为国内犯罪屡禁不止而否定该国刑法的功效。同理,在评价国际法规则时也不宜简单地因噎废食。

总之,国际法是法律,但它不同于国内法,国际法是法律的一个特殊体系。

国际法的法律性质使它区别于国际道德和国际礼让,后两者均无法律拘束力,违反国际道德和国际礼让的行为,可以构成不友好行为,影响有关国家之间的关系,但它不构成国际不法行为,也不引起国际法律责任。

如前所述,国际上虽然也有一些国际司法机构和国际组织,但没有一个有组织的超越于国家之上的强制机关来实施国际法,国际法院没有强制管辖权,联合国既非世界政府,也不是国际警察。那么,在缺乏完备的强制实施机制的国际社会中,国家为什么要遵守国际法?为什么在没有"世界警察"和有普遍强制管辖权的"世界法院"的情况下,国际社会能够拥有一定的秩序?这主要有两方面的理由:一方面,国际法的原则或规则是由国家制定或认可的,这些原则或规则植根于国家的自我利益和国际社会的共同利益这两大利益之中。其中,民族国家的主权与独立,即国家的自我利益,是首要利益。而国际社会整体的共同利益,它起到对一国毫无约束的权力行使予以制约的作用。也就是说,国际法的原则和规则不仅反映了己国的利益,也体现了他国的利益,还符合整个国际社会的共同利益。由此,一国遵守国际法,就可以期待别国同样遵守国际法;反之,一国违反国际法,则会导致它国采取对抗措施进行回应。总的来说,国家遵守国际法符合该国的利益,一个有序和稳定的国际社会应当是各国所乐见的国际环境,符合各国的长远利益。另一方面,一国如果不遵守国际法,将受到来自国际社会的反对和压力,并为此付出代价。国际法是人类跨越国界活动和国际交往顺利进行所必不可少的保障,因而国际法规则的违反者、破坏者将为世人和各国所不容。一国即便是世界上最强大的国家,也将为其违反国际法的行为付出经济或政治代价,违法国至少在道义上将失去多数国家和世界人民的支持。正是基于此缘故,各国都不敢以身试"法",更不愿承认自己的行为违反国际法。例如,对于现代国际法所确立的禁止使用武力原则,即便是使用武力最多的国家也承认该原则的效力,当它们采取军事行动时往往声称,它们的武力使用并不违反禁止使用武力原则,而是属于该原则的例外情况,据此而称它们的军事行动是合法的。然而,国际关系是非常复杂的,一国在国际关系中是否按有关国际法规则行事,考虑的因素是多方面的,当其权衡违反国际法所得之"利"大于因其违法所付出的代价之"弊"时,该国往往就会铤而走险,此时就可能发生违反国际法的事情。

五、国际法的效力根据

国际法的效力根据,又称"国际法的效力基础"或"国际法的根据"(basis of international law),是指国际法为什么对国家和其他国际法主体有拘束力,也就是说,国际法对国际法主体具有约束力的根据或基础是什么?这是国际法的一个基本理论问题,不同的理论学派对此有不同的看法。在此只简介有关的主流观点。

国际法之所以对国家有约束力,是由于国际法是以国家的同意为基础。这是因为,国家受国际法的拘束,同时又是国际法的制定者,所有国际法效力的根据只能取决于国家意志或同意的作用。国家的同意可以是明示的,这表现在国家之间所缔结的条约;国家的同意也可以是默示的,这体现于国家在国际习惯法中所表示的默认。国际常设法院在1927年"荷花号案"(法国诉土耳其)的判决中就指出:"国际法是国家之间的法律。约束国家的法律规则来自各国的自由意志,这种意志表现在公约或普遍接受为法律原则的惯例中……"[1]

国际法的约束效力产生于国家的同意或共同意志,在这里国际法的效力所依据的国家意志并不是单个国家的意志,而是各国的意志经过协调而取得的一致。正是基于此,我们说国际法规范是由国家共同创制的,其体现了以国家组成的国际社会的共同意志。

第二节　国际法渊源

国际法渊源所要解决的问题是:从何处才能找到某一项国际法原则或规则?如何确定某一国际法原则或规则的内容?而探索国际法渊源的目的,是为了寻找可以适用于解决某一具体问题的法律。

"国际法渊源"的定义颇不确定,不同的学者赋予它不同的理解和意义。所谓国际法的渊源主要有两种意义:其一是指国际法作为有效的法律规范所以形成的方式或程序;其二是指国际法的规范第一次出现的地方。"从法律的观点说,前一意义的渊源才是国际法的渊源;后一意义的渊源只能说是国际法的历史的渊源。"[2]

尽管学者们对国际法渊源有不同的解释,但几乎所有的学者在

---

[1] 《常设国际法院刊物》,A辑,第10号,1927年英文版,第21页。
[2] 周鲠生:《国际法》(上册),商务印书馆1976年版,第10页。

国际法渊源问题上都引用《国际法院规约》第38条第1款。虽然该条本身未提到"渊源",而且该条规定是从国际法院职能的角度来表述的,但它"一般被认为是国际法渊源的完整陈述"。① 该条款规定国际法院在裁判争端时应适用:(1) 一般或特别国际条约;(2) 国际习惯;(3) 文明各国所承认的一般法律原则;(4) (在第59条规定之下) 作为确定法律原则之补助资料的司法判例和各国权威最高的公法学家学说。此外,经当事国同意,国际法院还可以本着"公允及善良"原则裁判案件,也就是说,根据公正或善意的理念而非依据严格的法律规则来裁判案件。

《国际法院规约》第38条是直接从1920年建立的国际联盟的《常设国际法院规约》第38条照搬过来的。该条规定之所以为国际法院提供了广泛的判案依据,是基于避免造成法院无法可依情况之考虑。从该条规定的精神来看,国际条约、国际习惯和一般法律原则是国际法的主要渊源,而司法判例和公法学家学说是确定国际法原则的辅助资料。普遍认为,条约和国际习惯在国际法渊源中处于最为重要的地位。

一、条约作为国际法的渊源

国际条约是国际法主体之间就权利和义务关系所缔结的一种书面协议。《国际法院规约》第38条规定,条约包括"一般"条约和"特别"条约两种。前者往往是世界上多数或广大国家参加的普遍性条约,其内容主要是确立一般国际法规范的"造法性"条约(或称"立法性"条约),如《联合国宪章》《维也纳外交关系公约》和《联合国海洋法公约》等。这类条约以创立新的国际法原则和规则或者改变现有的国际法原则和规则为目的,因此被认为是可普遍适用的国际法渊源。后者,"特别"条约则指双边条约或仅有少数国家参加的、一般用以处理某些特定事项的契约性条约,如两国之间就通商、航空运输等问题达成的协议。部分学者认为,契约性条约不以创立国际法规则为目的,一旦该条约规定的特定事项业已完成,有关条约的目的也

---

① 〔英〕伊恩·布朗利:《国际公法原理》(第6版),2003年英文版,第5页。

就达到,那么有关条约就不再构成缔约国行为的准则,因此契约性条约不是国际法的渊源。然而,造法性条约和契约性条约往往很难严格区分开来,而且任何条约都为当事方规定了权利和义务,从而对它们产生法律的拘束效力,从这个意义上说,任何条约都为缔约国创制了法律,因而都应被视为国际法的渊源。

需指出的是,虽然根据条约的内容及法律性质可将条约区分为"造法性"条约和"契约性"条约两类,但这并不意味着在国际法上存在着国内法意义上的造法或"立法"。因为,在国际社会不存在一个凌驾于国家之上的专门立法机构来为世界上的所有国家立法并迫使它们遵守。我国国际法学家李浩培先生指出:国际上并无真正的立法……一个条约只能为缔约国自己立法,而不能为非缔约国立法;条约对第三国一般是没有法律效果的。在这个意义上,把"立法性"这个词用在条约上是不适宜的。①

条约是国际法的主要渊源,其在国际法渊源中的地位日趋重要。一方面,缔结条约是国家之间创立国际法的一种最普遍、最重要的方式。在当代,国家之间的交往越来越频繁,人类涉足的活动范围也越来越大,国家通过条约来创立或变更法律规则,比起通常需要较长或一定的时间才能形成的国际习惯来说要为便捷,因此条约大量增加,条约调整的领域也越来越广。另一方面,同国际习惯相比,条约的规定往往更为明确,因而条约被各国广为采用来调整它们之间的权利义务关系、规定缔约国之间的行为规则。不过,条约也有其局限性,与国际习惯具有普遍性的法律效力不同,条约的效力范围是有限的。根据条约法的原则,条约在原则上只在当事方之间构成法律,只对缔约方发生法律效力,但对非缔约方没有法律拘束力(或效力)。而目前尚不存在一项缔约国包括世界上所有国家的条约,所以迄今还没有一项条约能够约束所有的国家从而具有真正的普遍拘束力,除非该条约本身的规定构成了国际习惯法规则且没有任何国家提出明确的反对意见,才能对所有国家有拘束力。

---

① 李浩培:《条约法概论》,法律出版社1987年版,第35页。

二、国际习惯作为国际法的渊源

"国际习惯"(international custom)是指各国在国际交往中不断重复的一致实践,并且被认为具有拘束力的惯例(usage)的总和。

国际习惯的形成需要两个要素:惯例和法律确信意见。一项习惯法规则的确立必须同时具备这两方面的因素,缺一不可。

关于国际习惯的第一个要素,即必须有惯例的存在,这是物质因素或称客观因素。如果缺乏惯例这个要素,国际习惯就无从产生。国际法院在1969年的"北海大陆架案"(荷兰诉德国、丹麦诉德国)中曾指出:1958年《大陆架公约》第6条所规定的中间线原则并没有成为普遍接受的习惯法规则,因为在这方面尚无前后一致的实践。①

惯例又称为"通例"(general practice),它来自国家在一个较长的时期内反复的和前后一致的实践。具体而言,国家实践必须符合三个条件才能形成"惯例":(1)(实践的)一贯性(consistency)和划一性(uniformity),即有关的国家实践在一定时间内必须是一致的和连贯的。国际法院在1950年的"庇护权案"(哥伦比亚诉秘鲁)中就认为:习惯规则必须建立在"稳定的和前后一致的惯例上"②。然而,在这方面,正如英国国际法学家布朗利教授所指出的,"并不要求(国家实践)完全划一,只要求它们是基本上统一"③。(2)(实践的)一般性(generality),这指的是有一定数量的国家在一段时期内重复某种形成习惯的实践,即某一特定行为得到各国的广泛实行,尤其是得到那些能够实际实施该行为和对该行为有利害关系的国家的接受,但并不要求该国家行为或实践一定要具有普遍性。(3)时间性。一般而言,某种实践需要在一段相当长的时期内被许多国家所遵从,并被各国广泛承认为是一种法律义务,该实践才能发展为国际习惯。例如,海洋自由原则在17世纪就被提出来,直到19世纪它才得以确立为习惯法规则。但在现代,习惯规则也可以在很短时间内

---

① 《国际法院判例汇编》(I. C. J. Reports),1969年英文版,第3页以下。
② 《国际法院判例汇编》,1950年英文版,第71页。
③ 〔英〕伊恩·布朗利:《国际公法原理》(第6版),2003年英文版,第7页。

得到确认,例如,大陆架的法律制度从提出到获得各国的普遍承认,前后不足二十年时间。有学者把在短期内形成的国际习惯叫作"即时"习惯(instant custom)。①

由上可见,国家实践是国际习惯的基础。鉴于国家实践(即国家行动所构成的实例)在习惯形成中是一个关键的因素,其在国际法上所具有的重要意义,美、英、法、意和日本等不少国家都编辑出版了本国关于国际法实践的摘要或汇编。例如,怀特曼(Whiteman)主编了 15 卷的美国《国际法文摘》(1963—1973)。继此之后,美国对国际法问题实践的官方文件摘要散见于《美国国际法杂志》(AJIL)。国际法文摘成为研究各国国际法实践的重要资料之一。

至于国际习惯的第二个要素——法律确信(拉丁文为 opinio juris)或法律必要确信(opinio juris sive necessitatis),这是心理因素或称主观因素。法律确信是国家相信体现于惯例中的规则具有法律拘束力。法律确信这个心理因素可以作为某个规则是否已被接受为法律的验证。只有当查明了各国重复某一类似行为是出于法律义务的意识时,习惯法才能确立起来。对此,国际法院在 1969 年的北海大陆架案中认为,要形成一项国际习惯法不仅要求某行为构成惯例,而且,"有关各国必须感觉到它们是在遵从一项法律义务。行为的经常发生本身并不足够,因为存在着许多国际行为……各国从事这些行为只是基于礼仪、便利或传统的考虑,而不是出于任何法律义务的意识"。② 可见,法律确信这一因素是区分习惯(custom)与惯例(又称"惯行")的根本所在,惯例没有拘束力,对于惯例,各国并不认为这样做是一种法律上的义务。

国际习惯的存在与否需要提出相关证据予以证明。为了证明某一惯例是否存在以及其是否被接受为法律,一般应从各种正式文件资料中寻找,包括:国家之间签订的协议等国际文件、国家的各种外交文件、国内的立法文件、国际组织和国际会议的文件、国际和国内

---

① 郑斌:"联合国关于外层空间的决议:'即时'国际习惯法?",《印度国际法杂志》第 5 卷,1965 年英文版,第 23 页。
② 《国际法院判例汇编》,1969 年英文版,第 4 页。

的司法判决,等等。

国际习惯形成以后就具有了普遍拘束力,它适用于一切没有对此提出异议的国家。所以,当一项多边条约的某些规定发展为习惯法规则时,这些规则就可以对未提出反对的非缔约国有拘束力。由于国际习惯的法律效力具有普遍性,因而作为国际习惯规则总称的"国际习惯法"(或称"习惯国际法"),通常又被称为"一般国际法"(即各国公认的有普遍拘束力的国际法规则的总和)。顺便指出,与"习惯国际法"相对应的称谓是"协定国际法"(conventional international law)或"国际协定法",它指的是由条约所形成的国际法原则和规则的总和。

应当指出的一点是,如果一项习惯规则受到某个国家清楚而一贯的反对,则此项规则不能适用于该反对国,也就是说,一贯反对该规则的国家不受该习惯规则的约束。这被称之为"一贯反对者原则"(the principle of persistent objector),该原则被国际法院在1951年"英挪渔业案"(英国诉挪威)的判决中予以确认。法院指出:在一个普遍国际习惯法形成过程中,如果一个国家从开始就反对并且一贯反对该规则对它适用,那么,虽然它不能阻止该规则的成立,但它却不受该规则拘束。① 据此,国际法院作出结论:英国主张适用于本案的十海里规则不能适用于挪威,因为挪威自始至终都反对此项规则。

在国际法历史上,国际习惯在国际条约出现之前就早已存在,国际习惯是国际法的最初表现形式。几百年来,国际习惯曾在国际法渊源中占据主导地位。然而,近几十年来,由于国际法编纂工作取得很大的进展,尤其是联合国的国际法委员会及联合国有关专门机构进行的官方编纂工作的推动,在许多领域,诸如外交和领事法、战争法和海洋法等,习惯规则已被编纂在多边条约之中。不过,在其他的一些领域,如国家豁免和国家责任等,习惯法仍发挥重要的作用。实际上,即便各国在许多领域缔结了重要的多边条约,但习惯规则在这些领域可以对条约中的成文规则起到补充作用,因为条约不可能涵

---

① 《国际法院判例汇编》,1951年英文版,第116页以下。

盖一切问题,而且并非世界上所有的国家都成为这些条约的缔约国。此外,国家实践中仍不断产生新的国际习惯规则,新的习惯不仅可能改变既存的习惯,而且还"可以取代或变更条约,如果此等效力被有关缔约国的后来行为所认可的话"①。因此,国际习惯的重要性不容忽视。

三、一般法律原则作为国际法的渊源

关于一般法律原则的含义存在三种不同的理解:一种观点认为它是指国际法的一般原则或基本原则。这种观点无法自圆其说,因为国际法的原则已经包括在国际条约和国际习惯之中,没有必要再单独将它列为国际法的一项渊源。另一种看法认为一般法律原则是各国之间的"一般法律意识"所产生的原则。这是从自然法的观点看待一般法律原则,但自然法的原则比较抽象,其往往缺乏确定性而难以实际适用。第三种观点认为,一般法律原则是指各国法律体系所共有的原则。根据《国际法院规约》第38条中的措辞"为文明各国所承认"以及该《规约》第9条关于法官的选举应使法官全体确能代表"世界各大文化及各主要法系"的规定,将"一般法律原则"理解为各国法律体系所共有的原则,是较为恰当的,这也是多数国际法学者所持有的观点。

一般法律原则既有实体性原则,如诚信原则(principle of good faith, bona fides)、不当得利(unjust enrichment)等,又有程序性原则,如"既决事项"或"定案"原则(doctrine of res judicata)、禁止翻供(禁止反言)(estoppel),等等。有些国际司法和仲裁的裁决中援用了一般法律原则。关于泰国与柬埔寨之间边界争端的隆端寺案(1962年,柬埔寨诉泰国)便是一例。

隆端寺位于泰国和柬埔寨两国边界扁担山地区的一个高地上,并构成柬泰边界的一部分。在隆端寺案中,国际法院认为,根据柬泰两国的边界条约所绘制的柬泰边界地图已为泰国所接受,这表明泰国接受了地图上所标明的边界,这构成对隆端寺的主权属于柬埔寨

---

① 〔英〕伊恩·布朗利:《国际公法原理》(第6版),2003年英文版,第5页。

的承认。根据禁止翻供(禁止反言)原则,当事一方已经默认了某一特定情况之后就不能对该情况予以否认,所以泰国应受该地图法律效力的约束。法院判定隆端寺所在的扁担山东部地区属于柬埔寨。①

关于一般法律原则在国际法渊源中的地位问题,多数国际法学者认为,它是一个独立的国际法渊源。② 不过,一般法律原则在国际法渊源中仅处于次要地位,它主要起到一种"补漏"的作用,即它一般用于填补条约和国际习惯的漏洞(空缺)。

四、确定国际法原则的辅助方法

根据《国际法院规约》第 38 条的规定,司法判例和权威国际法学家的学说是确定法律原则的补助资料。也就是说,它们本身不是国际法的渊源,其作用是作为国际法规则存在的证据。此处所指称的"补助资料"(subsidiary means)亦即辅助性的或次要的方法。

(一) 司法判例

一般认为,《国际法院规约》所指称的司法判例包括国际司法判例和国内司法判例。国际司法判例主要是指国际司法机构和各种国际仲裁法庭的判例,例如,(联合国)国际法院、常设国际法院(又称"国际常设法院",它是国际法院的前身)、各种国际法庭、常设仲裁法院、各种国际仲裁法庭等的裁判和决定。

《国际法院规约》第 59 条规定,国际法院的裁判只对当事国和本案有拘束力。这表明,英美法系中的"遵循先例"(stare decisis)原则不适用于国际法院,国际法院的判决对当事国以外的国家没有约束力,这些判决本身不是国际法渊源。然而,这并不妨碍国际法院参照、引用、甚至依据其先前的判决。其这样做的目的是为了在判决上维持司法的连续性。因此,不仅国际法院如此,其他国际性法院和法庭亦如此。参考先前判决的做法是国际法院判决和咨询意见的最显

---

① 参见陈致中编著:《国际法案例》,法律出版社 1998 年版,第 152—156 页。
② 王铁崖:《国际法引论》,北京大学出版社 1998 年版,第 92 页。

著特征之一。① 实际上,由于国际性法院和国际仲裁法庭的法官或仲裁员往往是世界知名的法学家,他们在国际司法判例中所阐述的法理具有权威的影响,他们作出的裁决可以作为习惯规则存在的证据。特别是国际法院的判决,它们不仅对国际法的发展产生重大的影响,而且有的判决和咨询意见还创制了国际法规则。例如,在1951年关于《防止和惩治灭绝种族罪公约》保留问题的咨询意见中,国际法院提出了多边条约的保留必须与该条约的目的及宗旨相符的一致性原则;同年,在英挪渔业案中,国际法院在论及领海基线的划法时承认了直线基线法。

至于国内的司法判例,它们对其他国家显然没有法律拘束力,但作为一国的司法机关,它们的判决构成作为国际习惯一部分的国家实践,从而对确定习惯规则的形成或存在与否起到重要的证据作用。譬如,在关于政府和国家的承认和继承、主权豁免、外交豁免、引渡、战争罪犯、战争状态等国际法问题上,国内法院的判决对确定有关国际法原则和规则具有重要的参考价值。

实践中,作为确定法律原则补助资料的司法判例,往往比公法学家学说享有更高的地位。其中,作为世界上唯一具有一般管辖权的常设国际性法院的国际法院,其判决在国际层面是最具权威的"补助资料"。② 其他的国际性法院的判决,尤其是常设性法院(如国际海洋法法庭、欧洲共同体法院、国际刑事法院等)的判决,都被认为具有很高的权威性。而国内法院适用国际法的判决,其重要性则小得多。

(二) 公法学家学说

"公法学家学说"是指有权威的国际法学者的著述,也可以宽泛地理解为,它是指学者们关于国际法的权威著述(简称"学者学说")。学者学说,因其属于私人的理论或观点,其本身对国家没有拘束力,只能构成确定国际法规范的补助资料,主要起到证明国际法

---

① 王铁崖:《国际法引论》,北京大学出版社1998年版,第100页。
② 〔美〕托马斯·伯根索尔、希恩·D. 穆尔菲:《国际公法》(第3版),2002年英文版,第28页。

规则特别是习惯法规则的证据作用。英国国际法学者阿库斯特博士指出：学者们的著述"往往提供了对国家实践的全面、简明和（可能）公正的概括"，所以它们为各国所大量引证。① 除此之外，学者学说还有助于国际法现存规则的编纂和提出新的规则，从而促进国际法的发展。例如，法国法学家吉德尔（Gidel）在他的著作《国际海洋公法》一书中提出并论及了毗连区概念，这为各国在领海范围之外行使某些权利提供了有力的论据，并对海洋法中毗连区制度的形成产生了积极的影响。又如，由学者组成的学术团体所提出的研究报告，诸如联合国国际法委员会作出的旨在编纂国际法的条文草案、该委员会所准备的报告和秘书备忘录（它们载于《国际法委员会年鉴》之中）、哈佛研究草案②、1930 年国际联盟主持下在荷兰海牙进行的国际法编纂会议讨论的基础文件、国际法研究院（the Institute of International Law，法文为 Institut de Droit International，该研究院成立于 1873 年，是由造诣最深的各国国际法学者组成的民间学术机构）的报告和决议，等等。③

（三）国际组织决议

虽然《国际法院规约》第 38 条对联合国和其他政府间国际组织的决议只字未提，但随着国际组织在第二次世界大战后获得的巨大发展，其决议对国际法渊源产生了重要影响。

国际组织的决议，系指国际组织的各机构按照该组织的组织约章（即创建条约）所规定的表决程序以书面形式通过的决定。国际组织的决议通常没有法律效力。以联合国大会（简称"联大"）为例，它作为联合国的全体会议机构，由几乎世界上所有国家的代表组成。

---

① 〔德〕彼得·马兰祖克：《阿库斯特现代国际法概论》，修订第七版，1997 年英文版，第 52 页。

② 哈佛研究草案（Harvard Research drafts），又称"哈佛大学公约草案"。"哈佛研究"指的是为了准备第一次国际联盟的国际法法典编纂会议而由美国哈佛大学法学院发起的研究计划，由该法学院的赫德逊教授主持，该计划进行到 1939 年为止。其所有的研究计划最终都制成公约草案，并附以评论，公开出版（见王铁崖主编：《中华法学大辞典·国际法学卷》，中国检察出版社 1996 年版，第 252 页）。哈佛研究计划曾就国籍、领水、条约和中立等问题拟订了几个草案，对国际法的编纂工作作出了重要贡献。

③ 参见〔英〕伊恩·布朗利：《国际公法原理》（第 6 版），2003 年英文版，第 24 页。

但根据《联合国宪章》,大会只有"提出建议"的权力而没有立法权。因此,联大的决议一般只具有建议性质。尽管多数国际组织的决议一般没有法律拘束力,但并不能因此而否定它们可能具有一定的法律意义。就联大决议而言,其可能具有的法律意义主要体现在它们可以作为习惯国际法规则的证据,从而成为国际法的补助资料。国际法院在1975年的"西撒哈拉案"中,正是通过联大有关决议来寻找"人民自决权"这个基本法律原则的证据的。[1] 在1986年的尼加拉瓜案中,国际法院赞同有关禁止使用武力的几个原则,其根据是因为它们已包含在联大最重要的宣言之一——1970年《国际法原则宣言》中。[2]

需要注意的是,国际组织会议上通过的决议并非国际习惯法的确证,它必须连同其他所有可得到的习惯法的证据一起加以考察。国际法院在1996年的"核武器合法性问题案"中的一段话说明了这一点:"联大决议即使没有拘束力,有时也有规范的意义。在某种情况下,它们可以提供重要的证据以证实规则的存在或法律确信的出现。为了确定某一联大决议是否提供了这样的证据,必须查明决议的内容和决议通过时的情况,还必须看有关其规范性质的法律确信是否存在。或者说,一系列的决议也可以表明确立一项新规则所需的法律确信的逐渐发展。"[3]

现在,有越来越多的学者认为,联合国和其他重要国际组织的决议,尤其是那些宣布国际习惯法或正在形成中的国际法规则的决议,是确定法律原则的补助资料,其地位应高于司法判例和公法学家的学说。

第三节 国际法的主体

一、国际法主体的概念

国际法主体(subjects of international law)又称"国际法律人格

---

[1] 《国际法院判例汇编》,1975年英文版,第31—37页。
[2] 《国际法院判例汇编》,1986年英文版,第100页。
[3] 《国际法院判例汇编》,1996年英文版,第70页。

者"(international legal person),或简称为"国际人格者"(international person),它是指能够直接享受国际法上的权利和承担国际法上的义务,有能力独立参加国际法律关系的实体。另一个相关的词"国际法律人格"(international legal personality),它在西方国际法论著中用来指国际法主体的资格。

成为国际法主体应具备以下三个要件:第一,有独立参加国际法律关系的能力。国际法是调整国际关系的法律,一个实体只有具有独立参加国际法律关系的能力,譬如,具有在国际机构提起请愿或申诉的能力,才有资格参与国际法律关系,从而可能成为国际法主体。第二,有直接享受国际法上权利的能力。参加国际法律关系的主体,在它们的相互交往中不可避免地要产生各种权利和义务。要行使这些权利,一个实体必须有直接享受国际法上权利的能力。国际法上的权利可表现为缔结条约、建立外交关系、派遣和接受外交使节、参加国际会议或国际组织、提出国际求偿权,等等。第三,有直接承担国际法上义务的能力。在国际法上,义务基本上是与权利相对称的。国际法上的义务如:偿还合法的国家债务、为外交代表提供外交特权与豁免、违反法律义务能够承担相应的法律责任,等等。一个实体若无承担国际法义务的能力,就不能履行这些义务,因此不可能成为国际法主体。

上述三个条件是密切联系在一起的。国际法院在1949年"关于为联合国服务所受损害的赔偿问题的咨询意见"中就指出,国际法主体或国际人格者,是"具有国际权利和义务并有提起国际求偿以维持其权利的实体"[①]。

二、国际法主体的范围

根据上述国际法主体应具备的三个条件,现代国际法的主体有:国家、国际组织和其他国际法主体。其中,国家是基本的和完全的国际法主体,国际组织和争取独立的民族等其他非国家实体在一定条件下和一定范围内也是国际法主体。

---

① 《国际法院判例汇编》,1949年英文版,第179页。

(一) 国家

国家是国际法的基本主体,这是由国家的特性以及国家在国际关系中的地位和作用所决定的。

首先,国家在国际关系中处于最主要的地位和起着最重要的作用。国家是国际社会的基本成员,国际关系的主要内容及基本形式是各国在其相互交往中所形成的各种关系,而其他国际法主体对国际关系的参与及影响,与国家在国际关系中所居的地位和所起的作用不可同日而语。

其次,国家的特性决定了它是国际法的完全主体。国家拥有主权,这决定了国家具有完全的权利能力和行为能力。因此,国家可以独立自主地承受国际法上的权利和义务,这是其他国际法主体无法做到的,其他国际法主体只是有限的国际法主体,因为它们在国际法上的权利及义务能力是受到限制的。

最后,当代国际法调整的对象主要是国家之间的关系,国际法的绝大部分内容是关于国家在国际关系中的行为规范,而国家与国际组织等其他国际法主体之间以及其他国际法主体相互之间的关系不是国际法规范的主要对象。

(二) 国际组织

作为非国家实体(non-state entity)的国际组织,它们在传统国际法中没有一席之地,因为国家是传统国际法中的唯一主体。第二次世界大战之后,国际组织获得了巨大的发展,进而对国际法主体的范围产生了重要影响。国家通过国际组织的组织约章(即国际组织的成立文件)明示或暗示地赋予政府间国际组织一定的国际法律行为能力和权利能力,使部分的国际组织(如联合国等)在一定范围内具有国际法主体资格,成为一种有限的和派生的国际法主体。需指出的是,并不是所有的国际组织都拥有国际人格从而被接受为国际法主体,通常,只有那些根据其组织约章享有一定国际人格的政府间国际组织才能成为国际法主体。关于国际组织的国际法律人格问题,详见第十章"国际组织法"中的有关内容。

(三) 其他国际法主体

除了国家和部分国际组织之外,某些正在争取独立的民族等其他非国家实体也被国际社会接受为国际法主体。争取独立的民族，又称民族解放运动组织，是指在为摆脱殖民统治而斗争的过程中，已经实际上控制了一定的地域，并且有一定的政治组织或机构作为其在国际上的代表的实体。这类实体（如巴勒斯坦解放组织）根据国际法上的民族自决原则，具有国际法主体资格。这是因为它们具有某些国家特征，能够独立地进行一定的国际交往，具有承受国际法上权利和义务的能力，而且它们的国际法主体资格获得了国际社会的承认。然而，这些民族尚处于形成国家的过程当中，与独立的主权国家尚有不同，它们的国际法律行为能力和权利能力受到一定的限制，因此它们只是有限的国际法主体。随着非殖民化进程的基本结束，这类实体日渐减少。

至于个人是否为国际法主体，这是一个复杂的存有争议的问题。西方学界通常认为个人是国际法的主体。在我国，现有国际法教材的主流看法是，个人尚不是国际法主体，但同时有部分学者对此持肯定的态度。

主张个人是国际法主体的学者提出的主要理由有：（1）个人在现代国际法上承受了一定的权利和义务。例如，在国际人权保护和惩处国际犯罪等方面存在一些国际条约，对个人有关的权利和义务作出了规定。（2）个人已经在某些国际机构具有请愿或申诉能力。譬如，在欧洲人权委员会、美洲人权委员会、解决投资争端国际中心（ICSID）、美国—伊朗求偿法庭、北美自由贸易区法庭、国际海洋法法庭和欧洲人权法院等国际机构，个人均具有一定的申诉权。因此，个人在特定范围内成为了国际法主体。

否定个人是国际法主体的学者提出的主要理由有：（1）确实有一些条约的条款直接适用于个人，它们规定了个人的某些权利，并对个人施加了某些直接的国际法上的责任，如战争罪行、海盗等。但这种情况还很少见，与大量涉及国家和国际组织的权利和义务的条约规定不可同日而语，由此断言个人已被承认为国际法主体尚属勉强。（2）事实上，个人还不具有在国际机构的广泛的、任意的申诉权。个人可以进入国际机构以寻求保护它们自己的权利仍然只是少数例外情况。这种申诉权的设定是为了使各国不要忘记它们对国际规则受益人的义务。而且,总体上说,个人的这种权利是经由国家授予的,个人的权利往往是通过国家来实现的,故此,在国际法的现阶段,个人并不是国际法主体。

实际上,在个人是否为国际法主体问题上的不同看法,很大程度上是由于学者们对国际法主体的定义本身的不同界定所致。如果对国际法主体采用一个宽泛而灵活的概念,那么个人在一定的条件下是可以被认为是国际法主体的。例如,李浩培先生所持的定义是:"国际法主体是其行动直接由国际法加以规定因而其权利义务直接从国际法发生的那些实体。"①在这个定义和语境下,就可以得出个人在特定范围内成为国际法主体的结论。而从根本上说,个人是否可以成为国际法主体,取决于国家的态度和国际社会的认同程度,即国际社会是否接受个人的这种地位。用李浩培先生的话来说:"个人的部分国际法主体的地位倚赖于各主体国家的意志:由于一些主权国家以条约规定个人具有部分国际法主体的地位,个人才能取得这种地位。"②

第四节 国际法与国内法的关系

国际法与国内法的关系是一个具有重要理论意义和实践价值的问题,此问题关涉到国际法的性质、效力以及国际法规则在一国国内的适用。

一、国际法与国内法关系的理论

(一) 关于国际法与国内法关系的学说

在理论上,学者们对国际法与国内法关系的看法不一,其主要学说或理论有二元论与一元论两种。这两种学说在关于国际法和国内法是属于同一个法律体系还是属于两种不同法律体系的问题上意见相左。

---

① 李浩培:《国际法的概念和渊源》,贵州人民出版社1994年版,第5页。
② 同上书,第26—27页。

一元论认为国际法与国内法构成一个统一的法律体系,即两者同属一个法律体系。按照一元论,只要国际法与国内法规范不出现冲突,国际法规范就必须直接在国内生效。由于对在一个统一法律体系中的国际法与国内法何者居于支配地位问题存有分歧,一元论可分为两个学派:一是认为国内法优于国际法的国内法优先说,二是主张国际法优于国内法的国际法优先说。前者认为,国际法和国内法同处于一个法律体系之中,但国际法的效力源于国内法,国际法从属于国内法,甚至认为国际法不过是一国法律秩序中的"对外公法"。按照这种观点,每个国家都可以通过其国内法来支配国际法,其结果将是根本否定国际法的效力。因此,国内法优先说的一元论早已被抛弃。后者,国际法优先说成为一元论的主要代表。这种理论的首倡者是奥地利学者凯尔森(Kelsen),他提出,全部的法律规范可分成不同的等级,就像是一座金字塔,国际法位于上层,国内法处于下层,位于塔尖的是最高规范"条约必须遵守",它决定国际法的效力,而国际法决定国内法的效力。这种一元论因其不符合国家实践而受到批评。不过,如果一国的国内法与国际法发生了冲突,公认的原则是,该国将因其违反国际法而承担国际责任。在这一点上,国际法的确是优于国内法的。

二元论认为,国际法和国内法分属于两种不同的法律体系,国际法与国内法是彼此独立存在的。按照二元论,国际法本身不能成为国内法的一部分,要使某个国际法规范在国内具有法律效力,就必须通过国内法的法律行为,诸如"并入"(incorporation)或"采纳"(adoption)和"转化"(transformation)等,将有关规范转变为国内法规范。二元论在很大程度上反映了法律的现实。而且,二元论承认国家主权,同时也不否定国际法的作用,因此它获得了较多的支持,至今二元论在理论上和实践中仍有一定的影响。但是,二元论忽视了国际法和国内法两个法律体系之间的相互关联,而过于强调它们的差异或对立。此外,第二次世界大战以来,国际法的发展也使得二元论的缺陷日渐显露出来。例如,由于国际合作的发展使国家依据条约承担的国际义务越来越多,出现了国际法向国内法的渗透倾向。在主体方面,国家已经不再是现代国际法的唯一主体,国际组织已成为国际法的正常主体。在法律渊源上,一般法律原则既是国际法也是国内法的渊源,而且,二元论也忽视了这样一个事实,即国际习惯法构成了国际法和国内法的一部分。

我国学者一般认为,国际法和国内法既有区别,也有联系。总的来说,我国国际法学界的观点倾向于二元论,但对此又有所修正,认为:国际法和国内法是不同的法律体系,但因为国内法的制定者和国际法的制定者都是国家,故国际法和国内法不是互相对立的,而是互相密切联系、互相渗透和互相补充的;国家在制定国内法时应考虑到国际法的要求,而在参与制定国际法时也应考虑到国内法的立场。

(二)国际法与国内法的相互关系

国际法与国内法的关系是个相当复杂的问题,对此,现行国际法中并没有一个确定的规则。实际上,国际法和国内法虽属不同的法律体系,但两者之间又有着紧密的联系。对于两者的差异,从前述国际法的特性已清楚可见。关于国际法与国内法之间的相互关系,可以从国际关系和国内社会两个不同层面来认识。

1. 在国际层面,就国家遵守国际义务而言,国际法优先于国内法

这体现于如下几个方面:

首先,在现行国际法或国际文件中,国家在国际关系中负有使本国的国内法与国际义务相一致的义务。一国不能以其国内法为理由规避其国际义务,这早已是国际法确定的原则。一国根据国际法而承受的权利和义务,在国际层面上是高于它依据其国内法所拥有的权利和义务的。如果国家由于国际法和国内法相抵触而不能遵守国际义务,则产生国际法上的国家责任。依据1969年《维也纳条约法公约》第27条及第46条,条约当事国不得援引其国内法规定作为理由而不履行条约(除非在违反有关缔约权限的国内法规定时,可使条约无效)。此外,联合国国际法委员会于1949年通过的《国家权利义务宣言草案》第13条规定:每个国家有义务真诚履行其根据条约和国际法其他渊源而承担的义务,每个国家不得援引其宪法或法律的规定作为其不履行此义务的借口。

其次,国际法在国际司法机构中享有优先地位。国际司法机关在多个案件中肯定了如下原则:国家不仅应在立法上也应在司法上

遵守国际法;任何国家都不能援引其国内法来逃避一项国际上的义务。在 1988 年的《联合国总部协定》第 21 条仲裁义务的适用问题案中,国际法院强调:基于国际法优于国内法这一国际法的基本原则,每国有遵守以仲裁解决争端的义务。① 在 1992 年的洛克比空难引起的 1971 年《蒙特利尔公约》解释和适用问题案中,国际法院的沙哈布丁法官强调了这一规则:一国不能以其依照国内法作为其不遵守国际义务的辩解。② 国际法院在 1989 年的西库拉电子公司(ELSI)案中指出,政府当局的某一行为在国内法上是非法的事实,并不必然意味着该行为在国际法上也是非法的。③

此外,应指出的一点是,在国际层面,国内宪法也不能取代国际法,尽管在多数国家中国内宪法可以并且通常优于国际法。④ 国际常设法院在"关于在但泽的波兰国民问题的咨询意见"中指出:一个国家不能对另一个国家引证其自己的宪法以规避它依据国际法或现行条约所承担的义务。⑤

2. 在国内层面,国际法在一国国内的效力由国内法特别是宪法加以规定

国际法的大部分原则和规则都是比较原则性的规范,需要进一步通过国内立法的补充才能得到有效的实施。而国际法只是使各国承担义务履行它们的国际义务,但关于国际法在国内法律体系内履行的方法和方式则由各国自行决定,即原则上这是国内管辖的事项。为了保障国际法尤其是国际条约在国内的实施,各国在立法上一般采取三方面的措施:(1) 国内立法机构需要制定新的法律,作出具体的规定使这些条约能够得到执行;(2) 现行国内法如果与条约有不同的规定,还需要修改本国的国内法以便条约能够在缔约国国内得到落实;(3) 根据条约必须遵守原则,缔约国应保证本国国内法的内

---

① 《国际法院判例汇编》,1988 年英文版,第 34 页。
② 《国际法院判例汇编》,1992 年英文版,第 141 页。
③ 《国际法院判例汇编》,1989 年英文版,第 74 页。
④ 〔美〕托马斯·伯根索尔、希恩·D.穆尔菲:《国际公法》(第 3 版),2002 年英文版,第 7—8 页。
⑤ 《常设国际法院刊物》,A/B 辑,第 44 号,1932 年英文版,第 24 页。

容不与它所参加的国际条约的内容相冲突。具体而言,一国参加一项条约,一旦该条约对其已经生效,该国就不能在国内制定与这些条约相冲突的国内法,更不能通过制定国内法的方式来改变或废除国际强行法的规则。①

就各国于其国内法律秩序中履行国际义务而言,取决于各国的宪法体制。一国如何在本国的法律秩序中实施国际法的规则牵涉两个问题:一国如何在本国的法律秩序中适用国际法以及如何解决国际法与国内法的冲突问题。前者是关于国际法在国内适用的方式,后者是关于国际法在国内法上的地位。这些问题一般由国内宪法或宪法性法律加以规定,其答案只能从各国的实践中寻找。概而言之,在国内层面,由于各国宪法规定的不同,国际法未必优先于国内法。实践中,多数国家都采用各种解释方法将国内法解释成不与国际法发生抵触。然而,如果一国因其国内法的规定不能履行国际义务,依据国际法委员会2001年通过的《国家对国际不法行为的责任条款草案》第32条,该国应对有关国家承担国际责任。

二、国际法与国内法关系的实践

国际法主要表现为国际条约和国际习惯两种形式,条约和习惯在各国国内法律秩序中的适用方式和地位各不相同。

(一) 关于国际习惯

由于国际习惯是否业已形成或其内容方面存在的不确定性,这给习惯法在国内适用带来了困难。因此在宪法中对习惯法作出规定的国家为数不多,但凡是对习惯法作出规定的宪法,一般都对习惯法采取直接适用的方式。②

在英国,习惯法规则如果不与议会立法或终审法院先前的司法判决相抵触,则将被视为本国法律的一部分而予以实施。③ 也就是

---

① 参见白桂梅、朱利江编著:《国际法》,中国人民大学出版社2004年版,第26—27页。
② 〔日〕松井芳郎等:《国际法》(第4版),辛崇阳译,中国政法大学出版社2004年版,第17页。
③ 〔英〕伊恩·布朗利:《国际公法原理》(第6版),2003年英文版,第41页。

说,国际习惯法规则可以在英国国内直接适用。至于习惯法在英国国内的地位,习惯法与普通法的地位相同,因而其效力低于议会的制定法。

在美国,国际习惯法在美国的效力与英国的情况相似,得到普遍承认或至少已经美国同意的国际习惯法规则在美国国内有效,为美国所适用。① 习惯国际法与美国国内法发生冲突的解决办法是:联邦宪法高于习惯国际法;一项习惯国际法规范的约束力可被后来的联邦制定法、条约或总统的法令所取代,但具有强行法性质的习惯法规范除外;习惯国际法规则可取代与其不一致的州法律。②

在日本,1946年《日本国宪法》第98条第2款规定:"日本国缔结的条约及已经确立的国际法规则必须诚实遵守。"该条规定所指称的"业已确立的国际法规则"系指习惯法规则。习惯法规则不必经过特别的立法措施即具有国内法的效力。但它们是否与日本法律具有同等地位或高于日本法律,则不明确。

在中国,国际习惯法规则是否直接适用于中国国内以及它们与中国国内法发生冲突时如何解决的问题,尚不明确,因为这些问题缺乏法律的明文规定,《中华人民共和国宪法》对国际习惯并未提及。我国的外交和法律文件中常提及"国际惯例"一词,如我国《民法通则》第142条第2款规定:"中华人民共和国法律和中华人民共和国缔结或者参加的国际条约没有规定的,可以适用国际惯例。"该条规定的"国际惯例"不是作为国际法渊源之一的"国际习惯","国际惯例"对国家没有严格的拘束力。③

(二) 关于条约

在国家实践中,国际法与国内法的关系主要体现为国内法与条约之间的关系问题,而条约在缔约国国内的适用主要是该国法院对条约的适用。各国有关条约的适用方式和条约在国内法上的地位之做法各异。

---

① 王铁崖:《国际法引论》,北京大学出版社1998年版,第206页。
② 黄瑶:《习惯国际法与美国国内法的冲突问题》,载《中山大学学报》(社会科学版),1997年增刊,第188—194页。
③ 王铁崖:《国际法引论》,北京大学出版社1998年版,第211页。

1. 条约在国内适用的方式

一般而言,各国可以采取不同方法使国际法在国内得以适用,在此问题上,各国的实践缺乏统一性。条约在国内适用的方式主要有三种:(1)直接适用方式。它指的是国家在法律上接纳或接受条约为本国法的一部分,在这种情况下,条约可以自动、长久地在国内适用,即条约规定直接成为国内法的一部分。有些国际法著述将这种方式称之为条约"并入"(或"纳入")国内法。(2)间接适用或转化适用的方式。它是指国家通过实施性法律使条约在国内适用。在这种方式下,条约的国内适用以国家通过实施性法律为前提,没有此等法律,条约不能在国内适用。简言之,条约本身在国内法中没有直接的效力。(3)混合制,即兼采直接和间接适用两种方式。综观各国实践,绝对的直接适用是没有的,绝对的间接适用似乎也不存在,而混合制是普遍的做法。可以说,每个国家对待国际法在国内的效力,都采取了灵活的机制——兼有直接适用和间接适用两种方式,所不同的是,有些国家以直接适用为主,间接适用为辅,而有些国家则相反。以下是关于一些国家在此方面的实践。

在美国,被称为"最高条款"的美国《宪法》第 6 条第 2 款规定:美国缔结的条约,像宪法本身和美国的法律一样,是美国的最高法律。但这只是对"自执行条约"而言,而那些"非自执行条约"则需要必要的立法规定才能在美国法院适用。也就是说,"非自执行条约"在美国不可以在法院直接适用,它需要国会立法予以转化。所谓"自执行条约"(self-executing treaties)一般是指那些对涉及国内法上的问题所作规定内容明确,并且缔约国没有自由裁量余地的条约。这类条约只出现在那些采用条约在国内有直接效力制度的国家。

在英国,由于缔约权和立法权分离,英国是转化适用条约的典型国家。缔约权和批准条约权属于英王,在议会通过有关的法案后,有关条约才成为英国法的一部分,即条约只有经议会的立法程序后才能在国内适用。然而,虽然有些条约并未纳入英国法之中,但英国法院在适用法律时,有时也会考虑有关条约的规定。此外,欧共体条约的某些规定在英国可以直接适用。

在荷兰,该国是条约直接适用的典型国家,条约在该国具有直接的效力,但荷兰法院也曾拒绝直接适用条约的规定,荷兰判决条约可否直接适用的决定因素是条约的内容。①

2. 条约在国内法上的地位

条约在国内法上的地位或条约与国内法抵触时何者优先适用的问题,可归纳为三种类型:一是规定条约的效力在宪法之下但优先于一般法律。例如,1958年和1992年法国《宪法》第54条和第55条(但以互惠为条件),1993年俄罗斯《宪法》第15条,1946年日本《宪法》第98条,等等。二是规定条约与本国法律具有同等效力。如1787年美国《宪法》第6条,1874年和1999年瑞士《宪法》第89条,1987年韩国《宪法》第6条等。三是规定条约的效力有条件地优于宪法。如1815年和1983年的荷兰《宪法》第91条和第92条,1955年奥地利《宪法》第50条。②

一般说来,在国内层面上,如果一国的国内法与国际法有抵触,该国法院将执行国内法,而该国将因此承担违反国际法的责任。但在实践中,各国都采取解释等各种方法尽量使两者相一致。譬如,1997年的南非宪法要求法院在解释法律时,不与国际法发生矛盾。

3. 条约在中国法律秩序中的效力问题

关于条约在中国适用的方式,我国《宪法》中没有明确的规定,只能从中国的立法实践中进行推断。可以认为,条约在中国的适用,既有直接适用方式也有间接适用方式,即我国实行的是混合制。

一方面,中国参加的有关民商事条约在国内可以直接适用。我国含有适用条约条款的民商事法律一般都规定,我国参加的条约与国内法的规定不同时优先适用条约。而优先适用条约意味着条约可以直接适用。这类法律中最具代表性的是1991年《民事诉讼法》和1986年《民法通则》。《民事诉讼法》第238条规定:"中华人民共和国缔结或者参加的国际条约同本法有不同规定的,适用该国际条约的规定,但中华人民共和国声明保留的条款除外。"《民法通则》第

---

① 参见李鸣:《应从立法上考虑条约在我国的效力问题》,载《中外法学》2006年第3期,第353页。

② 参见〔日〕松井芳郎等:《国际法》(第4版),辛崇阳译,中国政法大学出版社2004年版,第18—19页。

142条第2款规定:"中华人民共和国缔结或者参加的国际条约同中华人民共和国民事法律有不同规定的,适用国际条约的规定,但中华人民共和国声明保留的条款除外。"其他一些含有条约适用条款的民商事法律也都作出类似的规定。实际上,这种规定不限于有涉外因素的民商法领域的立法,在环境法等行政法规中也有类似规定,如2005年施行的《中华人民共和国固体废物污染环境防治法》第90条。

另一方面,对于中国参加的非民商事性质的条约而言,基本上采取的是转化的态度。[①] 实践中,对于一些条约,中国通过立法将条约的规定转化为国内法予以实施。例如,针对1961年《维也纳外交关系公约》(中国1975年加入)、1963年《维也纳领事关系公约》(1979年加入)和1982年《联合国海洋法公约》(1996年批准),中国先后制定了《外交特权与豁免条例》(1986年)、《领事特权与豁免条例》(1990年)以及《领海及毗连区法》(1992年,当时中国尚未批准海洋法公约)、《专属经济区和大陆架法》(1998年)。不过,在通过立法将条约规定转化为国内法的做法中,并不排除允许有关条约的某些条款在中国国内法中的直接适用。譬如,以上两个特权与豁免条例的第27条均规定:中国缔结或者参加的国际条约另有规定的,按照国际条约的规定办理,但中国声明保留的条款除外。

中国在参加某些条约之前,着手进行有关国内法的废除、修改或制定新法的工作,这种做法实质上也是将有关条约转化为国内法来适用。中国在2001年底正式加入世界贸易组织(WTO)之前对有关法律的废、改、立工作便是例证。可以认为,WTO协议不能在中国直接适用,因为找不到直接适用的法律依据。一方面,在立法上,我国《宪法》和2000年《立法法》没有规定条约的国内效力。2001年《中国加入世贸组织工作组报告书》虽然承诺我国将修改国内相关法律以使国内法与世贸协定相一致,但并未提及条约的效力问题。另一方面,从我国入世后的有关司法解释中也找不到我国法院直接适用

---

① 李鸣:《应从立法上考虑条约在我国的效力问题》,载《中外法学》2006年第3期,第355页。

WTO协定的依据。最高人民法院2002年8月公布的《最高人民法院关于审理国际贸易行政案件若干问题的规定》第7条规定：根据《行政诉讼法》第52条及《立法法》第63条规定，人民法院审理国际贸易行政案件，应当依据中国法律、行政法规以及地方立法机关在法定立法权限范围内制定的有关或者影响国际贸易的地方性法规。该条规定被认为是排除了WTO协议文件在中国法院的直接适用。实际上，世界贸易组织各项协议旨在为各成员方(主要是国家)的国际贸易行为设定规则，鉴于WTO的性质，似乎许多国家都不直接适用世贸协议。譬如，WTO协定在欧共体成员国就不具有普遍直接效力，《建立世界贸易组织协定》包括其附件不能在欧共体或成员国法院被直接援引。[①]

　　中国对待人权条约似乎也倾向于采取间接适用或转化适用的方式。"在中国法院直接适用国际人权条约，还缺乏中国立法或法律上的根据……到目前为止还没有见到中国国内直接引用国际人权条约的法院判决，尽管中国已经参加了十多个国际人权条约。"[②]例如，中国是1984年《禁止酷刑和其他残忍、不人道或有辱人格的待遇或处罚公约》的缔约国，但该《公约》在中国不能直接适用，因为我们找不到其直接适用的法律依据。1990年，我国外交代表在联合国报告中国执行该《公约》情况时说："中国缔结或参加的国际条约……一经对中国生效，即对中国具有法律效力，我国即依条约承担相应的义务。"该《公约》"在我国直接生效，其所规定的犯罪在我国亦被视为国内法中所规定的犯罪。该公约的具体条款在我国可以得到直接适用"。但这个发言受到了学者的质疑，因为"发言者不仅缺乏解释中国法律的权威性，而且混淆了条约的国际和国内两种效力，中国承担条约义务和条约在中国直接适用根本没有因果的关系"[③]。

---

　　① 张若思：《WTO协定在欧共体及其成员国的适用》，载《北大国际法与比较法评论》(第2卷第1辑)，北京大学出版社2003年版，第113、121页。
　　② 龚刃韧：《关于国际人权条约在中国的适用问题》，载夏勇编：《公法》(第1卷)，法律出版社1999年版，第293—294页。
　　③ 李鸣：《应从立法上考虑条约在我国的效力问题》，载《中外法学》2006年第3期，第353页。

至于条约在中国法律秩序中的地位,我国的《宪法》和《立法法》均没有任何规定。但通过分析中国现有的立法实践可以认为,在民商事法律中,我国参加的条约与国内法冲突时,条约可以优先适用。这种解决条约与国内法冲突的办法,以上述《民事诉讼法》第238条和《民法通则》第142条第2款的规定最为典型,其他一系列民商法中也有类似的规定。然而,在民商法领域之外,国际条约是否也可优先适用还是一个不确定的问题,因为在该问题上不仅缺乏宪法或宪法性法律的依据,而且我国的有关实践并不一致。

第五节 国际法基本原则

一、概述

(一) 国际法基本原则的概念

每一种法律体系都有某些基本原则,这些原则被视为整个法律体系的基础,并对解释、适用和发展各种法律规定起指导作用。国际法也不例外。国际法的基本原则是指那些被各国公认的、具有普遍意义且构成国际法基础的法律原则。根据这一定义,国际法基本原则必须具备三个特征:

1. 各国公认

作为国际法基本原则,它们应为大多数国家所承认,这种承认或体现于各国缔结的双边或多边条约中,或作为国际习惯而为各国所接受。而那些仅为部分国家所承认的原则不属于国际法基本原则之列。

2. 具有普遍意义

国际法基本原则应是适用于国际法的一切领域而不是仅仅适用于国际法的个别领域的原则,即是说,它们对国际法的一切领域都具有普遍适用性,它们对国际法的各个领域都起着指导作用。例如,公海自由原则是被世界各国所公认的一项国际法原则,但其适用范围仅限于海洋法领域而不能适用于国际法的一切领域,因而不是国际法基本原则。

3. 构成国际法的基础

国际法基本原则应是国际法其他原则、规则和制度得以产生和确立的基础,一切国际法的原则、规则和制度都必须符合国际法基本原则的精神,否则它们的法律效力就有问题。例如,作为传统国际法上领土取得方式的时效、强制性割让和征服等制度,在现代国际法看来,时效已不能作为由战争取得或侵占他国领土的法律根据,战争后的割让以及征服他国而占有其领土也都不再作为确立领土主权的依据,因为这些行为与现代国际法的禁止使用武力原则相冲突。

以上三个特征决定了国际法基本原则还构成一般国际法强制规范,即属于国际强行法的范畴。

(二) 国际法基本原则与国际强行法

国际法基本原则与国际强行法既有联系又有区别。在国内法上,与任意法相对立的概念是"强行法"(又译"强制法"或"绝对法"),它意指必须绝对服从和执行的法律规范。强行法的概念被引入国际法是晚近的事情。1969年《维也纳条约法公约》第53条第一次正式使用了国际强行法概念,该条规定:"条约在缔结时与一般国际法强制规范(绝对法)抵触者无效。就适用本公约而言,一般国际法强制规范指国家之国际社会全体接受并公认为不许损抑且仅有以后具有同等性质之一般国际法规范始得更改之规范。"换言之,国际强行法(简称"强行法")是国际社会作为整体接受并认为不得背离的法律规则;这样的规则只能由以后具有同样性质的强制性法律规则才能更改。该《公约》第64条还规定:"遇有新的一般国际法强制规范产生时,任何现有条约之与该项规范抵触者即成为无效而终止。"

从《维也纳条约法公约》的上述规定,可以归纳出强行法的几项特征:(1) 国际社会全体接受。这体现了强行法拘束力的普遍性。对于"国际社会全体接受"的含义,多数学者认为应理解为被世界上绝大多数国家接受和承认,而并不要求某一规则必须为所有国家接受和承认是具有拘束力和不许损抑的。(2) 公认为不许损抑(或背离)。这是强行法规则最突出的特性,强行法与任意法的根本区别之处正在于此。"不许损抑"意味着,国际法主体不得通过签订条约、协议或默许等方式来排除强行法的适用。(3)唯有以后具有同样强制性质的规则才能予以更改。与任意法不同,强行法不可以由国家之间的协议予以更改,而是只有产生了新的强行法规范才能予以更改。(4)与强行法相抵触的条约均属无效。这反映了强行法规则的法律拘束力优于或高于其他的国际法规则。

国际强行法是为了满足整个国际社会的较高利益而存在的。但是,在哪些国际法规则具有强行法性质的问题上,学者们看法不一,实在国际法也未有明确规定。能够获得普遍接受为强制性规范的国际法规则为数较少。不过,至少有两项原则几乎被学者们一致地予以肯定具有强行法的性质,它们是:约定必守(条约必须遵守)原则和禁止使用武力原则。还有以下原则或规则也被较为广泛地承认为是强行法规则:禁止灭绝种族、禁止奴隶贸易、禁止海盗行为等。此外,许多学者认为,还有一些原则或规则也应属于强行法的范畴,而不是可以任意选择并可随意更改的规则,例如,诸如国家主权平等原则等公认的国际法基本原则,禁止种族歧视、禁止酷刑、保护国际环境的法律原则和规则,禁止恐怖主义和扣留人质,等等。

对照强行法的概念不难看出,国际法基本原则完全具备强行法的特征,因而国际法基本原则具有强行法的性质。但不能将这两个概念等同起来。它们之间的区别主要体现在,基本原则对国际法的一切领域具有普遍适用性,而有的强行法规范只是某一特定国际法领域的具体规则。例如,禁止酷刑被许多学者认为是一项强行法规则,但该规则仅适用于国际人权法领域,并不具有普遍的适用性,因而不能作为国际法基本原则。

(三)国际法基本原则的形成与发展

国际法基本原则是随着国际关系的发展而逐步形成和发展起来的,尤其是第二次世界大战之后,一些重要的国际文件和国际实践重申和确立了一系列国际法基本原则。

1.《联合国宪章》与国际法基本原则

《联合国宪章》(以下简称《宪章》)是创立联合国的一项多边国际条约,它是联合国这个世界上最具普遍性的政府间国际组织的基本文件(即组织约章)。《宪章》也是当代最重要的国际法文件,它被认为具有国际社会宪法(constitution,又译为"基本法")的地位①。根据《宪章》第103条的所谓"优先条款",《宪章》本身及其规定的义务,相对于联合国成员国在其他国际条约中所做的承诺而言,是一种"更高级的法律"。

《宪章》第2条规定了联合国组织及其会员国应遵行的七项原则。由于联合国会员国的全球普遍性,世界上几乎所有的国家都受《宪章》规定的约束,因而这些原则的效力已经超出一个国际组织章程的效力范围,进而成为国际法的基本原则。这七项原则是:(1)国家主权平等原则;(2)善意履行宪章义务原则;(3)和平解决国际争端原则;(4)禁止使用武力或武力威胁原则;(5)集体协助原则;(6)在维持国际和平及安全的必要范围内保证非会员国遵行上述原则;(7)不干涉别国内政原则。这七项原则,尤其是前四项和最后一项原则一般被认为构成了现代国际法基本原则的主要内容。

实际上,《宪章》第2条所提出的七项原则是一个相互有机联系的整体。第一项国家主权平等原则,是整个国际法赖以确立并存在的基础。第二项善意履行《宪章》义务原则,是维持正常的国际关系所不可或缺的。这两项原则是各国在国际关系中的行为基本准则。第三项和平解决国际争端原则,是对各国在处理国际关系问题时提出的一般要求。然而,这个一般要求并不一定能阻止有的国家不愿或不能以和平方法解决国与国之间的问题。倘若它们违反《宪章》义务或侵犯别国领土主权,则必然产生危害国际和平与安全的后果。为此,要求禁止使用武力或武力威胁,就成为了第四项原则。这是一条禁止性的原则,它在国际关系实践中,对维护国家的领土完整或政治独立以及世界的和平与安全尤为重要,20世纪的两次世界大战已足以说明这一点。上述原则必须严格遵守,否则,将会受到联合国的制裁。当联合国对某国采取制裁行动时,其他会员国负有协助的义务,此乃第五项集体协助原则。以上原则还要求非会员国也得遵守,这便是第六项原则。但是,以上规定并不意味着联合国或各国可以

---

① 〔德〕布鲁诺·西玛主编:《联合国宪章诠释》(第2版),第1卷,2002年英文版,第16页。

干涉一国的内政,此为第七项原则。

上述七项原则中,第二项原则——善意履行宪章义务原则是"条约必须遵守"这一古老的国际习惯法原则在《宪章》这部多边条约中的具体体现。对联合国会员国而言,根据《宪章》的"优先条款"第103条,如果它们根据《宪章》所承担的义务与它们根据其他国际条约所承担的义务发生冲突时,《宪章》义务应居优先。第五项原则即集体协助原则,它通常与联合国维持国际和平与安全的行动(即联合国集体安全制度)联系在一起。根据该原则,联合国的所有会员国对联合国根据《宪章》采取的行动应给予全力支持,而对被联合国采取预防性或强制性行动的国家,其他会员国不得给予援助。第六项原则——保证非会员国遵守《宪章》原则,《宪章》第2(6)条规定的该原则,目的在于将《宪章》第2条规定的各项原则的调整范围扩大到非会员国。对此,学者们对该条款的法律效力存有争议。在法理上,《宪章》作为一项条约仅约束联合国会员国,但相当一部分的学者认为,在维护国际和平与安全的范围内强调该原则具有重要的积极意义。李浩培先生指出:"该款之所以对非会员国加以法律上的义务,是由于联合国为了维持世界和平的目的,非对非会员国加以这种法律上的义务不可。"[①]

2.《国际法原则宣言》与国际法基本原则

1970年联合国大会一致通过的《关于各国依联合国宪章建立友好关系及合作之国际法原则宣言》(简称《国际法原则宣言》)所宣示的七项原则也被认为构成现代国际法基本原则的内容,这七项原则包括:(1) 禁止非法使用武力或武力威胁原则;(2) 和平解决国际争端原则;(3) 不干涉内政原则;(4) 国际合作原则;(5) 各民族享有平等权利与自决权原则;(6) 各国主权平等原则;(7) 履行依宪章所负义务原则。《宣言》提出的第五项原则即民族自决权原则,实际上是对《联合国宪章》第1条第2项所规定的"尊重人民平等权利及自决原则"的进一步细化和发展,《宪章》第1条是关于联合国的宗旨与原则的规定。

---

① 李浩培:《条约法概论》,法律出版社1987年版,第507页。

《国际法原则宣言》除了重申与再次确认《宪章》所规定的各项原则之外,还对这些原则的含义做了进一步的阐明,而且《宣言》对《宪章》各项原则的阐释获得了广泛的接受。有学者甚至认为,《国际法原则宣言》"作为对《宪章》各项原则的权威解释和适用,可以有直接的法律效力"①。由于此缘故,在论述"国际法基本原则的内容"时常常要援用到该《宣言》的规定。

3. 和平共处五项原则与国际法基本原则

和平共处五项原则是指互相尊重主权和领土完整、互不侵犯、互不干涉内政、平等互利、和平共处。这些原则是在 1954 年 4 月 29 日中国和印度两国签订的《关于中国西藏地方和印度之间的通商和交通协定》的序言中首次被提出的。同年 6 月,中国和印度、中国和缅甸先后发表的联合声明重申了上述五项原则,并赞同在中印、中缅之间以及一般的国际关系中适用这些原则。因此,和平共处五项原则被认为是中国、印度和缅甸共同倡导的,它是中国对国际法的重要贡献之一。

和平共处五项原则中的每一项有其各自的含义,但又相互联系,构成一个整体。第一项国家主权原则是五项原则中最根本的,它将主权和领土完整结合起来,表明两者之间的密切关系。国家主权原则是国际法的基石,领土完整是国家主权的重要部分,对领土完整的侵犯构成对国家主权的严重侵犯。第二项互不侵犯原则是由国家主权原则直接引申出来的,也是后者的重要保证。互不侵犯要求各国在国际关系中不得使用武力或武力威胁,必须和平解决国家相互之间的争端。第三项互不干涉内政原则也是互相尊重主权原则的必然要求。第四项平等互利原则是对国家平等原则的进一步发展,它不仅重申国家在形式上的平等,而且强调国家之间的实质平等。国家平等是指各国在法律上的平等,而不论各国的大小强弱或在国际政治生活中所起的作用如何。所谓互利,它要求一国在与他国的关系中不应以损害对方利益来实现自己的利益,国家间的交往应对双方都有利。平等互利原则在国家之间的经济交往关系中具有重要意

---

① 〔英〕伊恩·布朗利:《国际公法原理》(第 6 版),2003 年英文版,第 15 页。

义。第五项和平共处原则要求各国不论社会制度和意识形态是否相同,都应和平地相处,并以和平方法解决争端,发展友好合作关系。

和平共处五项原则在现代国际法基本原则体系中占有重要地位。首先,和平共处五项原则与《联合国宪章》规定的宗旨和原则相符合,因而获得了世界上大多数国家的承认。其次,五项原则作为一个原则体系提出来,以和平共处作为目的,以其他原则作为措施和保证,这使和平共处五项原则具有更为完备的内容。最后,五项原则的表述中突出了一个"互"字,强调了国家权利和义务的统一,体现了国际社会中各国之间的平等和相互依存关系,这对发展各国之间的平等合作关系有重要的意义。高度概括了当代国际法基本原则的和平共处五项原则,被大量双边条约和国际文件所普遍接受,成为被国际社会广泛承认的国际关系基本准则。

二、现代国际法基本原则的主要内容

根据前述的《联合国宪章》《国际法原则宣言》、1974年《各国经济权利和义务宪章》以及1955年亚非会议通过的《关于促进世界和平与合作的宣言》等国际文件的规定,在现阶段,国际法基本原则包括下列各项:国家主权原则、国家平等原则、禁止使用武力原则、和平解决国际争端原则、真诚履行国际义务原则、不干涉内政原则、国际合作原则、民族自决原则、尊重人权及基本自由原则、尊重国家领土完整原则、公平互利原则,等等。本书在下述内容中将重点阐述其中的几项基本原则。

(一)国家主权平等原则

1. 国家主权的概念

国家主权,或称国际法上的主权,是指国家独立自主地处理其对内对外事务的权力。其内涵包括对内具有最高统治权和对外具有独立权两个方面。

具体而言,对内方面,国家主权体现为国家对自己领土内的一切人、物和事件享有排他的管辖权,即属地管辖权(详见第二章"国际法上的国家"中关于"国家的基本权利"内容)。国家主权在国家领土范围内是至高无上的,它只受主权者本身的限制。

在对外方面,国家主权表现为不从属于其他权力的独立权,国家有权独立自主地处理其内部和外部事务,并排除任何外来的侵犯和干涉。简言之,"主权"和"独立"之间密不可分。对此,常设仲裁法院院长、瑞士法学家马克斯·胡伯在"帕尔马斯岛仲裁案"(1928)的裁决中已指出:"在国家之间的关系中,主权意味着独立。对于地球的一部分来说,独立就是排除其他国家在其中行使国家职能的权利。国际法的发展已确立了国家对其领土行使排他权力的原则,此原则应成为解决国际关系的出发点。"①在1931年的德奥关税同盟问题咨询意见案中,国际常设法院的安茨洛蒂法官也在他的个别意见中阐明了相似的看法:"独立在国际法上,就是国家的正常状态;也可以称之为主权,或称之为外部主权,其意思是:在国家之上,除国际法外,再没有别的权威。"②鉴于"主权"和"独立"之间的密切关联,有学者提议用"国家独立"来替代"国家主权"。英国国际法学者阿库斯特博士指出:当国际法学家说国家是有主权的,其全部真正的意思就是国家是独立的,这就是说,它不是其他任何国家的附属国。其意思绝不是说,国家都在法律之上。如果以"独立"一词代替"主权",那就会好得多。③

国家主权与领土完整密切相关。领土是国家行使主权的空间,领土完整是国家主权的重要组成部分,领土的完整性如果得不到保障,主权就无法维持,至少是不能完全维持。因此,和平共处五项原则中的第一项原则表述为"互相尊重主权和领土完整",它将主权和领土完整结合起来,表明两者之间的密切关系。

国家主权不仅体现为国家的政治独立和领土完整,还体现为国家的经济自主。第二次世界大战之后,在广大发展中国家的积极倡导下,国家主权的内容扩大到经济领域,产生了国家对自然资源永久主权的概念。国家主权在经济方面的这一表现又称为国家的经济主权。1962年联合国大会通过的《关于自然资源之永久主权宣言》正

---

① 《联合国国际仲裁裁决报告集》(第2卷),1949年英文版,第480页。
② 《常设国际法院刊物》,A/B辑,第41号,1931年英文版,第57页。
③ 〔英〕M.阿库斯特:《现代国际法概论》,汪瑄、朱奇武等译,中国社会科学出版社1981年版,第18—19页。

式宣布了国家对自然资源的永久主权,以及由此产生的国家对外国资产实行国有化的权利。1974年联合国大会通过的《建立新的国际经济秩序宣言》对此再次加以确认。联合国大会同年通过的《各国经济权利和义务宪章》对此做了更加明确具体的表述,其第二章第2条第1款规定:"每个国家对其全部财富、自然资源和经济活动享有充分的永久主权,包括拥有权、使用权和处置权在内,并得自由行使此项主权。"这为国家对自然资源的永久主权和国有化权利提供了切实的保障。

国家主权的重要特征有三:一是主权是国家的基本权利之一,也是国家最重要的属性。一个领土实体若没有主权就不成其为真正的国家。二是主权是国家本身所固有的权利。主权并不是由国际法所赋予的,国际法只是对这一权利加以确认。三是国家主权的排他性。无论是国家主权所体现出来的对内最高权还是对外独立权,都集中表现为国家主权的排他性,即国家主权对其他国家的某种排斥。"国家主权在国际法上的这种排他性,还体现在对国家以外的或超国家外来力量的排斥上。"[①]国际社会不存在超越于国家之上的国际立法机构、国际司法机构和国际执行机构,就说明了国家主权的这种排他性。

然而,国家主权不是绝对不受限制的。一方面,国家主权体现在国家只受国际法的调整;另一方面,为了国际关系的正常运作,作为国际社会成员的国家负有互相尊重对方主权的义务,并且履行根据国际法或基于条约所承担的义务,从而使主权的行使自愿地受到一定的制约。譬如,1994年《联合国海洋法公约》第309条规定该《公约》不得保留,这实质上是对该《公约》参加国主权的限制,因为条约的保留是国家的主权行为,况且在关于领海和专属经济区的范围、领海的无害通过权等各种问题上,许多国家的国内立法与该《公约》的规定不同。但根据该条规定,该《公约》批准国的有关国内立法只得让位于该《公约》的规定。可以说,随着国际关系的不断发展和国际合作的日益加强,国家主权所受的限制会越来越多。诚然,在法理

---

① 白桂梅、朱利江编著:《国际法》,中国人民大学出版社2004年版,第18页。

上,对主权的限制是建立在国家的自愿承认基础之上的。

2. 国家主权平等原则

国家主权平等原则实际上包含了两项国际法原则:国家主权原则和国家平等原则。国家主权原则的核心是各国主权平等,国家主权和国家平等密不可分,《联合国宪章》将两者合并为一项原则,即国家主权平等原则。按照1970年《国际法原则宣言》(简称《宣言》)的解释,国家主权平等原则是指各国一律享有主权平等,各国不问经济、社会、政治或其他性质有何不同,均有平等权利与责任,并为国际社会之平等会员国。该《宣言》还对"主权平等"的含义做了进一步的阐释:"主权平等尤其包括下列要素:(1) 各国法律地位平等;(2) 每一国均享有充分主权之固有权利;(3) 每一国均有义务尊重其他国家之人格;(4) 国家之领土完整及政治独立不得侵犯;(5) 每一国均有权利自由选择并发展其政治、社会、经济及文化制度;(6) 每一国均有责任充分并一秉诚意履行其国际义务,并与其他国家和平共处。"

国家主权原则是国际法对国家主权的确认,该原则确认各国有权决定其政治、经济、社会和文化制度,保证各国处理其国内外事务的独立自主,禁止外来的侵略和干涉,尊重各国政治独立、领土完整和经济权益。国家主权原则是最重要的国际法基本原则,因为国家主权是现代国际法的基石。一方面,传统国际法的原则和规则是建立在国家主权原则的基础之上的;另一方面,国际社会是主权国家林立的社会,不管国际关系如何发展,处理国家之间关系的基本出发点依然只能是国家主权。此外,国家主权原则在国际法基本原则体系中居于核心地位,其他的国际法基本原则,诸如国家平等原则、不干涉内政原则等,都是从国家主权原则中派生或引申出来的。关于国家平等原则的含义,详见第二章"国际法上的国家"中的"平等权"概念。

(二) 禁止使用武力原则

自19世纪开始,战争给人类带来了无法承受的巨大痛苦,正是过去一百多年的历史教训使得人类逐渐认识到全面禁止使用武力的必要性,从而最终催生了《联合国宪章》(简称《宪章》)第2条第4

项。该条款规定:"各会员国在其国际关系上不得使用威胁或武力,或以与联合国宗旨不符之任何其他方法,侵害任何会员国或国家之领土完整或政治独立。"也即是说,第2条第4项禁止各会员国在国际关系中使用武力或武力威胁,禁止各会员国以同联合国宗旨不符的任何其他方法,侵害他国的领土完整或政治独立。该条款确立了禁止联合国各会员国在国际关系中使用武力或武力威胁的原则,简称"禁止使用武力原则"或"不使用武力原则"。

根据1970年《国际法原则宣言》的规定,禁止使用武力原则包括以下要点:每个国家都有义务在国际关系中禁止使用武力或武力威胁,使用武力或武力威胁构成违反国际法以及《联合国宪章》的行为,永远不应用作解决国际争端的方法;侵略战争构成危害和平的罪行,在国际法上须负责任;各国有义务避免从事侵略战争的宣传;应尊重国际疆界;禁止武力报复行为;禁止在他国发动、煽动、协助或参加内战或恐怖活动;禁止对他国领土进行军事占领,等等。

从《宪章》第2条第4项的行文中不难看出,禁止使用武力原则的适用范围局限于国家之间的"国际关系"。这与《宪章》规定的不干涉内政原则相适应。据此,一国可以在本国领域内采取武力措施来镇压暴动、平定叛乱、惩处反叛和阻止分离活动而并不违背禁止使用武力原则。

根据《宪章》的有关规定,禁止使用武力原则的例外只有两种情况,即只有在下面两种情形下的武力使用才是合法的:一为联合国安理会所采取的或授权采取的武力行动;二为国家自卫权的行使。除上述《宪章》明文规定的例外情况之外,在联合国的实践中,合法使用武力的范围还被扩大解释为也包括民族解放运动在内。换言之,争取民族独立的组织在抵抗殖民主义镇压情况下的使用武力是合法的。

禁止使用武力原则不仅是《宪章》的一项重要原则,而且已发展为一项习惯国际法规则,并已成为当代国际法的一项强制规范(强行法)。国际法院在"尼加拉瓜案"(1986)中明确判称,《宪章》第2条第4项所规定的禁止使用武力原则构成国际习惯法的一部分。而且,国际法院院长辛格和塞塔—卡马拉法官在他们的个别意见中均认为:不使用武力原则属于强行法的范畴。① 因此,禁止使用武力原则约束世界上一切的国家和各种国际组织,任何国家或国际组织都不能自行约定不受该原则的拘束,该原则只能由后来的同样具有强行法性质的一般国际法规范才可替代或更改。②

(三) 和平解决国际争端原则

在传统国际法中,"诉诸战争权"是主权国家的固有合法权利。1928年《巴黎非战公约》在法律上废弃战争作为国家政策的工具,1945年《联合国宪章》第2条第4项普遍而全面地禁止在国际关系中使用武力或武力威胁。至此,和平解决国际争端原则最终得以确立,该原则被规定在《联合国宪章》第2条第3项中。

依据1970年《国际法原则宣言》的规定,和平解决国际争端原则意味着,为了避免危及国际和平、安全及正义,各国应以谈判、调查、调停、和解、公断(即仲裁)、司法解决、区域机关或办法的利用,或其他和平方法解决国际争端。而且,国际争端应基于国家主权平等的基础并依照自由选择方法的原则来解决。

和平解决国际争端原则与禁止使用武力原则是互相关联,相辅相成的。首先,和平解决国际争端原则是从禁止使用武力原则中引申出来的。既然传统国际法上以武力解决国际争端的方法被摒弃,各国自然就只能以和平方式解决它们之间的争端。其次,与禁止使用武力原则这项消极的义务相对应,和平解决国际争端构成各会员国的一项积极义务,这两项义务紧密相连而不可分割。很难想象,缺少这两项原则中的任何一项原则,另一项原则还有何意义? 最后,这两项原则是维护国际和平与安全这一联合国的首要宗旨和最高目标的前提,并为《宪章》第1条第1项所设想的联合国集体安全体制提供了基础。所谓集体安全体制(collective security system),意即依赖于国际社会多数国家相互之间而不是靠单个国家或某些国家的联合,以对各国和国际社会的安全实行的一种集体保障制度。对于这

---

① 《国际法院判例汇编》,1986年英文版,第99—101、153、199页。
② 关于该原则的讨论,可参阅黄瑶:《论禁止使用武力原则——联合国宪章第二条第四项法理分析》,北京大学出版社2003年版。

两项原则,各国若能严格遵行,国际和平与安全则可免遭威胁或破坏。

(四)不干涉内政原则

不干涉内政原则是指国家在相互交往中不得以任何理由或方式,直接或间接地干涉在本质上属于任何国家国内管辖的事务,也不得以任何手段强迫他国接受自己的意志、社会制度和意识形态。

不干涉内政原则是从国家主权原则中引申出来的,前者是后者的必然结果。不干涉内政是国家在国际法上的一项义务。不干涉内政原则早已被许多现代国际文件确立为一项国际法基本原则。《联合国宪章》第2条第7项规定:本宪章不得认为授权联合国干涉在本质上属于任何国家国内管辖之事件,且并不要求会员国将该项事件依本宪章提请解决;但联合国依据《联合国宪章》第七章所采取的维护国际和平与安全的执行办法除外。

不干涉的对象是他国的内政。关于"内政",又称"国内管辖事项"(matters of domestic jurisdiction),一般认为,它是指国家不受国际法约束而能独立自主地处理的对内对外事务。虽然对"内政"一词迄今在国际法上还没有一个统一的定义,但是可以确定的是,一国根据本国国情确定自己的政治、经济、社会和文化制度,纯属该国国内管辖事项,不受他国任何形式的干涉。有些国际法学者也将"内政"称作"保留领域"(the reserved domain),即一国管辖权不受国际法限制的国家活动领域。保留领域的范围取决于国际法的规定,并随着国际法的发展而变化。由于现代国际组织的飞速发展,国际合作不断向纵深发展,国际法的调整范围日益扩大,国家"保留领域"呈现出逐渐缩小之势。需要指出的是,国际法上的"内政"不是一个地域概念,一国在本国境内的行为,也可能是违反国际法的行为或违背其国际义务,因而不能看做是一国的内政。例如,某国在其境内实行种族隔离、种族灭绝或种族歧视政策,或者策划发动侵略别国的战争等。这些都是国际法所禁止的行为,对此,以联合国为代表的国际社会应该进行干预和制止,以伸张正义和维护国际法原则不被破坏。

从干涉的手段上看,干涉可分为武装干涉和非武装干涉(包括经济干涉、外交干涉、策划内战和颠覆政权等)。武装干涉是一国以武装力量对另一国进行的干涉,即武装侵略,它是最为直接的公开干涉。无论哪种形式的干涉都是违反国际法的,尤其是武装干涉,它直接与禁止使用武力原则相抵触,为现代国际法所不容。在各种武装干涉中,以人道主义为由的武装干涉即人道主义干涉,是近年来国际上争议颇多的一个问题。在国际法上,这种干涉关涉禁止使用武力、不干涉内政、国家主权平等和保护人权等诸项重要原则,因此显得极为复杂。尤其是它涉及维持和平与保护人权的这一悖论,使其复杂性尤为突出。关于人道主义干涉的概念,迄今尚无统一的界定。一般而言,人道主义干涉系指一国、国家集团或国际组织为了阻止或遏制在外国发生的严重违反基本人权的行为,不经他国政府同意,而对他国使用武力或武力威胁。单方面的人道主义干涉在现代国际法(包括条约法和国际习惯法)上都找不到法律依据,换言之,迄今为止这种干涉是没有合法根据的。

(五) 民族自决原则

民族自决原则(principle of self-determination of peoples,也译"人民自决原则"),是20世纪发展起来的一项较新的国际法原则。该原则起初是作为一个政治概念出现的,第二次世界大战后它首次被载入一项多边国际条约——《联合国宪章》中。《宪章》第1条第2项宣布联合国的宗旨之一是:"发展国际间以尊重人民平等权利及自决原则为根据之友好关系";《宪章》第55条规定:促进国际经济及社会合作,以造成国际间以尊重人民平等权利及自决原则为根据的和平友好关系所必要的安定及福利条件。由此,人民自决原则开始从一项政治原则逐渐向国际法原则转变。1960年联合国大会通过的《给予殖民地国家和人民独立宣言》第2条宣布:"所有的人民都有自决权;依据这项权利,他们自由地决定他们的政治地位,自由地发展他们的经济、社会和文化。"据此,人民自决原则被确立为殖民地独立的一项合法权利。1966年的两个国际人权公约《公民权利与政治权利国际公约》和《经济、社会、文化权利国际公约》,它们都共同在第1条中规定了人民自决原则,由此自决原则发展成为一项集体人权。故此该原则又被称为"人民自决权"。联合国大会一致通过的1970年《国际法原则宣言》明确将人民自决权确认为一项国际法原则,晚近的国际司法实践亦重申了自决原则。譬如,在1995

年的东帝汶案中,国际法院确认人民自决权是一项国际法律原则,它指出:"葡萄牙提出,从联合国宪章和联合国实践中发展而来的人民自决权,具有普遍的(erga omnes)特性。葡萄牙的这一主张是无懈可击的。人民自决原则已被联合国宪章和国际法院的判例所承认……它是当代国际法的重要原则之一。"①

国际法上的人民自决原则的基本内涵是根除一切形式的殖民主义,即非殖民化。第二次世界大战后的三十多年里,非殖民化成为自决原则的真谛,自决原则普遍适用于当时风起云涌的亚非拉民族解放运动浪潮,成为殖民地人民争取独立的法律依据。在非殖民化进程中形成和发展起来的人民自决概念,是指在外国奴役和殖民统治下的被压迫民族或人民,自由决定自己命运、摆脱殖民统治、建立民族独立国家的权利。1970 年《国际法原则宣言》对自决原则做了进一步的具体规定,它指出:各民族一律有权自己决定其政治地位,不受外界的干涉,并追求其经济、社会及文化的发展;每一国家都有义务尊重此权利。

在自决原则的形成时期和 20 世纪非殖民化进程中,自决原则只适用于殖民地或非自治领土内的居民,而不适用于已经独立的国家内部少数民族的分离。需要特别指出的是,自决原则不是有意鼓励国家分裂。例如,《国际法原则宣言》在承认殖民地人民和其他被压迫民族有自决权的同时,也承认各国有义务维护现存国家的领土完整和禁止破坏现存国家的统一和独立。《宣言》第 5 项原则(自决权原则)的第 7 段和第 8 段分别规定:"以上各项不得解释为授权或鼓励采取任何行动,局部或全部破坏或损害在行为上符合上述各民族享有平等权及自决权原则并因之具有代表领土内不分种族、信仰或肤色之全体人民之政府之自主独立国家之领土完整或政治统一。""每一国均不得采取目的在局部或全部破坏另一国国内统一及领土完整之任何行动。"实际上,现代国际法通过将自决权的适用限制在殖民地或在外国统治的领土范围之内,来协调自决、分离与国家领土完整三者之间的关系。

---

① 《国际法院判例汇编》,1995 年英文版,第 102 页。

思考题

1. 国际法有哪些特征?
2. 如何理解国际法的法律性质?
3. 国际法的主要渊源有哪些?
4. 国际习惯法规则是怎样形成的?
5. 各类国际法主体在国际法律关系中的地位怎样?
6. 试述国际条约在国内适用的方式。
7. 何谓国际强行法?国际强行法与国际法基本原则的联系与区别是什么?
8. 《联合国宪章》提出的哪些原则构成了国际法基本原则?
9. 试述和平共处五项原则在现代国际法上的地位。
10. 试述国家主权平等原则的含义及意义。

第二章 国际法上的国家

本章主要涉及国家在国际法上的地位和与之相关的法律制度问题,其内容可分两大部分:一是与国家本身有关的内容,包括:国际法上的国家之构成要素,国家的类型,国家的基本权利和义务,国家主权豁免等;二是与国家相关的法律制度,主要是国际法上的承认和继承制度。

第一节 国家的概念和类型

一、国际法上国家的构成要素

国际法上的国家是指由固定的居民和特定的领土组成的、有一定的政府组织和对外独立交往能力的政治实体。

作为国际法意义上的国家,必须具备一些必要的条件,那就是:(1) 定居的居民;(2) 确定的领土;(3) 一定的政权组织;(4) 主权。这些要件也称之为"国家的要素"。

1933年在蒙得维的亚签订的《美洲国家间关于国家权利和义务的公约》的第1条,规定了迄今被最广泛接受的国际法上关于国家概念的标准:"国家作为一个国际人格者应当具备下列条件:(1) 定居的居民;(2) 确定的领土;(3) 政府;和(4) 与他国交往的能力。"该条的第四个条件"与他国交往的能力"是国家主权在对外关系上的体现。

第一,定居的居民。国家首先是由一定的人组成的。有定居的或固定的人口,即永久性的居民,才能形成社会和一定的经济及政治结构,进而构成国家。世界上有多达十亿以上人口的国家,如中国和印度;也有少至仅约一万人口的"微型"国家,如太平洋岛国瑙鲁就只有约1万居民。但一个国家人口的多寡、种族和民族的构成如何,并不影响一个国家的存在。

第二,确定的领土。国家是在一定的领土上建立起来的。领土既是国家存在和发展的物质基础,也是国家主权活动的空间。有了确定的领土,一国居民的生存和发展才有了物质基础,而一个没有固定领土、漂泊不定的民族或部落是不能形成现代意义上的国家的。需指出的是,国家必须具有确定的领土并不意味着国家边界必须完全划定,也不表明国家领土在某个时期被外国占领会导致该国的消亡,因为这些不是国家存在的前提条件。尽管在世界上,国家的领土有大小之别,但领土面积的大小,并不妨碍国家的存在。而且,无论是大国还是小国,它们在国际法上的地位均是平等的。

第三,一定的政权组织或政府。政府是执行国家职能的机构,包括行政机关、立法机关和司法机关。政府代表国家对内实行管辖,对外进行国际交往。至于一个国家采取何种形式的政权组织,是各国自己决定的内政问题。

第四,主权。主权是国家的根本属性。《奥本海国际法》(第9版)将"主权"界定为:"主权是最高权威……是在法律上并不从属于任何其他世俗权威的法律权威。因此,在最严格和最狭隘的意义上,主权含有全面独立的意思,无论在国土以内或在国土以外都是独立的。"①换言之,主权是国家具有的对内的最高权力和对外的独立地位。主权是区分国家和地方行政单位、非独立领土的主要界限。在一个地域内,虽然有政权组织,有固定的居民,但没有主权,还不能构成国家,只能是一个国家的地方行政单位或者殖民地。可见,一个领土实体是否拥有主权,是判定其是否为国家的一个关键要素。

任何一个实体只有同时具备了上述四个要素,才能构成国家,从而成为国际法的主体。下面以我国的台湾地区为例予以分析。国家主权对外的表现之一是有与他国交往的能力。在国际上,一个实体的对外交往权一般体现为缔结国际条约、参加国际组织或国际会议以及与外国建立官方关系等方面。而台湾地区则缺乏主权这一要

---

① 〔英〕罗伯特·詹宁斯、阿瑟·瓦茨修订:《奥本海国际法》(第9版),第1卷,1992年英文版,第122页。

素。首先,在缔约权方面,一般认为,缔约权最能体现国家的独立和主权。然而,事实证明,台湾没有国家那样的正常缔约权,因而其不具备主权与独立地位。其次,在台湾参加国际组织或国际会议问题上,自1971年台湾当局被逐出联合国后,台湾失去了在所有重要的政府间国际组织中的地位。它目前没有成为那些要求以国家身份加入的国际组织的成员,所以其对外交往权局限于非国家实体的层次。最后,在台湾地区与其他国家或地区建立官方关系方面,目前只有极少数国家同台湾建立正式外交关系,其中大多为拉美国家。这表明世界上绝大多数的国家都不承认台湾地区为一个国家。鉴于台湾与世界上绝大多数国家之间关系的非官方性质和许多国家在国际上的态度,因而可以说,台湾进行国际关系的能力是很有限的,它不具备独立的国际法律地位。通过以上对台湾对外交往权各个方面的考察,结论是:台湾在对外关系上不具有主权,它不符合国家的构成条件,它仅为一个非国家实体。

二、国家的类型

按照不同的标准可以将国家分为不同的类型。按国家的结构形式,可分为单一国和复合国两种类型;按国家行使主权的状况,可分为主权完全国家和主权受限制的国家,而后者又可分为两种情况:一是该国自愿放弃部分主权,如永久中立国自愿放弃诉诸战争权;二是一国因成为他国的附属国,丧失或部分丧失了主权,如附庸国和被保护国。①

(一) 单一国

单一国(单一制国家),是指由若干行政区域构成的单一主权的国家。单一国的中央政府行使对外职能,是国际法主体的代表。其各行政区域一般没有对外职能,不是国际法主体。在单一国,全国只有一部宪法,其人民拥有统一的国籍,中央政府行使最高的立法、司

---

① 参见陈致中编著:《国际法教程》,中山大学出版社1989年版,第54页。
在讨论国家类型这一问题时,梵蒂冈(全称"梵蒂冈城国")是很独特的个案。关于梵蒂冈在国际法上的特殊地位,可参阅〔英〕罗伯特・詹宁斯、阿瑟・瓦茨修订:《奥本海国际法》第1卷第1分册,中国大百科全书出版社1995年版,第198—200页。

法和行政权力。

中国是单一制国家。根据中国宪法和相关法律,中央人民政府(国务院)是国家权力的最高执行机关,行使对内对外职能。我国的地方行政单位(省、直辖市、自治区、特别行政区),特别是香港和澳门两个特别行政区,在中央政府授权下可以享有部分对外交往的权力,但这不影响中国作为单一制国家的国家形式。

(二) 复合国

复合国(复合制国家)是两个或两个以上的成员邦组合起来形成复合结构的国家或国家联合体。目前,这种国家有联邦和邦联两种形式。历史上曾有过"君合国"和"政合国"两种不同的国家组合,但早已绝迹。

1. 联邦

联邦是指由若干个成员单位根据联邦宪法组成的国家。它是复合国中最典型和最主要的形式,如美国、俄国、加拿大、瑞士、德国、印度等都是联邦国家。联邦国家的特点是,其有统一的宪法、统一的最高权力机关和最高行政机关、统一的联邦国籍。联邦政府与其各成员单位之间的权限范围由宪法划定。各成员单位也有自己的宪法、立法机关和行政机关,但其公民是联邦的公民,受联邦法律的约束。成员单位有较大的自主性,但联邦国家的对外权力主要由联邦政府行使,联邦国家本身是国际法主体,而其成员单位不是独立的国际人格者。不过,各联邦国家的成员单位的对外交往权不尽相同。例如,在苏联,由于历史原因,乌克兰和白俄罗斯两个加盟共和国在1945年成为联合国创始会员国。在瑞士,瑞士各州能够与外国缔结有关公共经济、边界关系和警察等问题的条约。而在美国,虽然美国各州实际上与外国或外国的组成单位(如加拿大的魁北克省等)签订了处理公路和国际桥梁的建设和维护事宜的某些协定,但对外关系行为的责任完全属于联邦政府。①

2. 邦联

邦联是由若干个主权国家根据条约组成的国家联合体。邦联没

---

① 〔英〕马尔科姆·N.肖:《国际法》(第5版),2003年英文版,第197—198页。

有统一的中央权力机关和行政机关,没有统一的国籍。组成邦联的各成员国是独立的主权国家,其公民各有本国国籍。在对外关系上,邦联本身不是国际法主体,各成员国才是国际法主体。在历史上,美国于1778—1787年、德意志于1818—1866年、瑞士于1815—1848年曾经组成邦联,但后来都发展为联邦了。邦联的当代例子是由波黑联邦和克罗地亚共和国组成的邦联。1994年3月18日,波黑的波斯尼亚及克罗地亚两族领导人和克罗地亚共和国领导人签订的《华盛顿协议》规定,波黑(穆克)联邦和克罗地亚共和国之间建立邦联关系。

除了联邦和邦联两种国家形式外,国际社会还有一些特殊的国家集合体,如英联邦和法兰西共同体。

英联邦是从英国与其殖民地之间的关系演变而成的特殊国家结合体,其成员国主要是已获得独立的前殖民地或被保护国。目前,英联邦成员国都是主权国家,而英联邦本身没有国家主权,没有联邦宪法和对各成员国及其公民行使权力的联邦机构,也没有代表各成员国进行国际交往的权力。英联邦中各成员国互派的使节不叫大使,而叫作高级专员(commissioner)。英联邦国家之间的争端一般不提交国际法院。尽管如此,英联邦本身不是国际法主体。

法兰西共同体是由法兰西共和国与法国在非洲的前殖民地根据1958年《法国宪法》建立起来的。它是类似于英联邦的国家结合体,它没有能够对各成员国行使权力的机构,也无权代表成员国进行国际交往。法兰西共同体不是国际法主体,但其各成员国都是国际法主体。

(三) 永久中立国

永久中立国是指根据国际条约或国际承认,在对外关系中承担永久中立义务的国家。

永久中立国的存在必须具备两个条件:

(1) 自愿承担永久中立义务。永久中立义务主要包括:① 不得对他国进行战争或参与战争,但有权对外国的武力攻击进行自卫;② 不缔结与中立义务相抵触的条约,如军事同盟条约、共同防御协定等;③ 不采取任何卷入战争的行动或承担这方面的义务,如允许外国军队入境或允许外国在其境内建立军事基地等。

（2）永久中立地位由国际条约加以保证。实践中通常由一些强国通过缔结国际条约以保证中立国的中立地位不受侵犯。例如，瑞士永久中立国的地位始于1815年的维也纳会议。在此次会议上，英国、俄国、法国等部分欧洲国家在一个宣言上签字，承认并集体保障瑞士的永久中立。而且，在第一次世界大战后，瑞士永久中立国的地位为1919年《凡尔赛和约》再次确认。

永久中立国承担永久中立义务的结果，使其与战争有关的权利受到了一定限制，但这并不影响该国的国际法主体地位，因为这类国家只是自愿地放弃了有限的权利，但并没有放弃国家主权。现在的永久中立国有瑞士、奥地利。此外，1995年12月，第50届联合国大会一致通过决议，赋予土库曼斯坦永久中立国地位，土库曼斯坦成为亚洲唯一的永久中立国。

（四）附属国

附属国是指对他国居于从属地位的国家，其对外交往权不同程度地受到他国的控制。附属国主要有附庸国和被保护国两种类型。

1. 附庸国

附庸国是指在对内事务上有自主权，但对外关系完全或主要地由宗主国行使的国家。宗主国即控制附庸国对外关系的国家。宗主国对附庸国享有的权力称为宗主权，以区别于主权。[①] 附庸国的例子如，19世纪的埃及和保加利亚是土耳其的附庸国。现今，附庸国已不存在。

2. 被保护国

被保护国是指根据条约将自己重要的国际事务交由一个强国（保护国）处理而自己处于被保护地位的国家。被保护国把重要的对外事务交给保护国处理，因此被保护国的主权是不完全的，但这种国家在一定限度内保有其国际地位，仍是国际法的主体。而且，被保护国不是保护国的一部分，保护国与第三国进行战争不当然使被保护国处于战争地位。被保护国的例子有：突尼斯（1881—1956年）由

---

① 周鲠生：《国际法》（上册），商务印书馆1976年版，第80页。

法国保护;埃及(1914—1922年)由英国保护;不丹在1865—1949年由英国保护,其后为印度保护,1971年加入联合国;朝鲜(1905—1910年)由日本保护。①

第二节 国家的基本权利和义务

国家在国际法上的权利可分为基本的权利和派生的权利两种。国家的基本权利是指由国家主权直接派生出来的国家所固有的权利。这种权利是国家在国际法上当然享有的根本性权利,是国家不可剥夺的和不可侵犯的权利。所有国家在享有国家基本权利上是没有差别的。国家的派生权利是指从国家基本权利中引申出来的权利,它是行使国家基本权利的结果,因此,各国享有的派生权利是不同的。

国家的基本权利是与国家的基本义务相对应的一个概念。根据权利与义务统一的原理,一国享有基本权利的同时,也负有尊重别国基本权利的义务。国家的基本义务实际上与国际法基本原则密切相关,两者的内容有不少重叠之处。例如,根据1946年联合国大会通过的《国家权利和义务宣言草案》的规定,国家承担的基本义务有:不干涉他国内政、不使用武力或武力威胁、和平解决国际争端、真诚履行国际义务、尊重人权及基本自由,等等。

国家的基本权利到底有哪些?国际法学者对此有不同的见解。上述《国家权利和义务宣言草案》反映的是国际法学界在此问题上的一般看法,它将国家的基本权利列为四项:独立权、平等权、自卫权和管辖权。

一、独立权

独立权是指国家按照自己的意志处理本国事务而不受他国干涉的权利。独立自主和不受干涉是独立权的两个特征。依据独立权,在对内事务上,国家可以独立自主地选择本国的社会制度、政治制

---

① 陈致中编著:《国际法教程》,中山大学出版社1989年版,第57页。

度、经济制度和文化制度,采取立法、司法和行政措施,制定本国的各项政策和法律;在对外事务上,国家可以独立自主地实行本国的对外政策,处理它的国际关系。

独立权是国家主权的重要标志,一个国家若丧失了独立,就意味着丧失了主权。譬如,若某个国家在处理其对内对外事务时听命于别国,则该国就沦为了一个殖民地或附属国。在对外关系的文件上,"独立"一词有时被用作"主权"的同义词(关于独立与主权之间的密切关联,详见第一章中关于国家主权平等原则的论述)。与独立权相对应的国家基本义务之一是不干涉别国内政,国家的独立权是不干涉内政原则的基础,对别国内政的干涉构成对别国独立的损害。

随着现代国际法的发展,独立权的内容从原来的指国家在政治上的独立,扩大到还包括国家在经济上的独立,即不受外国掠夺和剥削的权利。联合国大会在1974年通过了关于建立国际经济新秩序的三个文件,即:《建立新的国际经济秩序宣言》《建立新的国际经济秩序行动纲领》和《各国经济权利和义务宪章》。这三个文件在强调国家政治独立的同时,主张国家的经济独立。虽然这三个文件都是联合国大会的决议,其本身没有法律拘束力,但它们表达了国际社会尤其是广大发展中国家在这方面的共识,从而有助于国际法的发展。

二、平等权

平等权是指各个国家在国际法上地位平等的权利。由于国家是主权的,因而是平等的,而不问其大小强弱、社会制度和发展水平如何,各国的法律地位一律平等。国家平等权一般表现为如下几个方面:(1)在国际会议上和国际组织中享有同等的代表权和投票权(除了国际金融组织和联合国的否决权制度等少数特殊规定外);(2)每个国家在外交文件上有使用本国文字的权利,缔约时,本国文字与其他缔约国的文字有同等效力(除条约另有规定者外)。按照"轮签制"(又称"轮换制"),每个缔约国在它自己保存的文本上名列首位,其全权代表在此份文本上首先签字;(3)国家在外交礼仪上享有平等的尊荣;(4)国家在外国享有司法豁免权;(5)一国侨民享受与各国侨民的平等待遇。

在现代国际法上,平等权的含义有了进一步的发展——将平等和互利结合起来,使平等不仅具有形式上的意义,而且更有实质的意义(详见第一章中的"和平共处五项原则")。

三、自卫权

自卫权是指国家为了保卫自己的生存和独立而具有的权利。广义的自卫权(又称"自保权")包括两方面的内容:(1)国家平时进行国防建设的权利即国防权。国家有权使用自己的一切力量进行国防建设,防备可能来自外国的侵略。(2)国家在受到外国武力攻击时,实施单独的或集体的武装自卫行动的权利,这是狭义的自卫权概念。

狭义自卫权的行使受到严格的条件限制。根据《联合国宪章》第51条和国际习惯法,自卫权行使的条件包括:(1)自卫权行使的前提条件须是"受到武力攻击",即国家只有在"受到武力攻击"的情况下,自卫的行使才被准许。(2)自卫的时间应在安理会"采取必要办法以维持国际和平与安全之前"。换言之,一旦安理会采取了维护国际和平与安全的必要措施,自卫行动即告结束。这表明,在《宪章》体制下,自卫是受制于安理会的临时性补救办法。(3)联合国会员国行使自卫权所采取的行动应向安理会报告,并不得影响安理会行使维持国际和平与安全的职权。(4)自卫权行使的武力限度是须遵守必要性和相称性原则。此限制条件符合自卫的目的——击退或阻止武力攻击,而不是出于惩罚。必要性原则意味着,受攻击国必须是在没有其他切实可行的和平手段可供选择作出反应的情况下,才不得不使用武力诉诸自卫,此时的自卫权行使才是必要的。而"相称性",又称"成比例性"或"程度相当原则",是指自卫所使用武力的强度和规模要与所遭受的武力攻击大体一致。此限制条件具有突出的意义,否则,在行使自卫权时动辄扩大使用武力的强度和规模,边界冲突的小事件就有可能成为发动一次全面战争的借口。实践中,自卫权利弊俱存,它犹如一把双刃剑,既是国家在必要时使用武力保卫自己的一项重要权利和救济措施,又可能被一些别有用心的国家滥用以侵犯他国的权利。

根据国际法和《联合国宪章》的规定，国家在行使自卫权时要承担相应的义务，不得对他国造成威胁。具体而言，一个主权国家出于国家安全的需要和自卫的防御目的，有权发展武器装备措施（包括核武器）。但是，如果一国承担了有关军备控制方面的国际义务，则由此限制了该国这方面的主权，该国就得遵从其国际承诺。譬如，若一国违反了军备控制条约，开发、生产或获得核武器及其他大规模毁灭性武器，就构成了非法的武力威胁。又如，1991年伊拉克与科威特的危机结束后，作为对伊拉克非法使用武力的制裁，其裁军义务受到了国际监督，联合国安理会通过第687号决议（1991）和第1441号决议（2002），设立了伊拉克裁军义务监督机构，要求它销毁大规模毁灭性武器。对此，伊拉克不得违背对其裁军的国际义务。

四、管辖权

作为国家的一项基本权利，管辖权（又称"国家管辖权"）是指国家对特定的人、物和事件进行管理和处置的权利。① 实际上，管辖权（jurisdiction）一词在不同的语境中有不同的含义。在国内，国家行使管辖权通常采用制定、执行、适用国内法的方式。从国家的职能上可将管辖权分为立法、执行和司法管辖权。立法管辖权是指一国制定国内法用以规范特定的人、物、行为的权限；执行管辖权是指一国主管机关采取征税、搜查、没收、逮捕等强制措施的权限；而司法管辖权（又称"裁判管辖权"）是指一国对事件或人依法审理、判决或决定的权限。执行管辖权和司法管辖权也被统称为强制管辖权或执行管辖权。② 此外，从程序性质上可将管辖权分为民事程序、刑事程序和

---

① 参见秦晓程：《国家的管辖权与国家主权豁免》，载《国家司法考试辅导用书》（第1卷），法律出版社2005年版，第369页。

② 参见〔日〕松井芳郎等：《国际法》（第4版），辛崇阳译，中国政法大学出版社2004年版，第86页。

欧洲学者认为，从国际法角度来看，立法管辖和执行管辖足以用来分析所有与国家管辖权有关的问题，因为执行管辖既包括行政行为也包括司法行为。但是，1987年出版的《美国对外关系法重述（第三版）》在立法管辖和执行管辖之间又加上了裁判管辖，理由是司法行为并不经常属于严格意义上的执行行为，而是宣告权利和维护利益的。见李兆杰：《对国际法上国家管辖权制度的几点看法》，载黄瑶、赵晓雁编：《明德集——端木正教授八十五华诞祝寿文集》，北京大学出版社2005年版，第212页。

行政程序管辖。在国际法上,一般将管辖权分为属地管辖权、属人管辖权、保护性管辖权和普遍性管辖权四种。其中,属地管辖权和属人管辖权是主要的。

管辖权是国际法上一个重要而复杂的问题。管辖权既涉及国际法也涉及国内法。国际法规定国家管辖的范围和对国家行使管辖权可能的限制,而国内法确定国家管辖权具体行使的形式、方式和程度。[①] 由于国际法关于管辖权的规则与各国国内法之间有密切的联系,而管辖权是国家主权的一个重要方面,各国在管辖权问题上都以本国利益为重,所以管辖权问题在国际法上颇为复杂,国际法至今尚未形成有关管辖权的详细和确定的规则。

(一) 属地管辖权

属地管辖权(又称"领域管辖权""属地优越权"或"属地最高权")是指国家对本国领域内的一切人、物和所发生的事件,除国际法公认的豁免者(如享有外交特权与豁免的人士)外,有行使管辖的权利。此处所指的"领域"包括一国的领陆、领海和领空。基于属地管辖权,外国自然人和法人都必须遵守居留国法律,并服从当地的立法、司法和执行管辖。

实践中较复杂的情况是,某一犯罪行为是由一系列的活动构成,如该行为包括了犯罪准备、犯罪实施、犯罪完成等,而这些不同活动发生在不同的国家境内。如犯罪行为在一国开始,而在另一国完成的情况。较为典型的例子是,一个人站在国家边界的一侧开枪打死或打伤边界另一侧另一个国家的人。在各国的实践和学界中,对犯罪准备、犯罪实施等行为行使属地管辖的称为"主观的属地管辖原则"(主观属地管辖权),而因犯罪结果在本国发生或者犯罪行为在本国完成的原因而行使属地管辖的称为"客观的属地管辖原则"(客观属地管辖权)。主观属地管辖原则和客观属地管辖原则均为各国立法和国际实践所支持。例如,《中华人民共和国刑法》第6条第3款规定:"犯罪的行为或者结果有一项发生在中华人民共和国领域内的,就认为是在中华人民共和国领域内犯罪。"实践中,若国际条

---

① 王铁崖主编:《国际法》,法律出版社1995年版,第90页。

约或双边协定中对犯罪行为发生地的管辖权问题有规定的,则依从条约或协定的规定处理。如1929年订于日内瓦的《制止伪造货币的国际公约》规定,构成伪造货币的行为发生地国都应将该行为按照普通犯罪办理。

国家管辖权原则上以领土为主,即所谓管辖权的属地原则。属地原则是基本的和普遍接受的管辖权基础,它是国家主权的具体表现,也是国家领土主权的重要内容。因此,在各种管辖权类型中,属地管辖权往往居于优先地位。譬如,由于外国人处于所在地国的属地管辖和其本国的属人管辖的双重管辖权之下,若这两种管辖权发生冲突,一般是属地管辖权优先,除非国际法另有规定。

鉴于属地管辖权的重要性,一国若要在他国领土上行使管辖权,必须事先取得对方国家的同意。如果一国的执法人员未经对方国家的同意就进入该国领土执法,将侵犯所在地国家的属地管辖权即领土主权,构成违反国际法的行为。由于此缘故,假设一个人在甲国犯罪后潜逃到乙国,那么甲国可通过两种方式将该犯罪者绳之以法:一是甲国在经过乙国同意的情况下派出执法人员到乙国去将该人捉拿归案;二是请求乙国将该人引渡给甲国审判。在1960年的"艾希曼案"(案情详见下述的"普遍管辖权"内容)中,对于艾希曼这个双手沾满犹太人鲜血的刽子手,以色列安全人员(即特工)在未经阿根廷允许的情况下,于1960年将他绑架回以色列加以审判。这一行为侵犯了阿根廷的领土主权,事后阿根廷将此案提交给联合国安理会,指出:这类事件如果继续发生,必将导致国际摩擦,甚至危及国际和平与安全。对此,以色列承认其行为是对阿根廷主权的侵犯,以色列政府就绑架行为向阿根廷作出道歉,并保证不再发生此类事件。

诚然,属地管辖权也不是绝对的,它也存在例外或受限制的情形。第一,基于外交豁免权,一国不得对外国国家元首和外交代表行使属地管辖权。对此,我国1997年《刑法》第11条规定:"享有外交特权与豁免权的外国人的刑事责任,通过外交途径解决。"第二,由于主权豁免原则,国家不能对他国的国家行为和国家财产行使管辖权。第三,在领海行使属地管辖权时,应不干预外国船舶的内部事务,并允许它们无害通过。第四,属地管辖权的行使有时受到外国的属人管辖权的限制,如国家无权强迫在其本国内的外国人服兵役。

属地管辖权的对象是一国领土范围内的人、物和行为。那么,国家对在不属于任何国家管辖的地方(如公海或外层空间等国际空域)的具有本国国籍的航空器、船舶等交通工具上的人、物及事件行使管辖,其所依据的原则是否也是属地管辖原则呢？答案应当是否定的。依照国际法,一国可以对处于其属地领域以外具有该国国籍的航空器、船舶等交通工具上的人、物或事件行使管辖。如我国《刑法》第6条第2款规定："凡是在中华人民共和国船舶或者航空器内犯罪的,也适用本法。"但这种情况行使管辖权的依据不是属地原则,而是一种具有独立基础的管辖原则。①

(二) 属人管辖权

属人管辖权(又称"国籍管辖权""属人优越权"或"属人最高权")是指国家对具有其本国国籍的人实行管辖的权利,而无论该人在国内还是在国外。根据属人管辖权,国家可以对本国人在国外的犯罪行为进行司法管辖。例如,我国《刑法》第7条第1款规定："中华人民共和国公民在中华人民共和国领域外犯本法规定之罪的,适用本法,但是按本法规定的最高刑为3年以下有期徒刑的,可以不予追究。"

属人管辖权的行使要受到所在国属地管辖权的限制,如对在外国境内的本国人,如果没有当地国有关当局的协助,一般不能采取强制措施。

有的西方国际法著作将基于被告国籍而行使的管辖权称为"积极国籍原则"(或译"主动国籍原则"),而与之相对的"消极国籍原则"(或译"被动国籍原则")则是指基于受害者的国籍而行使的管辖权。根据后一原则,国家当本国国民在国外受到伤害时,可以将有关外国人的行为置于本国司法管辖之下。

---

① 《美国对外关系法重述(第三版)》(第1卷),美国法律研究所出版社1987年版,第241页。转引自李兆杰:《对国际法上国家管辖权制度的几点看法》,载黄瑶、赵晓雁编:《明德集——端木正教授八十五华诞祝寿文集》,北京大学出版社2005年版,第218页。日本学者认为,公海上的船舶及其上空的飞机、处在外层空间及天体的外空物体被认为拥有准领土的地位,服从其登记地国的管辖权。见〔日〕松井芳郎等:《国际法》(第4版),辛崇阳译,中国政法大学出版社2004年版,第86页。

（三）保护性管辖权

保护性管辖权是指国家对于外国人在该国领域外侵害该国的国家或公民的重大利益的犯罪行为行使管辖的权利。这种管辖是国家为了保护本国的安全、领土完整和重大的经济利益，包括本国国民的重大利益免受犯罪行为的严重侵害而实施的。

根据保护性管辖权进行司法管辖的对象是外国人在国外从事的犯罪行为，它们一般都是世界各国所公认的犯罪行为，例如，间谍行为、伪造一国的货币或印章罪、违反移民或海关法、杀人罪、纵火罪，等等。我国《刑法》第8条就规定："外国人在中华人民共和国领域外对中华人民共和国国家或公民犯罪，而按本法规定的最低刑为3年以上有期徒刑的，可以适用本法，但是按照犯罪地的法律不受处罚的除外。"

保护性管辖权是国家在例外的情形下对本国领土外的外国国民所具有的一种有限的管辖权，又称域外管辖权，其行使受到罪行发生地国家的属地管辖权的限制，也就是说，这种管辖权的实际行使一般得通过这些途径：引渡犯罪嫌疑人，或缺席判决，或者在罪犯进入受害国领土时将其逮捕。

（四）普遍性管辖权

普遍性管辖权（或称"普遍管辖权""普遍管辖原则"）是指根据国际法的规定，对于严重危害国际和平与安全以及全人类利益的某些特定的国际犯罪行为，各国均有管辖权，而不问这些犯罪行为发生的地点和罪犯的国籍。

由于普遍管辖权突破了地域、国籍和利益保护这三种传统管辖的因素，因而它在国际法上历来受到严格的限制。由于这个缘故，属于普遍管辖权范围的某些犯罪，是被国际社会认为其行为的严重性非常之大以至于它们应该受到所有国家的管辖。至于哪些犯罪是各国有普遍管辖权的，这在国际法上没有明确的规定，已获得明确公认的此类犯罪有：公海上的海盗行为、奴隶贸易和战争罪等。其他的国际犯罪行为，如灭绝种族罪、空中劫持、贩卖和走私毒品、危害人类罪等，也被较多的国家和学者认为是各国有普遍管辖权的犯罪。我国《刑法》与普遍管辖权相关的规定为第9条："对于中华人民共和国缔结或者参加的国际条约所规定的罪行,中华人民共和国在所承担条约义务的范围内行使刑事管辖权的,适用本法。"

一般来说,一国只能在本国管辖范围内或者不属于任何国家管辖的区域行使普遍管辖权。上述提及的1960年"艾希曼案"就是一例。艾希曼(Adolf Eichman)曾为纳粹德国的盖世太保犹太科头目,参与了杀害大量犹太人的罪恶活动。第二次世界大战后逃往阿根廷,后来被以色列安全人员发现并于1960年被以色列特工人员绑架回以色列。由于此案的罪行发生时还未有以色列国家(以色列1948年宣布建国),因此,以色列对艾希曼行使管辖的依据不是属地管辖或属人管辖,也不是保护性管辖,而是普遍管辖原则。然而,艾希曼是被以色列特工从阿根廷领土上绑架到以色列加以审判的,属于未经阿根廷允许,派遣本国的执法人员到阿根廷行使对艾希曼的管辖权的行为,这一行为侵犯了阿根廷的领土主权。对此,以色列政府就绑架行为向阿根廷作出道歉。但阿根廷并没有要求以色列将艾希曼交回。根据《纽伦堡国际军事法庭宪章》的规定,犯有战争罪、反和平罪和危害人类罪的人属于战争罪犯。而且根据联合国大会1968年的决议,战争罪犯无权要求庇护和不适用于法庭时效原则,艾希曼是战争罪犯,应受到普遍性管辖,任何国家都可以对他进行管辖。以色列作为犹太人的国家,最有权对沾满犹太民族鲜血的艾希曼进行审判。以色列根据独立后颁布的《惩治纳粹法》,对艾希曼进行审判并判处其死刑。[①]

现今,有越来越多的国家将普遍管辖权引入国内法中,将之作为国家行使管辖权的一项原则和依据。例如,1993年6月,比利时议会颁布《关于惩治严重践踏国际人道法行为的法律》(该法曾于1999年和2003年做过几次修正)。根据该法律,比利时国内法院对战争罪、灭绝种族罪和危害人类罪拥有管辖权,而无论此种罪行是在何时何处犯下、被告是否在比利时领土上、被告或受害者是否具有比利时国籍或以该国为居所地。该法因此而被人们称为"万国管辖权法"。根据该法律,2001年6月,比利时国内刑事法庭对卢旺达国内武装

[①] 参见陈致中编著:《国际法案例》,法律出版社1998年版,第46—50页。

冲突中的四名犯罪嫌疑人在卢旺达所犯的战争罪行进行了审判。该案中,违反人道主义法的罪行发生地在卢旺达,被起诉的四个人的国籍也是卢旺达,被他们杀害的是卢旺达人,与比利时没有任何关系。但比利时的法庭适用普遍管辖原则,用本国的法律审理了该案。①

普遍管辖权是近十多年来国际实践的一个热点问题。由于国际社会对有效防止和惩治各种国际罪行的日趋关注和国际人权运动的迅速发展,普遍管辖权的重要性得以进一步增强。普遍管辖权的发展对传统国际法关于豁免权的理论带来了一定的冲击。这方面的典型案例是皮诺切特案和刚果诉比利时的逮捕令案。在皮诺切特案(1998—2000年)中,作为智利前总统的皮诺切特在1998年到英国治病时,被西班牙以他犯有酷刑等国际罪行为由,要求英国政府将他引渡给西班牙进行审判。西班牙提出请求引渡皮诺切特的依据是普遍管辖权,而皮诺切特方面则以外交豁免权进行抗辩。英国法院的最后判决指出,一国的前国家元首犯有酷刑罪不能要求享有司法豁免权而免于引渡或起诉,皮诺切特应引渡到西班牙受审。不过,2000年,英国政府以"健康原因""出于人道主义考虑"等原因,决定让他回国。

与皮诺切特案不同,国际法院在2002年的关于"2000年4月11日逮捕证案"(简称"逮捕令案")的判决中,坚持了国际法上权威人士的管辖豁免原则。2000年4月11日,比利时布鲁塞尔初审法院根据本国的"万国管辖权法",对刚果外交部长努道姆巴西发出国际逮捕令,指控其犯有反人类罪,要求发现该人的相关国家予以拘留并将其引渡给比利时。2002年10月17日,刚果向国际法院提起诉讼,认为比利时的行为违反了一国不得在另一国领土上行使权力的原则和《联合国宪章》第2条规定的会员国主权平等原则以及1961年《维也纳外交关系公约》规定的外交部长所享有的外交豁免原则,要求国际法院裁定撤销比利时的逮捕令。国际法院在判决中认定,比利时发布国际逮捕证的行为违反了国际习惯法所规定的外交部长

---

① 参见朱文奇:"国际刑法的最新发展",载中国人民大学复印报刊资料《国际法学》2002年第5期,第58—59页。

享有的刑事管辖豁免权和不可侵犯性,裁定比利时必须撤销该逮捕令并通知其他收到通缉令的国家。但法院的判决并没有对普遍管辖权加以否定。

第三节 国家豁免

一、国家豁免的概念

国家豁免另称"国家管辖豁免""主权豁免"(因国家豁免是以国家主权为根据的,故得此名)或"国家主权豁免",它是指国家根据国家主权和国家平等原则不受他国管辖的特权。具体而言,一国对外国的国家元首、政府首脑和外交代表以及外国的国家行为和国家财产不能行使管辖权,因为它们享有管辖豁免权。鉴于国家元首、政府首脑和外交代表在东道国所享有的外交特权与豁免在外交法一章中有专门论述,本章仅从国家行为和国家财产两个方面阐述国家豁免。

"豁免"即免除所在国法律的管辖,该词是相对"司法管辖"而言的。管辖权有三种类型,即立法管辖权、司法管辖权(包括审判及审前措施)和执行管辖权,而豁免的对象主要针对司法和执行管辖权而言。但一般认为,拒绝司法管辖豁免也就意味着拒绝立法管辖豁免。据此,国家豁免的内容主要包括三个方面:(1)一国法院不得受理以外国国家为被告或以外国国家财产为标的的诉讼,即外国国家不能被诉,除非经后者同意;(2)国家可以作为原告在另一国法院起诉,在这种情况下,该法院可受理被告提出的同本诉有直接关系的反诉;(3)即使国家在外国法院败诉,该国也不受强制执行的约束,即国家财产不受所在国法院的扣押和强制执行。

应该指出的是,国家豁免(state immunity)与管辖豁免(immunities from jurisdiction)并不完全等同,管辖豁免一词的范围更为宽泛,它包括国家豁免(主权豁免)、国家行为学说、国家代表的豁免即外交豁免权及国际组织及其代表、官员和被邀请者的豁免等四种情况。在此有必要指出国家豁免与国家行为学说(act of state doctrine,也称"国家行为理论")的区别。国家行为学说是关于一国国内法院无权判断另一国在其领土内所采取的主权行为的合法性的一种理论。根据该理论,国家的政府行为不可以受到另一国家的政府机构包括法院的裁决,而只能认定其有效。虽然国家行为学说同国家豁免的概念有关,但它们存在明显的差异:(1)国家行为学说主要是在英美法院判例的基础上形成的,它不是一项国际法的规则,而国家豁免则是一项国际习惯法规则。(2)国家豁免旨在限制法院的管辖权,而国家行为学说的作用更像法律选择规则,法院通过该理论而服从或不审查外国在其领土内所做的有效行为。(3)国家豁免只能由外国国家所采用,而国家行为学说可以被私人诉讼者所援用。

二、国家豁免原则的发展

国家豁免是19世纪逐渐形成的一项国际习惯法规则。其理论依据是国家主权平等原则,即所谓的"平等者之间无管辖权"这一罗马法格言。按照此理论,由于所有的主权国家都是平等的,所以没有一个国家可以对另一个国家主张管辖权,一个国家在其他国家享有豁免权。

直到19世纪末,按照国家豁免原则,国家的一切行为和财产均免受外国法院的司法管辖,这称为"绝对豁免原则"。根据该原则,国家在外国法院的诉讼中可以对自己所有的行为援引管辖豁免。但到了20世纪尤其是第二次世界大战之后,随着国家参与商业活动的增多,越来越多的发达国家逐渐采取了"有限豁免原则"或称"限制豁免原则"或"相对豁免原则"。该原则的主要做法是将国家行为分为两类:一类是国家传统上所从事的政治、外交以及军事行为。这类行为在欧洲大陆法系国家中称之为"统治权行为"(acta jure imperii)或公法行为,在英美法系国家中称为"主权行为";另一类则是经济、贸易等原来主要由私人或法人从事的行为,这类行为在欧洲大陆法系国家中称之为"管理权行为"(acta jure gestionis)或私法行为,在英美法系国家中称为"商业交易行为"。① 对这两类国家行为,前者可

---

① 龚刃韧:《国家豁免问题的比较研究》,北京大学出版社1994年版,第411—412页。

以享受豁免,而后者则不能享受豁免。在区分国家行为是否具有主权性的标准上,多数国家是根据国家行为的性质来确定某一国家行为是"统治权行为"或"管理权行为",有的国家则根据国家行为的目的或动机来区分"统治权行为"和"管理权行为"。

目前,发达国家多数采取有限豁免原则,并颁布了国内制定法。例如,美国1976年《外国主权豁免法》,英国1978年《国家豁免法》,加拿大1982年《外国国家在加拿大豁免法》,澳大利亚1985年《外国国家豁免法》,等等。1972年欧洲理事会以有限豁免原则为基础制定了《欧洲国家豁免公约》。而长期以来,多数发展中国家坚持绝对豁免原则。

国家豁免问题牵涉面广,不仅事关国家的重大利益,而且涉及自然人和法人的利益。鉴于国家豁免问题的突出重要性,联合国国际法委员会经过多年讨论研究,起草了《联合国国家及其财产管辖豁免公约》草案,联合国大会于2004年12月通过了《联合国国家及其财产管辖豁免公约》(以下简称《公约》),并于2005年1月17日开放给所有国家签署。虽然该《公约》至今尚未生效,但它是国家及其财产管辖豁免原则发展新的里程碑。

《公约》重申了久已存在的国家及其财产管辖豁免原则。《公约》在序言中指出:"国家及其财产的管辖豁免为一项普遍接受的习惯国际法原则",并在条文中规定"一国本身及其财产遵照本公约的规定在另一国法院享有管辖豁免"(第5条);"一国应避免对在其法院对另一国提起的诉讼行使管辖",对另一国提起诉讼,不仅是"被指名为该诉讼的当事一方",而且也包括"未被指名为该诉讼的当事一方,但该诉讼实际上企图影响该另一国的财产、权利、利益或活动"(第6条)。

《公约》第一次以普遍性国际公约的方式确立了限制豁免原则,它在题为"不得援引国家豁免的诉讼"的第三部分中,列举了国家不得援引管辖豁免的八种情况。《公约》第10条至第16条规定,一国在因下列事项而引发的诉讼中,不得向另一国原应管辖的法院援引管辖豁免:(1)商业交易;(2)雇用合同;(3)人身伤害和财产损害;(4)财产的所有、占有和使用;(5)知识产权和工业产权;(6)参加公司或其他集体机构;(7)国家拥有或经营的船舶。然而,在(2)、(3)、(4)、(5)和(7)种情况中,如有关国家之间另有协议,被告国亦可主张管辖豁免。此外,《公约》第17条还就一国与外国自然人或法人订立的书面仲裁协议与该国援引管辖豁免权的关系做了规定:如果一国与外国的自然人或法人订立书面协议,将有关商业交易的争议提交仲裁,则该国不得在另一国原应管辖的法院有关下列事项的诉讼中援引管辖豁免:(a)仲裁协议的有效性、解释或适用;(b)仲裁程序;(c)裁决的确认或撤销,但仲裁协议另有规定者除外。除了《公约》规定的上述八种不享有豁免权的诉讼行为之外,其他的事项均享有豁免权。从《公约》的规定来看,在区分国家行为是否具有主权性的标准上,主要是根据国家行为的性质,但在有关情况下,也可考虑国家行为的目的。[①] 例如,根据《公约》第11条,雇用合同的诉讼一般不予豁免,但如果雇用合同是与政府行使权力紧密相关的职务(如招聘某雇员是为了履行行使政府权力方面的特定职能),那么有关该雇用合同的诉讼也享有豁免。

可以说,随着《公约》的通过和开放签署,限制豁免原则将为越来越多的国家接受,该原则将成为国家豁免立法的发展趋势。在中国,我国政府于2005年9月签署了《公约》。尽管我国还未批准《公约》,但我国在国家及其财产管辖豁免问题上的立场已十分明确,即现在也接受限制豁免原则。实际上,在此之前,我国已有立法对国家豁免作出某些例外规定,如根据我国1992年《领海及毗连区法》第10条规定的精神,从事商业活动的外国政府船舶在我国不享有豁免。

三、国家豁免的主体

顾名思义,国家豁免的主体应是国家。然而,"国家"是一个抽象的概念,国家行为是由代表国家的个人或团体来完成的。因此,"国家豁免的主体问题主要涉及哪些机关以及个人有权在外国法院

[①] 〔日〕松井芳郎等:《国际法》(第4版),辛崇阳译,中国政法大学出版社2004年版,第89页。

代表国家并援引管辖豁免。对于国内法院来说,豁免主体又意味着什么是'外国国家'的问题。"①

根据2004年《联合国国家及其财产管辖豁免公约》第2条对该《公约》中"国家"一词的解释,享有国家豁免权的主体有四类:(1)国家及其政府的各种机关;(2)有权行使主权权力并以该身份行事的联邦国家的组成单位或国家政治区分单位;(3)国家机构、部门或其他实体,但须它们有权行使并且实际在行使国家的主权权力;(4)以国家代表身份行事的国家代表。该条规定表明,享有管辖豁免权的"国家"包括国家和政府的各种机关、联邦制国家的成员邦(州)和一国的地方政府、行使主权权力的机构和部门或其他实体以及国家代表。然而,这并不意味着所有的国家或政府机关的行为在外国法院都享有豁免权,因为第2条所规定的第三类主体"国家机构、部门或其他实体"附有一个限定条件,即它们必须是"有权行使并且实际在行使国家的主权权力"。换言之,如果"国家机构、部门或其他实体"没有行使国家的主权权力,则无权援引国家豁免。

四、国家豁免权的放弃

国家豁免权的放弃是指国家同意在外国法院不援引管辖豁免、接受外国法院的管辖。国家豁免权的放弃是国家的一种主权行为,但这种放弃必须是自愿的和清楚确定的。

豁免的放弃可分为明示放弃和默示放弃两种形式。明示放弃是指国家通过条约、合同、其他正式文件或声明,表示接受外国法院的管辖。2004年《联合国国家及其财产管辖豁免公约》第7条对国家豁免的明示放弃形式做了如下的规定:"一国如以下列方式明示同意另一国法院对某一事项或案件行使管辖,就不得在该法院就该事项或案件提起的诉讼中援引管辖豁免:(a)国际协定;(b)书面合同;或(c)在法院发表的声明或在特定诉讼中提出的书面函件。"默示放弃是指国家通过在外国法院的与特定诉讼直接有关的积极行为,表示其同意接受法院的管辖。根据《公约》第8条和第9条,默

---

① 龚刃韧:《国家豁免问题的比较研究》,北京大学出版社1994年版,第167页。

示放弃包括一国本身在外国法院提起诉讼、介入该诉讼或采取与案件实体有关的任何其他步骤、提起反诉。在上述情况下,一国不得在另一国法院的诉讼中援引管辖豁免。

一旦国家采取明示或默示的方式自愿地放弃了豁免权,原本享有司法管辖权的国家就可以行使其管辖权。但是,根据《公约》第7条第2款和第8条第2款至第4款的规定,在下列情况下,一国的行为不应解释为同意另一国的法院对其行使管辖权:(1)一国同意适用另一国的法律;(2)一国仅为援引豁免或对诉讼中有待裁决的财产主张一项权利或利益的目的而介入诉讼或采取任何其他步骤;(3)一国代表在另一国法院出庭作证;(4)一国未在另一国法院的诉讼中出庭。

需要特别指出的是,国家在外国法院放弃管辖豁免,并不意味着也放弃执行的豁免,执行豁免的放弃必须另做明确的表示。也就是说,如果一国放弃了管辖豁免但没有明确表示放弃执行豁免,那么外国法院不能对该国的国家财产采取扣押、查封等强制执行措施。依据《公约》第18条和第19条的规定,执行豁免的放弃只存在明示放弃的形式,而不存在默示放弃的形式。《公约》第20条还明确指出,依照《公约》第7条的规定一国明示放弃管辖豁免,并不构成该国默示同意对其国家财产采取强制措施。从法理上讲,即使一国国内法院对纯粹属于私法性质的纠纷或外国的非主权行为提起司法程序,但外国的国家财产仍然免受法律的强制执行,这是因为,在这种场合被施以强制的对象依然是主权活动。实践中基本上也是如此,即便是那些接受限制豁免原则的国家一般也不愿在执行这一关键的阶段适用限制豁免。

第四节 国际法上的承认

一、承认的概念与方式

国际法上的承认是指国际法主体(如现存国家和国际组织等)对新国家、新政府或其他情势的出现表示接受,并表明愿意与有关实体发展正常关系的单方面行为。

（一）承认的特征

作为国际法上的一项制度，承认具有以下主要特征：(1)承认的对象主要是国家和政府，此外，还包括交战团体和叛乱团体等实体。从承认对象来划分，承认可分为国家承认、政府承认、对交战团体的承认和对叛乱团体的承认几种。本节主要阐述国家承认和政府承认这两种常见的类型。(2)承认是国际法主体单方面的政治行为。国家承认是既存国(承认国)对新国家所作的单方行为。通常情况下，现存国家对新国家或新政府的出现是否予以承认、何时加以承认以及以何种方式承认，完全由承认国自由裁量和决定，而无须征得对方同意。因此承认带有任意性。同时，承认行为具有很强的政治色彩，一国对国际社会新出现的实体是否承认以及何时承认，常常基于政治上的考量。(3)承认将产生一定的法律效果。承认实际上是一种政治法律行为。因为，承认虽然是承认者单方面的政治行为，但承认一经宣布，便会引起一定的法律效果，影响承认者和被承认者之间的权利义务关系，所以承认又是一项法律行为。

（二）承认的方式

承认既可以通过明示的方式也可以默示的方式来表达。前者称之为明示承认，后者是默示承认。明示承认是一种直接的、明文表示的承认，一般由承认者通过向被承认者发出照会、函电或发表声明，表示予以承认。明示承认是最常用的承认表示形式。默示承认则是一种间接的、通过某种行为表示的承认，例如，通过建立或维持外交关系或领事关系、缔结条约等行为表示承认新国家的地位。但与新国家共同参加国际组织、国际会议或多边国际公约，并不当然构成对新国家的默示承认。

此外，根据内容和法律效力可以将国家承认区分为法律上的承认和事实上的承认。法律上的承认也称正式承认，是一种完全的、永久的承认，它表明承认者愿意与被承认者进行全面交往，因而构成两者之间发展正常关系的法律基础。这种承认是不可撤销的。人们通常所说的承认指的是法律承认，国家承认一般都是法律上的承认。事实上的承认是一种非正式承认，具有暂时的和不稳定的性质，它有可能随着政治关系的变化而被撤销或收回。这种承认表明承认者与被承认者之间只发生一定的交往,而不建立全面的正式关系。

二、国家承认

(一) 国家承认的概念

国家承认是指既存国家以明示或默示的方式对新国家出现这一事实的确认,并表示愿意与新国家建立外交关系的单方面国家行为。承认对承认国和被承认国都引起一定的法律效果。

国家承认包含两层含义:一是对某一地区的居民组成为一个国家这一事实的确认;二是承认国表示愿意与新国家建立外交关系,也就是说,承认虽然不等于建交,但承认往往成为双方建交的法律基础从而导致建交的结果。

(二) 国家承认的法律性质和作用

关于国家承认的法律性质和作用,即承认对新国家的国际法主体资格的影响问题,学界有构成说和宣告说两种不同的理论。

1. 构成说

承认的构成说(constitutive theory,又译"创设说")认为,一个新国家只有经过既存国家的承认才能成为国际法主体;承认具有创造国际法主体的作用,国家之所以能够成为国际人格者从而成为国际社会的成员,是承认的结果。这个学说曾流行于19世纪的欧洲。但该学说在理论上是说不通的。根据现代国际法的国家平等原则,所有国家,不论大小强弱,都是平等的国际法主体及国际社会平等的一员。而构成说并不符合国家平等原则。此外,依据构成说,如果没有承认,一个实体纵然具备了国家的要件也不能成为国际法主体。这样,当一个新国家诞生时,对于已经给予承认的那些承认国而言,该新国家是国际法主体,而对于尚未承认该新国家的其他国家而言,则该新国家不是国际法主体。这在国际社会无疑将导致混乱的情况。因此,构成说在现代国际法上和实践中不被接受。

不过,承认在客观上是具有一定的作用的,至少承认可以提供有关一个实体已具备国家资格的强有力证据作用。在许多情况下,明确的承认对一个实体的国家资格产生重要的影响。在这个意义上,承认与国家资格的标准之间存在密切的关系,尤其是在一个新产生的实体是否具备国家资格问题上存有争议的情况下。"在特定情形下,国际承认的范围越大,对坚持国家标准的客观证明的要求就越少。反之,国际承认越少,对坚持国家标准的事实证据之关注就越多。"①也就是说,在某些情况下,国家承认的作用具有构成(创设)的性质。对此,英国的阿库斯特博士说得更加直白:当一个实体或政权的有效统治事实是清楚的时候,承认或不承认的证据价值就不足以影响国家或政府存在的结果;在这种情况下,承认是宣告的性质。但在有关事实不那么清楚时,承认的证据价值就具有决定性的作用,在这种情况下,承认是半构成性的。② 如此看来,承认的作用是不能忽视的。

2. 宣告说

与构成说不同,承认的宣告说认为,承认只是宣告新国家业已成立这一事实而已,国家的成立及其国际法主体资格的取得不决定于他国的承认。该学说现已获得较广泛的支持和接受。

(三) 国家承认发生的情形

国家承认通常发生在国家的合并、分离、分立和独立四种情形。(1) 合并,即两个或两个以上的国家合并为一个新国家。例如,1990年5月,阿拉伯也门共和国(北也门)和也门民主人民共和国(南也门)合并为也门共和国。(2) 分离,指一国的某一部分或某几部分领土脱离该国,成立一个或数个新的独立国家,而被缩小了的原国家仍然存在的一种情况。例如,1971年独立的孟加拉国,它是从巴基斯坦分离出来组成新国家的。(3) 分立,即"解体",是指一个国家分裂为几个新国家,原国家(母国)不复存在的情况。明显的例子是1991年苏联分裂为俄罗斯、乌克兰等十五个国家,1991—1992年前南斯拉夫联盟分裂为五个独立国家:斯洛文尼亚、马其顿、克罗地亚、波斯尼亚和黑塞哥维那(波黑)、塞尔维亚—黑山联盟(塞黑联盟)。

---

① 〔英〕马尔科姆·N. 肖:《国际法》(第5版),2003年英文版,第186页。
② 〔英〕M. 阿库斯特:《现代国际法概论》,汪瑄、朱奇武等译,中国社会科学出版社1981年版,第69页。

(4)独立,它意指在国际关系上不依附于任何实体的自主地位,独立的主体一般是殖民地或非自治领土,即在非殖民化运动中宣布独立的多数实体都是殖民地和其他附属领土。上述四种情况下产生的新国家,一般都发生承认的问题,各国可以自行决定是否予以承认。

当一个政治实体具备了国际法上国家的要件(即国家资格的"四要素")后,就符合了国家承认的条件。反之,当一个政治实体尚未完全形成一个国家,或者某一叛乱团体尚未完全建立一定程度上的永久性和有效统治时,第三国或政府就给予其作为国家或政府的承认,这属于"过早承认"(又称"过急承认")。"在国际法上,过早承认是对有关现有国家的内部事务的干涉,并被认为构成国际不法行为。"① 被广泛引用的一个过急承认和干涉内政的例证,是1903年巴拿马刚刚从哥伦比亚分离时,美国立即宣布承认巴拿马为一个新的独立的国家,从而阻止了哥伦比亚在巴拿马这一叛乱省份继续行使主权。②

但是,对违反国际法原则用武力建立的国家,国家和国际组织不仅不应给予承认,而且应该反对。例如,1931年"九·一八"事变,日本侵占我国东北三省后,于1932年由日本侵略军一手制造的"满洲国"这一傀儡政权,当时的美国国务卿史汀生对此照会中日两国政府,声明不承认用违反1928年巴黎"非战公约"的手段所造成的任何情势、条约或协定。该声明所表明的观点被称之为"史汀生不承认主义"或"不承认主义"。联合国大会通过的1970年《国际法原则宣言》所宣布的第1项原则和1974年《关于侵略定义的决议》第5条均规定,使用武力或武力威胁取得的领土或特殊利益均不得亦不应承认为合法。

(四)国家承认的法律效果

对新国家承认将产生一系列的法律效果,其主要包括以下几个方面:(1)国家承认奠定了承认国和被承认国之间全面交往的基础,

---

① 参见〔英〕罗伯特·詹宁斯、阿瑟·瓦茨修订:《奥本海国际法》(第9版),第1卷,1992年英文版,第143—144页。

② 见申建明:"过急承认",载王铁崖主编:《中华法学大辞典·国际法学卷》,中国检察出版社1996年版,第251页。

两国之间可以建立正常的外交关系和领事关系。但承认本身并不等于建交,因为建交是国家之间的双方行为,而承认是一国的单方面行为。而且,建交不单单取决于双方的相互承认,还需要经过一定的程序,如有关国家之间进行建交谈判,并达成建交协议。(2)双方可以缔结政治、经济、文化等各方面的条约。(3)承认国尊重新国家作为国际法主体所享有的一切权利,尤其是承认被承认国的法律、法令的效力及其立法、行政和司法行为的有效性,承认新国家在承认国法院进行诉讼的权利和新国家及其财产享有的管辖豁免权。这一点在英美法系国家中尤为突出。这类国家的国内法院在处理涉外案件时,采用"司法自我限制制度",即为了承认某一外国的出诉权、主权豁免和法令的效力等,需要该外国已得到本国的承认,而且关于是否已给予承认的问题由这些国家的行政部门予以证明。这一做法与其说是承认的国际法效果,倒不如说是由一国法律政策带来的国内法效果。①

根据国际实践,承认的法律效果具有溯及力,即对新国家承认的效力可以追溯到新国家成立之时。因此,一切在新国家成立以后而未被承认之前所作的法律行为,应承认为有效。

三、政府承认

(一)政府承认的概念

政府承认是指既存国家承认另一既存国家的新政府,即承认某一新政府为国家的正式代表,并表明愿意同它建立或继续保持正常关系的行为。

政府承认一般发生在由于社会革命或叛乱等以非宪法手段造成的政府更迭情况。而一国按照宪法程序所进行的政府变动,如正常的王位继承、通过正常选举而产生的新政府等,不发生政府承认问题。

政府承认和国家承认有别,其主要区别之一是:政府承认不涉及

---

① 〔日〕松井芳郎等:《国际法》(第4版),辛崇阳译,中国政法大学出版社2004年版,第63页。

或影响国家的国际人格,国家的国际法主体资格不因政府更迭而有所改变。而国家承认是承认一个新产生的国际法主体,在国际社会中,国际法主体的数量因此而有所增减。例如,对中华人民共和国的承认,属于政府承认而不是国家承认,1949年中国革命的胜利建立了新政权,即中央人民政府取代了国民党政府。尽管国家的名字从"中华民国"改为"中华人民共和国",但是,中国作为国际法主体依然继续存在,不受影响,中华人民共和国作为一个国际法主体是旧中国的继续。政府承认和国家承认既有区别,也有联系,这体现在有时国家承认和政府承认被合二为一。具体而言,当新国家产生时,总是同时建立新政府,因而承认了新国家也就同时承认了新政府;承认了新国家的政府,也就承认了它所代表的新国家。但在既存国家仅仅发生政府更迭的情况下,只发生对新政府的承认,而不发生对国家的承认。

（二）政府承认的条件

根据国际实践,一个新政府获得承认的必要条件是"有效统治",也就是说,新政府已经在其国家的全部或绝大部分领土内有效地行使权力或进行了有效控制。因为只有在这个条件下,新政府才能在国际关系中代表国家,承受国际法上的权利和义务。因此,有效统治原则成为一国承认新政府的根据。例如,1950年1月6日,英国政府通知承认中华人民共和国电称:"察悉中央人民政府已有效控制中国绝大部分之领土,今日业已承认此政府为中国法律上之政府。"1950年1月14日,瑞典政府通知承认中华人民共和国电,亦说:"鉴于中华人民共和国中央人民政府已有效控制着中国大部分领土的事实,现决定法律上承认中央人民政府为中国政府。"[①]

政府承认不取决于新政府依据其本国国内法所具有的合宪性或合法性,而只取决于该政府对该国的有效统治。换言之,在有效统治原则基础上对新政府的承认,一般不必再考虑该政府的政权起源及其存在的法律依据。因此,一国内部通过政变或革命所产生的新政府,只要不违反国际法,他国可以对该政府予以承认或不予承认,但

---

① 周鲠生:《国际法》(上册),商务印书馆1976年版,第144页。

不得利用承认干涉别国内政。历史上,在19世纪初期,欧洲封建王朝提出以"正统主义"(又称"法统主义")作为政府承认的标准,即承认的标准取决于某当局是否具有王朝或宪法上的合法性。类似地,20世纪初,1907年厄瓜多尔外长托巴提出,凡是依宪法之外的手段掌握政权的政府,只有在其得到全民广泛选举承认之后,才可以予以承认。这就是所谓的"托巴主义"(Tobar Doctrine)。1913年,美国总统威尔逊宣布,拒绝承认以破坏宪法的方式而执政的政权,此即"威尔逊主义"(Wilson Doctrine)。威尔逊主义是20世纪初期托巴主义在美国的适用,美国现已不再坚持这种做法。以上三种主张因涉及对他国内部事务进行调查,不符合国际法,已为国际实践所否定。

与上述主张不同,历史上受大国干涉之苦的墨西哥,认为政府承认会干涉一国的内政。于是,在1930年,墨西哥外长艾斯特拉达发表声明:鉴于承认的给予意味着对外国内政的判断,墨西哥今后只限于继续保持或不保持与外国政府的外交关系,而不采用承认的形式。这便是有名的"艾斯特拉达主义"(Estrada Doctrine)。实际上,这一立场中的建立或保持外交关系就是一种默示承认。艾斯特拉达主义与有效统治原则的做法相接近,为许多国家所采行。但在实践中,有些国家却背离艾斯特拉达主义而使用承认或不承认作为一种政治工具。

(三)政府承认的法律效果

政府承认同样会引起一定的法律效果,其与国家承认的法律效果相类似。例如,现存国家对一个新政府的承认,往往成为双方建立或保持外交关系的基础。然而,这并不意味着承认之后双方就随之建交,有时,承认与建交之间可能相隔较长的时间。例如,英国1950年就承认了中国,但建交却较晚。出于对香港问题等实际利益的考虑,英国一直谋求和中国建立外交关系,并于1950年3月在北京派驻负责建交谈判的代办。但由于英国政府在台湾问题上始终采取矛盾暧昧的态度,并追随美国参加侵朝战争和对华禁运,两国关系一直没有取得多少进展。1954年6月17日,在尊重中国的主权和领土完整的前提下,英国与中华人民共和国建立代办级外交关系;1972

年3月13日两国建立大使级外交关系。

又如,新政府是作为其国家的合法代表而被承认的,所以承认者应承认新政府拥有的作为国家合法代表的一切资格和权利,包括位于国内外的其国家财产的权利以及在国际组织或国际会议中的代表权等。

此外,一国新政府一旦获得承认,对该国原政府的承认就自动终止和撤销,原政府在承认国不再享有任何基于承认的权利,包括在承认国法院进行诉讼的权利。而且,承认的效果原则上可追溯到新政府成立之时。

以美国关于政府承认的实践为例。被承认的政府在美国享有的权利包括:(1)在美国法院提起诉讼的权利;(2)在美国法院主张主权豁免的权利以及有权得到与其他被承认的政府一样的外交保护;(3)动用该国在美国银行的存款和其他财产的权利。法院不会仅仅因为美国与一个被承认政府断交就拒绝该政府依美国法所正常享有的权利。①

第五节　国际法上的继承

一、国际法上继承的概念

国际法上的继承是指国际法上的权利和义务由一个承受者转移给另一个承受者所发生的法律关系。譬如,一个国家、国际组织被一个新国家、新的国际组织所取代,如何处理这些消亡的实体在国际上的权利和义务,这就是国际法上的继承所涉及的问题。

国际法上的继承借用了国内法上的继承概念,但它与因自然人死亡而引起的国内民法上的继承在性质上是不同的。国际法上的继承具有如下特点:(1)继承的主体有国家、政府和国际组织,但不包括个人,个人只能作为民法继承关系的主体。(2)继承的对象是国际法上的权利和义务,而不是个人的权利和义务,后者只能作为民法

---

① 〔美〕托马斯·伯根索尔、希恩·D.穆尔菲:《国际公法》(第3版),2002年英文版,第42页。

继承的对象。而且,在国际法上,国家是一个主权者,它有权根据本身的特点继承被继承者的某些权利和义务,这一点也不同于国内民法的继承。(3)继承的发生原因是由于国家领土的变更、涉及国家政权性质发生重大变化的新政府的产生、国际组织的改组或解散,而不是自然人的死亡所引起,后者属于国内民法继承发生的原因。

根据参加继承关系的主体不同,国际法上的继承可分为国家继承、政府继承和国际组织的继承。其中,最主要和最基本的是国家继承。本书将集中论述国家继承和中华人民共和国政府的继承实践。

二、国家继承

国家继承是指因国家领土变更而引起一国的权利和义务转移给另一国的法律关系。引起国家继承的原因是国家领土的变更,发生国家继承的领土变更有合并、分离、解体、部分领土转移(即国家之间割让或交换部分领土)和独立五种情况。

根据国际法,国家继承必须具备两个条件:(1)国家继承的合法性,即国家继承必须符合国际法,尤其是《联合国宪章》所体现的国际法原则,不合法的权利义务不属继承范围。例如,被继承国违反国际法所引起的国际责任,继承国不予负责。(2)国家继承的权利和义务必须与所涉领土有关联,换言之,被继承的条约和条约以外的事项必须具有一定的领土性,与领土变更无关的权利义务不在继承之列。

关于国家继承的法律渊源,目前,国家继承主要由国际习惯法规则来调整。联合国国际法委员会起草了两个有关的公约草案:一个是1978年通过的《关于国家在条约方面的继承的维也纳公约》(以下简称《条约继承公约》),它于1996年生效,但缔约国很少;另一个是1983年通过的《关于国家对国家财产、档案和债务的继承的维也纳公约》(以下简称《国家财产继承公约》),它至今尚未生效。这两个公约的许多规定反映了国家继承的习惯法规则。尽管有这两个公约,但国际法上的国家继承问题依然非常复杂。因为,许多的有关规则是在具体回应特定的政治变化当中发展起来的,而国际社会对待这些政治变化的做法又不总是一致。正如由欧洲共同体主持召开的南斯拉夫和平会议所建立的仲裁委员会在 1992 年所强调的,"几乎没有什么业已确认的国际法原则可适用于国家继承。虽然 1978 年和 1983 年通过的两个维也纳公约确实提供了一些国家继承的指引,但这些原则的适用很大程度上应视个案而定"。德国联邦最高法院在间谍起诉案中也指出:"国家继承问题是国际法中最具争议的领域之一。"①

国家继承的对象是与继承领土有关的特定国际权利和义务,它主要包括两方面的内容:一是条约方面的权利和义务,二是条约以外事项的权利和义务。国家继承由此分为条约方面的继承和条约以外事项的继承。

(一) 条约的继承

条约的继承实质是被继承国缔结或参加的国际条约对继承国是否继续有效的问题。

一般认为,在处理条约继承问题时,与国际法主体人格有关的所谓"人身条约",随着被继承国的消灭而消灭,不予继承;此外,政治性条约,诸如和平友好条约、同盟条约、共同防御条约等,由于情势变迁,一般不继承。而与所涉领土有关的所谓"非人身条约",如有关领土边界、河流使用、水利灌溉、道路交通等方面的条约或协定,应继承。但上述规则并不排除有关国家达成协议或通过谈判来解决条约的继承问题。

1978 年《条约继承公约》第 11 条规定:"国家继承本身不影响(1) 条约规定的边界;(2) 条约规定的同边界制度有关的义务和权利。"据此,边界条约应由继承国继承,这也符合国际法确立的疆界不变更原则(principle of uti possidetis,也译"占领原则"或"保持占有原则")。该原则是 19 世纪初原属西班牙殖民地的美洲各国在独立时采用的概念,用以解决彼此间的边界,亦即在新独立国家建立之时,新独立国家的边界遵循殖民地时原属殖民国家各行政单位的分界线。在 1986 年的"布基纳法索诉马里边界案"中,国际法院的一个分庭指出:疆界不变更原则构成一般性质的原则,其旨在防止新独

---

① 〔英〕马尔科姆·N.肖:《国际法》(第 5 版),2003 年英文版,第 863 页。

立国家的独立和稳定受到因边界争议引起的手足厮杀的危险。① 国际法院在1994年的利比亚与乍得领土争端案中强调,"由条约确立的边界取得了该条约本身未必享有的永久性。该条约可以停止有效但不影响有关边界的继续存在"②。

由于领土变更的情况不同,各类继承国对条约继承的情况也有所不同,1978年《条约继承公约》对此做了具体的规定:(1)两个或两个以上国家合并组成一个继承国时,对其中任何一个国家有效的任何条约,继续对继承国有效,但原则上只对原来适用该条约的那部分领土有效,而不适用于合并后的全部领土;(2)在分离或解体的情况下,不论被继承国是否存在,原来对被继承国全部领土有效的条约,对所有继承国继续有效;原来仅对被继承国部分领土有效的条约,只对该领土组成的继承国有效;(3)在部分领土转移的情况下,出让国的条约对该部分领土失效,而受让国的条约对所涉领土生效;(4)由殖民地或附属领土取得独立而建立的新国家的条约继承,采取特殊的规则:新独立国家没有义务继承所有的条约或成为其当事国,它们对被继承国的条约是否继承,原则上可以自主决定。为了维护新独立国家作为国际法主体所固有的权利,它们对于原宗主国参加的多边条约,有继承的权利。对此,1978年《条约继承公约》规定,新独立国家对所涉领土有效的多边条约,可发出继承通知,确立其成为该条约当事国的地位(第17条);对有关的双边条约,在新独立国家与别的当事国之间作出明示同意的情况下被视为有效(第24条)。

(二)条约以外事项的继承

条约以外的事项主要包括国家财产、国家档案和国家债务。以下根据1983年《国家财产继承公约》的规定,对这些事项的继承分别予以说明。

1. 关于国家财产的继承

这指的是被继承国的国家财产转属继承国。此处所称的"国家

---

① 《国际法院判例汇编》,1986年英文版,第566—567页。
② 《国际法院判例汇编》,1994年英文版,第37页。

财产"是指国家继承发生时,按照被继承国国内法为该国所拥有的财产、权利和利益。国家财产继承只涉及继承国与被继承国之间财产所有权的转属问题,而对第三国在被继承国领土内所拥有的财产不发生影响,即国家财产继承不涉及第三国的财产和权益。

国家财产分为不动产和动产,处理继承问题时的一般做法是:不动产随领土转移;动产按所涉领土的实际生存原则转移。也就是说,关于国家动产的继承,不是单纯以该动产的地理位置为依据,而是以该动产是否与所涉领土活动有关为根据,与所涉领土的活动有关的国家动产,应转属继承国。这就是所谓的所涉领土实际生存原则。①

国家财产继承因国家领土变更的不同情况而有不同的规则。1983年《国家财产继承公约》对此做了详细的规定:(1)部分领土转移时,应按照被继承国与继承国之间的协议解决。如无协议,则位于所涉领土内被继承国的不动产以及与所涉领土活动有关的国家动产,均应转属继承国。(2)国家合并时,被继承国的国家财产,包括动产和不动产,都转属继承国。(3)国家分离时,除非双方另有协议,位于所涉领土内的被继承国不动产应转属继承国,那些与所涉领土活动有关的被继承国的动产,也应转属继承国;其他的国家财产应按照公平的比例转属继承国。(4)国家解体时,即被继承国不复存在情况下,位于被继承国领土外的国家不动产,应按照公平比例转属继承国。如果无法按有关标准解决其转属问题,只能将有关不动产转属其中一个继承国,但该继承国应对其他继承国给予公平补偿。(5)对新独立国家的财产继承采取特殊的规则。由于作为继承国的新独立国家与被继承国(原宗主国或殖民地)之间关系的特殊情况,国家财产的继承应首先根据领土生存原则,而不是按被继承国与继承国之间的协议。而且,即使双方之间订有协定,也不应违反"各国人民对其财富和自然资源享有永久主权"的原则。再者,即使不属于原所涉领土所有以及与所涉领土活动无关的被继承国动产,由于附属地人民对创造财产曾作出贡献,应根据附属地人民所作出的贡献,按比例转移给新独立国家。

---

① 端木正主编:《国际法》(第2版),北京大学出版社1997年版,第101页。

2. 关于国家档案的继承

就国家继承而言,国家档案是指属于被继承国所有并由被继承国作为国家档案收藏的一切文件。国家档案不同于国家财产,它们一般不能分割,所以不能在继承国和被继承国之间或几个继承国之间按比例分配。但国家档案可以复制以供使用。

对于国家档案的继承,除了新独立国家作为继承国这一特殊情况外,通常由继承国和被继承国协议解决;若无协议,一般将与所涉领土有关的档案转属继承国。当新独立国家作为继承国时,在领土附属期间成为被继承国的国家档案,应归还新独立国家;被继承国的国家档案中与所涉领土有关部分,其转属或复制问题,应由被继承国与新独立国家协议解决。

3. 关于国家债务的继承

国家债务继承是指被继承国的国家债务转属继承国。就国家继承而言,国家债务(也称"公共债务")是指一国对另一国、某一国际组织或任何其他国际法主体所负的财政义务。国家债务通常包括两类:一是国债,即以国家名义所借并用于全国的债务;二是地方化债务,它是以国家名义所借但用于国家领土的某一部分的债务。国债和地方化债务都在继承的范围。而由地方当局所借并用于该地区的债务——地方债务,则不属于国家债务的范围,国家对此不承担责任。"恶债"即恶意债务也不在国家继承范围之列,"恶债"是指被继承国违背继承国或转移领土人民的利益,或违反国际法基本原则所举借的债务,如征服债务或战争债务等。"恶债不予继承"已成为一项公认的国际法原则。

国家债务继承的规则因国家领土变更的情况不同而异。(1)国家合并时,根据"债务随财产一并转移"原则,被继承国的国家债务应转属继承国。(2)在分离、解体或部分领土转移的情况下,首先应通过有关国家之间的协议来解决;若无协议,则应按照公平的比例转属继承国。(3)新独立国家为继承国时,被继承国的债务,原则上不应转属新国家,但不排除有关双方依协议来合理解决债务的转属问题,但这种协议不能违反"各国人民对其财富和自然资源享有永久主权"原则,不应损害新独立国家的经济平衡发展。

总的来说,国家继承的情况千差万别,因为国家继承的权利和义务各种各样,继承的范围又有全部的继承和部分的继承,有关的国家实践和理论也不尽相同。以下通过考察20世纪90年代以来涉及国家继承的实践来说明之。

首先,两德统一的有关实践。1990年德意志民主共和国(东德)与德意志联邦共和国(西德)合并为一个国家即德国。两德统一实际上是东德并入了西德,东德消亡了。根据《德国统一条约》的规定,在条约继承方面,原西德作为缔约国的条约继续有效,原则上适用于整个统一后的德国,而东德为缔约国的条约,在充分考虑与相关国家的信赖关系和利益以及原来两德的条约义务的基础上,与其他缔约国协商解决。在非条约事项的继承上,东德的国家财产和债务由统一后的德国继承。①

其次,苏联解体的继承实践。1991年12月苏联各加盟共和国签署的《关于建立独立国家联合体的协定》宣布,"苏联作为国际法主体和地缘政治现实将停止其存在",并宣告成立独立国家联合体。根据该协定,独联体各成员国应真诚履行苏联缔结的条约义务,与其他缔约国协商处理有关条约问题。但苏联在波罗的海的三个共和国——爱沙尼亚、拉脱维亚和立陶宛,拒绝继承苏联缔结的所有条约,因为这三国在第一次世界大战后成为独立国家,但在1940年被苏联兼并。这三国在1991年8月宣布独立后,欧洲共同体和美国等国在所发表的声明中均表示欢迎或承认这三国恢复了主权与独立。这表明,这三国并不构成苏联的继承国,因而这三国的独立不存在继承苏联的权利、义务问题。② 关于国家在联合国中席位的继承方面,苏联在联合国的席位包括安理会常任理事国的席位由俄罗斯继承,除了作为联合国创始会员国的乌克兰和白俄罗斯之外的其他苏联各加盟共和国,重新申请加入联合国。

最后,前南斯拉夫解体的继承实践。与苏联解体的继承情况不

---

① 参见〔日〕松井芳郎等:《国际法》(第4版),辛崇阳译,中国政法大学出版社2004年版,第69页。
② 〔英〕马尔科姆·N.肖:《国际法》(第5版),2003年英文版,第866页。

同,南斯拉夫解体的继承问题显得更为复杂和困难。前南斯拉夫有六个共和国组成。1991年,斯洛文尼亚、克罗地亚和马其顿宣布独立。1992年,波斯尼亚和黑塞哥维那(波黑)宣布为主权国家。在南斯拉夫的上述4个共和国宣布独立后,1992年塞尔维亚和黑山(塞黑)通过全民公决组成南斯拉夫联盟共和国(简称"新南斯拉夫")。在前南的解体过程中,克罗地亚等几个已独立的前共和国重新申请加入了联合国。但新南斯拉夫认为,它不是一个新国家,而是前南斯拉夫的继续,所以要求继承前南斯拉夫在联合国中的席位。但这一要求遭到前南斯拉夫其他几个原共和国的反对和联合国的拒绝。于是,在2000年,新南斯拉夫只好重新申请加入联合国,成为联合国的一个新成员国。至于联合国席位之外的继承问题,根据关于南斯拉夫问题仲裁委员会在1992年发布的意见之规定,有关国家继承的问题应根据1978年和1983年两个国家继承的维也纳公约规定的国际法原则,通过前南斯拉夫各共和国的谈判来解决。

三、政府继承

(一) 政府继承的概念

政府继承是指由于革命或政变导致政权更迭,旧政府在国际法上的权利和义务由新政府所取代的法律关系。

政府继承与国家继承不同,这主要表现在:(1)发生继承的原因不同。国家继承是由领土变更的事实所引起,而发生政府继承的原因则是政府的更迭。政权更迭是引起政府继承的原因,但并非一切政府变动都引起政府继承。按照宪法程序进行的政府更迭,一般不发生政府继承。即使是由于政变而引起的政府更迭,如果政变后成立的新政府声明尊重前政府的国际权利和义务,也不引起政府继承问题。只有在政府的更迭是由于社会革命而引起的根本性政府变动,新政府在本质上不同于旧政府的情况下,才发生政府继承问题。例如,1789年法国资产阶级革命和1917年俄国十月社会主义革命,都发生政府继承问题。(2)参加继承关系的主体不同。国家继承关系的参加者是两个不同的国际法主体,而政府继承发生在同一国际法主体内部的新旧两个政府之间。(3)国家继承因领土变更的情况不同而在范围上有全部继承和部分继承之分,而政府继承一般是全部继承,即凡符合国际法的权利和义务,皆应由新政府完全接受。

有些国际法学者根据国家连续性原则,对政府继承持否定态度。他们认为,政府虽然发生了变更,但不影响国家的国际人格,所以国际承诺仍要继续遵守,即不存在政府继承问题。持这种观点的学者还以联合国国际法委员会不考虑政府继承或任何形式的社会革命的结果为其例证。但实际上,通过革命产生的新政府与前政府是根本对立的。在这种情况下,国家的同一性和连续性并不意味着新政府必须无条件地接受旧政府所签订的任何条约或协定、继承旧政府所遗留的任何义务。而且,国际实践也表明,剧烈的社会革命造成的政府变动,往往引起政府继承问题。

政府继承主要涉及条约、财产、债务、在国际组织的代表权等方面的继承问题。政府继承的一般规则是:(1)对于条约,新政府通常根据条约的具体内容来决定是否继承,对一切不平等的掠夺性的秘密条约,以及与新政府所代表的国家利益根本对立的条约不予继承;(2)旧政府的一切国家财产及权益都应转属新政府;(3)对旧政府的债务不予继承或者根据具体情况区别对待,但新政府可无条件地废除一切恶意债务。1949年中国革命所引起的政府继承,丰富了国际法上政府继承的内容。

(二)中华人民共和国政府继承的实践

1949年,中华人民共和国中央人民政府建立后,新政府在政府继承方面采取了如下做法:

第一,在条约方面,对清政府以来的历届中国政府所缔结或参加的条约,按其性质和内容逐一审查,区别对待。1949年《中国人民政治协商会议共同纲领》第55条规定:"对于国民党政府与外国政府所订立的各项条约和协定,中华人民共和国中央人民政府应加以审查,按其内容分别予以承认,或废除,或修改,或重订。"按照这一规定,中华人民共和国政府废除不平等条约,修改或重订一般旧约(如1930年的中捷条约),重新表态国际公约(如1925年的日内瓦议定书和1949年的日内瓦公约),维持或谈判修订边界条约。"任何旧条约在未有经过中国政府表示承认以前,外国政府不能据以提出要求来对抗中华人民共和国。"①

第二,在国家财产方面,新中国政府有权继承解放前中国政府在中国境内外的一切财产。自中华人民共和国成立之日起,对当时属于中国所有的财产,包括动产和不动产,无论在何地,也不论财产所在地的国家是否承认了中华人民共和国政府,一律归新中国政府所有。在新中国成立初期,中华人民共和国政府就几宗国家财产继承事件发表声明,一再主张中华人民共和国完全继承解放前中国在国外的财产,并坚持国家财产享受司法豁免的原则。中国航空公司和中央航空公司留在香港的资产的"两航公司案"就是其中的一个例子。1949年9月,中国国民党政府把几十架飞机转到香港,并拨归中央航空运输公司,该公司当时是国民党政府控制下的国家企业。1949年12月,国民党政府把这批飞机卖给一个美国股东,该股东又把飞机转卖给美国民用航空公司。当时英国已承认中华人民共和国政府为事实存在的政府,但同时还承认台湾的国民党政府为法律上的政府。1952年,香港高等法院根据英国枢密院的指令把我国这批飞机扣留,后来判给了原告。对此,新中国政府发表声明,抗议英国政府侵犯中国政府继承国家财产的权利及违反国际法上的国家财产享受司法豁免原则的行为。②

"光华寮案"是又一例涉及中国财产继承的案件。"光华寮"是一栋位于日本京都市的5层公寓。1950年,前中国政府驻日代表团用变卖侵华日军在中国大陆掠夺物资的公款买下该房产,作为中国留日学生宿舍。它由台湾当局驻日大使馆于1961年以"中华民国"名义在日本进行了房产登记。但该房产自日本战败后一直由爱国华侨和留学生管理和使用。1967年台湾"驻日大使"陈之迈向京都地方法院起诉,要求爱国华侨和学生退出宿舍。1972年中日建交,日本承认中华人民共和国政府是中国唯一的合法政府。1977年,京都地方法院以日本已承认了中国新政府和光华寮属于中国国有财产为由,在第一审中判台湾当局败诉。但1982年,大阪高等法院驳回京

---

① 周鲠生:《国际法》(上册),商务印书馆1976年版,第157页。
② 参见陈致中编著:《国际法教程》,中山大学出版社1989年版,第75—76页。

都地方法院初审判决，发回地方法院重审。1986年，京都地方法院却将光华寮改判为台湾当局所有，被告随即上诉。1987年2月大阪高等法院二审判决，维持原判，承认台湾当局的所有权，下令占据该宿舍的学生退出，而这批学生不服，向日本最高法院提出上诉。日本大阪高等法院的判决是违反国际法的，它侵犯了中华人民共和国政府对国民党政府在日本的房产所具有的当然继承权。一方面，日本既然承认了中华人民共和国政府，那么台湾当局就只是中国的一个地方政府，它无权以国家名义向日本法院起诉；另一方面，政府继承是全部的继承，中华人民共和国政府有权继承前政府在日本的一切中国财产，日本不应以国内法为由拒绝履行国际义务。日本最高法院近期将重新审理此案。2007年1月23日，日本最高法院向"光华寮"一案的诉讼代理人发出"具有中国代表权的政府是哪个"的意见征求信。这起关系到中国政府合法权益的非一般民事诉讼，再次引起关注。

　　第三，在国家债务上，中华人民共和国政府对旧中国历届政府留下来的债务，根据其性质和情况，分别处理。对外国政府为援助旧政府进行内战，镇压革命而借给旧中国的债务，属于恶债，一律拒绝继承。中国新政府对合法的债务，可与有关国家友好协商，进行清理，公平合理地解决。以湖广铁路债券案为例。1979年11月，美国阿拉巴马州地方法院受理了美国公民要求中国新政府偿还湖广铁路债券提出的诉讼，并于1982年作出缺席判决，判决中华人民共和国向原告赔偿该债券的本息。中国政府拒绝接受该判决，认为：依据国际法，国家享有主权豁免，一国法院不得强行将外国列为被告，故美国法院对中华人民共和国政府没有管辖权。此外，中华人民共和国政府调查了该债券的来源，认为中国清朝政府1911年举借的湖广铁路债券，是清政府为了维护其反动统治和镇压人民，勾结在华划分势力范围的帝国主义列强，加紧压迫和掠夺中国人民的产物，它属于恶债之列。根据恶债不予继承原则，中国新政府不承认这笔旧外债。在中国政府的交涉下，1983年该法院重审该案并撤销原判，驳回原告的诉讼。原告后来上诉到美国联邦第十一巡回法院，该法院于1986年7月作出维持原判的判决。同年8月，原告又要求美国最高法院复审。美国最高法院拒绝听取原告申诉,裁定维持联邦第十一巡回法院的判决。

第四,在国际组织的代表权方面,从1949年10月1日起,中华人民共和国中央人民政府是中国的唯一合法政府,理应取代已丧失代表中国及中国人民资格的中华民国政府,继承中国在一切国际组织的代表权。在联合国系统,1971年10月15日,第二十六届联合国大会以压倒多数通过第2758号决议,决定立即恢复中华人民共和国在联合国的席位和一切合法权利,台湾当局被驱逐出联合国。之后,联合国系统的所有机构,包括联合国的各专门机构,都已通过正式决议,恢复中华人民共和国的合法席位,驱逐了台湾当局的代表。至此,中华人民共和国政府在所有重要的政府间国际组织中的代表权终得以恢复。

思考题

1. 为什么说台湾地区不能构成国际法上的国家?
2. 自卫权的行使条件有哪些?
3. 属地管辖权与属人管辖权发生冲突时何者居优先?为什么?
4. 何谓普遍管辖权?哪些犯罪是各国有普遍管辖权的?
5. 国家豁免主要包括哪些内容?享有国家豁免权的主体有哪些?执行豁免的放弃能否采取默示的方式?
6. 根据2004年《联合国国家及其财产管辖豁免公约》,国家在因雇用合同而引发的诉讼中是否都不得向另一国法院援引管辖豁免?为什么?
7. 国家承认与政府承认有何联系与区别?国家承认或政府承认的法律效果有哪些?
8. 什么是不承认主义和艾斯特拉达主义?
9. 国家继承的条件是什么?国家对条约继承、国家财产继承和国家债务继承分别应遵守哪些规则?
10. 中华人民共和国政府对前政府签订的条约、在国外的中国财产和所负的国家债务的处理原则是什么?

第三章 国际法上的个人

第一节 国　籍

一、国籍与国籍法

居住在一个国家领土内的人,通常包括本国人和外国人,但以本国人为主。区别谁是本国人、谁是外国人的依据,就是个人的国籍。国籍在确定不同的个人与所在国的不同法律关系和不同的法律地位方面,具有重要的意义。因此,谈国际法上的个人问题,特别是外国人的法律地位问题,必须首先了解国籍及国籍法的有关知识。

国籍(nationality)就是个人作为某一国家的国民的法律资格。从国际法的角度来看,国籍对个人和国家都有重大意义。

首先,国籍是国家区分本国人和外国人、确定国家属人管辖权的依据。国家根据国籍来确定谁是本国人、谁是外国人。国家只对具有本国国籍的人,才行使属人管辖权。国家对个人行使外交保护权时,在通常情况下,这个人也必须具有该国国籍。

其次,国籍是确定个人法律地位的根据。具有本国国籍的人就处于本国公民[①]的地位,享有和承担本国法律所规定的公民的全部权利和义务。国家还有义务接纳本国人回国。不具有本国国籍的人,就处于外国人的地位。外国人享有的权利和承担的义务和本国人是有区别的。外国人没有选举权和被选举权,外国人也无须承担兵役的义务。

[①]　一般而言,"公民"与"国民"并无严格区别。但在某些国家,公民与国民的含义及其在国内法上的地位是有差别的。例如,美国法律规定,凡是出生在美国本土并受美国管辖的人,是美国的公民;而凡是出生在美国海外属地的人是美国的国民。前者享有完全的政治权利,后者只享有部分政治权利。法国国内法也有类似的规定。然而,这种区别在国际法上并无实际意义。

此外,在战时通常以国籍来决定某人是否为敌国国民。

按照现行国际法,国籍问题原则上属于每个国家的主权管辖的范围之内。这一原则不仅得到了1930年《关于国籍法冲突若干问题的公约》的肯定,而且也为1923年常设国际法院关于"突尼斯—摩洛哥国籍命令案"的咨询意见和1955年国际法院关于"诺特包姆案"的判决所证实。例如,《关于国籍法冲突若干问题的公约》第1条规定:"每一个国家依照其本国法律断定谁是它的国民。此项法律如符合国际公约、国际惯例以及一般承认关于国籍的法律原则,其他国家应予承认。"常设国际法院在关于"突尼斯—摩洛哥国籍命令案"的咨询意见中表示,在国际法的现在状态下,国籍问题,按照本院的意见,原则上是属于这个保留范围之内的事项。国际法院关于"诺特包姆案"的判决也指出,国籍属于国家的国内管辖。

国籍法是各国规定其国民国籍的取得、丧失或变更等问题的法律。国籍法虽然属于国内法,但由于各国在国籍立法原则上的差异、内容上的不同,再加上国际交往愈益频繁,就容易产生国籍的冲突问题。

为了解决国籍问题,国际社会制定了诸多有关的国际公约,主要有:1930年《关于国籍法冲突若干问题的公约》《关于双重国籍某种情况下兵役义务的议定书》《关于某种无国籍情况的议定书》,1933年《美洲国家间国籍公约》《美洲国家间关于妇女国籍的公约》,1954年《关于无国籍人地位的公约》,1957年《已婚妇女国籍公约》,1961年《减少无国籍状态公约》和1997年《欧洲国籍公约》[①]等。另外,一些普遍性的国际人权公约,如:1966年《公民权利和政治权利国际公约》、1973年《禁止并惩治种族隔离罪行国际公约》等公约中,也含有国籍问题的规定。

二、国籍的取得与丧失

(一)国籍的取得

国际法并没有以任何方式确定如何取得国籍。国籍如何取得,

---

① 1997年11月6日,欧洲理事会订于法国斯特拉斯堡。

本质上是国内管辖事项。然而,根据各国的国籍立法和实践,国籍的取得主要有两种方式:一种是因出生而取得一国国籍;另一种是因加入而取得一国国籍。

1. 因出生而取得一国国籍

因出生而取得的一国国籍,又叫原始国籍(original nationality)或生来国籍(nationality by birth)。世界上绝大多数人是由于出生而取得国籍,并且以后也不改变其国籍的。因此,这是取得国籍的最主要的方式。但是,赋予原始国籍的标准是不一样的,主要有三个:

第一,血统主义(jus sanguinis)。这是指以父母的国籍来确定一个人的国籍。按照这一标准,凡是本国人所生的子女,当然为本国国民,不论其出生在国内还是在国外。

其中,血统主义又分为双系血统主义和单系血统主义。双系血统主义是指父母双方任一方的国籍均对子女国籍有影响。例如,1957年匈牙利《国籍法》第1条第1款规定:"父母一方属于匈牙利国籍者,子女是匈牙利人。"而单系血统主义通常是指父亲的国籍决定其子女的国籍,因此又称父系血统主义。例如,1924年伊拉克《国籍法》第8条第1款规定:"任何人出生时,其父为伊拉克人者,不论在何地出生,都应认为是伊拉克国民。"

第二,出生地主义(jus soli)。这是指一个人的国籍按照他(她)的出生地来决定。根据这一标准,在一国境内出生的人,不问其父母国籍或有无国籍,一律取得出生地国家的国籍。

第三,混合主义。这是指兼采血统主义和出生地主义。不过,有些国家以血统主义为主,以出生地主义为辅;有些国家以出生地主义为主,以血统主义为辅;有些国家则平衡地兼采血统主义与出生地主义。

从现代各国国籍立法的实践来看,很少有国家完全采用一种方式来规定原始国籍的取得方式,而多半是以血统主义或出生地主义为主要方式,再辅之以另外一种方式。据李浩培先生对99个国家国籍法的研究表明,纯粹采取血统主义的国家有5个,以血统主义为主、出生地主义为辅的国家有45个,以出生地主义为主、血统主义为辅的国家有28个,平衡地兼采血统主义和出生地主义的国家有21

个,没有一个纯粹采用出生地主义的国家。①

2. 因加入而取得一国国籍

因加入而取得一国国籍,称为继有国籍(acquired nationality)。继有国籍可以分为两类:一类是根据当事人的志愿而取得的继有国籍,如自愿申请入籍等;另一类是基于某种事实而根据有关国内法的规定取得的继有国籍,如由于婚姻、收养等原因而取得某国国籍。

(1) 自愿申请入籍

自愿申请入籍,以前被称为归化。每一个国家都可以根据其法律所规定的条件,允许外国人申请获得其国籍。当然,任何人都没有权利主张一个国家必须接受他入籍;相反,每个国家都可以按照自己的法律规定,或者批准当事人的申请而准予入籍,或者拒绝当事人的申请而不准入籍。

关于入籍的条件和程序,都是由每个国家自行决定。不过,大多数国家只准许那些已经在该国居住相当长的时期或者与该国有某种联系的,如与当地国人民有婚姻或亲属关系的人入籍。

另外,对于取得继有国籍的人,在法律地位上是否与具有原始国籍的人完全一样,各国立法的规定也不完全相同。有些国家对继有国籍人的法律权利,有所限制。例如,根据《美国宪法》第2条,入籍的美国国民永远不能当选为美国总统。

(2) 因婚姻、收养而取得的继有国籍

由于婚姻而变更国籍,主要是涉及妇女的国籍问题,即妇女是否因与外国人结婚而取得丈夫的国籍,甚至因此丧失自己的国籍。对此,各个国家的立法是有分歧的。不过,目前大多数国家的国籍立法倾向是,确立男女平等的原则和妇女国籍独立的原则,规定婚姻并不影响国籍。这一点,也得到了一些国际公约的肯定。例如,1957年联合国大会通过的《已婚妇女国籍公约》第1条规定:"缔约国同意其本国人与外国人结婚者,不因婚姻关系之成立或消灭,或婚姻关系存续中夫之国籍变更,而当然影响妻之国籍。"1980年《消除对妇女一切形式歧视公约》第9条规定:"缔约各国应给予妇女与男子相同

---

① 参见李浩培:《国籍问题比较研究》,商务印书馆1979年版,第49—50页。

的取得、改变或保留国籍的权利。它们应特别保证,与外国人结婚,或婚姻期间丈夫改变国籍,均不当然改变妻子的国籍,使她成为无国籍人,或把丈夫的国籍强加于她;缔约各国在关于子女的国籍方面,应给予妇女与男子平等的权利。"

因收养入籍是指无国籍或具有外国国籍的儿童被一国国民收养而取得了收养人所属国的国籍。收养是否使被收养者的国籍发生变更,各国的立法也是不一致的。有些国家如罗马尼亚、奥地利和墨西哥等国的法律规定,收养对国籍没有影响;有的国家如日本、美国的法律规定,养子女可以在免除法律规定的某些条件下申请入籍;还有一类国家如英国、比利时和爱尔兰等国的法律规定,养子女由于收养而当然取得收养者的国籍。①

因加入而取得一国国籍,除了上述自愿申请入籍、婚姻和收养以外,还有选择国籍、认知(准婚生)、国家继承、接受公职和强制入籍等情形。

(二) 国籍的丧失

一个人的国籍也是可以丧失的。国籍的丧失是指一个人丧失某一特定国家的国民身份或资格。各国的法律一般都规定了丧失国籍的各种不同情况和条件。概言之,国籍的丧失分为两种:自愿的和非自愿的。

自愿丧失国籍是基于当事人的意愿而丧失国籍。它既可以采取声明放弃国籍的办法,也可以运用申请解除国籍的方式。许多国家都允许其国民解除或放弃其国籍。非自愿丧失国籍主要是由于入籍、婚姻、收养、剥夺等原因而丧失原有国籍。它不是基于当事人的意志,而是由法律规定的当然结果,或者是由主管机关根据法律规定剥夺当事人某一国籍的结果。

三、国籍的冲突

在通常情况下,个人是有而且是只有一个国籍的。然而,由于国际法没有关于国籍的公认的统一的规则,各国都由自己制定本国的

---

① 参见李浩培:《国籍问题比较研究》,商务印书馆1979年版,第128—129页。

国籍法,而各国国内法关于国籍的决定又不尽相同,所以常常出现一些不正常的情况:一个人可能有两个或两个以上的国籍,也可能没有任何国籍。这就产生了国籍的冲突问题。国籍的冲突有两种情形:积极的国籍冲突和消极的国籍冲突。其中,前者是指一个人具有两个或两个以上国籍的情况;后者是指一个人不具有任何国籍的情况。

(一) 双重国籍的产生及解决

双重国籍(double nationality)在各种不同的情况下都可以产生。可以说,每一种取得国籍的方式,如因出生、婚姻、收养、入籍等,都可能使个人具有双重国籍。

双重国籍可能会对国家和个人带来一些问题。双重国籍可能会给个人带来一定的麻烦,因为两个不同的国家都认为他是自己的国民,而要求其履行义务。在对第三国的关系上,双重国籍也会给第三国对外国人的管理带来困难。双重国籍问题还有可能引起国家之间的纠纷。鉴于双重国籍可能产生的消极问题,很多国家在国内立法和国际条约方面,采取种种措施来防止和消除双重国籍。

解决双重国籍问题的国际条约,主要有:1930年《关于国籍法冲突若干问题的公约》《关于双重国籍某种情况下兵役义务的议定书》,1954年《阿拉伯联盟关于国籍的公约》,1957年《已婚妇女国籍公约》,1961年《关于取得国籍之任择议定书》,1963年欧洲国家间签订的《关于减少多重国籍及在多重国籍时兵役义务的公约》和欧洲理事会1997年《欧洲国籍公约》等。

(二) 无国籍的产生及解决

无国籍(statelessness)问题也可以出现在各种不同的情况下。它通常是由于各国国籍法的冲突、领土的移转或国籍被剥夺等原因而产生的。

无国籍对个人来讲,显然是一种很不利的情况。因为没有国籍的人,在国际法上就得不到国家的外交保护,在他们受到一个国家的损害时,也没有国家代表他们提出国际求偿。

长期以来,各国通过国内立法和签订一些国际公约的方法,来减少无国籍状况和保障无国籍人的权利。减少无国籍状态的国际公约,主要有:1930年《关于某种无国籍情况的议定书》,1954年《关于无国籍人地位的公约》和 1961 年《减少无国籍状态公约》等。此外，1948 年《世界人权宣言》也将国籍列为基本人权之一，其 15 条规定："人人有权享有国籍"，且"任何人之国籍不容无理褫夺"。1949 年联合国经社理事会还设立了一个临时委员会研究无国籍问题，并于 1950 年通过了一个决议，要求各国在它们发生领土主权变更时，作出安排以避免无国籍状态的产生。

四、中华人民共和国国籍法

中国最早的国籍法，是 1909 年清政府颁布的《大清国籍条例》。1914 年 12 月，袁世凯政府曾制定了《修正国籍法》。1929 年 2 月，中华民国政府颁布了《民国十八年修订国籍法》。

新中国成立后，在《中华人民共和国国籍法》颁布以前，处理国籍问题主要是依据政府的有关政策。1980 年 9 月 10 日，中华人民共和国第五届全国人民代表大会第三次会议审议并通过了《中华人民共和国国籍法》（以下简称《国籍法》）。这是新中国成立以后颁布的第一部国籍法，也是我国现行的国籍法。《国籍法》虽然只有 18 条，但它从中国国籍立法的基本原则到具体内容、有关程序，都规定得比较详细、比较明确。

（一）中国国籍立法的基本原则

1. 平等原则

平等原则体现在民族平等的统一国籍、男女国籍平等方面。例如，《国籍法》第 2 条规定："中华人民共和国是多民族的国家，各民族的人都具有中国国籍"；第 4 条和第 5 条规定，父母双方的国籍对子女取得中国国籍具有同等效力。

2. 血统主义与出生地主义相结合原则

这一原则具体体现在《国籍法》第 4 条、第 5 条和第 6 条。我国在采取这一原则时，是以血统主义为主、出生地主义为辅的。它符合现代各国国籍立法的总趋势。

3. 不承认双重国籍原则

《国籍法》第 3 条规定："不承认中国公民具有双重国籍。"这是中国历史上第一次宣告不承认中国公民具有双重国籍。这一原则不仅表现于不承认中国公民所具有的外国国籍,而且表现于各项规定都坚持一人一籍。这项原则体现了我国政府在解决华侨双重国籍问题上的一贯立场,有利于消除或减少我国与华侨有关国家的矛盾。

(二) 中国国籍的取得

关于中国国籍的取得,《国籍法》做了如下规定:"父母双方或一方为中国公民,本人出生在中国,具有中国国籍";"父母双方或一方为中国公民,本人出生在外国,具有中国国籍;但父母双方或一方为中国公民并定居在外国,本人出生时即具有外国国籍的,不具有中国国籍";"父母无国籍或国籍不明,定居在中国,本人出生在中国,具有中国国籍"。

《国籍法》规定了通过入籍取得中国国籍的程序和必须满足的条件:"外国人或无国籍人,愿意遵守中国宪法和法律,并具有下列条件之一的,可以经申请批准加入中国国籍:(1) 中国人的近亲属;(2) 定居在中国的;(3) 有其他正当理由";"申请加入中国国籍获得批准的,即取得中国国籍;被批准加入中国国籍的,不得再保留外国国籍。"

此外,《国籍法》还就中国国籍的恢复作出了规定:"曾有过中国国籍的外国人,具有正当理由,可以申请恢复中国国籍,被批准恢复中国国籍的,不得再保留外国国籍。"

(三) 中国国籍的丧失

根据《国籍法》的规定,中国国籍的丧失,有两种不同的方式:

第一,自动丧失。《国籍法》第9条规定:"定居在外国的中国公民,自愿加入或取得外国国籍的,即自动丧失中国国籍。"

第二,申请退籍。《国籍法》第10条规定:"中国公民具有下列条件之一的,可以经申请批准退出中国国籍:(1) 外国人的近亲属;(2) 定居在外国的;(3) 有其他正当理由。"第11条规定:"申请退出中国国籍获得批准的,即丧失中国国籍。"不过,《国籍法》第12条也对申请退籍规定了限制条件:"国家工作人员和现役军人,不得退出中国国籍。"

此外,《国籍法》还规定,中国国籍的取得、丧失和恢复,除自动丧失中国国籍的情况外,必须办理申请手续。

值得注意的是,随着中国改革开放进程的加快,移居国外的中国公民急剧增加,大批包括港澳台和外籍华人在内的境外人士也涌入中国大陆。这些华人渴望中国承认双重国籍。因为有了双重国籍,他们不再需要按照外国人入境办法办理签证,极大地便利了华人回国创业,安排家庭生活和子女就学,并在中国国内以国民身份,而不是以外国人身份参加祖国建设、政府管理,为民族发展献计献策。海外华人和中国的关系,不是纯经济上的关系。有学者认为,承认外籍华人的华侨身份,还有利于增强中华民族凝聚力,有助于建立海外爱国统一战线。要适应这一新形势,中国的国籍法与国际上通用的做法接轨已是大势所趋,现在有越来越多的国家容忍双重国籍。因此,中国国籍法是否修改或者如何修改,将是今后值得关注的一个问题。

第二节　外国人的法律地位

一、概说

外国人(alien)是指在一个国家境内不具有所在国国籍而具有其他国籍的人。广义的外国人还包括外国法人。无国籍的人一般也纳入外国人的范畴。如果一个人既具有所在国的国籍,同时又有其他国家的国籍,那么对所在国而言,一般把他作为本国国民而不是外国人。

外国人的法律地位问题,主要涉及外国人与所在国之间的权利与义务关系,包括外国人应服从所在国的管辖,外国人应当享有的待遇,外国人入境、出境和居留应当遵守的规定等。

关于外国人的法律地位问题的规定,属于所在国主权范围内的事项,一般由所在国的国内法加以规定,其他国家无权进行干涉。不过,在规定外国人的法律地位时,必须参照国际法的一般原则和有关的国际习惯规则,同时还要顾及本国所承担的国际法义务。

每个外国人都受双重管辖。一方面,他处在所在国的属地优越权之下;另一方面,他又处在国籍国的属人优越权之下。因此,国家在对境内的外国人行使属地管辖权时,要照顾到外国人的本国所具有的属人管辖权,如:外国人负有对本国效忠的义务,可以从所在国被召回服兵役,所在国不得阻止。同样,外国人的国籍国在行使属人优越权时,要受到其国民所在国的属地优越权的限制。

二、外国人的入境、居留和出境

（一）入境

根据国际法,任何国家都不能主张它的国民有进入外国领土的权利。是否接受外国人入境,以及在什么条件下允许外国人入境,是一个国家自由决定的事项。换言之,国家没有准许外国人入境的义务,外国人也没有要求入境的权利。

而事实上,由于世界各国在经济、文化等各方面交往的需要,国家通常都是在互惠的基础上允许外国人为合法的目的而入境的。不过,一般需要两个条件:一是持有本国签发的有效护照;二是有拟进入的国家发的签证。另外,某几类人如难民或国际组织的官员,根据国际协定也可以使用特别的旅行证件来代替护照;而有些国家,由于彼此间密切的经济、文化联系或在互惠的基础上,也可以互相免办签证手续。

国家出于本国安全、公共秩序和公共利益的考虑,可以有权特别拒绝下列几类外国人入境:精神病患者、传染病患者和刑事罪犯等。

（二）居留

合法进入一国境内的外国人,无论是在该国短期、长期或永久居住,都必须遵守居留国的法律、法令,并要办理相关的居留登记手续。关于外国人在居留国所享有的权利和承担的义务,由居留国的法律来规定。外国人在居留期间,他(她)的合法权利(包括人身权、财产权、著作权、发明权、劳动权、受教育权、婚姻家庭权、继承权和诉讼权等)应受到保护。不过,外国人一般是不能享受本国人所享受的政治权利。外国人一般也没有为居留国服兵役的义务。

（三）出境

在国际法上,由于一个国家对于其境内的外国人只有属地最高权而没有属人最高权,因此,它不能阻止外国人离开其领土,只要他履行了法定的离境条件。1948年《世界人权宣言》第13条第2款规定:人人有权离去任何国家。外国人离境的条件,通常由国内法加以规定。一般是首先必须已经履行了当地的义务,如缴纳捐税、罚款、清偿了私人债务和了结了司法案件等等,并办理了出境手续。对于合法离境的外国人,应当允许按照居留国的法律规定,带走其财产。居留国不得对他的离境征税,也不得对他所携去的财产额外征税。

另外,根据国际法,一国在特定情况下还有权限令外国人离境或将其驱逐出境。不过,国家不得滥用这项权利。一些国际公约对国家驱逐外国人的权利予以了限制。例如,1955年《欧洲居留公约》第3条规定,一个缔约国的国民合法地居住在另一缔约国的领土内的,只有由于他们危害国家安全或违反公共秩序或道德,才可以被驱逐。1966年《公民权利和政治权利国际公约》第13条同样规定,一个国家境内合法居留的外国人,非经依法判定,不得驱逐出境,而且除事关国家安全必须急速处分者外,必须准许该外国人提出不服驱逐的理由,并申请主管当局复核。

三、外国人待遇的一般原则

关于外国人的待遇问题,国际法上并没有统一的规定,而是由各个国家自行立法决定,除非受条约的约束。在长期的国际实践中,国际社会逐渐形成了一些有关外国人待遇问题的一般原则,常见的有以下几种:

(一) 国民待遇(national treatment)

国民待遇是指一个国家在某些事项上给予外国人与本国国民相同的待遇。国民待遇通常是各国政府在互惠的基础上,互相给予的。从国际实践来看,一国给予外国人国民待遇,主要是在民事权利方面。至于政治权利方面,外国人一般不能享有。例如,外国人不享有选举权和被选举权,不得担任政府公职,也不承担服兵役的义务。

(二) 最惠国待遇(most-favored-nation treatment)

最惠国待遇是指一国(施惠国)给予另一国(受惠国)的国民(或法人)的待遇,不低于现在或将来给予任何第三国国民(或法人)在该国所享受的待遇。联合国国际法委员会《关于最惠国条款的条文草案》第5条指出:"最惠国待遇是指施惠国给予受惠国或与之有确定关系的人或事的待遇不低于施惠国给予第三国或与之同于上述关系的人或事的待遇。"

最惠国待遇主要适用于经济、贸易和投资等方面,一般是在互惠的基础上通过条约中的最惠国条款互相给予的。

(三) 互惠待遇(reciprocal treatment)

互惠待遇是指各国基于平等互利的原则,互相给予对方国民某种权利、利益或优惠,如相互税收优惠、互免入境签证、免收签证费等。互惠待遇的目的,是为了避免外国人在本国获得某些片面的权益或优惠。

(四) 差别待遇(differential treatment)

差别待遇包括两种情况:一种是外国公民或法人的民事权利在某些方面小于本国公民或法人,如外国人不能经营某种企业,外国人不能从事某种职业等;另一种是对不同国籍的外国公民或法人给予不同的待遇,如欧盟的成员国对其他成员国的国民或法人的待遇就不同于对非成员国的国民或法人。不过,采取差别待遇不能有任何歧视。如果基于种族、性别等原因而采取的歧视待遇,则是违反国际法的。

四、外国人在中华人民共和国的法律地位

《中华人民共和国宪法》第32条第1款规定:"中华人民共和国保护中国境内的外国人的合法权利和利益,在中国境内的外国人必须遵守中华人民共和国的法律。"我国为了便于对外国人的管理,1964年国务院公布了《外国人入境出境过境居留旅行管理条例》,1985年全国人大常委会通过了《中华人民共和国外国人入境出境管理法》。1986年国务院颁布了《中华人民共和国外国人入境出境管理法实施细则》(1994年修订)[①]。该法对外国人的入境、居留和出境等问题作出了具体细致的规定。

外国人入境,必须办理入境手续。外国人一般首先应持有效护

---

① 2001年1月12日,公安部、外交部对《中华人民共和国外国人入境出境管理法实施细则》第8条有关外国人过境中国问题作出补充解释。

照和有关证件到我国主管机关申请签证。获得入境签证的人,进入我国境内还要通过中国的边防和海关的检查。被认为入境后可能危害中国国家安全、社会秩序的外国人,不准入境。

外国人在中国居留,必须持有我国政府主管机关签发的身份证件或居留证件。居留期间要遵守各项法律规章。对于不遵守我国法律、非法居留或违反居留管理规定的外国人,可处以警告、罚款或拘留,情节严重的,可并处限期出境。

外国人离开中国要办理出境手续,如交验护照和居留证件及其他证件。对以下几类外国人,不准出境:第一,刑事案件的被告人和经公安机关或者人民检察院或者人民法院认定的有犯罪嫌疑人;第二,经人民法院通知有未了结民事案件不能离境的人;第三,有其他违反中国法律的行为尚未处理,且经有关主管机关认定需要追究的人。

第三节 难 民

一、难民的概念及其身份的确定

(一) 难民的概念

在国际法上对难民并没有确定的定义。根据1951年联合国通过的《关于难民地位的公约》第1条的规定,难民(refugee)是指因种族、宗教、国籍、特殊社会团体成员或政治见解,而有恐惧被迫害的正当理由,置身在原籍国领域外不愿或不能返回原籍国或受该国保护的人。

第一次世界大战以后,国际社会出现了很多的难民,难民问题也开始进入了国际法领域。在国际机构方面,1921年6月,国际联盟设立了难民事务高级专员,专门负责保护和救援第一次世界大战结束后滞留在各国的难民,挪威人南森(Nansen)担任该高级专员;1931年1月,国联又建立了南森国际难民局;1938年7月,各国在埃维昂举行会议,决定成立政府间难民委员会;1943年,成立了联合国家救济与重建管理处,负责对解放区人民的协助及战争期间被遣送到德国做苦力的民族团体返乡的事宜;1946年12月,联合国大会通过了《国际难民组织约章》,成立了国际难民组织,其目的是将为数约160万的难民或流离失所的人遣送回国,给予法律保护和使其重新定居。

1951年,联合国在有关决议的基础上成立了联合国难民事务高级专员办事处,其任务是:在联合国的支持下,对难民给予国际保护,促进难民自愿回国或在新国家入籍,以求一劳永逸地解决难民问题。

在国际条约方面,国际社会制定了一系列有关难民的国际公约,如:1926年《发给俄国与亚美尼亚难民证明文件的协定》、1928年《俄国与亚美尼亚难民法律地位办法》、1933年《关于难民地位公约》、1938年《关于来自德国难民地位公约》和1946年《政府间关于发给难民旅行证件协定》等。

最重要的公约有:1951年《关于难民地位的公约》和1967年《关于难民地位议定书》,它们是研究难民制度的主要法律依据。

(二) 难民身份的确定

难民身份的确定具有重要的意义。因为根据国际法,只有某人被确认为难民以后,它才能取得难民的法律地位,也才能获得有关的国际保护。根据1951年《关于难民地位的公约》和1967年《关于难民地位议定书》的规定,某人欲成为难民,必须同时具备以下两方面的条件:

1. 主观条件

所谓主观条件是指当事人畏惧迫害,即当事人有正当理由畏惧因种族、宗教、国籍、属于某一社会团体或具有某种政治见解等原因而可能受到迫害。这里所说的迫害,不要求对当事人的迫害已经到相当程度或已经发生。

2. 客观条件

所谓客观条件是指当事人留在其本国之外或经常居住地国之外,且不能或不愿受其本国保护或返回其经常居住地国。如果当事人仍留在其本国国内时,他(她)是不应获得难民身份的。

此外,1951年《关于难民地位的公约》还明确规定,难民地位不适用于下列任何情形的人:已经获得联合国其他机构的保护和援助;

被其居住地国家认为具有附着于该国国籍的权利和义务;违犯国际文件中已作出规定的破坏和平罪、战争罪或反人道罪;在以难民身份进入避难国之前,曾在避难国以外犯有严重的非政治罪行;曾有违反联合国宗旨和原则的行为并经认为有罪。

二、难民的法律地位

1951年7月28日,联合国主持召开了外交会议通过了《关于难民地位的公约》。该公约对难民的法律地位作出了详细的规定。然而,最初这一公约只限于适用于1951年1月1日以前发生的事情而造成的难民,且缔约国可以在签字、批准、或加入时附加保留将该公约只适用在欧洲地区发生的事情。1967年1月31日,在纽约订立的《关于难民地位议定书》则排除了上述限制。因此,批准与加入该议定书的国家,上述公约对一切难民,不论在何时何地,都适用公约的规定。

根据1951年《关于难民地位的公约》和1967年《关于难民地位议定书》的规定,难民的法律地位主要体现在以下几个方面:

第一,不推回原则。不推回原则(principle of non-refoulement)是指国家不得以任何方式将难民驱逐或送回至其生命或自由因为他的种族、宗教、国籍、参加某一个社会团体或具有某种政治见解而受威胁的领土边界。但如有正当理由认为难民足以危害所在国的安全,或者难民已被确定判决认为犯过特别严重罪行从而构成对该国社会的危险,则该难民不能享受不被驱逐或送回的权利。难民不推回原则,是1951年《关于难民地位的公约》的基本条款,依据该公约的规定不得提出保留。此原则已成为一般国际法的原则。

值得注意的是,1968年联合国在德黑兰召开的有关国际人权会议,在会议的决议中呼吁各国政府积极加入1951年《关于难民地位的公约》和1967年《关于难民地位议定书》,并且强调遵守"不推回原则"的重要性。此外,1966年12月联合国通过的《公民权利和政治权利国际公约》第13条也规定了一项与1951年《关于难民地位的公约》相类似的驱逐出境限制条款。

第二,国民待遇原则。国民待遇原则是指难民在宗教自由权、所有权、诉讼权、受教育权,以及在公共救助、劳工立法、社会安全与财政负担等方面,都应享有与所在国的本国国民相同的待遇。

第三,不低于一般外国人待遇原则。不低于一般外国人待遇原则是指难民在动产与不动产所有权、职业自由、住宅、接受中等与高等教育、交通往来等方面,都享有不低于一般外国人在同样情况下所享有的待遇。

第四,最惠国待遇原则。最惠国待遇原则是指难民在以从事工作换取工资权利方面,享有与外国国民同样情况下享有的最惠国待遇。且如有对外国人施加的限制措施,均不得适用于已经在该国居住三年的难民或其配偶已有居住国的国籍,或其子女一人或数人具有居住国国籍者。

此外,对于直接来自生命或自由受到威胁的领土未经许可而进入或逗留在一国领土内的难民,不得因该难民的非法入境或逗留而加以刑罚,但以该难民毫不迟延地自行投向当局说明其非法入境或逗留的正当原因者为限。

三、中华人民共和国有关难民问题的立场与实践

长期以来,我国一直比较重视对难民的保护。1982年9月24日,我国分别加入了1951年《关于难民地位的公约》和1967年《关于难民地位议定书》,并且分别声明对公约第14条后半部分和第16条第3款提出保留、对议定书第4条提出保留。上述公约和议定书,分别在1982年12月23日和1982年9月24日,开始对我国生效。这是目前我国保护国际难民的主要法律依据。

此外,我国还积极参与保护难民的国际活动。我国自从1971年恢复其在联合国的合法席位以后,就开始参加联合国难民事务高级专员办事处的有关工作,参与联合国大会关于联合国近东巴勒斯坦难民救济和工程处(UNRWA,简称近东救济工程处)工作议题的审议,并从1981年正式开始向该工程处认捐。1979年,我国恢复了在联合国难民事务高级专员办事处执委会中的活动,并多次出席有关难民问题的国际会议,阐述中国政府在有关保护难民问题上的立场和原则。同年,联合国难民署在中国北京建立了驻华任务代表处。

1995年12月,联合国难民署驻华任务代表处升格为代表处。1997年5月,联合国难民署驻华代表处升格为地区代表处,负责中国大陆、港澳、蒙古和朝鲜的难民事务。

自1978年以来,中国政府本着人道主义精神先后接收了28.3万印支难民,成为世界上接收印支难民第二多的国家。在华印支难民分别安置在广东、广西、福建、海南、江西等省和自治区。二十余年来,中国政府本着"一视同仁、不予歧视、同工同酬"的政策,向他们提供了有效的庇护,对他们的生活、生产、就业、教育、医疗等基本权利给予充分的保障。为此,中国政府付出了巨大的人力、物力和财力。在中国政府和联合国难民署的共同救助下,绝大部分在华印支难民生活稳定,安居乐业。

第四节 引渡和庇护制度

一、引渡

(一) 概说

引渡(extradition)是指一国应外国的请求,把正处在自己领土之内而受到该外国通缉或判刑的人,移交给外国审判或处罚的行为。

在国际法上,国家之间并无引渡罪犯的义务,除非它根据条约承担了这种义务。不过,有些国家对相互间没有引渡条约的国家,也准许根据互惠原则引渡。引渡条约大部分为双边条约。到目前为止,美国与一百多个国家签订了引渡条约,法国也与五十多个国家签订了引渡条约。[①] 关于引渡的多边条约不太多,主要是欧洲和美洲的一些区域性多边条约,如1933年《美洲国家间引渡公约》、1957年《欧洲引渡罪犯公约》等。此外,一些国际公约包含有引渡条款,如1948年《防止及惩治灭绝种族罪公约》规定,缔约国应将犯有灭绝种族罪者依法予以引渡。

许多国家还制定了有关的引渡法,对引渡的条件和程序做了详

---

① 参见〔韩〕柳炳华:《国际法》(上卷),朴国哲等译,中国政法大学出版社1997年版,第528页。

细的规定。例如,早在1833年,比利时就制定了世界上第一部引渡法。如果一国没有引渡法且宪法中对引渡问题没有任何规定,那么则由其政府根据自己的决定缔结引渡条约。在这些国家,即使没有引渡条约,政府也有权决定是否引渡个人。

(二) 政治犯不引渡原则

政治犯不引渡原则是在法国大革命以后逐渐确立的。1793年《法国宪法》第120条规定为向自由逃亡到法国的外国政治犯提供避难场所。由于政治犯的概念和范围缺乏明确性,各国的解释也不尽相同,因此,政治犯不引渡原则实施起来较为困难。

一般认为,决定哪个罪行为政治犯,需要考虑以下几个因素:(1)犯罪的动机;(2)犯罪行为时的情况;(3)只包括若干特定罪行为政治罪,如叛乱或企图叛乱;(4)罪行是针对一个特定的政治组织或引渡的请求国;(5)犯罪的行为必须在敌对两派争夺一国政权的情况下发生,因此无政府主义者或恐怖分子不包括在内。①

由于政治犯的含义容易被曲解和政治犯不引渡原则容易被滥用,因此,根据各国的引渡法和有关的国际条约,对政治犯的范围主要有以下限制:(1)行刺条款,即犯罪为刺杀国家元首时,视为普通罪犯;(2)国际罪行,有些公约规定国际罪行不能认为是政治犯,如1948年《防止及惩治灭绝种族罪公约》等;(3)恐怖活动,如1977年《欧洲制止恐怖活动公约》规定与恐怖活动有关的各种罪行,不视为政治罪。

值得注意的是,有些国家把军事犯也从引渡对象中排除。例如,根据1927年《法国引渡法》第4条的规定,军人所犯罪行依法国法律为普通犯罪时,适用引渡的一般条件,按刑事管辖权重叠的情况,不予引渡,依法国法律处理。

(三) 引渡规则

1. 引渡的条件

由于各国的利益不尽相同,因此,各国的引渡法和有关的引渡条约所规定的引渡条件也不完全一致,但在实践中已形成以下一些公

---

① 〔澳〕希勒:《斯塔克国际法》,1994年英文版,第320页。

认的国际习惯法规则。

(1) 双重犯罪原则。所谓双重犯罪(double criminality)原则,又称相同原则(principle of identity),是指可引渡的犯罪必须是请求引渡国家和被请求引渡国家双方都认为是犯罪的行为。

(2) 本国国民不引渡原则。在原则上,任何个人不论是本国人还是外国人都可以被引渡,但通常多数国家不引渡本国国民,而是在本国国内法院对其进行审判惩处,这就是本国国民不引渡原则。在实践中,只有英国、美国等极少数国家不拒绝引渡本国国民。

此外,从各国的引渡法和有关的引渡条约的规定来看,有些国家间的引渡条约,将可以引渡的罪行,一一列举。例如,1868年《美国与意大利的引渡条约》在第2条列举了谋杀、意图谋杀、强奸、抢劫等几十项罪名为可引渡的罪行;又如,1924年《美国与罗马尼亚间引渡条约》在第1条列举了谋杀罪、重婚罪、放火罪等24项罪名,作为应予引渡的犯罪。而另外一些国家则采取概括的方式,规定判刑至少为若干年的犯罪为可引渡的犯罪。例如,1953年《匈牙利保加利亚司法协助条约》在第56条中规定,按照缔约双方法律规定的犯罪行为,判刑至少一年或更重的监禁,为可予引渡的犯罪。

2. 请求引渡的主体

一般情况下,请求引渡的主体,即有权提出引渡请求的国家,主要有:(1)罪犯本人所属的国家;(2)犯罪行为发生地国家;(3)受害的国家,即犯罪结果发生地国家。

当有数个国家为同一罪行或不同罪行请求引渡同一人时,原则上,被请求国有权决定把罪犯引渡给何国。但1933年《美洲国家间引渡公约》第7条规定,如有几个国家为同一罪行请求引渡时,犯罪发生地国家有优先权;如果这个人犯有几项罪行而被请求引渡时,则依移交国法律罪刑最重的犯罪地国家有优先权;如果各该项行为被请求国视为同样严重时,优先权依请求的先后决定。

3. 罪行特定原则和再引渡的限制

许多国家的引渡法和有关的引渡条约都规定了"罪行特定原则"(principle of specialty,或译为"特定行为原则"或"引渡效果有限原则")。"罪行特定原则"是指移交给请求国的罪犯,在该国只能就其请求引渡时所指控的罪名予以审判和处罚;凡是不在引渡请求中所列举的犯罪行为,请求国非经被请求国的同意,不得对该罪犯进行审判和处罚。这一原则也称为引渡与追诉一致原则。

请求引渡的国家接受罪犯的引渡后,再将该罪犯引渡给第三国,供其审判和处罚,称为再引渡(re-extradition)。① 至于被引渡的罪犯是否可由原来的请求引渡国转交给第三国,在理论上有三种不同的意见:第一种认为可以再引渡;第二种赞成根据罪行特定原则,不能再引渡;第三种主张如果经被请求国同意,就可以进行再引渡;例如,1953年《匈牙利保加利亚司法协助条约》在第67条中规定:"未经被请求的缔约一方的同意——被引渡的人不得被引渡至第三国。"而许多国家的引渡法和有关的引渡条约,对于再引渡问题都大多未作明文的规定,国际实践也并不一致。

4. 引渡的程序

引渡一般通过请求国与被请求国之间的外交途径进行。请求国先根据其国内法和有关的引渡条约来决定请求引渡,并将请求通过外交途径通报被请求国。被请求国收到引渡请求后,由其主管机关进行审查,决定是否引渡,并通过外交途径将此决定通知请求国。例如,1933年《美洲国家间引渡公约》第5条规定:"引渡请求书由各自外交代表制作,如无外交代表时,则由领事代表转达,或者由各国政府直接通知。请求引渡罪犯的国家,还须附送关于罪犯个人犯罪的证明材料。"在被请求引渡国通知决定移交罪犯的时间和地点之后一定期限内,请求引渡国必须派员前来接受。罪犯移交给请求国人员接收之后,引渡程序即告结束。

二、庇护

(一) 概说

庇护(asylum)通常包括领土庇护(territorial asylum)和域外庇护(extraterritorial asylum)两种。前者是指国家基于主权,对于因被外国当局通缉或受迫害而来避难的外国人,准其入境和居留,并给予保

---

① 参见丘宏达:《现代国际法》,台湾三民书局1995年版,第432页。

护。后者又称外交庇护(diplomatic asylum),它是指一国的使领馆、军舰或商船对于所在地国家的罪犯给予保护。

庇护是以国家的属地优越权为根据的。给予庇护是国家的一项权利,个人受到庇护是国家庇护权的产物。个人可以申请庇护,但是否给予庇护,由被申请国家决定。国家有权给予外国人庇护,但国家并无法律上的义务一定要给外国人庇护。虽然有些国家的宪法明文规定对因政治原因被迫害的外国人给予庇护,如1947年《意大利宪法》第10条和1949年《德意志联邦共和国宪法》第16条,但这些规定尚未成为国际法的一部分。

1948年《世界人权宣言》第14条规定:"一、人人为避迫害有权在他国寻求并享受庇身之所。二、控诉之确源于非政治性之犯罪或源于违反联合国宗旨与原则之行为者,不得享受此种权利。"然而,普遍认为该条并不表示个人有接受庇护的权利。值得注意的是,在1966年《公民权利和政治权利国际公约》中,也没有规定个人有庇护权。

由于庇护是国际法上的一个复杂问题,各国在这方面存在诸多分歧,因此,迄今为止国际社会还没有一项关于庇护的普遍性国际公约。目前,有关庇护的国际公约都是区域性的,如1928年《美洲国家间关于庇护的公约》和1933年《美洲国家间关于政治庇护权的公约》。

(二) 领土庇护

1. 领土庇护的对象

领土庇护的对象主要是政治避难者,所以一般又称政治避难。领土庇护与政治犯不引渡原则有一定的联系。然而,领土庇护的内容要比不引渡更广泛,它不仅是不引渡,还包括不予驱逐和准其在境内安居。换言之,领土庇护的内容包括不引渡,但是仅仅不引渡并不一定就构成庇护。

第二次世界大战以后,领土庇护对象的范围又有了新的发展。一方面,庇护的对象除了政治犯以外,还包括从事科学和创作活动而受迫害的人;另一方面,在一些国际文件中,明确将某类人排除在可以享受庇护的范围之外,如犯有灭种罪、破坏和平罪、战争罪或危害人类罪及种族隔离罪的人,无权享受庇护。

2. 受领土庇护者的地位

享受领土庇护的外国人的地位,原则上与一般外国侨民相同,享有合法的居留权。他们处在所在国的领土管辖权之下,应服从所在国的法律。此外,给予庇护的国家对庇护者的活动,有义务加以必要限制,使他不得在其境内从事危害它国安全及其他违反联合国宗旨与原则的活动。

1967年12月,联合国大会一致通过了《领土庇护宣言》,建议各国应遵循下列原则,办理领土庇护事宜:

(1) 一国行使主权,对有权援用《世界人权宣言》第14条之人,包括反抗殖民主义之人,给予庇护时,其他各国应予尊重;凡有重大理由可认为犯有国际文书设有专条加以规定之危害和平罪、战争罪或危害人类罪之人,不得援用请求及享受庇护之权利;庇护之给予有无理由,应由给予庇护之国酌定之。

(2) 以不妨碍国家主权及联合国宗旨与原则为限,第一条第一项所述之人之境遇为国际社会共同关怀之事。

(3) 凡第一条第一项所述之人,不得使受诸如下列之处置:在边界予以拒斥、或于其已进入请求庇护之领土后予以驱逐或强迫遣返其可能受迫害之任何国家;唯有因国家之重大理由,或为保护人民,例如遇有多人大批涌入之情形时,始得对上述原则例外办理;倘一国于任何案件中决定有理由对本条第一项所宣告之原则例外办理,该国应考虑能否于其所认为适当之条件下,以暂行庇护或其他方法予关系人以前往另一国之机会。

(4) 给予庇护之国家不得准许享受庇护之人从事违反联合国宗旨与原则之活动。①

(三) 域外庇护

在拉丁美洲国家间,长期以来形成了外国使馆给予驻在国国民以外交庇护的习惯。1928年签订的《美洲国家间关于庇护的公约》

---

① 王铁崖、田如萱编:《国际法资料选编》,法律出版社1986年版,第265—266页。

和1933年《美洲国家间关于政治庇护权的公约》对此加以确认。因此,域外庇护得到了拉美国家的普遍承认。然而,拉美国家的这种外交庇护严格限制在"紧急情况"下适用,它仅仅是拉美区域性的国际法,不具有一般国际法的意义。

现代国际法并不承认使馆馆长有在其馆舍内给予庇护的一般性权利。1950年国际法院在"庇护权案"中指出外交庇护权并非国际法所承认的权利。联合国通过的《世界人权宣言》和1961年《维也纳外交关系公约》都没有有关外交庇护的规定。

三、中华人民共和国关于引渡和庇护的法律制度

(一) 中华人民共和国关于引渡的法律制度

早在清代,我国就与外国签订了含有引渡条款的条约,如1689年《中俄尼布楚条约》、1886年《中法越南边界通商章程》。中华人民共和国成立以后,先后参加了十多项禁毒、反劫机等方面的一系列含有引渡条款的多边国际公约。2000年12月28日,第九届全国人大常委会第十九次会议通过了《中华人民共和国引渡法》(以下简称《引渡法》)。该法以专门立法的方式建立了我国引渡的法律制度,它为我国国内有关机关处理中外之间的引渡问题提供了重要的国内法依据。

《引渡法》包括四章,共55条。其主要内容有:

1. 引渡的条件

按照《引渡法》第7条的规定,外国向中国提出的引渡请求必须同时符合下列条件,才能准予引渡:

(1) 双重犯罪。该条第1款第1项规定:"引渡请求所指的行为,依照中华人民共和国法律和请求国法律均构成犯罪";

(2) 双重可罚性。该条第1款第2项明确指出:"为了提起刑事诉讼而请求引渡的,根据中华人民共和国法律和请求国法律,对于引渡请求所指的犯罪均可判处1年以上有期徒刑或者其他更重的刑罚;为了执行刑罚而请求引渡的,在提出引渡请求时,被请求引渡人尚未服完的刑期至少为6个月。"第2款又规定:"对于引渡请求中符合前款第1项规定的多种犯罪,只要其中有一种犯罪符合前款第

2项的规定,就可以对上述各种犯罪准予引渡。"

2. 引渡的依据

《引渡法》第15条规定:"在没有引渡条约的情况下,请求国应当作出互惠的承诺。"可见,我国应外国的引渡请求而予以引渡的依据有:(1)与请求国的引渡条约;(2)与请求国的互惠关系。

3. 本国国民不引渡原则和政治犯不引渡原则

《引渡法》第8条明确规定适用本国国民不引渡原则和政治犯不引渡原则。根据该条第1款,如被请求引渡人依照中国法律具有中国国籍的,则应当拒绝引渡;按照该条第3、4款,被请求人如果因政治原因而请求引渡的,或者中国已经给予被请求引渡人受庇护权利的,或者可能因其种族、宗教、国籍、性别、政治见解或者身份等方面的原因而被提起刑事诉讼或者执行刑罚,或者被请求人在司法程序中可能由于上述原因受到不公正待遇的,则应当拒绝引渡。

4. 引渡请求的提出

根据《引渡法》第10条的规定:请求国的引渡请求,应当向中国外交部提出。

5. 对引渡请求的审查

外交部收到请求国提出的引渡请求后,应当对引渡请求书及其所附文件、材料是否符合《引渡法》和引渡条约的有关规定进行审查。最高人民法院指定的高级人民法院,对请求国提出的引渡请求是否符合《引渡法》和引渡条约关于引渡条件等规定,进行审查并作出裁定。最高人民法院对高级人民法院作出的裁定,进行复核。外交部接到最高人民法院符合引渡条件的裁定后,应当报送国务院决定是否引渡。

6. 引渡的执行

引渡由公安机关执行。对于国务院决定准予引渡的,外交部应当及时通知公安部,并通知请求国与公安部约定移交被请求引渡人的时间、地点、方式以及执行引渡有关的其他事宜。

7. 向外国请求引渡

请求外国准予引渡或者引渡过境的,应当由负责办理有关案件的省、自治区或者直辖市的审判、检察、公安、国家安全或者监狱管理机关分别向最高人民法院、最高人民检察院、公安部、国家安全部、司法部提出意见书,并附有关文件和材料及其经证明无误的译文。最高人民法院、最高人民检察院、公安部、国家安全部、司法部分别同外交部审核同意后,通过外交部向外国提出请求。

此外,为妥善处理涉外案件,推动打击跨国犯罪的国际合作,到目前为止,我国已经与二十多个国家缔结了引渡条约①,与三十多个国家谈判缔结了司法协助条约,并在互惠的基础上与其他一些国家开展了引渡合作。

(二) 中华人民共和国关于庇护的法律制度

根据国际法,我国对因政治原因而遭到外国追诉或迫害的外国人给予保护,对犯有破坏和平罪、战争罪、反人道罪等国际条约规定的国际罪行者拒绝给予保护。例如,我国《宪法》第32条第2款规定:"中华人民共和国对于因为政治原因要求避难的外国人,可以给予受庇护的权利。"我国1985年《中华人民共和国外国人入境出境管理法》第15条规定:"对因为政治原因要求避难的外国人,经中国政府主管机关批准,准许在中国居留。"

此外,我国既不实行域外庇护,也反对别国在中华人民共和国境内进行域外庇护活动。

思考题

1. 国籍取得与丧失的方式主要有哪些?
2. 外国人待遇的一般原则有哪些?
3. 如何确定难民身份?
4. 什么是引渡和庇护? 其法律依据及规则如何?
5. 试述中华人民共和国关于引渡和庇护的法律制度。

---

① 值得注意的是,2006年4月29日,第十届全国人大常委会第二十一次会议批准了中国与西班牙签署的引渡条约。这是中国与欧美发达国家之间的第一个引渡条约,也是中国在与发达国家开展引渡国际合作方面的一次历史性突破。

第四章 国际法上的领土

第一节 国家领土和领土主权

一、国家领土的概念

国家领土是指隶属于国家主权的地球的特定部分。

领土对国家来说,是非常重要的。国家领土的重要性主要表现在以下两个方面:

第一,领土是国家的要素之一。领土是国家赖以存在的物质基础。没有领土,国家就不可能存在。因此,一个国家是不可能没有领土的,至于领土面积,则可以有大有小。

第二,领土是国家主权活动和行使排他性权力的空间。国家领土是国际法的客体。国际法承认国家领土权力的最高性和排他性,就意味着国家在其领土内可以充分独立而无阻碍地行使其权力。没有领土,国家就没有管辖的空间。

二、国家领土的构成

国家领土是由各种不同的部分所组成。它包括领陆、领水、领陆和领水之下的底土以及领陆和领水之上的领空。

(一) 领陆

领陆是指国家疆界内的所有陆地,也包括岛屿。领陆是国家领土的最基本的组成部分。国家可以没有领水,但不可能没有领陆。

(二) 领水

领水是指位于陆地疆界以内或与陆地疆界邻接的一定宽度的水域。它包括内水和领海。

1. 内水

内水是指陆地领土内的水域以及领海基线向海岸一面的海域。

它包括河流、湖泊、内海等。内水的法律地位与领陆一样,沿岸国对这些水域拥有与领陆相同的领土主权。

(1)河流。根据河流的具体情况,一般把河流分为四类:内河、界河、多国河流和国际河流。

内河是指完全流经一国境内的河流。内河完全处于国家主权管辖下。国家对内河的管理和使用享有完全的、排他的权利。除另有条约的规定外,任何外国船舶都没有在内河航行的权利。

界河是指分隔两个不同的国家的河流。界河的法律地位是分属沿岸国家的内水。一般以河流的中心线或河流主航道的中心线作为疆界线。界河一般不对非沿岸国家开放。关于界河河水的使用、捕鱼以及河道的管理与维护等事项,由沿岸国之间的协议加以解决。

多国河流是指流经两个国家以上的河流。多国河流的各沿岸国,对流经其领土的一段水域享有主权。但沿岸国不能滥用其权利,要顾及其他沿岸国的利益。对多国河流的航行问题,一般是对所有沿岸国家开放,而禁止非沿岸国船舶航行。

国际河流是指流经数国可以通往海洋,并且根据国际条约的规定对一切国家船舶开放的河流。国际河流流经各沿岸国的部分属于各沿岸国的领土,各沿岸国对其拥有主权。法国大革命以后,如莱茵河、多瑙河等欧洲的一些主要河流根据有关国际条约的规定,先后对一切国家的商船开放,从而逐步确立了国际河流制度。1921年,在国际联盟的主持下,国际社会缔结了《国际性可航水道制度公约及规约》。此后,国际河流制度成为了一项普遍性的法律制度。

国际河流制度的主要内容有:第一,国际河流对沿岸国的商船、军舰及非沿岸国的商船开放,但非沿岸国的军舰不享有自由航行权;第二,航行时,各国的国民、财产及其船舶应享有平等待遇;第三,沿岸国对于通过自己领土的那段河流行使管辖权,特别是关于警察、卫生、关税等事项;第四,沿岸国负责管理和维护在其管辖下河流部分,并得为维持和改善河道航运,征收公平的捐税;第五,沿岸国保留"沿岸航运权",外国船舶不得从事同一沿岸国的各口岸间的航运;第六,由特别设立的国际委员会制定必要的、统一的管理规章,以保障河流的航行自由。

（2）通洋运河。运河是在一国领土内用人工开凿的可航水道，其地位与内河相同，完全受该国主权的管辖。在国际法上具有重要意义的是，连接海洋、构成国际要道的通洋运河(inter-oceanic canals)，如苏伊士运河和巴拿马运河等。这些通洋运河一般受国际条约规定的法律制度的支配。

（3）湖泊。湖泊一般分为淡水湖和咸水湖。咸水湖又称内（陆）海(inland sea)。湖泊如由一国领土所包围，则被认为是该国领土的组成部分，由该国对其行使主权管辖。如果湖泊被两个或更多的国家的领土所包围，除国际协议另有规定外，原则上属于所有沿岸国，并通常以湖的中心为界线，分别由各沿岸国管辖。

（4）内海水。内海水是指一国领海基线内的全部海域，包括海港、内海湾、内海峡、河口以及领海基线与海岸之间的海域。内海水是国家领土不可分割的一部分，国家对其拥有完全的、排他的主权。

2. 领海

领海是指沿着国家的海岸和内水或群岛水域的受国家主权支配和管辖下的一定宽度的海水带。领海属于国家领土的一部分，沿海国对领海享有主权。领海与内水的区别在于，外国船舶在领海内享有无害通过权。

(三) 领陆和领水之下的底土

领陆和领水之下的底土属于国家领土的组成部分，完全受国家主权的管辖。

(四) 领陆和领水之上的领空

领陆和领水之上的领空是国家领土不可分割的部分，国家对其拥有完全的、排他的主权。

三、领土主权及其限制

(一) 领土主权

领土主权是指国家对其领土范围内的人和物所行使的最高的和排他的权力。

领土主权主要包括三方面的内容：

第一，领土管辖权。领土管辖权又称属地优越权或属地最高权，是指国家对其领土范围内的人、事、物,拥有排他的管辖权。领土管辖权是领土主权的主要内容和标志。

第二,领土所有权。这是指国家对其领土范围内的一切土地和资源拥有占有、使用和支配的权利。

第三,领土完整不可侵犯。领土主权和领土完整是国家独立的重要标志,是现代国际法的基本原则。尊重一个国家的领土主权,就必须尊重一个国家的领土完整。

(二) 领土主权的限制

虽然国家对其领土具有排他的主权,但领土主权并不是绝对的。根据一般国际法的原则和规则,国家在行使领土主权时通常受到两种限制:一种是一般性限制,即对一切国家或大多数国家领土主权的限制,如领海的无害通过制度、领土的利用不得损害邻国的利益等;另一种是特殊限制,即根据国际条约对特定国家的领土主权所作的限制,如共管、租借、势力范围和国际地役等。这里着重介绍对国家领土主权的特殊限制。

1. 共管

共管(condominium)是指两个或两个以上国家对某一特定领土共同行使主权。在国际法的实践中,出现了若干共管的例子。例如,苏丹从1898年到1955年由英国和埃及共管;第一次世界大战以后直到1968年,英国、澳大利亚和新西兰对瑙鲁岛的共管等。

2. 租借

租借(lease)是指一国根据条约将其部分领土租借给另一国,在租界期内用于条约所规定的目的。承租国取得某事项的管辖权,但出租国仍保有对租借地的主权。

租借领土只有以平等自愿为前提、通过租界条约进行才是合法的。例如,根据1947年和平条约第4条,芬兰在租期50年和每年租金500万芬兰马克的基础上,允许苏联使用和管理波卡拉半岛地区的领土和水域以建造苏联海军基地。然而,近代历史上的租借大多数是缔结不平等条约的结果。例如,1898年中国清政府将胶州湾租借给德国,将广州湾租借给法国,将旅顺港和大连港租借给俄国,将威海卫租借给英国等。上述租借地,中国政府现均已全部收回。

3. 势力范围

势力范围是指19世纪末期,英、德、法、葡、意等国在非洲东部、中部划分彼此的势力范围,缔结条约,条约规定凡缔约国互相承认各所占有的地理上的范围,各国在其势力范围内有取得殖民地或设立保护地的完全权利,他方缔约国不得加以侵害。

此外,19世纪末叶欧美列强也通过强迫清政府签订不平等条约的方式,迫使清政府将中国的大片领土作为英、法、德、日等国的势力范围。这种根据不平等条约所取得的特权,既破坏了中国的领土完整,也违反了国际法原则。

4. 国际地役

国际地役(International servitude)也称国家地役,是指根据条约对一个国家的属地最高权所加的特殊限制,根据这种限制,一国领土的一部分或全部在一定范围内必须永远地为另一个国家的某种目的或利益服务。[①] 国际地役的主体是国家,客体是国家领土的一部分或全部,其中不仅包括陆地,还包括河流、领海、地下领土和领空。

国际地役有积极地役和消极地役之分。积极地役是指一国承担义务允许他国在自己有关的领土上从事某种活动,如一国依条约而允许他国在其领土上通行,或者允许他国人民在本国领海内捕鱼。消极地役是指一国承担义务承诺不在其特定领土上从事某种活动,如一国依条约同意为另一国的利益而不在其国境上的特定地点建立军事要塞或设防。

地役的概念源自罗马法,意思是指某人拥有的土地为他人所拥有的土地的利益服务。前者称供役地,后者称需役地。国际法上的国际地役与国内法上的地役有所不同:国际地役根据国际条约而设定,并不以土地相邻关系为必要条件。1932年常设国际法院对"上萨瓦自由区和节克斯区案"的判决和1960年国际法院对"印度领土通行权案"的判决,都肯定了国际地役的存在。

国际地役作为一种对物的权利,并不因有关领土归于另一国的

[①] 参见〔英〕罗伯特·詹宁斯、阿瑟·瓦茨修订:《奥本海国际法》第1卷第2分册,王铁崖等译,中国大百科全书出版社1998年版,第65页。

属地最高权之下而消灭。国际地役可以根据有关国家的同意而予以终止,也可以由需役地国家的明示或默示的放弃而消灭。

第二节 领土取得与领土争端解决

一、传统的领土取得方式

一般认为,传统国际法上领土取得的方式主要有五种:先占、时效、添附、割让和征服。然而,上述取得领土的方式中有些已不符合现代国际法原则了。

(一) 先占

先占(occupation)又称占领,是指一国有意识地占有无主地并取得对它的主权的行为。按照传统国际法,先占必须具备两个条件:一是先占的客体是无主地,即不属于任何国家的土地,或完全无人居住的土地,或虽有土著部落居住、但尚未形成国家的土地。然而,1975年国际法院在"关于西撒哈拉法律地位问题的咨询意见"中则指出:"凡有部落或人民居住并有一定的社会和政治组织的地方,就不能认为是无主地。"二是实行有效的占领,即国家必须将无主地置于其占有之下并实行某种行政管理。因此,单纯的发现无主地,只构成在一定时间内阻止他国占领的初步权利。

作为原始取得领土的一种方式,先占在西方殖民扩张时期占有重要地位。而到现今,世界上的无主地几乎没有了。因此,以先占作为取得领土的方式,已失去了现实意义。然而,在解决国家之间的领土争端时,有时还应考虑先占作为领土变更的方式所具有的效果。1933年东格陵兰案[①]就是其中的一例。

1931年7月,挪威政府发表了一份声明,宣布对东格陵兰的部分领土拥有主权。后来,挪威政府又颁布法令将格陵兰东南部的部分地区置于挪威主权的管辖之下。挪威政府的理由是,东格陵兰是无主地,它有权加以占领。丹麦政府反对挪威政府的这些行动。因

---

① 参见陈致中编著:《国际法案例》,法律出版社1998年版,第129—132页。

此,1932 年 7 月,丹麦在常设国际法院对挪威提起诉讼,请求法院宣布挪威的行为是非法和无效的。1933 年 4 月,常设国际法院对本案作出了判决。法院认为,丹麦长期以来已对格陵兰持续和平稳地行使权力,可以认为丹麦已对整个格陵兰拥有有效的主权了。挪威曾在许多双边或多边条约中承认格陵兰是丹麦的殖民地,挪威外交大臣也曾承诺不反对丹麦对整个格陵兰的主权要求。因此,在挪威宣布占领东格陵兰的时候,东格陵兰并不是无主地,而是丹麦长期以来就行使主权的领土,因而挪威 1931 年 7 月的宣布占领格陵兰的东部地区是非法的。

(二) 时效

时效(prescription)是指一国原先不正当地和非法地占有某块领土,并且已经在相当时期内不受干扰地加以占有,以致造成了一种信念,认为事物现状是符合国际秩序的,那么该国就取得该土地的主权。时效与先占的区别主要在于,先占的对象是无主地,而时效是非法占有他国的领土。

时效是否应作为一种领土取得的方式,国际法学家的意见是有分歧的。到目前为止,虽然有些判决或裁决是部分根据时效的理由,但是还没有一个判决或仲裁裁决主要是以时效为理由来确认领土主权的。[①] 至于时效的期限,国际法没有明确规定,学者们的意见也不一致。

当今,由于互相尊重主权和领土完整已成为国际法的一项基本原则,以时效取得领土无疑是违反这一原则的,因此,在现代国际法中以时效作为取得领土的方式已失去其现实意义了。

(三) 添附

添附(accretion)是指由于自然的因素或人为的原因而形成新的土地,从而使国家领土增加。添附分为自然添附和人为添附。自然添附是指由于自然的作用而使一国的领土扩大。例如,一国的河口因泥沙冲击而形成三角洲,在领海内出现新的岛屿,以及在海岸产生涨滩等,均使得沿岸国的领土范围扩展。自然添附历来被认为是取

[①] 参见丘宏达:《现代国际法》,台湾三民书局 1995 年版,第 501 页。

得领土的一种合法方式。1805年国际法上有名的"安娜号案"就是其中的典型例子。

人为添附是指由于人为的原因而使一国领土增加,如填海造地使领海向外延伸,从而增加领土。在一般情况下,人为添附也是一种取得领土的合法方式。然而,如果一国在人为添附领土时,损害了相邻国家的权利,就不能认为是合法的。例如,在界河的情况下,一国未经对岸国的同意,不应以人为方式在河岸建造堤防或围滩造田,因为这样做很有可能使界河的分界线发生变化而使该国领土增加,从而损害对岸国的利益。

因添附而形成的新土地,无须由有关国家采取任何特别的法律步骤,就当然成为其领土。

(四) 割让

割让(cession)是指一国根据条约将其领土的一部分移转给另一个国家。割让一般分为两类:一类是强制性的领土移转,即在非自愿的条件下无代价地转移领土主权。这是传统国际法中严格意义上的割让,它往往是战争的结果。例如,普法战争后,法国根据1871年《法兰克福和约》将阿尔萨斯和洛林割让给德国;甲午战争后,中国根据1895年《马关条约》被迫将台湾割让给日本;日俄战争后,俄国根据1905年《朴茨茅斯和约》将库页岛南部割让给日本。传统国际法承认强制性割让是领土取得的合法方式。但在现代国际法中,强制性割让已失去其合法性,因为《维也纳条约法公约》第52条明确规定:"条约系违反联合国宪章所含国际法原则以威胁或使用武力而获缔结者无效。"

割让的另一种类型是非强制性的领土移转,即有关国家以平等自愿为基础通过协商或缔结条约转移部分领土,它通常包括赠与领土、买卖领土和交换领土。例如,1604年,英国国王查理二世与葡萄牙公主结婚,葡萄牙把非洲属地丹吉尔作为嫁妆送给英国;1867年,沙皇俄国以720万美元将阿拉斯加卖给美国;1960年,中国根据与缅甸所签订的边界条约,将中缅边界的中国猛卯三角地与缅甸的班洪、班老部落地区进行了交换。在现代国际法中,非强制性割让仍然是合法的。不过,除在平等互利的基础上对边界作某些调整外,赠与领土、买卖领土在当今已十分罕见了。

由于割让的效果是领土主权的移转,因此,许多国家的宪法对这种重大的国家行为都有限制性的规定,如必须由公民投票来决定或须经国会批准。

(五)征服

征服是指一国以武力兼并他国的全部或部分领土,从而取得该领土的主权。征服与割让的区别在于:征服并不缔结条约,而是将战时占领下的敌国的全部或部分领土在战后予以兼并;如战后订有和约,则征服就变成了割让。

按照传统国际法,有效的征服必需满足以下两个条件:第一,占有的意思表示,即征服国一般要发表正式兼并战败国领土的宣告;第二,保持占有的能力,即如果兼并的是战败国的部分领土,战败国必须已放弃收复失地的企图;如果兼并的是战败国的全部领土,征服国的权力必须遍及被征服的全部领土,且战败国及其盟国的一切反抗必须停止。

征服是传统国际法所承认的国家领土取得的方式之一。它是以战争的合法性为基础的。自从现代国际法废止战争以来,征服已不再是取得领土的合法方式了。用武力兼并他国领土就是侵略行为,是非法的,由此取得的领土在法律上是无效的。例如,1990年8月,伊拉克侵占科威特以后,联合国安理会通过了一系列决议予以谴责,并宣布伊拉克的兼并行为无效。

二、现代领土变更的新方式

随着国际关系的发展变化,现代国际法上产生了一些新的领土变更方式,主要有:

(一)民族自决

民族自决是现代国际法的一项基本原则。根据这一原则,一切处于外国殖民统治、外国占领和外国奴役下的民族,具有自己决定自己的命运与政治地位、建立独立的主权国家和自主地处理其内外事务的权利。民族自决既可以采取和平的方式,也可以通过武装斗争来实现。民族自决是同第二次世界大战后殖民地人民争取民族解放和独立运动紧密相联的,它是当代国际关系中最常见的领土取得或变更的方式。

值得注意的是,民族自决并不是没有任何限制的,尤其在冷战结束以后自决权的性质要求在行使该项权利时实施某些限制。国家的领土完整是对民族自决的一个专门限制。《国际法原则宣言》规定民族自决不得"解释为授权或鼓励采取任何行动,局部或全部破坏或损害自主独立国家之领土完整或政治统一"。这一限制的目的是为了创造一个相对稳定的社会和法律体系。在由国家构成的国际社会,稳定主要涉及领土边界。当然,我们不能在任何情况下都利用领土完整来限制民族自决。《国际法原则宣言》规定能够依靠领土完整作为这种限制的只是这样一些国家,即"在行为上符合上述各民族享有平等权及自决权原则并因之具有代表领土内不分种族、信仰或肤色之全体人民之政府"。

"法律上的占有原则"(Uti Possidetis Juris)是对行使民族自决的又一项限制。[①] 占有原则的目的,是通过维护一国的殖民边界来实现领土稳固。可以说,这种限制是为了维护国际和平与安全。诚如国际法院在"布基纳法索与马里边界争端案"的裁决中所指出的:"维护非洲领土的现状,经常被视为是最明智之举……劝使非洲各国在解释民族自决原则时,要考虑占有原则。"[②]

(二) 全民公决

全民公决(referendum)又称公民投票,是指由当地居民以投票方式决定有关领土的归属。全民公决最先适用于18世纪末的法国。在现代国际关系的实践中,也有不少这方面的实例。例如,1935年1月德国萨尔区经过全民公决重新并入德国;1944年冰岛根据公民投票的结果获得独立;1972年巴布亚新几内亚的居民通过投票建国。作为一种变更领土的方式,全民公决的合法性取决于居民的意志能否自由地表达。

---

① 参见〔英〕罗伯特·詹宁斯、阿瑟·瓦茨修订:《奥本海国际法》第1卷第2分册,王铁崖等译,中国大百科全书出版社1998年版,第94页。

② 《国际法院报告》(ICJ Reports),1986年,第567页。

根据国际实践,通过全民公决的方式来决定领土的变更,应具备三个条件[①]:其一,有合法和正当的理由;其二,没有外国的干涉、威胁和操纵,当地居民能够自由地表示意志;其三,应由联合国监督投票。例如,联合国对下述领土的公民投票或选举进行了监督:1956年不列颠多哥托管领土;1958年法属多哥;1959年和1961年北喀麦隆;1961年南喀麦隆;1962年西萨摩亚和1972年巴布亚新几内亚等。

三、领土争端的解决

(一) 领土争端产生的原因

领土争端主要是边界争端。由于边界涉及有关国家的领土主权,边界争端成了国际关系中极其敏感的问题,它很容易引发有关国家之间的武装冲突。因此,如何解决领土争端是现代国际法上的一个重要课题。

引发领土争端的原因是多方面的,既可能是两国间边界线的位置或走向不明确,也可能是双方对边界条约中有关边界线的规定有不同的解释,或者由于边境被侵占、边界线被单方面移动等。[②]

(二) 领土争端的解决方式

解决领土争端应坚持的一个基本原则是利用和平方法,而不是诉诸武力。在国际实践中,解决国家间领土争端的方式主要有以下两种:

1. 通过双方谈判,签订边界条约

争端当事国通过谈判协商、签订边界条约的方式,来解决国家间的领土争端,不但简单、易行,而且比较合理、有效。中华人民共和国成立以来,一直主张通过友好协商来解决与邻国间的领土争端问题,并取得了良好的成效。1995年2月,沙特阿拉伯与也门就两国边界问题也达成了谅解备忘录,同意在《塔伊夫协议》的基础上解决两国的领土争端。

---

① 参见梁西主编:《国际法》,武汉大学出版社2000年版,第164页。
② 参见周鲠生:《国际法》(下册),商务印书馆1976年版,第427页。

2. 提交仲裁或国际司法程序

提交仲裁或国际司法程序,也是一种比较常见的解决国家间领土争端的方式。通过这种方式解决领土争端,有利于实现边界的稳定性与确定性。在现代国际关系的实践中,有不少通过国际司法程序解决领土争端的著名案例,1962 年柬埔寨和泰国之间的"隆端寺案"[1]就是其中的一例。

隆端寺位于柬、泰边界的扁担山山脉东部。柬、泰两国为该寺及其周围地区的主权归属问题发生争执,争端源于 1904 年至 1908 年暹罗(泰国的旧称)与柬埔寨(当时系法国的"保护国")的划界期间,1904 年 2 月暹罗与法国签订的一项划界条约以及 1907 年绘制的边界地图。其中一张关于扁担山山脉的地图标明隆端寺在柬埔寨一边(地图作为备忘录成了条约的附件 I)。这地图标示出的边界线不在实际的分水岭线上,按实际的分水岭线,隆端寺应在泰国一边,但暹罗政府对此从未提出异议。直到四十多年后,暹罗政府才发现地图有误,其地方当局派兵驻进了寺院。柬埔寨政府获悉此情况后,曾于 1949 年和 1950 年向泰国政府发出数次照会提出抗议,均未得到答复。1953 年柬埔寨要求泰国撤走其武装力量,遭到拒绝。于是,1959 年 9 月柬埔寨向国际法院提起诉讼,主张对隆端寺的主权,理由是 1907 年两国的划界地图标明该寺在柬埔寨境内。1962 年 6 月,国际法院对本案作出了判决:确认隆端寺的主权属于柬埔寨并发生效力,泰国有义务撤出它在该寺内及其周围的柬埔寨领土上驻扎的一切军事和警察力量,以及其他的守卫或驻守人员。

本案涉及在领土划界争端的过程中如何解决地图与条约文字的矛盾问题。有学者认为,解决此矛盾的一般原则是:"遇有附图与约文矛盾之处应以约文为准。"[2]在本案中,国际法院的着重点是地图是否有效。国际法院推定泰国接受了这张图,就是接受了图上所标明的边界,这已构成对隆端寺的主权属于柬埔寨的承认了。[3]

---

[1] 参见中国政法大学国际法教研室编:《国际公法案例评析》,中国政法大学出版社 1995 年版,第 156—160 页。
[2] 周鲠生:《国际法》(下册),商务印书馆 1976 年版,第 429 页。
[3] 参见陈致中编著:《国际法案例》,法律出版社 1998 年版,第 156 页。

第三节 边界和边境制度

一、边界

边界又称国家边界或国界,是划分国家领土范围的界线。由于国家的领土是由各个部分所组成,因此国家边界也可以分为陆地边界、水域边界、海上边界、空中边界以及地下边界等。

根据国际实践,国家边界的形成主要有两种情况:一种是在长期的历史过程中根据双方历来行政管辖所及的范围而逐渐形成的传统边界线;另一种是有关国家依条约划定的条约边界线。在大多数情况下,国家边界是通过条约来划定的。条约边界线更具稳定性,可以减少边界争端。

国家之间划分边界线主要有三种方法,即自然划界法、几何学划界法和天文学划界法。

第一,自然划界法。自然划界法是指国家利用天然地形如河流、湖泊、山脉、沙漠和森林等为界,来划定边界线的方法。采用自然划界法而形成的边界线,称为自然边界线或地形边界线。国家间在适用自然划界法的过程中,形成了以下一些习惯法规则:以山脉为界时,边界的划定一般以分水岭为准;以河流为界时,通航河流以主航道中心线为界,不通航河流则以中间线为界;界河上的桥梁以桥的中间为界;湖泊以中间为界。

第二,几何学划界法。几何学划界法是指以两个固定点之间的直线作为国家的边界线的方法。采用几何学划界法而形成的边界,称为几何学边界。

第三,天文学划界法。天文学划界法是指以一定经纬度来确定国家边界的方法。采用天文学划界法而形成的边界,称为天文学边界。

几何学划界法和天文学划界法多用于海上或人口稀少的地区。几何学边界、天文学边界、海上边界、空中边界和地下边界,都属于无形边界。

二、边境制度

边境是国家边界线两边的一定区域。边境制度是指国家为了边境的安全、边界线的维护、边境居民生活的便利以及交通和经济的利益等,通过双边条约和国内立法的方式而确立的法律制度。一般说来,边境制度主要包括以下内容:

(一) 边界标志的维护

有关边界问题的条约一般都规定,双方国家负有保护边界标志以免损坏或移动位置的责任,以及各自负责修理或恢复本国一方境内界桩的责任。

(二) 地方居民的往来

由于边境居民的生活需要或民族、种族等关系,有关边境制度的条约一般都规定,边境居民在航运、小额贸易、探亲访友、治病、进香朝圣等方面进出国境时享有特殊便利,不受一般出入边境的正规手续的限制。

(三) 界河和边境土地的利用

按照有关边境制度的条约的规定,沿岸国在界河的使用上不得有损害邻国利益的行为,如使得河水污染或毒化、使得邻国一方遭受河水枯竭或泛滥的危害等;沿岸国对界河航运享有平等的权利;沿岸国对界河生物资源的保养负有共同责任;国家对边境土地的利用不得损害邻国边境居民的安全,如不得在边境地区建靶场或进行武器试验等。

(四) 边界争端的处理

邻国之间一般根据条约设立边界委员会或其他负责的边界当局和处理争端的程序,负责处理边境方面发生的事故或争端。除特别严重的事件必须通过外交途径解决外,边境地区的一般事件,都可以由上述机构处理。

三、中国与周边国家之间的领土和边界问题

我国陆地面积约为 960 万平方公里,陆地边界线长二万二千多公里,海岸线长一万八千多公里。同我国接壤的陆上邻国 14 个:朝鲜、俄罗斯、蒙古、哈萨克斯坦、吉尔吉斯斯坦、塔吉克斯坦、阿富汗、印度、巴基斯坦、尼泊尔、不丹、缅甸、老挝和越南。在海上与我国相邻或相向的国家 8 个：朝鲜、韩国、日本、菲律宾、马来西亚、文莱、印度尼西亚和越南。

由于历史原因，旧中国政府给新中国留下了许多棘手的边界问题。中华人民共和国成立后，本着友好协商精神，以和平的方式积极推进边界谈判，稳妥处理与我国相关的边界问题。

到目前为止，我国已与 12 个邻国签订了边界条约，全部或基本解决了与这些国家的陆地边界问题：缅甸（1960 年）、尼泊尔（1961 年）、朝鲜（1962 年）、蒙古（1962 年）、阿富汗（1963 年）、巴基斯坦（1963 年）、老挝（1991 年）、俄罗斯（东段 1991 年，西段 1994 年）[①]、哈萨克斯坦（1994 年）、吉尔吉斯斯坦（1996 年）、塔吉克斯坦（1999 年）和越南（1999 年）。

海洋方面，1992 年 2 月我国颁布了《中华人民共和国领海及毗连区法》、1996 年 5 月通过了《中国政府关于领海基线的声明》、1996 年 5 月批准了《联合国海洋法公约》、1998 年 6 月通过了《中华人民共和国专属经济区和大陆架法》，从而确立了我国的领海、毗连区、专属经济区和大陆架制度。

值得注意的是，在批准《联合国海洋法公约》时，我国政府作出了四点声明，其中第二点声明是"中华人民共和国将与海岸相向或相邻的国家，通过协商，在国际法的基础上，按照公平原则划定各自海洋管辖权界限"[②]。在 1998 年 6 月颁布的《中华人民共和国专属经济区和大陆架法》中，中国政府重申了根据《联合国海洋法公约》应享有的 200 海里专属经济区和大陆架的主权权利和管辖权，同时强调海域划界应在国际法的基础上，按照公平原则以协议划定。上述声明，体现了当今我国政府在海域划界问题上的原则立场。

2000 年 3 月，中日两国签订了新的《中日渔业协定》（2000 年 6

[①] 2004 年 10 月，中俄两国外长在北京签署了《中华人民共和国和俄罗斯联邦关于中俄国界东段的补充协定》，成功地解决地中俄国界的所有问题。

[②] 中国政府的声明，载《人民日报》1996 年 5 月 16 日第 4 版。

月1日生效);2000年8月3日,中韩两国签署了《中华人民共和国和大韩民国政府渔业协定》(2001年1月1日生效);2000年12月25日,中越两国正式签署了《中华人民共和国和越南社会主义共和国关于在北部湾领海、专属经济区和大陆架的划界协定》①和《中华人民共和国和越南社会主义共和国北部湾渔业合作协定》(均在2004年6月30日生效)。此外,我国还与日本、朝鲜、韩国等国建立了海洋法磋商机制。然而,我国与邻国的陆界问题尚未完全解决,特别是海域划界和岛屿归属面临复杂严峻的形势,因而全面彻底解决我国边界和海洋争端问题仍任重道远。

第四节 南北极地区及其法律地位

一、南极地区

南极洲是世界七大洲之一,总面积达1400多万平方公里。南极洲不但蕴藏着极其丰富的自然资源,而且在战略地位上也非常重要。因此,从20世纪初开始,英国、法国、澳大利亚、新西兰、挪威、阿根廷、智利和南非等国家先后对南极提出领土要求,其中有些要求互相重叠,争执很大。美国和苏联虽然没有正式提出对南极的领土要求,但都声明不承认上述国家对南极地区的领土要求,并且保留本国提出领土要求的权利。

在这种争夺相持不下的情况下,由美国倡议,1959年12月1日,阿根廷、澳大利亚、比利时、智利、法国、日本、新西兰、挪威、美国、英国、苏联以及南非等12国在华盛顿签署了《南极条约》。该条约于1961年6月23日生效。

《南极条约》包括序言、14项条款和最后议定书。其主要内容有:

第一,南极只能用于和平之目的,禁止在南极洲建立军事基地、建筑要塞、进行军事演习以及进行任何类型武器的试验。

---

① 这是我国根据新的海洋法,与邻国划定的第一条海上界线,有着重要的意义和积极的示范作用。

第二,各国在南极洲享有科学调查的自由,并为此目的而进行国际合作。

第三,冻结对南极的领土要求。《南极条约》第4条第2款规定:"在本条约有效期间所发生的一切行为或活动,不得构成主张、支持或否定对南极的领土主权的要求的基础,也不得创立在南极的任何主权权利。在本条约有效期间,对在南极的领土主权不得提出新的要求或扩大现有的要求。"

第四,缔约各方有权指派观察员在任何时间进入南极任何地区进行视察。

第五,建立缔约国协商会议制度。根据条约的规定,条约协商国为便于交换情报,召开会议共同协商有关南极的共同利益问题,并阐述、考虑以及向本国政府建议旨在促进条约的原则和宗旨的措施。

自南极协商会议制度建立以来,已召开了多次会议,并订立了下列公约:1972年《南极海豹保护公约》、1980年《南极海洋生物资源保护公约》、1988年《南极矿物资源活动管理公约》和1991年《南极条约环境保护议定书》等。这些公约与《南极条约》一起,共同构成了"南极条约体系"。2001年7月,第24届南极条约协商会议在俄罗斯圣彼得堡举行。会议决定将《南极条约》秘书处总部设在阿根廷首都布宜诺斯艾利斯。2006年6月,第29届南极条约协商会议在英国爱丁堡举行,来自28个南极条约协商国、9个非协商国及12个国际组织的近三百名代表与会。会议讨论了南极环保、生物勘探、旅游和非政府活动等问题,确定了3个特别保护区、1个特别管理区及相关管理计划。会议通过了《关于国际极地年的爱丁堡南极宣言》,号召南极条约协商国全面支持国际极地年科研活动并开展广泛国际合作。

1983年6月,我国加入了《南极条约》。1985年,我国成为《南极条约》的协商国,同年,我国在南极建立了第一个常年科学考察站——"长城站"。1989年,我国又设立了"中山站"。

二、北极地区

北极即北冰洋,面积1478万平方公里,除了少量岛屿外,并无陆地,气候严寒。美国、加拿大、丹麦(格陵兰岛)、冰岛、芬兰、挪威和苏联等北冰洋沿岸国已划分了北极地区周围的陆地。一些国家对北极地区的领土权利主张的根据是所谓的"扇形原则"(sector principle),即毗连北极地带的国家拥有以该国海岸或某一纬线为底线,以北极为顶点,以从北极到该国东西两端的国界的两条经线为腰的扇形空间内的一切陆地和岛屿以及流动冰群。1926年4月,苏联根据上述原则,制定了有关法律。然而,苏联的这一单方面主张,遭到了美国、挪威等其他北冰洋沿岸国的反对。

迄今为止,还没有国际协议对北极的法律地位问题加以规定。1973年,加拿大、丹麦、挪威、美国和苏联签订了《保护北极熊协定》。1990年,北极地区有关国家成立了国际北极科学委员会。同年,加拿大、丹麦、芬兰、冰岛、挪威、瑞典、美国和苏联等八个国家共同签订了《八国条约》。该条约主要规定的是各国在北极的科学研究行为规范和环保责任,并没有对各国领土和资源的分配作出界定。1991年,北极国家首脑会议发表了《保护北极环境宣言》,并制定了《北极环境保护战略》。近年来,我国多次派遣科研人员赴北极进行科学考察活动。2004年7月28日,中国第一个北极科学考察站——"黄河站"建成并投入使用。

值得注意的是,近年来很多国家都不约而同地将目光投向北极,再度引起有关北极地区主权和资源归属的热闹争论。

据估计,北极地区潜在的可采石油储量有1000—2000亿桶,天然气在50—80万亿立方米之间,被誉为"地球尽头的中东"。北极地区的矿产资源相当丰富,蕴藏有大量优质煤,有世界上最大的铜、镍、钚复合矿基地;还盛产金、银和钻石,以及铀和钍等战略性矿产。而且根据推测,北极地区可能还蕴藏着同南极地区基本对称的世界级大型铁矿。另一方面,如果全球温度持续上升,北极的大块冰山就会融化,从而使得海平面升高、海面阻隔减少,如此一来,北极地区很可能成为重要的交通枢纽。因此,哪个国家拥有和控制北极,它便将掌握21世纪的能源和交通两大命脉。除了上述矿产资源外,北极地区可供开发的渔业资源、旅游资源、科技资源也相当可观。总之,北极地区资源的重新配置,将引起全球能源格局和交通格局的"大地震"。因此,近年来北极地区的主权和资源争夺战悄然升温。

思考题

1. 什么是领土主权?它有哪些限制?
2. 试论领土的变更方式。
3. 各国之间应如何解决领土争端?
4. 试述南极地区的法律制度。

第五章 海洋法

第一节 概 述

一、海洋法的概念

海洋法是有关各种海域的法律地位和调整各国在各种海域从事有关活动的原则、规则和制度的总称。海洋法是国际法的重要组成部分。目前,它包括有关内海水、领海、毗连区、专属经济区、大陆架、用于国际航行的海峡和群岛水域、公海和国际海底等海域的一系列法律制度。

海洋是海与洋的总称,海是洋的边缘,洋是海的主体。海洋是地球的主要部分,其总面积约为3.61亿平方公里,占地球表面总面积的70.78%,平均深度达3800米。地球上一共有四大洋:太平洋、大西洋、印度洋和北冰洋。较靠近陆地的水域叫作海。据国际水道局的统计,地球上一共有54个海。

浩瀚的海洋对人类的生存、生活具有重要的意义。首先,海洋蕴藏着十分丰富的自然资源。据统计,地球上有80%的动物生活在海洋中,1/3以上的石油和天然气资源储藏在海底,还有许多锰、铜、钴、镍等多项金属的锰结核蕴藏在深海海底。其次,海洋上空可用于飞行、探测气候;海洋的水面可供船舶航行。当今的国际贸易,80%是通过海上运输进行的。最后,海底(床)可以放置海底电缆和管道,可以开采锰结核;底土可以开采石油、天然气。可见,海洋在人类生活中占有极其重要的地位。联合国曾经把1998年定为"国际海洋年"。

二、海洋法的发展

海洋法的发展,经历了一个漫长的历史过程。在古代,海洋和空气一样,被认为是"共有之物",处于共同使用的状态。后来,随着罗马帝国势力的扩张,开始出现了一些论证君主的权力应及于海洋的主张。意大利法学家巴尔多鲁(Bartolo)曾论证沿海国对毗连的水域有管辖权。

到中世纪,随着航海事业的发展,统治者认识到海洋的重要意义,宣布对海洋拥有权力。自10世纪起,英国国王就自称为"不列颠海洋的主权者"[①],瑞典则主张控制波罗的海,丹麦—挪威联合王国主张控制北海,威尼斯宣称对亚得里亚海拥有主权,热那亚和底萨则要求利古利亚海,葡萄牙则主张对全部印度洋和摩洛哥以南的大西洋的主权,而西班牙则主张对太平洋和墨西哥湾的主权。1493年5月,罗马教皇亚历山大六世发布一道圣谕把新大陆划给葡萄牙和西班牙。他在佛德角群岛西300英里处,往两极作一条想象的线:线西的地方,无论已否发现,属于西班牙;线东的地方,无论已否发现,属于葡萄牙。同年9月,教皇又发布一道圣谕,确定了印度洋西部的另一条线。1494年6月,葡、西两国签订了《托德西拉斯条约》(the Treaty of Tordesillas),把分界线向西推移。[②]

16世纪以后,资本主义国家为了争夺海洋权益,海洋法律制度也随之发展。17世纪初,荷兰的航海事业迅速发展。为了打破葡萄牙和西班牙对海洋的垄断,被称为近代国际法奠基人的格劳秀斯于1609年发表了《海洋自由论》,明确提出了海洋自由的观点。他认为海洋不能成为任何人独占的对象,因为航海与捕鱼都不能使海洋罄竭。格劳秀斯的主张在当时遭到了一些国家和学者的反对,但他的思想代表了历史的发展方向。

到18世纪,许多国际法学者都采取了公海自由的立场。荷兰学者宾刻舒克(Bynkershock),提出武器射程到达的地方为国家对海洋的权力范围。1782年意大利法学家加利安尼(Galiani)根据当时的大炮射程,提出3海里为领海的宽度。1793年,美国第一个提出3海里的领海。此后,英国、法国也规定了3海里的宽度。1852年,英

---

① 魏敏主编:《海洋法》,法律出版社1987年版,第8页。
② 参见杨泽伟:《宏观国际法史》,武汉大学出版社2001年版,第28页。

俄条约规定了公海自由的原则。20世纪,特别是第二次世界大战以后,由于科学技术日益进步及国际关系发展变化的影响,海洋法有了重大的发展,现在已从过去的海面法规延伸到了海底开发制度,在深海资源、大陆架、专属经济区、领海范围、远洋捕鱼等方面,都有了很多新规定。海洋法的发展进入了一个新的阶段。

三、海洋法的编纂

对海洋法编纂的首次尝试是1930年的海牙会议。这次会议是在国际联盟的组织下召开的,由于各国的利益和分歧太大,没有达成协议。第二次世界大战以后,在联合国的主持下,开始了海洋法的正式编纂。为此,联合国召开了三次海洋法会议。

第一次海洋法会议于1958年2月24日至4月27日在日内瓦召开,参加会议的有86国的代表。会议制定并通过了四个公约,即《领海与毗连区公约》《公海公约》《捕鱼和养护公海生物资源公约》以及《大陆架公约》。此外,会议还通过了一项关于强制解决这些公约可能产生的争端的任意签字议定书。由于历史条件的限制,上述公约未能如实反映广大发展中国家的合理要求,而某些条款却有利于少数海洋大国。例如,《领海与毗连区公约》笼统地规定各国船舶均享有无害通过领海的权利,而且领海宽度这个海洋法中的大问题也未能解决;《大陆架公约》规定200米深度和技术水平容许开发的深度两个标准;等等。

第二次海洋法会议于1960年3月17日至4月27日在日内瓦举行,有88个国家参加。会议的主要目的是解决领海的宽度问题。然而,由于各国存在重大分歧,会议未获任何结果而宣告结束。

两次海洋法会议以后,国际社会围绕海洋权益的争斗日益尖锐、复杂。自行颁布海洋立法的国家越来越多。1967年马耳他常驻联合国代表帕多向联合国第22届大会提出了《关于各国管辖范围以外海床洋底和平利用及其资源用于人类福利问题》的提案,主张各国管辖范围以外的海床洋底及其底土以及处于该区域内的资源应为全人类的共同继承财产。同年,联合国大会决定成立特设委员会,以研究各国管辖范围以外的海床洋底的和平利用问题。1968年联合国大会通过决议,将特设委员会改为"和平利用国家管辖范围以外海床洋底委员会",简称"海底委员会"。我国自1972年起参加了海底委员会的工作。1970年联合国大会通过决议,决定再召开一次海洋法会议,以制定一项新的全面的海洋法公约。

第三次联合国海洋法会议于1973年12月3日在纽约的联合国总部召开。经过多次协商与谈判,在1980年8月的第三次海洋法会议的第9期会议上,最后完成了《海洋法公约草案》。第三次联合国海洋法会议是一次全权的外交代表会议,是联合国成立以来最重要的国际立法实践。参加会议的有167个国家,还有一些未独立领土、民族解放组织和国际组织等五十多个实体派观察员出席了会议。我国代表团自始至终参加了第三次海洋法会议的各期会议。1982年12月10日,在第三次海洋法会议举行的最后一次会议上,有一百多个联合国成员国在《海洋法公约》上签字。

《海洋法公约》包括1个序言和17个部分,共320条,另有9个附件,涉及12海里领海宽度、200海里专属经济区、海峡通行权利、大陆架的界限、国际海底的勘探和开发制度以及海洋环境保护、海洋科学研究等问题。它是第三次联合国海洋法会议历经九年艰苦谈判,经过不同利益集团之间的斗争和妥协所取得的结果,基本反映了当时国际社会在海洋问题上所能达成的共识。虽然公约中有不少条款是不完善的,甚至有严重缺陷,但无可否认的是,公约对海洋法领域的几乎所有问题都做了规定,它是当代国际外交的一次突出成就,是一个比以往国际条约更广泛的多边条约。它体现了世界各国特别是广大发展中国家的共同愿望,是当代国际社会关系海洋权益和海洋秩序的基本文件,确立了人类利用海洋和管理海洋的基本法律框架,标志着新的海洋国际秩序的建立。

由于发达国家与发展中国家对《海洋法公约》第11部分国际海底区域的开发制度上存在严重分歧,因而直到1989年8月,批准加入公约的国家仅有42个,而且绝大多数是发展中的中小国家。除冰岛外,其他西方发达国家当时都未批准或加入公约。为了让公约在被广泛接受的前提下尽早生效,联合国秘书长连续多年在发展中国家和发达国家间进行协调。结果,77国集团在1989年发表声明,愿同任何已签署或未签署公约的国家谈判与《海洋法公约》有关的任何问题。以此为背景,在联合国秘书长的推动下,经过长达5年两轮15个回合的艰苦谈判,发展中国家与发达国家在如何执行公约第11部分方面取得了基本一致,并于1994年7月28日在联合国总部签订了《关于执行1982年12月10日〈联合国海洋法公约〉第11部分的协定》。同时,联合国大会以111票赞成、7票弃权、无反对票而通过了执行海洋法公约第11部分的决议,从而在发展中国家作出巨大让步与牺牲的情况下,成功地弥合了发展中国家与发达国家之间的诸多严重分歧。该协定为公约的生效及其实施排除了某些阻力,也为发展中国家与发达国家在公约的基础上,加强开发海洋资源领域的经济合作,创造了某些条件。1994年11月16日,《海洋法公约》正式生效。截至2006年5月,《海洋法公约》共有149个缔约国。

四、中国的海洋立法

我国海岸线很长,约一万八千多公里;另有约六千五百多个岛屿。在海上与我国相邻或相向的国家有8个:朝鲜、韩国、日本、菲律宾、马来西亚、文莱、印度尼西亚和越南。

旧中国一直未能自由行使领海主权,更谈不上建立自己的领海制度。第一次提到中国的领海是1899年,当时清政府和墨西哥政府签订了通商条约,规定彼此都以3力克为水界(每力克合中国10里,按此规定领海宽度为9海里)。在1930年海牙国际法编纂会议上,当时中国国民政府发表声明,赞成3海里领海宽度。1931年4月,经海军部提议,国民政府行政院颁发命令,决定中国的领海宽度为3海里,缉私区为12海里。

中华人民共和国成立以后,特别是进入20世纪80年代后,我国制定、颁布了一系列有关领海、专属经济区、大陆架、海峡、港口管理、船舶管理、保护水产资源、防止污染等方面的法令、条例、规定和规则。[①]

[①] 参见国家海洋局政策法规办公室编:《中华人民共和国海洋法规选编》(第3版),海洋出版社2001年版。

(一)领海、毗连区、专属经济区和大陆架

1958年9月4日,我国政府发表了关于领海的声明;1992年2月25日,我国政府颁布了《中华人民共和国领海及毗连区法》;1996年5月15日,我国政府公布了《中国政府关于领海基线的声明》;1998年6月26日,我国政府颁布了《中华人民共和国专属经济区和大陆架法》,从而确立了我国的领海、毗连区、专属经济区和大陆架制度。

(二)海峡、海湾和海港

关于海峡、海湾,1964年6月8日,国务院发布了《外国籍非军用船舶通过琼州海峡管理规则》;1956年《关于商船通过老铁山水道的规定》。至于海港,1954年1月23日,政务院公布《中华人民共和国海湾管理暂行条例》;1976年1月1日,交通部颁布了《航行国际航线船舶及国外进出口货物海港费用规则》《航行国内航线船舶及国内进出口货物海港费收规则》,1976年11月12日,颁布了《中华人民共和国交通部海港引航工作规定》等。

(三)防止海洋污染和保护海洋环境

关于防止海洋污染、保护海洋环境方面,1982年8月23日通过的《中华人民共和国海洋环境保护法》(1999年12月25日修订);1983年12月29日国务院公布施行的《中华人民共和国防止船舶污染海域管理条例》和《中华人民共和国海洋石油勘探开发环境保护管理条例》;1985年3月6日国务院公布的《中华人民共和国海洋倾废管理条例》;1988年5月18日国务院发布的《中华人民共和国防止拆船污染环境管理条例》;1990年5月25日国务院发布的《中华人民共和国防治海岸工程建设项目污染损害海洋环境管理条例》和《中华人民共和国防治陆源污染物污染损害海洋环境管理条例》等。

(四)海上交通安全和海洋科学研究

在海上交通安全、海洋科学研究方面,1984年1月1日起施行的《中华人民共和国海上交通安全法》;1990年1月11日由交通部发布的《中华人民共和国海上交通事故调查处理条例》;1993年2月1日起施行的《中华人民共和国海上航行警告和航行通告管理规定》;1993年2月14日国务院发布的《中华人民共和国船舶和海上设施检验条例》;1992年12月28日通过的《中华人民共和国测绘法》;1996年10月1日起施行的《中华人民共和国涉外海洋科学研究管理规定》等。

(五) 海洋资源的保护

有关保护我国海洋资源方面,1982年1月30日国务院颁布的《中华人民共和国对外合作开发石油资源条例》;1986年7月1日开始施行的《中华人民共和国渔业法》(2000年10月31日修改);1987年10月19日农牧渔业部发布的《中华人民共和国渔业法实施细则》;1989年10月20日国务院发布的《中华人民共和国水下文物保护管理条例》;1993年9月17日国务院批准的《中华人民共和国水生野生动物保护实施条例》等。

值得注意的是,经第八届全国人民代表大会常务委员会第十九次会议决定,我国于1996年5月15日批准了联合国《海洋法公约》。批准公约是我国适应新的海洋秩序,依据国际法更有效地维护海洋权益的正确选择。它将对我国包括海洋事务在内的诸多方面产生广泛而深远的影响。

另外,2000年3月,中日两国签订了新的《中日渔业协定》(2000年6月1日生效);2000年8月3日,中韩两国签署了《中华人民共和国和大韩民国政府渔业协定》(2001年1月1日生效);2000年12月25日,中越两国正式签署了《中华人民共和国和越南社会主义共和国关于在北部湾领海、专属经济区和大陆架的划界协定》和《中华人民共和国和越南社会主义共和国北部湾渔业合作协定》(两协定均在2004年6月30日生效)。此外,自1996年起,我国与朝鲜、韩国和日本相继启动了双边海洋法磋商机制,基本上每年举行一次,主要就海域划界和海上合作问题交换意见。

第二节 内水与领海

一、内水

(一) 内水的概念及其法律地位

内水是指一国领海基线内的一切水域。它包括一国的港口、海湾和海峡以及领海基线与海岸之间的海域。

内水是国家领土的组成部分。它与国家的陆地领土具有相同的法律地位,国家对其享有完全的、排他的主权。所有外国的船舶非经许可不得在一国的内水航行。外国商船,可遵照沿海国的法律、规章驶入该国开放的海港。外国军用船舶进入内水时,必须经过外交途径办理一定的手续。对于遇难船舶,沿海国通常许可它们驶入,但应绝对遵守沿海国的一切规章、制度,不得从事贸易、捕鱼以及任何违反沿海国利益的行为。

按照《海洋法公约》第8条第2款的规定,如果沿海国根据直线基线法,使原来并未认为是内水的区域被包围在内成为内水,那么外国船舶在这部分海域仍享有无害通过权。

(二) 港口、海湾和海峡

1. 港口

港口是指具有天然条件和人工设施、用于装卸货物、上下乘客和船舶停泊的海域。港口的范围通常是从港口伸入大海最深处的永久性建筑(如防波堤)算起。

从港口的法律地位来看,港口可分为开放港口和不开放港口。开放港口是指国家准许外国籍船舶进入的港口;不开放港口是指国家的军港、专为本国沿海贸易服务的港口等。

每个国家都根据本国的情况并参照国际上的惯例来制定自己的港口制度。在国际间,有关海港制度的国际条约中最重要的是,1923年的《国际海港制度公约》和《国际海港制度规则》。国际条约和习惯在港口制度方面的规则主要有以下几个方面的内容:(1) 国家的开放港口应平等地对所有国家商船开放;(2) 外国商船进入一国港口,就应遵守该国的法律;(3) 沿岸国不得对进入其港口的外国船舶采取任何意义上的歧视待遇,而应给予它们完全平等的待遇;(4) 对于遇难和躲避风暴或遭遇其他不可抗力的船舶,港口国应允许其进入、停泊,但该遇难船舶不得在港口内从事违反沿海国法律的行为;(5) 对于外国军舰入港的条件,各国可作特别规定并加以某种限制。

港口国对外国商船在其港口内发生的刑事案件,具有当然的刑事管辖权。但在实践中,一般只是对那些扰乱港口安宁、案件影响大、受害人是港口国公民以及船旗国请求援助的案件方予管辖。对于一般民事案件,如果纯属于船舶内部管理、工资、劳动条件或者涉及个人和财产权利等事项,各国通常都不行使管辖权。只有当一民事案件涉及船舶以外的因素,或涉及船舶本身在港口内航行和停留期间的权利义务时,沿岸国才予以管辖。

外国军舰和政府公务船舶经允许进入港口后,在一国港口内享有司法豁免权,沿岸国非经舰长或船旗国有关当局同意,不得登临检查。

2. 海湾

海湾是深入陆地较深形成明显水曲的那一部分海洋。从国际法角度来看,那些入口较宽而伸入陆地的海域面积较小的沿岸水曲,不属于海湾的范畴。只有当水曲的面积等于或大于以湾口宽度为直径划成的半圆时,才能视为海湾。海湾分为以下三类:

第一类是沿岸属于一国领土的海湾。对于这类海湾,沿海国在一定条件下可将其划入本国内海水的范围内,行使完全排他的主权。

《海洋法公约》第 10 条第 4、5、6 款就海湾的法律地位做了明确规定:……(4) 如果海湾天然入口两端的低潮标之间的距离不超过 24 海里,则可以在这两个低潮标之间划出一条封口线,该线所包围的水域应视为内海水;(5) 如果海湾天然入口两端低潮标之间的距离超过 24 海里,则 24 海里的直线基线应划在海湾内,基线以内的水域才是内海水;(6) 上述规定不适用于"历史性"海湾和采用直线基线法的任何情形。

第二类是沿岸属于两个或两个以上国家领土的海湾。对于这类海湾,无论是《领海及毗连区公约》或是《海洋法公约》都没有加以规定。各国政府和国际法学者对此问题的做法、看法也不统一。在实践中,一些国家是采用特别协定的方式来确定这类海湾的法律地位。例如,英国和西班牙就是通过协定的方式来解决两国在阿尔及西拉湾的领水划定问题的。[①]

第三类是历史性海湾(historic bays)。所谓历史性海湾是指海

---

① 魏敏主编:《海洋法》,法律出版社 1987 年版,第 47 页。

岸属同一国家,湾口宽度超过24海里,但在历史上一向被承认是沿海国内海的海湾,如加拿大的哈得逊湾,苏联的大彼得湾。其中,前者的宽度为50海里,后者湾口宽度则达到110海里。

在国际实践和国际条约中,用来支持历史性海湾的重要根据是:沿海国已经对该类海湾长期地作为内海水实行有效控制,并在沿海国和海湾之间形成了重要的利益关系,而其他有关国家长期以来对沿海国实行该项控制作出了明显或漠视的承认。①

我国的渤海湾,既是我国的内海湾,也是历史性海湾。首先,我国渤海湾的湾口虽然有45海里,但入口上有一系列岛屿把湾口分隔成8个较小的入口,其中最宽的不超过22.5海里,因而属于我国的内海湾。其次,渤海湾自古以来就在我国的主权支配之下,并且早已得到国际上的承认,因而属于历史性海湾。最后,1958年我国政府的领海声明中已明确宣布它是我国直线基线以内的内海。

3. 海峡

海峡是连接两个海洋的一个狭窄天然水道。海峡的形成有三种情形:第一是由两块陆地形成;第二是由沿岸岛屿与陆地形成;第三是由岛屿之间形成。

属于国家内海水的海峡,包括三类:(1)海峡两岸同属一国,海峡在一国领海基线以内,如我国的琼州海峡;(2)海峡所连接的一端是公海或专属经济区、另一端是内海水,该内海水和海峡两岸均属同一国家,海峡的宽度不超过领海宽度的两倍者,如连接苏联的亚速海和黑海的刻赤海峡;(3)海峡所连接的两端都是公海或专属经济区、海峡的宽度不超过领海宽度的两倍、两岸同属一国者,如英国的麦耐海峡。对于上述三类海峡,国家一般都适用内海水制度。

二、领海

(一)领海概念

根据《海洋法公约》第2条第1款的规定:"沿海国的主权及于其陆地领土及其内水以外邻接的一带海域,在群岛国的情形下则及

---

① 参见梁西主编:《国际法》,武汉大学出版社2000年版,第185页。

于群岛水域以外邻接的一带海域,称为领海。"可见,领海是指沿着国家的海岸或内水,受国家主权支配和管辖下的一定宽度的海水带。

(二) 领海宽度

领海作为沿着一国海岸的海水带,它的外部界限与海岸要有一定的距离。这个距离,就是领海宽度。

领海宽度是领海制度中长期以来争论较多的问题,历史上曾经出现过以下几种学说:(1) 航程说,即以船舶航行一定时间的距离作为领海的宽度。此距离最多为 100 海里。(2) 视野说,即以目力所及的地平线作为领海的界限。例如,西班牙国王的敕令曾经宣称:"无论任何船只都不能进入我们的海岸、港湾、碇泊所或河流,即从我们的土地上能看见的界限以内。"①此界限距海岸观望点约 14 海里。(3) 大炮射程说,即以大炮射程来确定国家管辖的海域范围。例如,按照荷兰法学家宾刻舒克的主张,"陆上国家的权力以其武器所及的范围为限"②。

上述主张,以大炮射程说得到较普遍的赞同。大炮射程说后来演变成三海里规则。因为在 18 世纪,大炮射程平均不超过三海里,因此,一些国家便规定其领海宽度为三海里。现在,三海里规则已不为多数国家所接受。目前,12 海里领海宽度代表多数国家的实践,趋向于成为国际法规范。《海洋法公约》第 3 条规定:"每一国家有权确定其领海的宽度",但对其最大范围作了限制,即"从按照本公约确定的基线量起不超过 12 海里的界线为止"。

根据 1992 年《中华人民共和国领海及毗连区法》,我国的领海宽度为 12 海里。

(三) 领海基线

领海基线是指测算领海宽度的一条起算线。沿着这条线向外划出一定宽度的海域,就是领海;基线内的水域则为内(海)水。

在国际实践中,领海基线主要有以下三种:

---

① 魏敏主编:《海洋法》,法律出版社 1987 年版,第 60 页。
② 〔英〕罗伯特·詹宁斯、阿瑟·瓦茨修订:《奥本海国际法》第 1 卷第 2 分册,王铁崖等译,中国大百科全书出版社 1998 年版,第 30 页。

1. 正常基线

即低潮线,也就是海水退潮时离海岸最远的那条线。根据《海洋法公约》第5条的规定:"测算领海宽度的正常基线是沿海国官方承认的大比例尺海图所标明的沿岸低潮线。"沿着这条基线的走向,向海洋方向量出一定宽度的海域,这一海水带就是国家的领海。这一测算领海宽度的方法,称为正常基线法。这种方法,多适用于海岸线比较平直的沿海国。直线基线法是传统国际法所承认和国际实践所通常采用的方法。现在,大多数国家都采用这一方法。

2. 直线基线

也称折线基线,即在大陆岸上和沿海外缘岛屿上先选若干的点作为基点,然后将相邻的基点用直线连接起来,使这一系列直线构成沿着沿海国的一条折线,这条折线就是领海基线。沿着这条基线的走向,向海洋方向量出一定宽度的海域,这一海水带就是国家的领海。这一测算领海宽度的方法,即为直线基线法。这种方法,多适用于海岸线极为曲折、或紧接海岸有一系列岛屿的国家,如挪威、冰岛、印度尼西亚和中国等。

然而,关于一国是否有权采取直线基线,在国际实践中曾引起过争议。1951年英挪渔业案[①]就是其中一例。

1935年7月12日,挪威国王颁布了一项敕令,划定领海以外4海里宽的海域为专供本国渔民用的渔区,领海宽度用直线基线测算。英国对挪威划定渔区的方法,主要是测算领海宽度的直线基线的划法在国际法上的合法性提出异议。在谈判失败后,两国于1949年9月28日将这项争端提交国际法院解决。国际法院于1951年12月18日对本案作出了判决,认定挪威1935年国王敕令中规定的划定渔区的方法和确定的直线基线都不违反国际法。

国际法院关于英挪渔业案中确认的直线基线法具有重要的意义。此后,直线基线开始被越来越多的国家所采用,并得到了国际法和国际实践的承认。直线基线法还为联合国国际法委员会所采纳并

---

① 参见黄惠康、黄进编著:《国际公法、国际私法成案选》,武汉大学出版社1987年版,第102—105页。

加以编纂,又体现在《领海及毗连区公约》第 4 条和《海洋法公约》第 7 条中。

3. 混合基线

即兼采正常基线与直线基线两种方法,来确定该国的领海基线。《海洋法公约》第 14 条规定:"沿海国为适应不同情况,可交替使用以上各条规定的任何方法以确定基线。"像荷兰、瑞典等海岸线较长、地形较复杂的国家,大多采用混合基线法来测算其领海宽度。

(四) 领海的外部界限

根据《海洋法公约》第 4 条的规定,领海的外部界限是一条其每一点同基线最近点的距离等于领海宽度的线。在实践中,划定领海的外部界限,一般有以下三种方法:

1. 平行线法

即领海的外部界限与基线完全平行。

2. 交圆法

即在领海基线是低潮线时,以基线上某些点为圆心,以领海宽度为半径,向外划出一系列相交的半圆,各交点之间的一系列相连的弧就形成领海的外部界限。

3. 共同正切线法

即在领海基线是直线基线时,以每个基点为圆心,以领海宽度为半径向外划出一系列半圆,然后划出每两个半圆的共同正切线,这些正切线连在一起形成领海的外部界限。

(五) 海岸相邻或相向国家间领海的分界线

按照《海洋法公约》第 15 条的规定,海岸相邻或相向的国家,除因历史性所有权或有关协议的规定或其他特殊情况外,两国领海一般以中间线为界,中间线上的任何一点与两边基线最近点的距离是相等的。

(六) 领海的法律地位和制度

1. 沿海国对领海的主权权利

根据公认的国际法原则,领海是沿海国领土的一部分,沿海国对领海享有主权权利,主要包括:

(1) 沿海国的主权及于领海的上空及其海床和底土。

（2）沿海国对其领海享有属地优越权,即对于领海内的人和物,除受国际法的限制外,行使排他的管辖权。

（3）沿海国对其领海内的一切资源享有开发和利用的专属权利,其他国家和个人未经许可不得进行开发利用。

（4）沿海国对其领海上空的专属权利,即未经许可外国飞机不得进入沿海国领海上空。

（5）沿海国享有沿海航运及贸易的专属权利,即外国和外国人不得经营一国的沿海航运及贸易,除非有相反的条约规定。

（6）沿海国有制定和颁布有关领海内航行、缉私、移民和卫生等方面的规章制度的权利。

2. 无害通过权

沿海国对领海主权的行使,受一个习惯国际法规则的限制,即外国船舶享有无害通过一国领海的自由。这就是所谓的"无害通过权"(right of innocent passage)。无害通过的含义是:无害是指不损害沿海国的和平、安全和良好秩序;通过是指为了穿过领海但不进入内水、或从内水驶出或驶入内水的航行,除例外情况外,通过必须继续不停和迅速进行。此外,潜水艇和其他潜水器通过领海时,必须在水面上航行并且要展示其国旗。

《海洋法公约》第19条第2款列举了12种情形,凡外国船舶在领海内进行下列任何一种活动,其通过应视为损害沿海国的和平、良好秩序或安全:

（1）对沿海国的主权、领土完整或政治独立进行任何武力威胁或使用武力,或以任何其他违反《联合国宪章》所体现的国际法原则的方式进行武力威胁或使用武力。

（2）以任何种类的武器进行任何操练或演习。

（3）任何目的在于搜集情报使沿海国的防务或安全受损害的行为。

（4）任何目的在于影响沿海国防务或安全的宣传行为。

（5）在船上起落或接载任何飞机。

（6）在船上发射、降落或接载任何军事装置。

（7）违反沿海国海关、财政、移民或卫生的法律和规章,上下任何商品、货币或人员。

（8）违反本公约规定的任何故意和严重的污染行为。

（9）任何捕鱼活动。

（10）进行研究或测量活动。

（11）任何目的在于干扰沿海国任何通讯系统或任何其他设施或设备的行为。

（12）与通过没有直接关系的任何其他活动。

无害通过权,一般只适用于商船。关于军舰是否享有无害通过领海的权利,国际法上一直存在着争论,各国的实践也不尽相同。目前,有些国家实行外国军舰享有无害通过权的制度,而有些国家则要求对外国军舰通过其领海必须要事先通知并获得批准。

我国于1992年颁布的《中华人民共和国领海及毗连区法》第6条规定:"外国军用船舶进入中华人民共和国领海,须经中华人民共和国政府批准。"1996年我国在批准《海洋法公约》时,附带有如下声明:"《海洋法公约》有关领海内无害通过的规定,不妨碍沿海国按其法律规章要求外国军舰通过领海必须事先得到该国许可或通知该国的权利。"可见,外国军用船舶进入我国领海,必须经中国政府批准。

3. 沿海国在领海内的司法管辖权

根据国家的属地优越权,原则上沿海国对本国领海内的一切犯罪行为,都有权实行司法管辖。

然而,在实践中,沿海国一般只对下列情形行使刑事管辖权:（1）罪行的后果及于沿海国；（2）罪行属于扰乱当地安宁或领海的良好秩序的性质；（3）经船长或船旗国外交代表或领事官员请求地方当局予以协助；（4）取缔违法贩运麻醉药品或精神调理物质所必要的措施。

至于沿海国对通过其领海的外国船舶的民事管辖权,《海洋法公约》第28条规定,沿海国不应为对通过领海的外国船舶上某人行使民事管辖权的目的而停止其航行或改变其航向；沿海国不得为任何民事诉讼的目的而对船舶从事执行或加以逮捕,但涉及该船舶本身在通过沿海国水域的航行中或为该航行的目的而承担的义务或因而负担的责任,则不在此限。

上述刑事、民事管辖权的规则,不仅适用于一般商船,也适用于商业目的的政府船舶。但军舰和其他用于非商业目的的政府船舶,则享有豁免权。

第三节 毗连区与专属经济区

一、毗连区

毗连区(contiguous zone)是毗连领海且在领海之外,并由沿海国家对海关、财政、卫生、移民等类事项行使必要管制而划定的海域。毗连区从测算领海宽度的基线量起,不得超过24海里。

根据《海洋法公约》第33条第1款的规定,沿海国在毗连区内,可行使为下列事项所必要的管制:(1)防止在其领土或领海内违犯其海关、财政、移民或卫生的法律和规章;(2)惩治在其领土或领海内违犯上述法律和规章的行为。

毗连区是沿海国为维护国家某些权利而设置的特殊区域,因此,其法律地位既不同于领海,也有别于专属经济区和公海。

根据《中华人民共和国领海及毗连区法》的规定,中国毗连区为领海以外邻接领海的一带海域,毗连区的宽度为12海里;中国有权在毗连区内,为防止和惩处在其陆地领土、内水或者领海内违反有关安全、海关、财政、卫生或者入境出境管理的法律、法规的行为行使管辖权。

二、专属经济区

(一)专属经济区的由来

专属经济区(exclusive economic zone)是领海以外并邻接领海的一个区域,它从领海基线量起不超过200海里。

专属经济区制度是海洋法上的一项新制度。它是第二次世界大战以后才开始出现的。在国际社会,首先提出有别于领海或公海的国家管辖范围内特定海域的国家是智利。1947年6月,智利总统发表声明,宣布凡距智利大陆海岸200海里以内的海域都属智利国家主权扩及的范围,由智利保护和控制,其目的在于保护和控制区域内的生物资源和行使主权,但不影响公海自由航行原则。同年8月,秘鲁也作了类似的宣告。1952年,智利、厄瓜多尔和秘鲁三国发表了《圣地亚哥宣言》,宣布对其沿海宽至200海里的海域拥有专属的主权和管辖权。1972年6月,中美洲和加勒比的一些国家通过了《圣多明各宣言》,提出了"承袭海"(patrimonial sea)制度,规定沿海国对邻接领海的区域内水域、海床和底土中的自然资源,享有主权权利。

中南美洲国家的200海里海洋权的主张,逐渐得到非洲国家的支持。1972年,非洲国家正式提出了"专属经济区"的名称和概念。1972年6月,在喀麦隆首都雅温得举行的非洲国家海洋法问题区域讨论会上,通过了海洋法问题的总报告,正式建议"设立一个经济区",沿海国在该区域内享有专属管辖权。同年8月,肯尼亚正式向联合国海底委员会提交了一个"关于专属经济区概念的条款草案",并建议专属经济区的宽度最大不得超过从测算领海的基线量起200海里。这样,一个完整的专属经济区的概念便正式形成了。

从专属经济区的形成过程可以看出,它得到了广大发展中国家的拥护和支持。然而,专属经济区的出现,曾经遭到了一些海洋强国的反对,但由于它反映了广大发展中国家希望扩大对其沿海自然资源权利的要求,适应当代国际政治、经济的发展趋势,因而已成为当今普遍的国际实践。专属经济区作为一项新制度已被订入《海洋法公约》的第五部分。

(二) 专属经济区的法律地位

在联合国第三次海洋法会议上,关于专属经济区的法律地位有两种主张:一是西方国家认为专属经济区仍是公海的一部分,只要与专属经济区的规定不抵触,公海的规定仍适用于专属经济区;二是许多发展中国家主张,200海里专属经济区既非领海也非公海,而是沿海国的专属管辖区,是自成一类的海域。海洋法会议采纳了后一种主张。[①]

《海洋法公约》第55条规定:"专属经济区是领海以外并邻接领

---

① 参见丘宏达:《现代国际法》,台湾三民书局1995年版,第622页。

海的一个区域,受本部分规定的特定法律制度的限制,在这个制度下,沿海国的权利和管辖权以及其他国家的权利和自由均受本公约有关规定的支配。"可见,专属经济区既不是公海的一部分,也不是领海,其法律地位自成一类。

(三) 专属经济区的法律制度

1. 沿海国的权利和义务

按照《海洋法公约》第56条的规定,沿海国在专属经济区内享有以下权利:(1) 以勘探和开发、养护和管理海床和底土及其上覆水域的自然资源为目的主权权利;(2) 从事经济性开发和勘探,如利用海水、海流和风力生产能等其他活动的主权权利;(3) 对人工岛屿、设施和结构的建造和使用、海洋科学研究、海洋环境保护和保全等方面拥有管辖权。

此外,沿海国还有制定有关专属经济区的法律和规章的权利。

依照《海洋法公约》第56条的规定,沿海国在其专属经济区承担下列义务:(1) 应适当顾及其他国家的权利和义务;(2) 应以符合公约规定的方式行使其权利和履行其义务。

2. 其他国家的权利和义务

(1) 所有国家,不论是沿海国还是内陆国,在专属经济区内都享有航行和飞越的自由、铺设海底电缆和管道的自由,以及与这些自由有关的海洋其他国际合法用途。

(2) 内陆国和地理条件不利的国家,有权在公平的基础上,参与开发同一分区域或区域的沿海国专属经济区的生物资源的适当剩余部分,同时考虑到所有有关国家的相关经济和地理情况。

(3) 经沿海国同意,在专属经济区内进行科学研究的权利。

(4) 各国在专属经济区内行使其权利和履行其义务时,应适当顾及沿海国的权利和义务,并应遵守沿海国的有关法律和规章。

应该指出的是,2001年4月发生的"中美撞机事件",根本原因是美国方面无视国际法上的有关制度,滥用飞越自由。

3. 专属经济区内生物资源的养护

沿海国应决定其专属经济区内生物资源的可捕量;沿海国参照其可得到的最可靠的科学证据,应通过正当的养护和管理措施,确保专属经济区内生物资源的维持不受过度开发的危害;在适当情形下,应经常提供和交换可获得的科学情报和资料。

4. 专属经济区内生物资源的利用

沿海国应促进专属经济区内生物资源最适度利用的目的;沿海国应决定其捕捞专属经济区内生物资源的能力;沿海国在准许其他国家进入其专属经济区时,应考虑到所有有关的因素;其他国家的国民在专属经济区内捕鱼应遵守沿海国的法律和规章。

(四) 中国的专属经济区制度

1. 中国专属经济区的概念和范围

1998年6月,全国人大常委会第三次会议通过了《中华人民共和国专属经济区和大陆架法》。根据该法的规定:"中华人民共和国的专属经济区,为中华人民共和国领海以外并邻接领海的区域,从测算领海宽度的基线量起延至200海里";我国与海岸相邻或者相向国家关于专属经济区的主张重叠的,在国际法的基础上按照公平原则以协议划定界限。

2. 中国在专属经济区的权利与义务

(1) 在专属经济区内为勘察、开发、养护和管理海床上覆水域、海床及其底土的自然资源,以及进行其他经济性开发和勘察,如利用海水、海流和风力生产能力等活动,行使主权权利。

(2) 对专属经济区的人工岛屿、设施和结构的建造、使用和海洋科学研究、海洋环境的保护和保全,行使管辖权。

(3) 我国主管机关有权采取各种必要的养护和管理措施,确保专属经济区的生物资源不受过度开发的危害。

(4) 我国主管机关有权对专属经济区的跨界种群、高度洄游鱼种、海洋哺乳动物、源自我国河流的溯河产卵种群、在我国水域内度过大部分生命周期的降河产卵鱼种,进行养护和管理;我国对源自本国河流的溯河产卵种群,享有主要利益。

(5) 在专属经济区有专属权利建造并授权和管理建造、操作和使用人工岛屿、设施和结构;对专属经济区的人工岛屿、设施和结构行使专属管辖权,包括有关海关、财政、卫生、安全和出入境的法律和法规方面的管辖权;我国主管机关有权在专属经济区的人工岛屿、设施和结构周围设置安全地带,并可以在该地带采取适当措施,确保航行安全以及人工岛屿、设施和结构的安全。

(6)我国主管机关有权采取必要的措施,防止、减少和控制海洋环境的污染,保护和保全专属经济区的海洋环境。

(7)我国在行使勘察、开发、养护和管理专属经济区的生物资源的主权权利时,为确保我国的法律、法规得到遵守,可以采取登临、检查、逮捕、扣留和进行司法程序等必要的措施;我国对在专属经济区违反我国法律、法规的行为,有权采取必要措施,依法追究法律责任,并可行使紧追权。

(8)任何国家在遵守国际法和我国的法律、法规的前提下,在我国的专属经济区享有航行、飞越的自由,在我国的专属经济区享有铺设海底电缆和管道的自由,以及与上述自由有关的其他合法使用海洋的便利。

(9)任何国际组织、外国的组织或者个人进入我国的专属经济区从事渔业活动,必须经我国的主管机关批准,并遵守我国的法律、法规及我国与有关国家签订的条约、协定。

(10)任何国际组织、外国的组织或者个人对我国的专属经济区的自然资源进行勘察、开发活动,必须经我国主管机关批准,并遵守我国的法律、法规。

(11)任何国际组织、外国的组织或者个人在我国的专属经济区进行海洋科学研究,必须经我国主管机关批准,并遵守我国的法律、法规。

第四节 大 陆 架

一、大陆架的概念

大陆架(continental shelf)原为地质地理学上的概念,它是指邻接和围绕大陆领土、坡度比较平缓的浅海地带,是陆地的自然延伸并被海水覆盖的部分。① 而大陆架的法律概念与地质地理学上的概念有所不同。在国际法上,沿海国的大陆架包括其领海以外依其陆地领土的全部自然延伸,扩展到大陆边外缘的海底区域的海床和底土。

大陆架作为一个法律问题进入国际法领域,是在第二次世界大战以后。1945年9月,美国总统杜鲁门发表了大陆架公告,宣称:"处于公海下但毗连美国海岸的大陆架的底土和海床的自然资源属于美国,受美国的管辖和控制。"随后,不少国家发表了类似的声明。因此,在1958年的《大陆架公约》中,正式确立了大陆架制度。

至于大陆架的外部界限,有的国家主张以海水的深度为准,有的国家则以宽度为准。根据《海洋法公约》第76条的规定,大陆架的外部界限有两种情形:一种是大陆架如果从测算领海宽度的基线量起到大陆边的外缘的距离不到200海里,则扩展到200海里。另一种情形是从测算领海宽度的基线量起到大陆边的外缘的距离超过200海里的,应以下列两种方式之一来划定大陆边的外缘:

(1) 按照本条第7款,以最外各定点为准划定界线,每一定点上沉积岩厚度至少为从该点到大陆坡脚最短距离的百分之一。

(2) 按照本条第7款,以离大陆坡脚的距离不超过60海里的各定点为准划定界线。但用这两种方式划定的大陆架的外部界线,不应超过从测算领海宽度的基线量起350海里,或不应超过连接2500公尺深度各点的2500公尺等深线100海里。

同时,公约还规定沿海国对200海里以外的大陆架上的非生物资源的开发,应通过国际海底管理局缴付费用或实物。管理局应根据公平分享的标准将其分配给公约各缔约国,同时要考虑到发展中国家的利益和需要,特别是其中最不发达的国家和内陆国的利益和需要。

二、大陆架的法律制度

(一) 沿海国对大陆架的权利

根据《海洋法公约》的有关规定,沿海国对大陆架的权利主

---

① 参见魏敏主编:《海洋法》,法律出版社1987年版,第138页。

要有：

1. 沿海国为勘探大陆架和开发其自然资源的目的,对大陆架行使主权权利。

2. 沿海国对大陆架资源的勘探和开发的权利是专属性的。即如果沿海国不勘探大陆架或开发其自然资源,任何人未经沿海国明示同意,均不得从事这种活动。

3. 沿海国对大陆架的权利并不取决于有效或象征的占领或任何明文公告。

4. 沿海国有授权和管理为一切目的在大陆架上进行钻探的专属权利。

5. 沿海国对大陆架的权利不影响上覆水域或水域上空的法律地位;沿海国对大陆架权利的行使,不得对航行和公约规定的其他国家的其他权利和自由有所侵害,或造成不当的干扰。

(二) 其他国家在大陆架享有的权利和自由

按照《海洋法公约》的规定,其他国家在大陆架主要享有以下的权利和自由:(1) 在大陆架上覆水域或水域上空的航行和飞越的权利;(2) 在大陆架上铺设海底电缆和管道的权利。不过,这种管道线路的划定必须经沿海国的同意。

三、相邻或相向国家间大陆架的划界

大陆架是大陆在水下的自然延伸,在同一个大陆上常有许多不同的国家,这就产生同一个大陆架的相邻或相向国家间的划界问题。

在第三次联合国海洋法会议上,关于相邻或相向国家间大陆架的划界原则是争论最激烈的问题之一。在会上,有两种截然相反的观点：

一种观点认为应以中间线或等距离线作为划界原则。这种观点是以1958年《大陆架公约》为依据的。《大陆架公约》倾向于中间线原则。该《公约》第6条规定,海岸相向国家大陆架疆界应"由这些国家之间的协定予以确定。在无协定的情形下,除根据特殊情况另定疆界线外,疆界是一条其每一点与测算各国领海宽度的基线的最近点距离相等的中间线"或"应适用与测算各国领海宽度的基线的

最近点距离相等的原则予以确定"。然而,《大陆架公约》只有四十多个国家批准,这一事实说明中间线或等距离线作为划界原则,并没有获得国际上的普遍承认。

另一种观点则主张应该按照公平原则来划定疆界。这种意见是以"北海大陆架案"[①]为依据的。

1967年,联邦德国与丹麦和荷兰在北海大陆架的划界问题上发生了争执。丹麦和荷兰两国坚持,在各当事国之间意见不一致时,除根据特殊情况另定分界线外,它们之间的大陆架疆界应按等距离原则来确定;联邦德国则主张在划界时应考虑有关三国在北海的海岸线的长度。联邦德国认为,在习惯国际法中没有等距离这样的准则,而且用这种方法划定北海大陆架疆界,对它来说也是极不公平的。划分大陆架疆界的目的在于为有关国家提供公平合理的一部分。等距离原则只是在直线海岸线的情况下才符合这种要求,否则,便属于特殊情况。1967年2月,联邦德国分别同丹麦和荷兰订立特别协定,将划分北海大陆架的争端提交国际法院解决。当事国要求法院指明应适用的国际法原则和规则,并承诺在此之后按照法院指明的原则和规则划界。国际法院在1969年2月20日的判决中,以11票对6票判定:等距离的划界方法并不是必须遵守的,也没有在一切情况下都必须遵守的其他单一的划界方法;划界应考虑到一切有关的情况,依照公平原则,通过协议来划定,使构成当事国陆地领土海底自然延伸部分的大陆架归其所有。

国际法院对"北海大陆架案"的判决表明,两国或几个国家的大陆架应根据公平原则来划分。

在上述两种不同意见相对立的情形下,《海洋法公约》第83条第1、2、3款作出了下述规定:"海岸相向或相邻国家间大陆架的界限,应在国际法院规约第38条所指出的国际法的基础上以协定划定,以便得到公平解决。有关国家如在合理期间内未能达成任何协议,应诉诸第十五部分所规定的程序。在达成协议以前,有关各国应

---

① 参见黄惠康、黄进编著:《国际公法、国际私法成案选》,武汉大学出版社1987年版,第106—109页。

基于谅解和合作的精神,尽一切努力作出实际性的临时安排,并在此过渡期间内,不危害或阻碍最后协议的达成。这种安排应不妨碍最后界限的划定。"

可见,该条规定只是原则性的,实际上并没有解决上述两种观点的对立。不过,自《海洋法公约》签署以来,公平原则在大陆架划界实践中被广泛采用,如1977年"英法大陆架仲裁案";1982年"突尼斯—利比亚大陆架案";1984年"缅因湾海洋边界划定案";1985年"利比亚—马耳他大陆架案";1986年"几内亚—几内亚比绍海洋边界划定争端案";等等。

大陆架划界是一个复杂的问题,牵涉到政治、经济等多方面的因素。然而,按照自然延伸原则及公平原则来解决大陆架的划界问题,正在为越来越多的国家所接受,代表着大陆架划界方面的国际法发展的总趋势。①

四、大陆架和专属经济区的关系

大陆架和专属经济区的相互关系,是一个曾经引起很大争论的问题。在第三次海洋法会议上,有的国家曾建议取消大陆架的概念和制度,而有的国家则主张在200海里范围以内实行专属经济区制度,200海里以外实行大陆架制度。最后,大多数国家的代表坚持认为,尽管建立了专属经济区制度,大陆架仍须作为一项独立的制度予以继续存在。

大陆架和专属经济区在200海里是一个重叠区域,都是国家的管辖范围,沿海国的权利也有重叠②,两者的关系非常密切。例如,《海洋法公约》第56条和第57条所指的专属经济区内的海床和底土,实际就是指第76条中大陆架的海床和底土;第56条规定沿海国在专属经济区内有以勘探和开发、养护和管理海床和底土的自然资源为目的的主权权利;第77条规定沿海国为勘探大陆架和开发其自然资源的目的,对大陆架行使主权权利。

---

① 参见魏敏主编:《海洋法》,法律出版社1987年版,第172页。
② 参见王铁崖主编:《国际法》,法律出版社1995年版,第279页。

大陆架和专属经济区虽然联系密切,但两者又有很大区别,不可相互取代。

第一,两者的形成方式和过程不同。大陆架是沿海国陆地的自然延伸,包括被海水淹没的陆地、海床和底土;而专属经济区不是根据自然延伸,而是根据一定的宽度,即从测算领海基线量起不超过200海里的一个海洋区域。

第二,两者的法律根据不同。大陆架法律概念一方面是在自然科学的大陆架概念基础上形成的,另一方面又根基于习惯国际法,并已得到《大陆架公约》的承认;而专属经济区则是在70年代才出现的法律概念。

第三,沿海国在这两个区域内的权利义务不同。在200海里内,沿海国对大陆架的主权权利限于大陆架的海床和底土以及海床和底土的矿物资源和非生物资源,对于超过200海里而达到350海里的这一部分大陆架将采取单独的法律规章,沿海国在这一部分大陆架上的开发收入要适当与其他国家分享,其上覆水域则属公海,适用公海法律制度,不归沿海国管辖;而沿海国在专属经济区内的权利,则不仅包括200海里内的大陆架权利部分,而且包括200海里的水域,特别是对区域内生物资源的开发和利用以及为开发、使用和保护经济区自然资源而行使的管辖权。

第四,两者的范围不同。200海里是大陆架的最小宽度,却是专属经济区的最大宽度,在200海里专属经济区外,沿海国仍可能有大陆架。

另外,有学者认为,专属经济区制度等于大陆架加200海里渔区制度。而事实上,由于渔业制度仅涉及200海里水域的渔业资源的排他性权利,因此,专属经济区制度既不等于水下的大陆架制度,也不等于上覆水域的200海里渔区制度,它包括了更加广泛的经济区权利和管辖权。

五、中国的大陆架制度

在我国沿海有宽阔的大陆架。根据有关资料,中国大陆架有一百五十多万平方公里。按照大陆架是一国陆地领土的自然延伸的原则,中国对邻接本国陆地领土的广大的大陆架地区,包括东海大陆架和南海大陆架拥有主权权利。但是,我国目前与个别相邻或相向国家在大陆架的划界问题上存在争议,主要涉及东海大陆架和南海大陆架。我国政府一贯主张通过谈判与协商,以和平的方式解决这些争议。2000年12月25日,中越两国正式签署了《中华人民共和国和越南社会主义共和国关于在北部湾领海、专属经济区和大陆架的划界协定》。

(一)中国大陆架的概念和范围

根据1998年《中华人民共和国专属经济区和大陆架法》的规定:"中华人民共和国的大陆架,为中华人民共和国领海以外依本国陆地领土的全部自然延伸,扩展到大陆边外缘的海底区域的海床和底土;如果从测算领海宽度的基线量起至大陆边外缘的距离不足200海里,则扩展至200海里";我国与海岸相邻或者相向国家关于大陆架的主张重叠的,在国际法的基础上按照公平原则以协议划定界限。

(二)中国在大陆架的权利与义务

1. 为勘察大陆架和开发大陆架的自然资源,对大陆架行使主权权利。

2. 对大陆架的人工岛屿、设施和结构的建造、使用和海洋科学研究、海洋环境的保护和保全,行使管辖权。

3. 拥有授权和管理为一切目的在大陆架上进行钻探的专属权利。

4. 在大陆架有专属权利建造并授权和管理建造、操作和使用人工岛屿、设施和结构;对大陆架的人工岛屿、设施和结构行使专属管辖权,包括有关海关、财政、卫生、安全和出入境的法律和法规方面的管辖权;我国主管机关有权在大陆架的人工岛屿、设施和结构周围设置安全地带,并可以在该地带采取适当措施,确保航行安全以及人工岛屿、设施和结构的安全。

5. 我国主管机关有权采取必要的措施,防止、减少和控制海洋环境的污染,保护和保全大陆架的海洋环境。

6. 我国对在大陆架违反我国法律、法规的行为,有权采取必要措施,依法追究法律责任,并可行使紧追权。

7. 任何国家在遵守国际法和我国的法律、法规的前提下,在我国的大陆架享有铺设海底电缆和管道的自由,以及与上述自由有关的其他合法使用海洋的便利。铺设海底电缆和管道的路线,必须经我国主管机关同意。

8. 任何国际组织、外国的组织或者个人对我国的大陆架的自然资源进行勘察、开发活动或者在我国的大陆架上为任何目的进行钻探,必须经我国主管机关批准,并遵守我国的法律、法规。

9. 任何国际组织、外国的组织或者个人在我国的大陆架进行海洋科学研究,必须经我国主管机关批准,并遵守我国的法律、法规。

第五节 用于国际航行的海峡与群岛水域

一、用于国际航行的海峡

用于国际航行的海峡是指连接两端都是公海或专属经济区供国际航行之用的海峡。

在第三次海洋法会议上,关于用于国际航行的海峡的法律地位问题,引起了很大的争论。发展中国家认为外国船舶在用于国际航行的海峡,只能享受无害通过权。而海洋大国则极力主张所有外国军舰、商船和飞机都可以在这种海峡内或其上空自由通行。

《海洋法公约》采用了折中方案,对用于国际航行的海峡规定了三种通行制度:一种是过境通行制度,另一种是无害通过制度,还有一种是适用特殊公约制度。

(一) 过境通行制度

所谓过境通行制度(transit passage)是指在公海或专属经济区的一个部分和公海或专属经济区的另一个部分之间用于国际航行的海峡内,所有船舶和飞机都享有不受阻碍地过境通行的权利的制度。过境通行仅为继续不停和迅速过境的目的而进行的自由航行和飞越。船舶和飞机在行使过境通行权时应毫不延迟地通过或飞越海峡;不对海峡沿岸国的主权、领土完整或政治独立进行任何武力威胁或使用武力,或以任何违反《联合国宪章》所体现的国际法原则的方式进行武力威胁或使用武力;除因不可抗力或遇难而有必要外,不从事其继续不停和迅速过境的通常方式所附带发生的活动以外的任何活动。

过境通行的船舶应遵守一般接受的关于海上安全的国际规章、程序和惯例,包括《国际海上避碰规则》;遵守一般接受的关于防止、减少和控制来自船舶的污染的国际规章、程序和惯例。过境通行的飞机应遵守国际民航组织制定的适用民用飞机的《航空规则》;国有飞机通常应遵守这种安全措施,并在操作时随时适当顾及航行安全;随时监听国际上指定的空中交通管制主管机构所分配的无线电频率或有关的国际呼救无线电频率。外国船舶在过境通行时,非经海峡沿岸国事前准许,不得进行任何研究或测量活动。

海峡沿岸国可于必要时为海峡航行指定海道和规定分道通航制,以促进船舶的安全通过;制定关于通过海峡的过境通行的法律和规章。但海峡沿岸国不应妨碍过境通行,并应将其所知的海峡内或海峡上空对航行或飞越有危险的任何情况妥为公布,也不应对过境通行予以停止。

(二) 无害通过制度

按照《海洋法公约》的规定,在以下情形,对用于国际航行的海峡不适用过境通行制度,而只适用无害通过制度:

1. 如果海峡是由海峡沿岸国的一个岛屿和该国大陆形成,而且该岛向海一面有在航行和水文特征方面同样方便的一条穿过公海,或穿过专属经济区的航道。

2. 海峡是在公海或专属经济区的一个部分和外国领海之间的。

3. 如果穿过某一用于国际航行的海峡有在航行和水文特征方面同样方便的一条穿过公海或穿过专属经济区的航道。

(三) 特殊公约制度

由于有些用于国际航行的海峡,已有条约建立其通过的制度,所以《海洋法公约》第 35 条规定有关海峡的规定并不影响这些长期存在、现行有效的专门关于这种海峡制度的国际公约。换言之,对于这类用于国际航行的海峡,则适用特殊公约制度。这种制度中,最著名的是有关达达尼尔海峡和博斯普鲁斯海峡的 1936 年《蒙特勒公约》（Montreux Convention）。

二、群岛水域

（一）群岛和群岛国的定义

群岛（archipelago）是指一群岛屿，包括若干岛屿的若干部分、相连的水域和其他自然地形，彼此密切相关，以致这种岛屿、水域和其他自然地形在本质上构成一个地理、经济和政治的实体，或在历史上已被视为这种实体。而群岛国则是指全部由一个或多个群岛构成的国家，并可包括其他岛屿。①

（二）群岛基线的划定

按照《海洋法公约》第 47 条的规定，群岛基线可依如下方法划定：

1. 群岛国可根据直线基线法，在最外缘的各岛确定一系列的点来划定领海，但这种基线应包括主要的岛屿和一个区域。

2. 在基线范围内，水域面积和包围环礁在内的陆地面积的比例应在 1 比 1 到 9 比 1 之间。

3. 这种基线的长度不应超过 100 海里，但围绕任何群岛的基线总数中至多 3% 可超过该长度，最长不能超过 125 海里。

4. 这种基线的划定，不应在任何明显的程度上偏离群岛的一般轮廓。

（三）群岛水域的法律地位和制度

群岛国按照上述方法划出的群岛基线内的水域，称为群岛水域（archipelagic waters）。根据《海洋法公约》第 49 条的规定，群岛国的主权及于群岛水域及其上空、海床和底土，以及其中所包含的资源。然而，群岛国在行使主权权利时，受到了以下三方面的限制：

第一，群岛国应尊重与其他国家间的现有协定，并应承认直接相邻国家在群岛水域范围内的某些区域内的传统捕鱼权利和其他合法活动；群岛国应尊重其他国家所铺设的通过其水域而不靠岸的现有

---

① 参见《海洋法公约》第 46 条。

海底电缆,群岛国于接到关于这种电缆的位置和修理或更换这种电缆的意图的适当通知后,应准许对其进行维修和更换。

第二,所有国家的船舶均享有通过群岛水域的无害通过权,但基于国家安全的理由,可以在不歧视的情况下暂停此种通过权。

第三,群岛国可指定适当的海道和其上的空中航道,以便外国船舶和飞机继续不停和迅速通过或飞越其群岛水域和邻接的领海;所有船舶和飞机均享有在这种航道和空中航道内的群岛海道通过权。

可见,群岛国的群岛水域制度是介于领海与内水之间的一种制度,但又兼有海峡过境通行制度的性质,为《海洋法公约》所新创。①

第六节 公 海

一、公海的概念

根据传统国际法,"公海"是指国家领海以外的海域。例如,1958年《公海公约》规定,公海是指不属于一国领海或内水内的全部海域。然而,这个概念已不能反映当代国际海洋法的实际情况了。《海洋法公约》第86条给公海作了新的界定:公海是指"不包括在国家的专属经济区、领海或内水或群岛国的群岛水域内的全部海域"。可见,公海的范围明显地缩小了。此外,国际海底区域制度的建立,它实行一种与公海完全不同的制度,因此国际海底也不再是公海的组成部分。

二、公海的法律地位

公海自由原则是国际法上较古老的海洋法规则。随着资本主义的发展,这个原则得到了各国的公认。按照国际法,公海是全人类的共同财富,对一切国家自由开放,平等使用。它不属于任何国家领土的组成部分,因而不处于任何国家的主权之下。任何国家不得将公海的任何部分据为己有,不得对公海本身行使管辖权。

---

① 参见丘宏达:《现代国际法》,台湾三民书局1995年版,第590页。

根据《海洋法公约》第87条,对沿海国和内陆国而言,公海自由包括:(1)航行自由;(2)飞越自由;(3)铺设海底电缆和管道的自由;(4)建造国际法所容许的人工岛屿和其他设施的自由;(5)捕鱼自由;(6)科学研究的自由。

三、公海的法律制度

公海自由原则并不是绝对的、毫无节制的。为了避免把公海变成一个无政府、无法律的混乱状态,国际社会在长期的实践中,形成了有关公海的习惯国际法规则,同时还通过制定一些双边、多边协定和国际公约,逐渐形成了一整套利用公海的法律制度。诚如《海洋法公约》第87条所规定的:公海自由是在本公约和其他国际法规则所规定的条件下行使的。

(一)航行制度

所有国家均享有在公海上航行的权利。每个国家,不论是沿海国或内陆国,都有权在公海上行驶悬挂其国旗的船舶。船舶在公海上航行,只服从国际法和船旗国的法律。因此,确定船舶的国籍是很重要的。识别船舶国籍是根据其国籍证书和悬挂的国旗。给予船舶国籍和登记的条件以及船舶悬挂某一国国旗航行的权利,通常是由各国通过国内立法加以确定的,国际法并没有对此作出统一的规定。

按照国际法,一艘船舶应只具有一国国籍并悬挂该国国旗。然而,有些国家为获取大量船舶登记费,对赋予国籍的要求不严,允许外国人或外国公司的船舶悬挂其国旗在公海上航行。这样就出现了船旗国与船舶所属国不一致的现象。船舶悬挂此种旗帜称为"方便旗"(flag of convenience),悬挂这种旗帜的船舶称为"方便旗船"。方便旗船与船旗国没有密切的联系,船旗国难以实现真正的管辖。由于方便旗给公海航行带来很大麻烦,为了解决这个问题,《海洋法公约》规定:"国家和船舶之间必须有真正联系"(第91条);"船舶航行应仅悬挂一国的旗帜"(第92条);"每个国家应对悬挂该国旗帜的船舶有效地行使行政、技术及社会事项上的管辖和控制"(第94条第1款)。

为了维持公海航行安全,国际社会制定了一些专门的国际公约,如《国际海上避碰规则》《国际船舶载重线公约》《关于统一船舶碰撞若干法律规则的公约》《关于统一海上救助若干法律规则的公约》等。船舶在公海上航行,要遵守上述安全航行的制度。

此外,军舰和政府非商业性服务的船舶在公海上享有完全豁免权,不受船旗国以外任何其他国家的管辖。

（二）制止海盗行为

海盗行为(piracy)是指私人船舶或私人飞机的船员、机组人员或乘客,为私人目的,在公海上或在任何国家管辖范围以外的地方,对另一船舶或飞机或对另一船舶或飞机上的人或财物,所从事的任何非法的暴力或扣留行为或任何掠夺行为。如果军舰、政府船舶或政府飞机由于其船员或机组成员发生叛变并控制该船舶或飞机而从事上述行为,也属海盗行为。

自古以来,海盗行为就被认为是"人类公敌",是一种国际罪行。所有国家应尽最大可能进行合作,以制止海盗行为。任何国家的军舰、军用飞机或经授权的政府船舶或飞机,都可以在公海上拿捕海盗船或飞机,并由拿捕国予以审判和惩罚。如果拿捕无足够的理由,拿捕国应承担赔偿责任。

此外,近年来出现的发生于近海或国家管辖范围以内海域的海上犯罪活动与海上恐怖主义活动,日益引起人们的关注。如何通过国际社会的合作,有效地打击海上犯罪与海上恐怖主义活动,也是一个亟待解决的问题。

（三）禁止贩运奴隶

贩运奴隶也是国际法所禁止的行为。1926年9月,《废除奴隶及奴隶买卖的国际公约》要求各国采取有效措施,防止和惩罚悬挂其国旗的船舶贩运奴隶。此后,1956年《废止奴隶制、奴隶贩卖及类似奴隶制之制度与习俗补充公约》、1958年《公海公约》和1982年《海洋法公约》都有制止贩运奴隶的规定。其中,《海洋法公约》第99条规定："每个国家应采取有效措施,防止和惩罚准予悬挂该国旗帜的船舶贩运奴隶,并防止为此目的而非法使用其旗帜。在任何船舶上避难的任何奴隶,不论该船悬挂何国旗帜,均当然获得自由。"另外,军舰在公海上对涉嫌从事贩运奴隶的船舶,可以登临检查。

（四）禁止贩运毒品

非法贩毒和吸毒是当今国际社会面临的一个重大的社会问题。1961年《麻醉品单一公约》和1972年《修改麻醉品单一公约的议定书》均规定，非法种植、制造、贩卖、购买和运输麻醉品即构成犯罪。《海洋法公约》第108条规定："所有国家应进行合作，以制止船舶违反国际公约在海上从事非法贩运麻醉药品和精神调理物质。任何国家如有合理根据认为一艘悬挂其旗帜的船舶从事非法贩运麻醉药品或精神调理物质，可要求其他国家合作，制止这种贩运。"为了有效地执行该条款，1988年12月在联合国主持下通过了《制止非法贩运麻醉药品和精神调理物质公约》。

（五）禁止从公海上进行非法广播

所谓非法广播是指在公海上从事未经许可的广播，即船舶或设施违反国际规章在公海上播送旨在使公众收听或收看的无线电传音或电视广播，但遇难呼号的播送除外。依据《海洋法公约》第109条的规定，各国应进行合作，制止这种广播。对于在公海从事未经许可的广播的任何人，均可向下列国家的法院起诉：(1) 船旗国；(2) 设施登记国；(3) 广播人所属国；(4) 可以收到这种广播的任何国家；(5) 得到许可的无线电通信受到干扰的任何国家。

（六）登临权

所谓登临权（right of visit），又称临检权，是指一国的军舰在公海上对于有合理根据被认为犯有国际罪行或其他违反国际法行为嫌疑的商船，有登临和检查的权利。根据《海洋法公约》第110条的规定，凡有合理根据可以认为具有下列嫌疑之一者，军舰就可以行使登临权：(1) 从事海盗行为；(2) 从事奴隶贩卖；(3) 从事未经许可的广播而且军舰的船旗国依据第109条有管辖权；(4) 没有国籍；(5) 虽悬挂外国旗帜或拒不展示其旗帜，而事实上却与该军舰属同一国籍。

登临权是不能滥用的。如果嫌疑经证明为无根据，并且被登临的船舶并未从事嫌疑的任何行为，那么对该船舶可能遭受的任何损失或损害应予赔偿。

近年来，美国通过"防扩散安全倡议"，组织一些国家对被怀疑有走私大规模杀伤性武器的船舶登临检查，于法无据，引起国际社会的普遍关注。

此外,专属经济区的登临权也是一个很值得注意的问题。近几年这个问题日益突出,并且与我国外交利益有很大关系,如中美撞机事件、美国军舰来我国近海调查事件、日本在东海击沉不明国籍间谍船事件。

(七) 紧追权

紧追权(right of hot pursuit)是指沿海国对违反该国法律并从该国管辖范围内的水域驶向公海的外国船舶进行追赶的权利。

根据国际习惯和国际公约的规定,沿海国行使紧追权应遵循下述具体规则:(1) 紧追必须从国家管辖范围内的水域开始。即紧追必须在沿海国的内水、群岛水域、领海或毗连区之内开始,如外国船舶在专属经济区内或大陆架上犯罪,也可以从专属经济区或大陆架海域开始紧追;(2) 紧追必须连续不断地进行,一旦中断,就不能再进行;(3) 紧追在被追逐者进入其本国或第三国的领海时必须终止;(4) 追逐只有在外国船舶视听所及的距离内发出视觉或听觉的停驶信号后,才可以开始;(5) 紧追任务只能由军舰、军用飞机或特别授权的其他公务船舶或飞机执行;(6) 在不应行使紧追权的情况下,在领海以外命令外国船舶停驶或逮捕外国船舶,由此造成的任何损失或损害应予以赔偿。

在国际法上,"孤独号"案(the I'm Alone)是涉及紧追权问题的一个重要判例。① 1929 年 3 月 20 日,一艘在加拿大注册的船舶"孤独号",在距美国海岸大约 10.5 海里的海面,即美国领水以外,但在一小时航程之内,被美国海岸警卫队的"沃尔科特号"军舰向外追到公海。由于"沃尔科特号"的炮舰发生了故障,海岸警卫队的另一艘船"狄克斯特号"奉命参加了追赶。3 月 22 日,"狄克斯特号"在离美国海岸大约 200 海里处命令"孤独号"停船遭到拒绝时,向"孤独号"开炮射击,结果将其击沉。事后,加拿大公使指出,就美国可能以紧追作为击沉"孤独号"行为的合法性的证据而言,国际法承认在

---

① 参见黄惠康、黄进编著:《国际公法、国际私法成案选》,武汉大学出版社 1987 年版,第 130—132 页。

一国领水内开始的紧追可以继续到公海,如果紧追是急速的、持续的。加拿大法院接受这一原则。然而,它不适用于本案,因为对"孤独号"的追赶不是在美国领海内开始的,而且,击沉"孤独号"的不是开始进行追赶的那艘船,而且在追赶开始后两天从相反方向赶来的另一艘船。美国国务院回答说,当追赶在一小时航程的限度内开始时,紧追原则是适用的。这项争端提交美国和加拿大各指定一名委员会组成的混合委员会处理。1933年6月30日和1935年1月5日,该委员会先后提出两份报告,认为在对一艘嫌疑船登临、检查、拿捕和带入港口的过程中偶然使该船沉没的行为可能是正当的,但故意使该船沉没的行为则是不正当的。该委员会进一步裁定,击沉"孤独号"的行为也不能为国际法的任何原则证明为合法的。1935年1月,美国政府对击沉"孤独号"一事向加拿大政府表示了歉意,并承担了损害赔偿的责任。

(八) 铺设海底电缆和管道的自由

自从1866年横越大西洋的第一条海底电缆铺设以来,在公海上铺设海底电缆和管道已成为国际习惯法和国际公约所确认的公海自由的一项内容。为了维护海底电缆和管道,在法国的倡议下,25个国家在1884年3月缔结了《国际保护海底电缆公约》。1982年《海洋法公约》规定,所有国家均有权在大陆架以外的公海海底上铺设海底电缆和管道。但各国在铺设海底电缆和管道时,应适当顾及已经铺设的电缆和管道。各国还有对制止破坏或损害海底电缆和管道的责任。

(九) 海洋科学研究

各国均享有在公海上进行科学研究的自由。但是,各国在行使这种自由时,应遵守《海洋法公约》及其他有关法规。根据必要,进行科学研究的国家或国际组织可以使用装备和设施。这些设施或装备不具有岛屿的地位,但在其周围可以设立不超过500米的合理宽度的安全地带。如果国家或国际组织违反《海洋法公约》的规定或有关法规,应承担责任。

(十) 捕鱼制度

在公海捕鱼是自由的,但并不等于没有任何限制。为了保护公海渔业资源,近百年来在海洋国家间缔结了一些渔业协定,来调整公海渔业,如1882年《北海渔业公约》、1911年《北太平洋海豹保护办法公约》、1946年《关于管理捕鲸公约》、1958年《捕鱼与养护公海生物资源公约》、1982年《海洋法公约》等。其中,《海洋法公约》对公海捕鱼的限制作了新的规定,如各国的公海捕鱼自由必须受其参加的条约义务的限制;各国均有义务为各该国国民采取,或与其他国家合作采取养护公海生物资源的必要措施等。

此外,为了确保跨界鱼类种群和高度洄游鱼类种群的长期养护和可持续利用,1995年8月,在联合国的主持下,召开了跨界鱼类种群和高度洄游鱼类种群会议,并通过了《关于执行1982年12月10日〈联合国海洋法公约〉有关养护和管理跨界鱼类种群和高度洄游鱼类种群的规定的协定》。该协定对传统的公海原则作了一定修改,强化了捕鱼国在养护和管理跨界鱼类种群和高度洄游鱼类种群方面与沿海国进行合作的义务,导致出现了许多区域鱼类组织,捕鱼自由受到限制。我国有关部门和企业应如何适应这一制度,是一个值得进一步加强研究的问题。

(十一)公海生物多样性的保护

公海生物多样性的保护是一个新问题。它是20世纪80年代以来,人们在进行海底勘探和开发活动过程中出现的。同时,随着人们捕鱼活动的增加,保护生物多样性越来越受国际社会的重视。1992年《生物多样性公约》只适用各国领土范围,"雅加达授权"把公约扩展适用到专属经济区,但是公海生物多样性保护仍处于空白。如何解决这一问题,很值得研究。

第七节　国际海底区域

一、国际海底区域的法律地位

国际海底区域,简称"区域",是国际法上的新概念,它是指国家管辖权范围以外的海床、洋底及其底土,即各国领海、专属经济区和大陆架以外海域的海床洋底及其底土。这一部分约占海洋面积的65%,蕴藏着极其丰富的矿物资源。

在传统海洋法中,关于国际海底的地位有两种对立的理论:一种是无主物理论(res nullius)。按照这一理论,国家管辖权范围以外的海床、洋底和底土及其资源,并不属于任何人的财产,因而国际海底的资源不仅可以被合法地据有,而且国际海底本身也可以由国家占有,并由该国对其行使主权权利。换言之,各国可以依据"先占""时效"等来获得国际海底及其资源的权利。另一种是共有物理论(res communis)。这一理论把国际海底看成是公海,只能为共同的使用,而不得由国家分别予以占有。

1967年8月17日,马耳他常驻联合国代表阿维德·帕多(Arvid Pardo)提出,国际海底区域应被看做人类共同的财产,为全人类的福利服务。帕多的建议产生了重大的影响。联合国大会的一些决议,先后肯定了帕多提出的"人类共同继承财产"(common heritage of mankind)的主张。例如,1970年12月联大通过"各国管辖范围以外的海床洋底及其底土原则宣言"的第2949(XXV)号决议,宣告国际海底区域为人类共同继承财产,任何国家或个人(包括法人)均不得将其据为己有,国家也不得对其主张或行使主权权利。

国际海底区域的法律地位,通过一系列联大决议和宣言逐步明确,最后由《海洋法公约》第11部分对区域的法律地位作了详细的规定:(1)国际海底区域及其资源是人类的共同继承财产;(2)任何国家不应对国际海底区域的任何部分或其资源主张或行使主权或主权权利;任何国家或自然人或法人,也不应将国际海底区域或其资源的任何部分据为己有;任何这种主权和主权权利的主张或行使,或这种据为己有的行为,均应不予承认;(3)对国际海底区域内资源的一切权利属于全人类,由国际海底管理局代表全人类行使。这种资源不得让渡;(4)国际海底区域的开发要为全人类谋福利,各国都有公平地享受海底资源收益的权利,特别要照顾到发展中国家和未取得独立的国家的人民的利益;(5)国际海底区域应开放给所有国家,专为和平目的利用,不加歧视;(6)国际海底区域的法律地位,不影响其上覆水域或水域上空的法律地位。

至此,《海洋法公约》规定的九个海域——内水、领海、毗连区、专属经济区、大陆架用于国际航行的海峡、群岛水域、公海和国际海

底区域的法律地位已介绍完毕。九个海域的法律地位及范围归纳列表如下[①]:

名称	法律地位	范围
内水	沿岸国领土的一部分,沿海国享有完全的主权,外国船舶和飞机非经允许不得进入。	海陆交界线至领海基线。
领海	沿海国领土的组成部分,沿海国享有完全的主权,但外国船舶享有无害通过权。	从领海基线量起不超过12海里。
毗连区	沿海国在毗连区内对海关、财政、移民和卫生行使必要的管制权。	从领海基线量起不超过24海里。
专属经济区	沿海国对此海域内的自然资源有勘探与开发、养护与管理的主权权利,并对此海域内的人工岛屿和设施、海洋科学研究和海洋环境保护享有管辖权;其他国家在此海域享有航行、飞越、铺设海底电缆和管道的自由。	从领海基线量起不超过200海里。
大陆架	沿海国在大陆架上享有勘探和开发自然资源的主权权利;其他国家在大陆架的上覆水域和水域上空享有航行和飞越的权利以及在大陆架上铺设海底电缆与管道的权利。	沿海国陆地领土的全部自然延伸到大陆边的距离不足200海里的,可扩展到200海里;如果全部自然延伸超过200海里的,则不应超过从领海基线量起350海里或不应超过连接2500公尺等深线100海里。
用于国际航行的海峡	这种海峡主要适用过境通行制度,有的则适用无害通过制度,但这些通过制度不影响沿岸国对此海峡的权利。	——
群岛水域	群岛国的主权及于群岛水域、水域的上空、海床和底土以及其中的资源,其他国家在群岛水域享有群岛海道通过权和无害通过权。	海陆交界线至群岛基线。

[①] 参见黄瑶:《国际法关键词》,法律出版社2004年版,第80页。

(续表)

名称	法律地位	范围
公海	对所有国家开放,任何国家在公海上享有航行、飞越、铺设海底电缆及管道、建造人工岛屿和设施、捕鱼、科学研究等6项自由。任何国家不得对公海提出主权要求,在公海上的船舶受船旗国的专属管辖。	——
国际海底区域	"区域"及其自然资源是人类的共同继承财产,任何国家不得据为己有。"区域"对所有国家开放,专为和平目的使用。	——

二、国际海底开发制度

(一) 平行开发制度

国际海底开发制度是第三次海洋法会议上争论的焦点,发展中国家和发达国家为此存在尖锐的对立。经过反复协商后,达成了一个妥协方案,最后确定了"平行开发制度"作为过渡时期国际海底区域的勘探和开发制度。

按照《海洋法公约》的规定,国际海底区域内资源的勘探和开发,既可以由国际海底管理局企业部进行,也可以由缔约国或国营企业、或在缔约国担保下的具有缔约国国籍或由这类国家或其国民有效控制的自然人或法人、或符合公约规定的任何组织,与国际海底管理局以协作方式进行。申请者要开发国家海底,首先要与国际海底管理局订立合同,提出两块具有同等价值的可开发国际海底,管理局可以从中选择一块,另一块作为合同区,由申请者在与管理局签订合同后自己开发。

《海洋法公约》还就"平行开发制度"下的生产政策、技术转让、合同的财政条件、反垄断条款、审查制度等问题作出了具体的规定。

(二) 国际海底开发制度的新发展

近年来,国际海底开发制度有了一些新的发展,主要表现在以下几个方面：

第一，经过6年的激烈辩论，《采矿法典》在2000年国际海底管理局理事会上获得通过。2001年，俄、东欧集团、韩、中、法、日等6个先驱投资者签订了为期15年的勘探合同。2002年3月，印度政府最后一个同国际海底管理局签订合同。从合同前5年的经费金额来看，各国在多金属结核资源上的投入越来越少。例如，日本最少，每年不足1万美元；中国为5年2100万元。此外，各国把对海底资源的关注逐渐转移到多金属结核以外的其他资源。

然而，这些合同的签订对国际海底管理局来说具有里程碑的意义。首先，它标志着第三次联合国海洋法会议决议二关于先驱投资者制度临时安排时代的结束。其次，它标志着国际海底管理局同海底采矿者之间建立了正常的合同者之间的关系。最后，承包者从此将按照要求的模式，每年提交他们的年度工作报告，国际海底管理局对区域的管理进入实质阶段。

第二，2001年，《区域内多金属硫化物和富钴结壳探矿与勘探规章》的制定，开始进入程序。1998年8月，俄罗斯政府代表团提出关于制定富钴结壳和热液硫化物制度的建议。根据《海洋法公约》的规定，国际海底管理局应当在三年内启动制定程序。随着《采矿法典》的审议通过，从2001年开始国际海底管理局把精力主要投向了《区域内多金属硫化物和富钴结壳探矿与勘探规章》的制定上。

然而，《区域内多金属硫化物和富钴结壳探矿与勘探规章》并不是《采矿法典》的简单拷贝，由于资源类型的不同，规则的制定面临如下诸多新的难题：(1)"平行开发制度"受到挑战。因为海底根本无法找到两块未来商业开采价值基本相同的矿区。(2)人类对这两种资源的认识程度依旧很低，尤其是对海底多金属热液硫化物的认识更低。目前，海底发现的热液喷泉约60余处，但据科学家估计，人们对海洋中脊调查工作还不到总工作量的2%。(3)目前世界发现的较大规模的热液矿区，多在专属经济区以内，因而双边合作可能是近期工作的主流。(4)热液活动区域温度最高可达400度，生物种类繁多，活动频繁。自1977年首次发现热液附近存在动物物种以来，到目前为止，已有500多种新动物得到描述。科学界对生物基因资源的关注,明显高于对矿物资源的关注。(5)法学界讨论议题是多金属硫化物规则到底应该适用《海洋法公约》第 87 条公海自由,还是应该使用《海洋法公约》第 11 部分。

2005 年 8 月,国际海底管理局第十一届会议在牙买加金斯敦举行。管理局理事会完成了对法律和技术委员会起草的《区域内多金属硫化物及富钴结壳探矿与勘探规章(草案)》的一读审议,审议主要围绕勘探区面积、勘探区的连续性、勘探开发和环境保护制度等议题进行。中国代表团发言表示,中国政府高度重视《规章(草案)》的制定工作,认为在人类现有深海知识尚不足的情况下,制定工作应循序渐进;提出了制定《规章(草案)》应遵守的两大原则:国际海底区域及其资源是人类共同继承财产原则和市场经济规律原则。

(三)国际海底管理局

为了全面管理国际海底资源的勘探、开发和利用等活动,《海洋法公约》规定设立国际海底管理局。管理局大会在《海洋法公约》生效之日(1994 年 11 月 16 日)召开,并于当日宣布管理局成立。管理局总部设在牙买加首都金斯敦。管理局以所有成员主权平等的原则为基础。它由公约的所有缔约国组成。截至 2004 年 2 月,145 个国家和欧洲共同体是管理局成员。

1. 国际海底管理局的组织机构

管理局下设以下几个机构:

(1)大会。大会由所有缔约国代表组成,是管理局的最高机关。大会的每一成员都有一票表决权,程序问题以出席并参加表决的成员过半数作出决定,实质问题则需 2/3。大会拥有制定一般性政策、选举理事会成员、设立必要的附属机关和决定管理局的预算等方面的权力。

(2)理事会。理事会是管理局的执行机关,向大会负责,按大会所制定的一般政策制定具体政策。理事会领导企业部,对"区域"内活动行使控制。理事会由 36 个成员国代表组成:A 组(4 个最大消费国)、B 组(4 个最大投资国)、C 组(4 个生产国)、D 组(6 个代表特殊利益的发展中国家)以及 E 组(18 个按照确保理事会的席位作为一个整体根据公平地区分配原则选出的国家),任期 4 年。每一理事有一个投票权,程序问题以出席并参加表决的成员过半数作出决定,实质问题则需要 2/3 或 3/4 多数才能作出决定。理事会还设有经济规划委员会、法律和技术委员会。

(3) 秘书处。秘书处由秘书长和其他工作人员组成,为办理行政事务的常设机关。秘书长是管理局的行政首长。

(4) 企业部。企业部为在国际海底区域内活动以及从事运输、加工和销售从"区域"回收矿物的管理局机关。它可以自己开采矿物,也可以与其他公、私公司合作开采。

2. 国际海底管理局的主要职能

管理局的主要职能为:(1) 处理请求核准勘探工作计划的申请并监督已核准勘探工作计划的履行;(2) 执行国际海底管理局和国际海洋法法庭筹备委员会所作出的关于已登记先驱投资者的决定;(3) 监测和审查深海底采矿活动方面的趋势和发展;(4) 研究深海底矿物生产对生产相应矿物的发展中陆地生产国的经济可能产生的影响;(5) 制定海底开发活动及保护海洋环境所需要的规则、规章和程序;(6) 促进和鼓励进行海底采矿方面的海洋科学研究。

中国与国际海底管理局保持着良好的合作关系。作为勘探合同方和管理局理事会成员,中国一向重视管理局的工作。2004 年 5 月,中国派代表团参加了管理局第十届会议。会议对理事会成员进行了改选,中国成功当选为理事会 A 组成员,任期 4 年。中国首次从 B 组进入 A 组,表明中国经济实力的增强以及在国际海底事务中地位的提升。

此外,中国大洋协会是国际海底多金属结核资源的"先驱投资者"。2001 年与国际海底管理局签订了勘探合同,成为勘探开发国际海底多金属结核资源的承包者之一,在太平洋中部圈定了一块 7.5 万平方公里的多金属结核矿区。中国积极参加了国际海底管理局《区域内多金属硫化物和富钴结壳探矿与勘探规章》的制定,并积极投入国际海底管理局有关新资源采矿规章的制定。

三、《海洋法公约》第 11 部分的修改问题

如上所述,关于国际海底区域的开发制度是海洋法的新问题。

广大发展中国家和发达国家对此有重大立场和利益分歧。因此，1994年7月，由美国、英国、法国、德国等发达国家共同参与，联合国大会制定、通过了《关于执行1982年12月10日〈联合国海洋法公约〉第11部分的协定》（以下简称《协定》），对《海洋法公约》（简称《公约》）第11部分作了根本性的修改。这一《协定》的订立，实质上构成了对国际海洋法中国际海底区域制度的新发展。

（一）对《海洋法公约》进行修改的主要原因

1. 《公约》的普遍性问题。由于国际海底开发制度牵涉到所有国家的利益，而《公约》第11部分中的"平行开发制度"则明显有利于发展中国家，因而造成美、英等西方发达国家的不满，并导致他们不愿加入《公约》，从而影响了《公约》的普遍性。

2. 《公约》对市场形势估计不足，法律明显超前。公约之所以规定深海海底开发制度，是建立在这样一种假设的基础上，即"海底开发是一项收益很大的活动，大规模海底开发即将开始"。但是，实践表明深海海底资源的大规模商业开采还不太可能，原因是开采深海海底金属不仅耗资巨大，而且商业价值极低，有关的金属在市场上都是供大于求。

3. 建立国际海底管理局和国际海洋法法庭的实际需要。如果没有发达国家的参加，建立国际海底管理局和国际海洋法法庭，将是十分困难的。

（二）修改的主要内容

1. 关于缔约国的费用承担问题。公约规定的机构相当庞大，费用的承担对各缔约国来说是巨大的。因此，《协定》最后的具体修改为：尽量减少各缔约国的费用承担，这一原则适用于会议的吃住、会期长短、开会次数等；管理局各机关的设立和运作采取渐进的方式；缔约国不再承担向企业部提供开发矿址资金的义务。

2. 关于企业部。《公约》规定，企业部的资金从申请费、利润提成和参加《公约》的国家按向联合国缴费的比例向管理局提供；同时规定企业部按照国有规模设立并经营业务，这使得企业部有了特权，它与其他企业的竞争属于不正当竞争。因此，《协定》修改规定：不是一开始就成立企业部，而是先由秘书处代其职责，直到其能够独立运作;企业部的采矿业务以联合企业的方式进行;适用于承包者的义务同样适用于企业部。

3. 关于决策程序问题。《公约》规定采取实质性问题的三级表决制。《协定》修改确定,关于程序问题的决定,由出席并参加表决的过半数成员作出;关于实质问题的决定,由出席并参加表决的 2/3 多数成员作出。

4. 关于技术转让的问题。《公约》规定深海海底开发承包者要向企业部转让开发技术,并且这种转让是强制性和有偿的。《协定》修改规定:《公约》关于强制性转让技术的规定取消,转让通过市场或者举办联合企业的方式取得技术。

5. 关于生产限额。《公约》对海上生产进行了数额限制,以保护陆上生产国的利益,防止海上生产的同类产品冲击市场,导致价格猛跌。《协定》完全取消了关于生产限额的规定,《公约》原有的条款将不再适用。这是《协定》对《公约》的一个根本性修改。

6. 关于补偿基金。《协定》在这方面亦对公约做了根本性的修改。《公约》规定由于深海海底资源开发对于陆上生产国的损失应给予补偿;而《协定》则规定对于陆上生产国的损失,改为以经济援助基金的形式给予补偿。

7. 关于《公约》的财政条款。《公约》规定深海海底开发者从申请到商业性生产都应向管理局缴费。这对发达国家的承包者显然不利。《协定》修改规定,取消生产费和利润的缴纳,"生产年费"的概念仍然保留,但缴纳多少由理事会决定。

8. 关于审查会议。由于"平行开发制度"是过渡时期的临时性制度,《公约》还规定了对该制度的审查制度。这无疑使原本复杂的机构组织运作更加趋于烦琐。因此,《协定》取消了关于审查会议的专门规定,而将其纳入了关于修正、改进程序的其他条款中。

(三)《协定》与《海洋法公约》第 11 部分的关系

1. 在适用公约第 11 部分有关问题时,被更改、取消的条款将不再适用,而应适用《协定》的新规定。

2. 凡是已经递交批准书加入《公约》的国家,推定为同样接受《协定》的约束;此后表示愿意接受《公约》约束的国家,一旦递交批准书,即表示愿意同样接受《协定》的约束。

3. 按照条约法的有关原则,没有加入《公约》的国家,不受《公约》和《协定》的约束。

总之,《协定》对《海洋法公约》第 11 部分作了根本性的修改。这既适应了国际市场的形势,也满足了美国、英国、法国、德国等发达国家的要求,排除了其加入公约的障碍,为全面执行《海洋法公约》奠定了基础,避免出现两种国际海底区域法律制度并存的局面。事实上,它推动了更多的国家批准《海洋法公约》。

另外,从国际法学的角度看,《协定》实质上是对《海洋法公约》的一种修订。在一个公约尚未生效之前即进行重大修正,这是国际条约史上所罕见的。它在理论及实践上,向国际法学提出了若干非常值得探讨的新问题。[①]

从国际关系的角度来看,在世界竞争异常激烈的情况下,谁有雄厚的资本和技术,谁就能获得较大份额的权利与利益。各国自身的综合国力,是包括国际经济秩序在内的各种世界秩序的一个极其重要的背景。

从新国际经济秩序的角度来看,《海洋法公约》第 11 部分的修改,《协定》的制定,无疑使发展中国家在争取建立新秩序中遭遇了一次挫折。但是,还须认识到,它也为今后进行国际海洋合作提供了新的条件和机会。

思考题

1. 什么是无害通过制度?它与过境通行制度有何不同?
2. 领海和毗连区的法律地位有什么区别?
3. 试述专属经济区与大陆架的关系。
4. 试论《海洋法公约》第 11 部分修改的原因、主要内容及其影响。
5. 在各种不同的海域,沿海国的管辖权有何差异?

---

① 参见杨泽伟:《新国际经济秩序研究——政治与法律分析》,武汉大学出版社 1998 年版,第 65—66 页。

第六章 航空法与外层空间法

第一节 航 空 法

航空法,又称"空气空间法"或"国际航空法",是指适用于空气空间、调整各国民用航空活动的法律关系的原则和规则的总称。

一、空气空间的法律地位

美国国际法学者海德(C. C. Hyde)曾说:"国际法与文明同广。"①这句话有多重理解,一是说国际法的适用范围随西方文明的传播向全世界扩展,而这句话也可以理解为,国际法的领域是随人类文明的发展,包括科学技术的进步而扩大的——这用来评价国际空间法的发展尤为恰当。在20世纪以前,除少数国家的国内法中有一些关于空中飞行的规定外,国际法中基本没有关于地球上空法律地位和利用活动的法律原则和规范,这些规范是随着科学技术进步和人类空间活动的发展而逐渐形成的。

1783年,法国的蒙哥菲埃尔兄弟发明了热气球,并实现了第一次载人飞行,这使人们第一次看到了进入天空和利用天空的途径,也引起了人们对于空间活动法律规制问题的关注。针对热气球飞行可能对公众安全造成的危险,1784年巴黎市政当局颁布了一项治安法令,规定凡进行热气球飞行要先获得警察当局批准。1819年,法国塞纳省制定了第一部航空安全规章,规定热气球飞离地面,必须备有降落伞。1903年,美国的莱特兄弟发明了飞机并进行了实验飞行,这一成功引发了研制各种飞行器和进行各种飞行记录尝试的热潮,仅仅6年以后,布莱里奥就驾驶飞机成功飞越了英吉利海峡。飞行器的迅速发展和跨国飞行活动的大量增加,使各国意识到应当尽快

---

① 〔美〕海德:《国际法:主要依美国之解释和适用》第1卷,1922年英文版,第2页。

展开航空活动的国际立法。1910年,19个国家的代表在法国巴黎举行国际会议,各国代表对于地球上空,特别是各国领陆和领海的上覆空间到底具有何种法律地位这一根本问题,存在巨大分歧。一些国家主张,地球上空应像公海一样采取空间自由原则,另一些国家则坚持领土主权说,要求将领陆和领海的上覆空间规定为"领空",作为国家领土的一部分,由地面国行使领土主权。由于意见分歧,1910年的巴黎会议无法就建立统一的国际航空制度达成一致,会后,许多国家按照各自的主张分别订立了本国的航空管理法令。

1914年第一次世界大战爆发,飞机被迅速地用于侦察、轰炸等军事行动,英、法、德等交战国除了以武力保卫本国的上空外,它们的战机还经常飞越荷兰、瑞士等中立国的上空,甚至在其上空进行空战。战时的经历证明了上覆空间对于一国安全的极端重要性,也结束了战前关于上空地位的争论。战后,各国达成了一致意见:除了公海等国际区域的上空(公空)可以采用空间自由原则外,国家领陆和领海的上空应被确立为"领空",国家不仅对其享有主权,而且这种主权还不应当受到无害通过权的限制。

基于这种认识,26个国家缔结的1919年《巴黎航空公约》第1条明文规定:"缔约各国承认,每一个国家对其领土上的空间享有完全和排他的主权。"《巴黎航空公约》缔结后,不仅缔约国在国内立法和相互间的航空协定中规定这一原则,非缔约国也纷纷给予接受和支持,领空主权原则逐渐超越了公约的框架,而成为了具有普遍拘束力的国际习惯规则。在1944年《芝加哥国际民用航空公约》(以下简称《芝加哥公约》)取代1919年《巴黎航空公约》后,领空主权原则更成为了整个国际航空制度的基础。

有一点需要指出的是,在从1919年到1957年的近四十年间,领空的法律地位虽已无甚争议,但领空的范围却仍有不明之处。人们的一个疑惑是,领空是否应有其上限?关于这一点,《巴黎航空公约》和《芝加哥公约》都未加以明确。有些学者曾引用古罗马法谚:"拥有土地,就拥有土地的无限上空",主张领空没有高度的限制,但是,这一主张随着20世纪60年代人类外空时代的到来很快被否定了。尽管领空和外层空间的具体分界直到目前仍有争议,但领空有其上部界限已为各国所公认。在实践中,外空飞行器在发射或回收时有可能会穿越别国的领空,对此,各国一般均接受其无害通过,并不视为侵犯领空主权的行为。

概而言之,地球以上的整个空间分为空气空间和外层空间两个区域。或者说,空气空间可分为领空和公空两部分:国家领陆和领海的上空是"领空",国家对其享有完全和排他的主权;领空之外是"公空",各国享有飞行的自由。

二、国际航空制度

(一) 一般原则

由于领空主权是排他的,一般国际法不承认一切外国飞机在领空内享有类似外国船舶在领海所享有的无害通过权。因此,一般外国飞机,无论是军用飞机还是民用飞机,都必须得到地面国同意之后才能进入其领空,否则就构成侵犯领空主权的国际违法行为,地面国有权采取相应措施。

在实践中,通常的做法是,地面国会先对侵犯领空的外国飞机提出警告,命令其改变航线。如果对方不遵从,地面国将根据不同情况,如侵入飞机是否遇险,是否具有间谍等非法目的,是国家航空器还是民用航空器,距离地面国敏感地区的远近,地面国与飞机所属国之间关系是否紧张等,决定是予以驱离、迫降还是击落。需强调的是,地面国的反应须符合"相称性原则"的要求,即其措施必须与侵入飞机所造成的危害程度相适应,特别在侵入者是民用航空器时,更需要谨慎处理——在这方面,过去曾有过像"韩国民航客机被击落案"这样的事例。

1983年9月1日,大韩航空 KAL-007 号波音747客机从纽约经安克雷奇飞往韩国首尔。当地时间凌晨5点整,空中交通管制员指引飞机飞往贝舍尔导航点,随后沿罗密欧20号国际航线飞行。然而,客机异常偏离航线,远离贝舍尔导航点达12英里之多。客机开始接近堪察加半岛时,六架苏联米格23战斗机开始进行拦截。当客机驶出苏联领空到达鄂霍茨克海上空后,米格机群奉命返航。在通过尼皮导航点时,飞机已经偏离预定航线185英里,朝库页岛方向飞行。两架苏 15 战斗机从多棱斯克—索科尔空军基地起飞,再次进行拦截。当客机再次进入苏联领空时,苏联战斗机受命发射两枚导弹击中客机机身,飞机失去控制坠入鄂霍茨克海,23 名机组人员和 246 名乘客全部罹难。

美国里根政府痛斥此事件是苏联精心策划的谋杀行动。而苏联声称,之所以予以击落,是因为该机有诸多不同寻常的情况:(1)当时时值深夜,能见度低,但客机既没有开导航灯,也不回应收到的信号;(2)苏联战斗机为迫使其降落,曾向其发出了通用的飞行信号,甚至还射击示警,但是该飞机没有任何反应,相反还不顾警告,作出一系列复杂的机动飞行,摆脱防空部队的控制,并最终飞到了部署有苏联战略核潜艇的绝密基地上空;(3)美国和日本的地面控制部门和军事监听部门没有采取措施,阻止客机的非法越境并使其及时返回国际航线,也没有同苏方取得联系,通报有关飞机的必要资料;(4)从海里打捞上来的物品判断,机上乘员不可能超过 29 人,而不是美、韩所说的 269 人。基于这些迹象,苏方认为,007 号班机不是一架民航班机,而是伪装为民航班机的间谍飞机,苏联有权予以击落。

1984 年 3 月 6 日,国际民航组织通过决议对苏联予以谴责,决议指出:国家有权拦截或击落侵入领空并威胁其安全的军用飞机,但击落没有造成实际威胁的民用飞机,不符合相称性原则,是一种非法的反应。①

为避免再度出现类似的悲剧,1984 年 5 月 10 日,国际民航组织大会通过对《芝加哥公约》第 3 条的修正案,规定:各缔约国必须避免对飞行中的民用航空器使用武器,如果拦截,必须不危及航空器内人员的生命和航空器的安全;对于未经许可而飞入其领空的民用航空器,或者有合理的根据认定该航空器被用于与《芝加哥公约》宗旨不符的目的,缔约国有权要求其在指定的机场降落;缔约国应采取措

---

① 该事件在苏联解体后才得到正式解决。1993 年时任俄罗斯总统的叶利钦成立一个由总统办公厅主任彼得罗夫领导的委员会,再次调查客机事件并提交了批评苏联的报告,俄罗斯政府向韩国正式道歉,还把被击落飞机的黑匣子交还给韩国方面。

施,禁止将其本国或处于其控制下的民用航空器用于与《芝加哥公约》宗旨不相符合的目的。

(二) 国际航空协定

正常情况下,对于外国航空器的进入,国家给予同意的基本方式有两种:一是,双方可以以签订航空协定的方式建立航空关系,相互给予同意;二是,如果双方缺乏以协定为基础的航空关系,就只能就每一个案分别给予批准。对于大规模、经常性的国际民用航空运输来讲,后一方式显然不合适,唯一可行的是以航空协定方式建立稳定的国际航空关系。就目前的实践看,国际航空协定主要由全球航空公约和特殊航空协定两部分组成,后者又有双边航空协定和区域航空协定之分。

1919年的《巴黎航空公约》是最早的全球航空公约,1944年以后被《芝加哥公约》所取代。《芝加哥公约》是目前最为重要和最具普遍性的航空公约,被誉为"调整国际民用航空关系的宪章性文件"。公约除了建立统一的国际民用航空制度外,同时它还是国际民用航空组织的组织法。这样做的目的,一是要将国际民用航空制度置于一个专门性国际组织的管理和监督之下,二是要通过这个国际组织推动国际民用航空立法的不断进步。

从《芝加哥公约》的内容看,它主要涉及的是有关空中航行和国际航空运输的规则,也就是国际民用航空的一般运行制度,其包括以下内容:

1. 领空主权原则

作为《巴黎航空公约》的继承者,《芝加哥公约》再次确认了领空主权原则。从空中航行和航空运输的角度看,该原则可以表现为以下一些具体权利:(1) 缔约国有权在本国领空范围内设立空中禁区,在非歧视的基础上,可禁止或限制外国航空器的飞入;(2) 各国可保留国内两地载运权,只允许本国航空企业经营;(3) 有权制定有关外国航空器在境内飞行的规章。

2. 航空器分类

航空器区分为国家航空器和民用航空器。国家航空器是指用于军事、海关和警察等国家部门的航空器,《芝加哥公约》仅适用于民用航空器,不适用于国家航空器。国家航空器要飞越另一缔约国领空或在其领土上降停,须得到其同意或者有两国间特别协定的许可。

3. 航空器的国籍

航空器实行登记国籍制度,一机一籍,以登记地决定航空器国籍,以国籍来确定航空器的属人管辖。

4. 飞行制度

国际民航飞行区分为航班飞行和非航班飞行。国际航班飞行,有固定的航线和时刻表,由于它是经常性和经营性的国际飞行,因此必须经有关国家的特准或许可,开设航班的国家会就航行事宜与航线经过的国家进行协商,订立专门的协定。国际非航班飞行(不定期飞行),可以在《芝加哥公约》规定的条件下无害飞越,或作非营业性的降停,不须有关国家事先批准。在实践中,为了空中交通管制的需要,有些国家会要求进行非航班飞行的航空器在飞入或飞离该国领空前要事先通知空中交通管制部门,在某些特定情况下①,地面国还可要求航空器按指定的航线飞行,或者要求其获得特别许可后再飞行。

从《芝加哥公约》可以看出,国际航班飞行原则上是"不自由"的,是需要有关国家特别许可的。但如果有国家愿意在国际航班飞行方面相互开放领空,给予更多的自由,它们也可以选择加入1944年芝加哥会议所提供的另外两个多边航空协定——《国际航空运输协定》和《国际航班过境协定》。前者规定了包括过境、降停、上下客货等在内的5种自由,领空开放程度较高;后者只规定了过境和非营业性降停两种自由,领空开放程度较低。

上述两个协定都强调"在国际航班飞行方面相互开放领空",从形式上看似乎很平等,但实质上是对国际航班的经营大国单方面有利。举例来说,假定美国和墨西哥都是《国际航空运输协定》的缔约国,双方都根据协定对彼此的国际航班飞行开放各自的领空,由于美国的航空业规模远远超过墨西哥,且美国飞往南美洲各国的航班都

---

① 这些特定情况是:(1) 为了飞行安全;(2) 要飞入空中禁区或者限制进入区域;(3) 要飞入缺乏适当航行设备的区域。

要从墨西哥过境,因此双方的利益得失将是完全不对等的。基于此,除少数航空业大国外,多数国家对两个协定特别是《国际航空运输协定》兴趣不大,在涉及定期航线的开通问题时,它们宁可进行双边协商,这样更容易求得彼此间利益的平衡。

三、航空安全的法律保护

在一个世纪多的发展历程中,航空安全问题一直是制约国际航空业发展的关键因素。20世纪40—50年代之前,航空安全问题的重点主要在航空器自身的安全性方面。50年代以后,航空器的制造技术已经非常成熟,航空器自身的安全性已有保障,而这时航空安全问题的重点开始转移,各种空中劫机和破坏事件频繁发生,民用航空器成为犯罪行为的新场所、新目标。为了制止与航空器有关的犯罪活动,保障民用航空安全,国际社会制定了一系列公约,以加强彼此间的合作,这些公约构成了所谓的"国际航空刑法"。[①] 其中,最重要的是1963年的《东京公约》、1970年的《海牙公约》和1971年的《蒙特利尔公约》。

上述三个公约都以打击危害民用航空器安全的犯罪为目标,不适用于用于军事、海关和警察的国家航空器。由于制定时间不同,三个公约彼此存在不小差异,仔细分析它们的条文,可以看出,三个公约反映了国际社会对于危害民航安全犯罪不同阶段的认识和应对策略。

(一)《东京公约》

早期的《东京公约》把航空器主要看成是犯罪行为的场所,这种特殊场所的高风险性,只是该犯罪行为社会危害性的加重情节。

该《公约》称其所针对的是,在飞行中航空器上所发生的:(1)违反刑法的犯罪行为;(2)可能或确已危及航空器或其所载人员或财产的安全,或危害航空器内的正常秩序和纪律的行为,无论此种行为是否构成犯罪。由于航空器被看成是犯罪行为的场所,因此航空器登记国主要是以属地理由主张管辖权,为了避免出现与降落

---

① 〔英〕斯塔克:《国际法导论》(第9版),1984年英文版,第232页。

地国属地管辖的冲突,公约强调犯罪行为必须是发生在"飞行中"的,而"飞行中"又被定义为从航空器开动马力起飞到着陆冲程完毕这一时间。

为了加强对此类犯罪行为的打击,公约不排斥任何其他缔约国根据本国法行使管辖权——这被称为"并行管辖"(concurrent jurisdiction)。这一设计看似强化了管辖权,但实际上并没有起到预想的作用:由于航空器登记国的管辖是以属地为理由的,它必然会对航空器降落地国的属地管辖权形成一定的排斥。其结果是,名义上具有属地管辖的航空器登记国,由于不真正控制航空器及罪犯,实际上行使不了管辖权,而控制着航空器及罪犯的降落地国却无法主张属地管辖权。要想确保航空器登记国的管辖权,就必须规定强制引渡义务,但《东京公约》难以做到这一点。《东京公约》没有硬性地规定必须引渡的义务,只是为有关人员的引渡提供了某些便利。这意味着,管辖权方面的局限性,也难以通过引渡规则来加以弥补。

(二)《海牙公约》

从《海牙公约》开始基本认识发生了转变,航空器不再被看成是犯罪行为的场所,而是犯罪侵害的对象。

20世纪60年代末,劫持航空器事件的频繁发生暴露出《东京公约》的局限性。为打击这种"空中劫持"(aerial hijacking)行为,《海牙公约》专门将其定义为一种单一罪名的国际犯罪。该公约规定:在飞行中的航空器中的任何人,如果用武力、武力威胁或者任何其他恐吓方式,劫持或意图劫持、控制该航空器,即构成空中劫持罪。由于航空器被看成是犯罪行为的侵害对象,因此航空器登记国主要是以属人理由主张管辖权,这就不会有两种属地管辖的冲突问题,作为犯罪构成中时间要件的"飞行中"就有扩大空间,可以更全面地涵盖空中劫持罪的各种表现形态——《海牙公约》将"飞行中"定义为从航空器装卸完毕,机舱外部各门均已关闭时起,到打开任一舱门以便卸载时为止。

《海牙公约》仍然采用"并行管辖"的做法,除了航空器登记国外,航空器降落地国、罪犯所在地国、航空器承租人营业地国等都享有管辖权,公约也不排斥任何其他缔约国根据本国法行使管辖权。

由于航空器登记国的管辖是属人性的,它不会妨碍航空器降落地国或罪犯所在地国以属地理由主张管辖权,这就克服了《东京公约》的不足。

在引渡规则方面,《海牙公约》虽然也未能规定强制引渡义务,但却通过其他措施达到了强化引渡的效果,这些措施主要包括:

(1)规定缔约国可以依据国内法决定是否引渡,在没有国内法依据时,也可将公约视为引渡的依据;

(2)规定了"或引渡或起诉"(aut dedere aut punire)原则,缔约国若不引渡罪犯,就必须无例外地将其交付起诉,并依本国法律,按照处理任何普通重罪的同样方式予以裁决。

(三)《蒙特利尔公约》

《蒙特利尔公约》在《海牙公约》的认识基础上更进一步,将犯罪侵害的对象从航空器本身,转向了更抽象的"飞行安全"这一概念。

《海牙公约》是打击空中劫持犯罪的专项公约,没有涉及其他形式的危害航空器安全的行为。这些犯罪行为,有些可以被《东京公约》所包含,有些则不能——譬如对航空器地面导航设备的破坏,不发生在航空器内,但足以使飞行安全受到严重威胁。为了使这些行为能得到遏止,并达到类似《海牙公约》的打击效果,人们又很快制定了《蒙特利尔公约》。

公约列举了多种故意危害航空器飞行安全的犯罪行为,并把其中一些行为的时间要件从"在飞行中"延伸到"在使用中":

(1)对飞行中的航空器内的人采取暴力行为,如该行为将会危及航空器的安全;

(2)破坏或损坏使用中的航空器,使其不能飞行或将危及其飞行安全;

(3)用任何方法在使用中的航空器内放置装置或物质,可能破坏或损坏使用中的航空器,使其不能飞行或将危及其飞行安全;

(4)破坏或损坏航行设备或妨碍其工作,可能危及航空器的安全;

(5)传送虚假资讯,从而危及飞行中航空器的安全。

对于"在飞行中",《蒙特利尔公约》沿用了《海牙公约》的规定,而对于"在使用中",《蒙特利尔公约》的定义是:从地面人员或机组为某一特定飞行而对航空器进行飞行前的准备时起,直到降落后24小时止。

公约以"危害民用航空安全罪"来涵盖包括空中劫持在内的上述各种非法行为,不过公约的侧重点显然是在空中劫持之外的那些罪行。至于管辖权和引渡部分,《蒙特利尔公约》仍沿袭《海牙公约》的并行管辖制度和"或引渡或起诉"原则。

以上三个公约形式上是相互独立的,内容也存在一些差异,因此各国可以根据自己的情况选择加入,也可同时加入三个公约。在三个公约之外,与民用航空安全有关的重要国际条约还有1988年的《蒙特利尔公约附加议定书》和1991年《标注塑性炸药以便探测的公约》。前者主要针对在机场发生的暴力行为,后者要求各国在制造塑性炸药时应加添可探测物质,使之成为"标注塑性炸药",这样可以在安检时及时发现,防止恐怖分子使用塑性炸药攻击航空器或从事其他形式的恐怖爆炸活动。

应该说,《东京公约》《海牙公约》和《蒙特利尔公约》等的制定,对于遏止危害民航安全犯罪的不断蔓延是有明显效果的,但距离理想境界仍有不小差距。从几个公约的条文可以看出,引渡和追诉方面的规则基本还是以缔约国自愿为基础的,即使插入了"或引渡或起诉"原则,缔约国在具体操作中仍有相当大的自由裁量空间,对劫机犯公开庇护不大容易,但明罚暗纵的可能性依然存在。

1971年以来,国际民用航空组织内外的许多国际会议都曾对此进行过讨论。不少国家提出建议,期望在保障民航安全方面制定更严格、更进一步和有更多国家参加的公约,在公约中确立强制性的引渡义务,或者对危害民用航空安全的犯罪规定国际统一的追诉和量刑标准,对于庇护或放纵有关犯罪的国家,不管它是否为缔约国,要规定制裁条款或设立某种施压措施。不过,由于存在一些根本性的分歧,例如对死刑的不同看法、不同国家间司法体制的差异等,若想将上述设想付诸实现,仍有大量的障碍有待克服。

第二节　外层空间法

一、外层空间的法律地位

在莱特兄弟发明飞机之后仅仅50年,人类的空间活动就开始超出地球大气层,进入到外层空间的范围。1957年,苏联成功发射了人类第一颗人造卫星,标志着太空时代的到来。此后美、苏两国持续展开了太空探索方面的竞争,其中1961年苏联首先实现的载人航天飞行和1969年美国完成的"阿波罗"登月工程,更翻开了星际航行新的一页。1973年,美国在环地球轨道建立了太空实验室,苏联随后也建成了"礼炮"号空间站。1981年,美国成功发射了"哥伦比亚"号航天飞机,为发展大型永久性空间站提供了条件。

随着航天技术的进步,卫星通信遥感技术、太空生物学、医学、材料学等的研究和实验都获得惊人发展,大量技术成果被应用于军事、经济等领域。这些科技进步在给人类带来利益的同时,也引发了大量新的、复杂的国际法问题。为了解决这些问题,空间法在传统的空气空间法之外,又发展出外层空间法这一新的分支。

(一) 外层空间与空气空间的界限

外层空间法的建立,源于一个基本问题:宇宙活动能否在领空法律制度的框架内有效展开? 从另一角度看,就是国家领空有无上限的问题——国家的领空是否直到无限高度,从而宇宙活动也必须像航空活动那样以领空主权原则为基础? 实践证明,这很难行得通。在环地球轨道上往返运行的卫星和宇宙飞船,如果必须得到各国同意后才能从其100公里以上的高空穿越,那将意味着几乎所有的宇宙活动都会面临不可克服的法律障碍。此外,由于地球既有自转也有公转,在天文意义上,也不存在一个垂直的、无限高远的立柱状空间,固定静止地附属在某个国家上空。[①] 基于这些认识,各国普遍承认,国家领空是有其上限的,在领空之外是外层空间,主权原则不及

[①] 〔英〕斯塔克:《国际法导论》(第9版),1984年英文版,第173—174页。

于外层空间,在外层空间进行的宇宙活动不必征得位于下方的各国的同意。这一习惯国际法规则,除了有国际公约、联合国大会决议和国家声明作为支持外,还可以从以下事实中得到证明:从1957年苏联发射第一颗人造卫星开始,人造卫星和宇宙飞船已无数次地飞越了其他国家的上空,但是从来没有国家提出过抗议,认为这构成对其领空主权的侵犯。①

人们虽然都承认空气空间(领空)与外层空间的区别,但两者的界限到底如何确定到目前为止仍有争论。早期曾有一些学者,如英国的阿库斯特等,认为这无关紧要,因为卫星运行的最低轨道至少也要高过飞机能够飞行的最高高度的两倍。② 但外空活动的后续发展表明,明确划定空气空间与外层空间的准确界限是有必要的。譬如1976年哥伦比亚、刚果等8个赤道国家就曾发表《波哥大宣言》,主张以离地35800公里的地球同步轨道作为分界线,轨道以上是外层空间,包括轨道在内的以下空间是国家领空,这样划分的结果是,赤道国家可以领空主权原则为理由,对具有特殊性并能带来重要利益的地球同步轨道主张权利。

除了地球同步轨道说之外,其他的主张还有:以航空器依靠空气浮力可以飞行的最高限度为界限,大约是离地30—40公里;以离心力开始取代空气成为飞行动力的地方为界限,离地约83公里,由德国物理学家冯·卡曼(von Karmann)计算得出并由此得名为"卡曼管辖线";以大气层的最高限度为国家领空的上限,最高可达到离地16000公里;以人造卫星能够运行的最低轨道高度为界限,离地约在90—100公里。此外,还有一种被称为"功能说"的理论,主张不硬性区分空气空间和外层空间,只是按功能将航空器区分为"航天器"和"航空器",航天器无论位于何处都应适用外空法规则,不受国家领空主权的制约。

上述各种主张中,以人造卫星能够运行的最低轨道高度为界的

---

① 〔英〕阿库斯特:《现代国际法概论》,汪瑄等译,中国社会科学出版社1981年版,第222页。
② 同上书,第223页。

主张最受重视,不仅获得较多国家支持,一些重要的学术研究机构和团体也更看好这一方案。例如,1976年空间研究委员会就曾向联合国和平利用外层空间委员会提出报告,建议以人造卫星椭圆运行轨道的最低近地点(离地100公里高度)为外层空间的最低界限。1978年国际法协会也在一份决议中称,海拔100公里以上的空间正逐渐被各国接受为外层空间。不过,据此就断定这项标准已成为了习惯国际法规则[①],则言之尚早。一些国家担心,轻率定界可能会对空间技术的未来发展造成不利的影响,因此主张采取慎重态度,这一呼吁也同样引起了人们的重视。

(二) 外层空间及天体的法律地位

除了外层空间与空气空间的界限存在争议外,人们的另一个疑惑是,地球以外的其他天体,如月球等,是否也属于外层空间的范畴,它们究竟具有怎样的法律地位?

这一问题的解决,在1961年苏联实现载人航天飞行和美国宣布计划实施"阿波罗"登月工程之后,显得尤为迫切。为了避免出现"太空圈地"运动以及由此而引发的复杂局面,在联合国的积极介入和各国的支持下,联合国大会于1963年12月13日一致通过了《各国探索和利用外层空间活动法律原则宣言》(简称《外空宣言》),宣布了关于外层空间法律地位和探索利用活动的九项原则。由于这一决议不具有法律拘束力,1966年12月联合国大会又在《外空宣言》九项原则基础上制定了《各国探索和利用包括月球和其他天体在内的外层空间活动原则的条约》(简称《外空条约》),供各国签字批准。作为建构外层空间法基本框架的"宪法性"文件,《外空条约》对外层空间的法律地位,作出了原则性的规定[②]:

1. 探索和利用包括月球和其他天体在内的外层空间,应属全人类的事务,应为所有国家谋取福利和利益,而不论其经济或科学发展程度如何。

---

① 例如,可能会对40—100公里高度近地空间的探索研究构成不利影响。参见贺其治:《外层空间法》,法律出版社1992年版,第55—56页。

② 参见《联合国条约集》,载于联合国网站(联合国官方文件查询系统)。

2. 所有国家可平等和不受歧视地根据国际法自由探索和利用包括月球和其他天体在内的外层空间，自由进入天体的一切区域。

3. 各国不得对包括月球和其他天体在内的外层空间提出主权主张，也不得以使用、占领或者任何其他方法，将其据为己有。

4. 各国探索和利用包括月球和其他天体在内的外层空间，应按照包括联合国宪章在内的国际法，并为了维护国际和平与安全及促进国际合作与谅解而进行。

5. 各国保证不在环地球轨道放置携带核武器或其他类型大规模毁灭性武器的物体，也不以任何其他方式在天体和外层空间配置这种武器。各国必须将月球和其他天体绝对用于和平目的，禁止在天体试验任何类型的武器、进行军事演习或建立军事基地、设施和工事。

从《外空公约》的上述规定可以看出，月球和其他天体被明确列入了外层空间的范畴，外层空间具有完全不同于空气空间的法律地位，它不能成为国家主权支配的对象，所有国家均享有探索和利用的自由。

特别值得注意的是，对于国家在外层空间的探索和利用活动，《外空公约》将其定性为"全人类的事务"。这其实有两方面的意义：一是，对于进行外空活动的国家来说，外空探索和利用虽然原则上是"自由"的，但这种自由要受"全人类的事务"这一性质和目的的制约——从消极方面看，外空活动不得违反国际法、不得危害国际和平与安全、不得违反外空非军事化的强制性规定[①]、不得对其他国家造成损害等，从积极方面看，外空活动应促进国际合作与谅解、应为所有国家谋取福利和利益。二是，对于其他国家来说，"全人类事务"这一概念意味着，外空活动虽然可能是别国进行的，但这并不意味着与其无关，在某些情况下有可能需要它提供帮助，比如救助别国的宇

[①] 《外空公约》为外空及其天体的非军事化制定了一些强制性规范，例如不得在外层空间放置核武器、大规模毁灭性武器，必须将月球和其他天体绝对用于和平目的，禁止在天体试验任何类型的武器、进行军事演习或建立军事基地、设施和工事。但这种外空非军事化限制是局部和有范围的，只要不违反上述强制性规范，其他外空军事活动《外空条约》是允许的，例如军事卫星的侦察、武器的卫星定位系统、反导弹防御系统等。

航员,也可能要求它容忍某些不便,如允许别国的航天飞行器在发射或回收过程中穿越本国领空。

在实践中,外空探索和利用自由与为所有国家谋取福利之间究竟是怎样的关系,一直存在争论。美、苏等航天大国认为,为所有国家谋取福利并不改变外空作为"公有物"(res communis)或"非交易物"(res extra commercium)的地位,也不减损外空自由原则,它只是指明了外空活动应促进的目标和努力的方向,并不包含具体的、积极作为的义务,特别不意味着有与其他国家分享外空技术和相关利益的义务。而一些发展中国家则主张,"全人类事务"概念和为所有国家谋取福利的目标,意味着从事外空活动的国家应当与其他国家分享外空活动带来的相关利益,特别是 1982 年《联合国海洋法公约》将国际海底区域确定为"人类共同继承财产"后,更有人主张外层空间及天体也具有类似的法律地位。①

二、外层空间的基本法律制度

既然外层空间的基本法律地位完全不同于空气空间,外空活动与航空活动也有根本性的差别,那么显然有必要在航空法之外制定一套专门用于外层空间和外空活动的法律制度。

(一) 基础性制度

《外空条约》在明确了外层空间的法律地位后,也对外空法律制度的基本框架作了勾画——对于外空活动的一般需要而言,三种基础性的制度是不可缺少的:

1. 登记公开制度

按照《外空条约》的规定,各国发射的空间物体应登记并公开。之所以如此,是因为外空及其天体不属于任何国家,各国发射的空间物体只能根据属人原则确定管辖,这种属人联系须通过登记制度来建立。另外,为了避免外空活动的混乱和出现事故,发射国将空间物体的位置、一般功能等基本状况向其他国家公开也是特别必要的。

---

① 黄解放:"空间法的'共同利益'原则——外空条约第 1 条第 1 款再探讨",载《中国国际法年刊》1987 年卷,第 179—196 页。

1976年的《登记公约》将《外空条约》的规定进一步具体化,正式确立了空间物体登记公开制度。按照《登记公约》的规定:(1)空间物体必须在一个发射国登记,如果有两个以上发射国,则由其协商确定一国为登记国。(2)登记国有义务将登记情况报告联合国秘书长,以实现空间物体状况的公开,秘书长将情况载入"外空物体总登记册",其他国家可以查阅到空间物体的发射国国名、登记号码、发射日期和地点、轨道基本参数、一般功能等情况。(3)登记国对留置于外空或天体的空间物体享有管辖权和所有权,对其所载人员享有管辖权。

2. 宇航员援救制度

《外空公约》将外空探索和利用活动定性为"全人类的事务",同时将宇航员定性为人类派往外空的使者,要求各国提供一切可能,救助宇航员并归还空间物体。这既是外空活动的客观需要,也是基于人道的考量。

1968年的《营救协定》将《外空公约》的要求予以细化,规定了三种主要的援救义务:(1)通知义务。各国若发现宇航员面临危险、发生意外、遇难,或在其境内或公海紧急降落时,应立即通知登记国和联合国秘书长,在获悉或发现空间实体返回地球的降落地点时,也应通知登记国和联合国秘书长。(2)援助和营救义务。在外层空间进行活动时,一国的宇航员应向他国宇航员提供援助;发现宇航员紧急降落地点的国家,应尽可能进行搜寻和营救,保证其迅速脱离险境。(3)归还义务。对于获救宇航员,各国应立即将其安全地送还给登记国;对于发现和寻获的空间物体,应根据请求,归还登记国。

至于援救可能引起的费用,按照《营救协定》大致有两种安排:由于宇航员是"人类派往外空的使者",因此救助国不得提出费用的要求;对于应空间物体登记国的请求,进行搜寻和归还空间物体的费用,应由该登记国支付。其他费用,例如登记国未作请求,救助国主动搜寻空间物体的费用,或者救助国为消除空间物体中有害物质而花费的费用①,须由救助国与登记国通过外交途径解决。②

3. 空间损害责任制度

外空活动虽然不为国际法所禁止,但由于技术复杂、不可预测的因素众多,具有很高的风险性,出现事故和造成损害不可避免。对此,《外空条约》规定,发射国应对其空间物体所造成的损害承担国际责任。

由于空间损害责任涉及各种非常复杂的具体情况,1971 年《责任公约》对其作出了详尽规定:(1) 空间物体的发射国是责任主体。发射国的范围包括直接发射空间物体的国家、促使发射空间物体的国家、从其领土发射空间物体的国家和从其设施发射空间物体的国家。早期外空活动中,空间物体的制造国、拥有国、经营国和发射国往往是同一国家,随着航天商业市场的发展,一国购买、经营由外国制造的卫星,交由第三国发射的做法十分普遍。这种情况下,它们将被视为共同发射国而承担可能的空间损害责任。(2) 两种类型的损害责任。空间实体对地面造成的损害,发射国负绝对责任;在地球表面以外的其他地方,不同国家的空间物体之间若发生损害事故,由存在过失的发射国负损害责任。(3) 单独责任和连带责任。一国空间物体造成的损害,由该国单独承担责任。若造成损害的空间实体有两个或两个以上的共同发射国,则应由它们承担连带责任。

(二) 其他制度

1966 年的《外空条约》曾将月球和其他天体明确列入外层空间的范畴,具有与外层空间相同的法律地位。1969 年美国阿波罗飞船实现首次登月后,各国均觉得有必要就月球探索和利用的具体制度制定国际条约。经过长期的谈判,1979 年《指导各国在月球及其他天体上活动的协定》(简称《月球协定》)为联合国大会通过并开放签字。

《月球协定》不仅适用于月球及环月轨道,也适用于太阳系内除

---

① 例如,1977 年 9 月 17 日,苏联核动力卫星"宇宙 954 号"在返回大气层后,其残骸部分溅落在加拿大境内,造成大面积放射性污染。为消除这些损害后果,加拿大花费了大量费用,这些花费之后是由加、苏两国按照《赔偿责任公约》,通过外交谈判加以解决的。

② 贺其治:《外层空间法》,法律出版社 1992 年版,第 86—87 页。

地球以外的其他天体。在非军事化方面,《月球协定》不仅重申了《外空条约》的原则,明确规定月球"专用于和平目的",而且还进一步扩大了各种禁止性措施,以保证月球能够实现彻底的非军事化。

在《外空条约》中,对于包括月球及其他天体在内的外层空间,各国享有探索和利用的自由。而在《月球协定》中,这一原则有了微妙的变化:《月球协定》仍然承认各国在月球有科学考察的自由,但在开发利用方面"自由原则"则被"人类共同继承财产"概念所取代。《月球协定》第11条第1款规定:"月球及其自然资源是人类共同继承财产。"这一规定的出现,与当时正在进行的《联合国海洋法公约》国际海底区域部分的谈判有共同的背景和相当的联系。

苏联从一开始就不赞同"人类共同继承财产"概念。美国曾一度持支持态度,但当它看到月球及其他天体有可能像国际海底区域那样,从抽象的"人类共同继承财产"概念中演绎出有巨大义务负担的国际开发制度时,美国重新评估并改变了原来的政策。目前,《月球协定》虽已生效,但批准国很少,由于主要的空间国家态度消极,多数国家冷眼观望,其未来的前途存在不小变数。

三、外层空间活动中若干特殊法律问题

通过上述公约,国际社会对外层空间活动的一些基本方面作出了原则规定,搭建了最基本的法律框架。不过,随着空间技术的迅速发展,特别是这些技术在军事和经济上的大量应用,一些复杂的、令人困惑的问题,仍有待各国从法律角度加以解决。

(一)卫星直接电视广播

卫星技术商业化运用的一个重要领域,是通过卫星进行直接电视广播。卫星直接电视广播的基本方式是,地面电视台将电视节目发送到卫星,由卫星上的转发器把节目传送到地面接收设备。在早期,卫星转发器功率较小,电视节目信号覆盖范围有限,接受设备复杂、费用昂贵,通常需要建地面大型集体接收站接收信号再转送到家庭电视用户。而现在随着数字通信技术的发展,卫星的信号转发能力获得极大提高,接受设备也变得简便而廉价,任何普通家庭电视用户可以非常方便地直接收视卫星转发的电视节目。这种电视广播活

动如果是在一国范围内,自然没有问题,但由于卫星信号的覆盖范围广泛,因此必然会"溢出"领土范围,为外国家庭电视用户直接收视——当该外国因意识形态、宗教、文化等原因而对其国内的资讯传播有所管制时,就会引起两国间的冲突。

在实践中,美、英等西方国家卫星电视广播技术发达,是卫星电视节目的主要制作者和提供者。在卫星电视广播问题上,美、英等国从其自由主义价值观出发,强调卫星电视节目制作者有言论和传递思想信息的自由,任何个人也有寻求和接受信息和思想的权利,这种基本人权不应受到政府的压制和限制。与之相反,许多第三世界国家认为,一国利用卫星对其他国家进行直接电视广播,特别是专门针对特定国家的广播,可能会影响他国的重大主权权益,甚至有可能成为影响他国国内政局、干涉他国内政的手段。任何国家从维护本国主权出发,都有权拒绝外国对其进行直接电视广播,防止外国的政治干涉和文化渗透。第三世界国家的上述主张也得到了苏联、东欧国家的支持。

针对卫星国际直接电视直播问题,联合国有关机构一直想在协调各国立场的基础上拟定出某些原则,以期在将来制定关于卫星直播的国际条约。这一努力从1963年开始,直到1982年联大才通过了一项《各国利用人造地球卫星进行国际直接电视广播所应遵守的原则》的决议。该决议试图在尊重国家主权和资讯传播自由两种主张间寻找平衡,该决议规定:

1. 卫星国际直接电视直播不得侵犯各国主权和违反不干涉原则,并不得侵犯人人有寻求、接受和传递信息和思想的权利。

2. 卫星国际直接电视直播应遵守国际法,保障版权和邻接权利。

3. 建立卫星电视直播的国家,应将此意图通知收视国,如收视国要求,应迅速与其协商,并达成符合国际电信联盟有关文件要求的协议或安排。如果涉及的只是卫星电视直播信号的跨国"溢出",则只要符合国际电信联盟有关文件要求即可,不需另订协议或安排。

4. 卫星直播国应将其活动的性质通知联合国秘书长。

5. 和平解决卫星直播引起的争端。

6. 各国对其卫星直播承担国际责任。

作为联合国大会决议,上述规定并不具有拘束力,同时由于美英等主要卫星电视直播国反对,期望以该决议为基础制定共同遵守的公约,前景似乎不太乐观。

(二) 卫星遥感地球

与卫星国际电视直播问题相似的,还有卫星遥感地球的问题。卫星遥感是一项新的空间技术,主要是利用卫星来收集地球表面物体的电磁光谱信号,进行分析和获取资源、地貌等各方面的数据和资料。在卫星遥感地球的实践中,让各国感到困扰的问题是,遥感是否应事先取得被感国同意?遥感所取得的数据和资料可否由遥感国自由处理?被感国是否有权优先和优惠地获得数据资料?

发展中国家主张卫星遥感应事先取得被感国同意,其基本理由是,卫星遥感的对象是一国的领土及自然资源,根据主权原则,属于国家管辖和支配的范围,国家有权决定是否准予探测。对于遥感探测所获得的数据资料,发展中国家认为遥感国不能自由散发,其处理要受被感国领土和资源主权的制约和限制。对于发展中国家的"事先同意"主张,美国等卫星遥感技术比较发达的国家认为这违反了外空自由原则,因为数以千计的卫星久已在太空飞行,从没有人认为有必要将卫星的任务通知其他国家并取得其许可,而且国际法也不禁止从外空对地球进行探测活动。至于遥感资料的公布与散发,美国等认为被感国无权以领土和资源主权为由主张权利,而且从技术角度看,如果遥感资料的公布须以被感国的同意为条件,那么遥感活动将会面临一系列技术上的困难和十分复杂的法律问题,并将导致遥感成本的激增,卫星遥感事业的发展将受到重大阻碍。

20世纪80年代以后,发展中国家开始以比较务实的态度处理卫星遥感问题,将关注的重点放在如何能以优先和优惠的条件获得遥感资料上。由于发展中国家立场的松动,联合国试图制定共同遵守原则的长期努力取得了重要进展,1986年联合国大会通过了《关于从外层空间遥感地球的原则》的决议。该决议规定:

1. 遥感活动应遵守国际法,为所有国家谋取福利和利益,并应特别考虑发展中国家的需要。

2. 遥感活动应遵守外空自由原则,并应尊重所有国家和人民对其自然资源和财富的永久主权。遥感活动不得损及被感国的合法权益,并应适当顾及其他国家及其管辖下的实体依照国际法所享有的权益。

3. 遥感国应与被感国协商,提供参与遥感活动的机会,以增进相互利益。

4. 被感国可在不受歧视的基础上按合理价格取得原始数据和经处理的遥感数据。

5. 遥感应促进地球自然资源的保护,使人类免受自然灾害侵袭。为此,参加遥感活动的国家应将这些资料提供给有关国家。

(三)在外层空间使用核动力源

随着人类航天活动的深入,航天器的任务日益复杂,设备规模也越来越大。为了满足大型航天器的不断增加的动力需求,从20世纪60年代起,美、苏等国开始尝试利用核动力源来解决航天器的电力需求问题。由于航天活动存在风险,同时核动力装置本身也有安全上的稳定性问题,核动力卫星的失事和辐射泄露事故并不少见。例如,1964年美国核动力卫星SNAP-GA脱离轨道进入大气层,在印度洋上空烧毁,造成核燃料铀-238在高空放射了17000千居里。1977年失事的苏联"宇宙954号"核动力卫星,在加拿大西北部近五万平方公里的范围内散落放射性残骸达65公斤。

鉴于这些事故可能给人类以及环境带来的危害,各国在进一步从技术上加强核动力装置安全稳定性的同时,也在法律方面强化了对核动力航天器的安全管制措施。1992年联合国大会通过了《关于在外层空间使用核动力源的原则》的决议,内容主要包括:(1)限制使用。非为必须,航天器应尽可能不使用核动力源。(2)安全评估制度。对核动力卫星拥有管辖和控制权的国家在发射前应作彻底和全面的安全评价,并公布评价结果。(3)重返地球时的通知义务。当具有核动力源的空间物体发生故障而有放射性物质重返地球的危险时,发射国应及时通知其他国家,并将该资料送交联合国秘书长。其他国家要求索取进一步的资料时,发射国应尽速答复。(4)国际责任。发射国承担国际责任。

鉴于上述联合国大会决议只具有建议性质，有必要缔结相关国际公约，以便更有效地规范各国在外层空间使用核动力源的活动。

思考题

1. 空气空间具有怎样的法律地位？
2. 《芝加哥国际民用航空公约》的主要内容是什么？
3. 试比较保障民用航空安全的三个国际公约。
4. 外层空间具有怎样的法律地位？
5. 外空活动有哪些基本法律制度？具体内容为何？

第七章 外交和领事关系法

第一节 概　　说

一、外交和领事关系法的概念

外交和领事关系法，主要是指调整国家之间外交关系及领事关系的原则、规则和制度的总称。

国家间的外交关系，以相互的外交活动为基础。对特定国家而言，有外交活动不一定有外交关系，而有外交关系就必定会存在外交活动——外交关系是国家间外交活动固定化、经常化和法律化的产物。至于究竟何谓"外交"，却是众说纷纭，莫衷一是。在政治学者和外交实践者眼中，外交是"通过妥协追求国家权力的艺术，是以调解求和平的工具……它像国际政治一样古老而普遍，但依赖有组织的机构——各国首都的外交部和外交部派往外国的外交代表——来开展则是较晚近的事情"[①]。作为国际法学者，哈代(M. Hardy)的定义是"外交是一个国际法主体与其他国际法主体之间通过代表机关以和平方式所保持的对外关系的行为"[②]。王铁崖先生主编的《国际法》一书则称"外交就是国家为了实现其对外政策，通过其主管机关或官员，用谈判、通讯、会议、参加国际组织和缔结条约的方法，处理其对外关系的活动"[③]。

尽管观察的角度不同，但有一些认识是相同：(1) 外交的主体主要是国家，也可能包括其他国际法主体；(2) 外交的目标是协调相互关系，促进各自的国家利益；(3) 外交的方法是和平的，虽然它通常

[①] 参见〔美〕摩根索：《国家间政治》，徐昕等译，中国人民公安大学出版社1990年版，第190—194页、第651页。
[②] 〔英〕哈代：《现代外交法》，1968年英文版，第1页。
[③] 王铁崖主编：《国际法》，法律出版社1995年版，第263页。

需要以实力为后盾;(4)外交的精髓在于通过妥协来获得最大的利益;(5)外交是古老的实践,而近代外交是以有组织的外交代表机构为标志的。

领事关系是指一国根据与他国达成的协议,相互在对方一定地区设立领事馆,执行诸如护侨、商业和航务等领事职务而形成的国家间的关系。

领事关系与外交关系既有联系又有区别。在宽泛的意义上,领事关系可以说是外交关系的一个较特殊的部分:首先,两国同意建立外交关系,也就意味着同意建立领事关系。在两国间尚未建立外交关系的情况下,建立领事关系也经常是建立外交关系的第一步。但是两国间断绝外交关系并不当然断绝领事关系。其次,在行政系统上,领事官员一般与外交官员同属于外交人员组织系统,由外交部门领导。此外,外交使节也可以同时执行领事职务;当两国之间无外交关系的场合,领事也有兼办外交事务的。若对外交关系采较狭义或严格的理解,领事关系与外交关系之间也有明显的区别:外交使节全面代表派遣国,与接受国政府进行外交往来,而领事官员通常只就护侨、商业和航务等领事职务范围内的事务与所在国的地方当局交涉;外交使节所保护的利益是全面性的,活动范围是接受国全境,而领事官员保护的利益则是地方性的,活动范围一般限于有关的领事区域;此外,领事特权与豁免略低于外交特权与豁免。

二、外交和领事关系法的历史沿革

外交和领事关系法,是国际法最古老的部门之一。它是在国家之间交往的基础上逐渐形成的。

古代东西方都有派遣和接受使节的实践,有关国家交往和外交活动的记载,史不绝书。例如,古代希腊城邦国家之间的使节制度就十分发达。使节负责订立盟约或者媾和,有时也递交宣战文书,使节的不可侵犯权得到一致公认。在古希腊,还有一种被称为保护人制度(proxenoi)的特殊实践,作为保护人的当地国民,可以受外国委托或当地国的指派,负责维护当地外国侨民的利益——这被认为与近代领事制度之间存在一定的渊源关系。① 古代中国在外交实践方面也有深厚的历史积淀。先秦诸侯之间的外交活动,按照层次高低和形式的不同,有朝、会、聘、使、狩等专门的区分。在当时,外交技巧也得到充分发展,产生了像苏秦、张仪、鲁仲连这样不朽的外交家,许多史事,如"晏子使楚""完璧归赵"等,都是外交史上千古流传的佳话。

古代的外交实践对于近现代外交制度的形成,无疑具有深远影响。不过那时的国家间外交,主要以临时使节为基础,使节一般都是为了处理特定问题而临时性派遣,这与以常设使节为基础的近现代外交制度,形成了鲜明的对比。

近代外交制度的直接来源,是欧洲国家间以常驻为特征的领事实践。中世纪,地中海地区商业贸易日渐繁荣,11—12世纪间,随十字军东征来到西亚地区的意大利商人,从当地穆斯林君主处获得了在本国侨民中实行自治和裁判的权利。由意大利诸国任命的领事,除了对本国侨民行使裁判权外,还经常代表本国侨商与地方当局交涉,发挥护侨的作用,有时甚至还在两国之间担当某些外交职责。到13世纪,随着国际贸易的进一步发展,领事制度逐渐传播到了西欧,意大利诸国开始在西班牙、荷兰和英国设领事,英国也开始类似的尝试。

在外国商业城市常驻领事的做法带动了常驻外交使节的出现。13世纪以前,国家间的外交都是以临时使节的派遣和接受为特征的,而从13世纪中期开始,罗马教皇首先在法兰克君王的宫廷派驻了常设代表,处理教会事务。差不多同一时期,意大利各共和国,互派了常驻对方首都的使节。15世纪后,这种做法开始为其他欧洲国家所效仿,而到中世纪后期,随着欧洲近代国家体系逐渐成形,国家间政治、经济交往日益密切,相互派遣政治代表常驻他国首都的做法逐渐普及。1648年《威斯特伐里亚和约》订立之后,常驻使节更成为了普遍的制度。

此后的三百余年间,随着外交领事实践的不断积累,常驻使节制

---

① 〔美〕努斯包姆:《国际法简史》,1954年英文版,第12页。

度和领事制度都有进一步的发展,除了各种规则更为成熟、完善外,实践的范围也随着欧洲国家的对外扩张,逐渐扩大到欧洲以外的世界其他地区。此外,由于近代国家体制的完善和国际交往的深入,国家内部的中央对外关系机关亦逐渐有了比较固定的形制,这样就形成了包括内外两部分的、较为完整的国家对外关系机构体系。

进入20世纪以来,随着国际社会的结构性变化,现代外交领事关系法也呈现出许多新的特点:

1. 国家间关系的不断发展,使外交使团的职务日益繁重和复杂

20世纪以前,外交使团的活动集中于国家间的政治关系。现在除了政治外交日益复杂之外,国家间的经济关系占据重要地位。许多外交活动涉及的是国家间贸易、发展援助、债务、信贷、投资、技术转让、知识产权保护等方面的问题。

2. 国际组织的迅猛发展丰富了现代外交使团的种类

现代外交有很大一部分是通过各种国际组织展开的。一方面,国家为了参加这些外交活动,需要派遣新的使团,如派往国际组织的常驻使团,派往国际组织机关和国际会议的临时特别使团、代表团以及观察团,等等。另一方面,国际组织为实现其宗旨,履行其职责,也需要向国家和其他国际组织派遣常驻或临时的使团。现代国际组织的发展,大大丰富了外交使团的种类。

3. 现代外交领事关系法正从过去分散的状态朝着较为集中的方向发展

外交领事关系法的渊源,过去主要是国际习惯。而在第二次世界大战之后,外交领事关系法已是编纂得最好的国际法部门之一。现已生效或通过的关于外交和领事关系的条约主要包括1961年《维也纳外交关系公约》、1963年《维也纳领事关系公约》、1969年《特别使团公约》、1973年《关于防止和惩处侵害应受国际保护人员包括外交代表的罪行的公约》和1975年《维也纳关于国家在其对国际组织关系上的代表权公约》等。①

---

① 参见端木正主编:《国际法》(第2版),北京大学出版社2000年版,第306—307页。

第二节 外交关系法

从1818年埃克斯·拉·夏佩勒会议开始,国际社会不断推动外交制度的成文化,这种长期努力最终体现在1961年《维也纳外交关系公约》之中。公约对国家间外交的一般制度,特别是常设使团制度作了最为完整、具体和权威的规定,被各国公认为是现代外交法的基础法律文件,对世界外交关系具有根本性的规范意义。[①]

一、外交机关体系

就现代国家的一般实践看,各国的外交关系机关常区分为中央机关和派出机关两大部分。

(一)中央的外交关系机关

中央的外交关系机关位于国内,主要包括国家元首、政府和外交部门。根据各国宪政体制的不同,这三个机关的结构关系和法律权责存在一定差异。例如,美国是总统制国家,总统既是国家元首,又是政府首脑,在对外交往方面可以扮演双重角色;而英国和法国都属于内阁制国家,除有英王和总统作为国家元首外,还有作为政府的内阁,三个机关的区分相对比较明显。

1. 国家元首是国家外交关系的最高代表机关

根据各国宪法规定的不同,有采个人元首制的,如美国总统、日本天皇;有采集体元首制的,如瑞士联邦委员会、苏联最高苏维埃主席团。国家元首在外交关系方面的职权,由各国宪法规定,通常涉及对国家重大对外事项的确认和宣示,例如,派遣和接受使节、批准国际条约和重要协定、宣战、媾和等,总体说来象征意味居多。在现代国际

[①] 不过,《维也纳外交关系公约》并未穷尽现代外交的所有领域。常设使团制度之外的一些问题,常通过专门性公约来给予调整,例如,关于特别使团活动的1969年《特别使团公约》等。对于20世纪以后逐渐发展起来的、与国际组织相关的外交活动,也主要是由一些单独订立的公约来规范,如1946年《联合国特权及豁免公约》、1947年《联合国专门机构特权和豁免公约》、1975年《维也纳关于国家在其对普遍性国际组织关系上的代表权公约》等。此外,《维也纳外交关系公约》还特别规定:凡公约没有规定的问题,应继续适用国际习惯法规则。

交往中,国家元首亲自进行政治商谈,签订条约的实践开始增多,形成了元首外交的新做法。

2. 政府是国家外交关系的领导机关,也是最高行政机关

在有些国家,政府可能有其特定称谓,例如,在中国,政府称为国务院(曾称政务院),在苏联称为部长会议,在日本称为内阁。政府首脑有称总理,如德国、法国,也有称首相,如英国、日本等。一般来讲,政府是国家外交政策的制定者,也是包括外交部在内的政府各对外机构的领导者。此外,政府还有任免高级外事官员(如外交部副部长、参赞、总领事等)的人事权,在较重大的对外事项上有谈判和签订政府协定的权力。

3. 外交部是国家外交关系的专门机关

外交部负责执行国家外交政策、管理日常外交事务。在不同国家,外交部可能有不同的称谓。例如在美国,它被称为国务院,在日本称外务省,在瑞士称为政治部。作为本国政府及其各部门统一的正式对外管道,外交部的具体工作大体可分两部分:一是负责与在本国境内的外国使馆、外国特别使团和国际组织保持联系,进行谈判。二是领导和监督派往国外的常驻使团(驻外使领馆、驻国际组织使团)和临时使团的工作,通过它们与驻在国政府及其他外国使团保持联系,进行谈判。

国家元首、政府首脑和外交部长作为三个国家中央外交机关的首脑,在国际法上具有特殊的地位,享有所谓的"全权代表权",即他们有权代表国家进行谈判、缔约等国际交往,而无须全权证书,他们所作的在法律上有意义的一切行为都被认为是国家的行为。鉴于其作为国家代表的身份,外国应给予他们某些尊荣和特权:一国元首在外国时,除享有全部外交特权与豁免外,还享有礼仪上的特殊尊荣;政府首脑和外交部长也享有全部外交特权与豁免,但在礼仪只有较低的尊荣。

需要注意的是,国家元首、政府首脑和外交部长的这种特殊地位,不像外交领事人员那样有条约的规定[①],而是通过国际习惯加以

---

① 除了特别使团的情形。《特别使团公约》第21条规定,元首、政府首长、外交部长率领或参加特别使团时,应享有国际法上便利、特权及豁免。对于其他情况下国家元首、政府首脑和外交部长享有的特权豁免以及"全权代表权",并没有国际条约予以规定。

确定的——近年来的国际实践显示①,这些习惯规则仍有不少模糊暧昧之处,需要进一步澄清。

(二) 派往国外的外交关系机关

被国家派遣到国外处理外交事务的机关,通常被称为使团,根据其任务性质的不同,可分为临时使团和常驻使团。

1. 临时使团

也称特别使团,是一国派往国外执行某一特定任务的使团。国家之间派遣临时性使节的做法,自古有之,在近代以前一直是国家间外交的主要方式。17世纪以后,使馆这类常驻使团发展成熟,担当了绝大部分的外交工作,临时使团的作用一度大为减少。直到20世纪,由于国际关系向纵深发展,临时使团的使用又再频繁起来,譬如参加接受国举行的某些礼仪或国际会议、与接受国就特定问题举行谈判,等等。除了国家之间经常互派临时使团外,国家与国际组织之间、国际组织之间、国家与争取独立民族之间,也有互派临时使团的实践。1969年,联合国大会通过了《特别使团公约》,规定特别使团的派遣和职务需由双方约定,享有与使馆各类人员大体相似的外交特权与豁免。

2. 常驻使团

包括驻外国国家的使馆和驻国际组织使团,由于负有经常性的外交职责,因此它们在派驻国有常设的馆舍和日常的外交活动。前面曾提到,常驻使领馆的出现是12—13世纪以后的事情:从向外国商业城市派驻领事开始,到向外国首都派驻外交代表,常驻使团制度到17世纪后半叶时在欧洲逐渐获得普遍确立。在近代,只在国家之间可以互设使馆,而到了20世纪以后,由于国际组织的出现发展,常设使团制度也随之延伸,出现了国家、国际组织之间互设代表机构的实践。例如,中国即向联合国、欧盟等国际组织派驻有代表团,这些国际组织也在中国设有使馆或办事处。根据1975年《维也纳关于国

---

① 例如,1999年英国上议院枢密委员会对"皮诺切特"案(Pinochet Case)的判决,就涉及了与国家元首地位有关的两个重要问题:(1) 前国家元首是否享有豁免权?如果享有,能享有多大的豁免权?(2) 当国家元首犯有反人道罪等国际罪行时,他的豁免权能否作为其免于普遍管辖和刑事诉究的理由?

家在其对普遍性国际组织关系上的代表权公约》的规定,驻国际组织使团享有与使馆及其人员大体相似的外交特权与豁免。

通过临时或常驻使团的相互派遣,国家之间形成了近现代意义上的外交关系。反过来,在一定程度上,从使节的派遣中也能了解到国家间外交关系的实际状况。例如,正式和正常的外交关系通常以互设大使馆为标志,若只互设代办处,则表明两国间只有半外交关系或者关系处于不正常状态。若是两国间只派遣临时使团,而没有互设常驻使馆,就说明两国间没有正式外交关系。若连临时使团也不派遣,则两国间至多有所谓民间外交关系,官方层面上基本处于相互隔绝状态。

二、使馆及使馆人员

（一）使馆的职责

在 18、19 世纪宫廷外交盛行的时代,传统国际法的做法是以使节个人为中心,使馆及其人员只被视为其附属的办事机构。按照传统的观点,外交使节为其政府完成三种基本的职能:其一,他是其国家的象征代表;其二,他也是其政府的法律代表,可能被授权签订条约,传递和接受某些已签署的条约的批准书,或者依其政府的指示,以本国的名义在国际会议或国际组织中投票;其三,最为重要的,他还是其政府的政治代表,他必须评估别国的目标和实力,帮助本国政府制定外交政策,同时通过劝说、谈判、施压等方法,对外"兜售"这些政策。[①]

而现代国际法的趋势是将常驻使团——既包括使馆本身,也包括使馆人员——整体上看成一个国家机关,不再突出馆长个人的地位,传统上属于外交使节个人的任务也被转移为使馆的职责。《维也纳外交关系公约》第 3 条反映了这种变化,它规定使馆具有五项主要职责:

1. 代表,即"在接受国中代表派遣国"。

---

① 〔美〕摩根索:《国家间政治》,徐昕等译,中国人民公安大学出版社 1990 年版,第 654—657 页。

2. 保护，即在国际法许可的限度内，在接受国中保护派遣国及其国民的利益。

3. 谈判，即与接受国政府办理交涉。

4. 调查和报告，即以一切合法手段调查接受国的状况和发展情形，并向派遣国报告。

5. 促进，即促进派遣国与接受国间的友好交往，发展两国间经济、文化和科学关系。

此外，使馆还可以在不违反国际法的前提下，执行其他职务。例如执行领事职务，经接受国同意可以受托保护未在接受国派驻代表的第三国及其国民的利益。

(二) 使馆的设立

建立外交关系和互设使馆，需由两国协议为之①，而在设立使馆后，一国在认为必要时可单方面决定暂时或长期撤回使馆，中止或断绝同另一国的外交关系，这是外交制度中两项久经公认的习惯规则。至于协议采取何种方式，则由有关国家决定。过去一般用专约形式，现在则多采取换文、照会、联合公报等形式。

除了决定互设使馆外，所设使馆的等级也需由两国商定。实践中，使馆的等级是根据馆长的等级来确定的。按照《维也纳外交关系公约》第14条的规定，馆长分大使（或教廷大使）、公使（或教廷公使）、代办②三级，相应地，使馆也分为大使馆、公使馆和代办处三级。

在19世纪的欧洲，大使被认为是正统君王向另一国君王派出的使节，代表的是本国君王本人，因此唯英、法、俄、奥等正统君主国之间才互派大使，设立大使馆，借以突出君主的尊荣和它们在国际关系中的优越地位。一般国家之间只能派设公使馆。20世纪以后强调国家平等，不论大小国家，现一般都互派大使，公使馆的设立已非常罕见了。

至于代办处，往往只在半外交关系或两国关系不正常时才采用。

---

① 1961年《维也纳外交关系公约》第2条。
② 作为一级馆长的代办，应与所谓"临时代办"相区别。后者不是一级馆长，而是在馆长职位空缺或不能履任时，被委派暂代馆长职务的使馆外交人员。

例如，1949年中华人民共和国政府成立后，中英于1954年互设了代办处。由于英国政府一直不肯与台湾国民党政府断绝外交关系，不支持中华人民共和国政府取得中国在联合国中的代表权，这种半外交关系维持了18年之久，直到1972年英国与台湾当局断交后，两国才互设了大使馆，并将关系正常化。

一般来说，出于国家平等的考虑，两国之间都会委派同一级别的使馆馆长。但是也有例外，如1957年以前，瑞士联邦虽然接受别国大使，但向国外只委派公使。

(三) 使馆的人员

不论使馆的等级如何，使馆的人员编制都是相同的，可区分为外交官、行政技术人员、服务人员三类。其中，外交官是具有正式外交职衔的人员，包括馆长和其他外交人员，如参赞、三军武官、各级外交秘书、各种专员；行政技术人员包括主事、译员、会计、报务员、打字员等；服务人员包括司机、传达员、维修工、清洁工等。此外，使馆人员还可以雇用私人仆役，如保姆等，但私人仆役不在使馆的人员编制之列，不属于派遣国的工作人员。

派遣国通常会将使馆馆长、外交官的正式名单提交给接受国，该接受国会将各派遣国提交的名单汇总编成"外交官衔名录"。被列入衔名录的各国使馆馆长、外交官共同组成所谓的"外交团"，团长由到任最早、等级最高的使馆馆长担任。外交团不具有任何法律职能，仅在外交礼仪方面发挥作用。例如，当驻在国举行庆典或吊唁的场合，外交团团长代表全体外国使节人员致辞等。

对于使馆人员的派任，按照《维也纳外交关系公约》的规定，分两种情况：(1) 使馆馆长和三军武官的派任，原则上要事先征得接受国的同意，接受国可以拒绝而不需说明理由；(2) 使馆其他人员，如参赞、各级外交秘书、各种专员、行政技术人员等，原则上派遣国可自由委派，但接受国也可随时宣告其不受欢迎或不可接受，并且可以不加解释。

使馆馆长受派到达接受国后，应立即拜会接受国外交部长，洽商递交国书或委任书的事宜。所谓国书，是派遣国国家元首致接受国国家元首的正式文件，用以证明大使或公使的身份。在实践中，派遣国国书由派遣国元首签署,外交部长副署,由大使或公使向接受国元首递交。当使馆馆长为代办时,则通常是递交委任书。委任书则由派遣国外交部长签署,由代办向接受国外交部递交。

使馆馆长通常依接受国的惯例,在呈递国书后或国书正式副本递交后开始执行职务。

使馆人员的职务可通过派遣国或接受国的决定而终止。根据《维也纳外交关系公约》有关规定和国际实践,使馆人员职务的终止主要有以下情形:

(1) 职务终了。使馆人员任期届满,不再延长任期。

(2) 派遣国召回。使馆人员的任期未满,但派遣国或根据该人员的特殊情况(如辞职、重病等)或根据工作需要(如调职)等原因将其召回。

(3) 接受国要求召回。因使馆人员从事与使馆职务不符的活动,接受国宣布使馆人员为不受欢迎或不能接受。

(4) 派遣国与接受国断绝外交关系。断交的直接后果之一就是各自关闭使馆,撤回使馆人员。

(5) 派遣国或接受国由于发生革命或政变而成立了新的政府。

三、特权与豁免制度

对于接受国来说,外国使馆以及人员,不是普通的外国机构和外国人,它们负担着重要的国际交往职责,同时也是其国家的代表和象征。国际法承认使馆以及人员具有特殊的法律地位,给予其不同于一般外国人(或机构)的特别保护和待遇,这些特别保护和待遇就是外交特权与豁免。[①]

(一) 外交特权豁免的依据

对于外交特权豁免,在说明其正当性时,过去都曾以"治外法权说"作为依据。根据该学说,使馆被看作是派遣国的拟制领土,因而处于接受国的领土之外,不受接受国属地优越权的支配;外交人员也

[①] 〔日〕日本国际法学会编:《国际法辞典》,外交学院国际法教研室总校订,世界知识出版社1985年版,第188页。

同样被拟制为处于接受国的领土之外,不受接受国法律的拘束。这一学说,在近代曾十分流行,得到许多权威国际法著作和判例的支持。例如,法泰尔(Vattel)曾说:"大使的房子至少在其所有的生活情形下就像大使这个人一样,被认为是在接受国的领土之外的。"①

到了20世纪以后,由于与许多新的国际实践不相符合,也由于许多亚非新独立国家认为它带有令人反感的殖民主义印记,治外法权说逐渐受到冷落。在治外法权说被摒弃后,国际法学界在特权豁免的依据问题上,形成了"代表性说"和"职务需要说"两种主要理论。

"代表性说"认为,之所以给予使馆以及外交人员以特权豁免,是因为他们作为国家代表和象征的特殊身份,特权豁免是给予其国家而非个人的。"职务需要说"则主张,之所以给予使馆及外交人员以特权豁免,是为了保证其能有效地履行其职务。实践中,1961年《维也纳外交关系公约》采取了以职务需要说为主、兼顾代表性说的立场——"给予特权豁免的目的,不在于给予个人以利益,而在于确保使馆能代表本国有效执行职务"。

(二) 外交特权豁免的内容

在规定特权豁免的具体方式上,两个维也纳公约都采取了将使领馆本身特权豁免与外交人员特权豁免分开编列的办法。

1. 使馆的特权与豁免

在18、19世纪,传统国际法在规定外交特权豁免的内容时,是以使节个人为中心的,使馆及其他人员只被附带涉及。因此,使馆及其他人员享有的保障水平相对较低,不论是在不可侵犯权方面,还是在其他特权豁免方面都有一些特殊的例外。譬如,使馆馆舍中只有"工作处所"不容接受国官员进入,而且,在遇火灾、其他灾害须迅速采取保护行动时,可推定已获得馆长许可。②

---

① 〔英〕T. 希利尔:《国际公法原理》,曲波译,中国人民大学出版社2006年版,第148页。
② 在1961年《维也纳外交关系公约》制定前,这些例外是存在的。例如,"孙逸仙"案、"别兹多沃斯基"案(Biezedowsky Case)等。见丘宏达主编:《现代国际法》,台湾三民书局1986年第5版,第499页。

现代国际法则是将使馆、全体使馆人员整体上看成一个国家机关,不再突出馆长个人的地位。1961年《维也纳外交关系公约》制定后,上述例外,特别是在不可侵犯权等方面的例外被明确排除了,这使馆所享有的特权豁免水平有明显提高。目前,使馆享有的外交特权豁免大体包括:

(1)使馆馆舍不可侵犯。使馆馆舍,指供使馆使用和供使馆馆长寓邸之用的建筑物各部分,以及其所附属的土地。这里的使馆馆舍,不区分办公处所和生活寓所,都享有不可侵犯权,这与传统国际法只强调保护工作处所有明显不同。

对接受国而言,使馆馆舍的不可侵犯意味着消极和积极两方面的义务。消极义务包括,接受国不得对馆舍、设备、其他财产、交通工具施以查封、扣押、征用或强制执行等任何司法程序,接受国官员非经馆长许可不得进入使馆馆舍——即使发生火灾、其他灾害或其他特别紧急的例外情况,也不能推定已获得馆长许可。积极义务则包括,接受国负有特殊责任,采取一切适当步骤保护使馆馆舍免受入侵或损害,防止一切扰乱使馆安宁或有损其尊严的情事。

(2)档案和文件不受侵犯。使馆公文档案,不论何时、处于何地,均不受侵犯。这里的公文档案是广义的,既包括文书、文件、函电等,也包括胶片、磁带、明密电码等储存于非传统介质之上的资料。而不受侵犯的时空范围,也是广义的,包括战时和平时、馆舍内和馆舍外。

(3)通信自由。使馆可以采用一切适当方法,包括外交信使及明密码电信,与本国政府及外交机构进行通讯。使馆的往来公文不得侵犯,外交邮袋不得扣留或开拆。不过,使馆在装置并使用无线电发报机时,需得到接受国的同意。

(4)免纳各种捐税、关税。使馆所有或租赁的馆舍,免纳国家或地方性捐税。使馆办理公务所收取的规费及手续费,免征一切捐税,但使馆接受特定服务后应支付的费用不在此例。对于使馆公务用品的进口,免除一切关税和课征,但贮存、运送等服务费用除外。

(5)其他特权。如有权在馆舍、交通工具上使用本国国旗、国徽。

2. 外交官的特权与豁免

根据1961年《维也纳外交关系公约》，外交官享有的特权与豁免包括：

(1) 外交官的人身和财产不得侵犯。外交官不受任何方式的逮捕或拘禁，接受国应采取适当措施保护外交官人身、自由、尊严免受侵犯。外交官的寓所、财产、信件、文书不可侵犯。

(2) 司法管辖的豁免。外交官在接受国享有刑事管辖豁免，这种豁免没有例外。对于经查明有犯罪的外交官，除非派遣国放弃豁免，否则只能通过外交途径解决。外交官在接受国也享有民事管辖豁免，但若是外交官在接受国境内涉及三类事项（私有不动产之物权诉讼、遗产继承诉讼、公务范围以外的私人专业或商务活动诉讼），则不能享有豁免。此外，外交官若主动起诉，而被告提起与主诉直接相关的反诉时，外交官也不得主张豁免——这四种情况构成了外交官民事管辖豁免的例外。外交官还享有作证义务的豁免。

外交官的这些豁免，是以国家代表身份而不是以个人身份享有的，因此可以由派遣国以明示方式予以放弃。豁免的放弃，外交官本人无权作出，只能由国家决定，在实践中一般由使馆馆长代表本国政府声明放弃。在派遣国放弃豁免的场合，接受国即使行使管辖，原则上也不能对外交官采取执行措施。①

(3) 行动及旅行的自由。为实现使馆保护本国利益、观察了解等职责，外交官有在当地行动和旅行的需要，接受国有义务确保其行动的自由，但可为国家安全的原因订立规章，设定禁区或给予限制。

(4) 免纳捐税、关税与海关查验。外交官免纳一切对人或对物的国家或地方性捐税，但接受特定服务后应支付的费用除外。外交官及同户家属的私人行李免除海关查验，免除一切关税和课征，但贮存、运送等服务费用除外。

3. 使馆其他人员的特权与豁免

根据《维也纳外交关系公约》，除外交官外，使馆其他人员亦享

---

① 除非是有关上述民事管辖豁免例外的四种案件，才可以采取执行措施，而且执行措施不得损害外交官人身或寓所的不可侵犯权。

有一定的特权与豁免。

(1) 外交官的家属。与外交人员构成同一户口的家属,如果不是接受国国民,应与外交官一样,享有各项外交特权与豁免。一般认为,与外交官构成同一户口的家属通常是指外交官的配偶和未成年子女。[①]

(2) 行政技术人员及其家属。行政技术人员和与其构成同一户口的家属,如果不是接受国国民,而且不在该国永久居住者,也享有较外交官为低的特权与豁免。例如,行政技术人员职务范围以外的行为,不能享有民事管辖和行政管辖的豁免。其首次就任之后,再次进口的自用物品不能免纳关税,行李亦不能免除海关的查验。

(3) 服务人员。使馆服务人员,如非接受国国民且不在该国永久居住,其执行公务的行为可享有豁免,其受雇所得酬金免纳捐税,并免于适用接受国的社会保险方法。

(4) 私人仆役。使馆人员的私人仆役,如非接受国国民且不在该国永久居住,其受雇所得报酬免纳捐税。在其他方面,只能在接受国许可的范围内享有特权与豁免。

(三) 外交特权与豁免的享有

1. 时间范围

享有特权豁免的时间范围,从使馆人员进入接受国领土前往就任时起算,如果使馆人员已在接受国境内,则从其委任通知到达接受国外交部时起算。而特权豁免的终止时间,是该使馆人员结束职务离境之时,或者离境之合理期间终了之时。

2. 在第三国的地位

外交官在前往任所就任或返任回国时,有可能需要途经第三国。第三国若曾发给所需的护照签证,就应给予该外交官以不可侵犯权,确保其享有过境或返回所必需的其他特权与豁免。外交官的同户家属与其同行,或者单独旅行前往聚会或返回其本国时,第三国也应给予同样的特权豁免。至于使馆的其他人员,如行政技术人员和服务人员,第三国只需让他们过境,而不必给予不可侵犯权

[①] 如《中华人民共和国外交特权与豁免条例》第 20 条规定:"在中国,与外交代表共同生活的配偶及未成年子女,如果不是中国公民,享有各项特权与豁免。"

和豁免权。

3. 对接受国的义务

在享有特权豁免的同时,使馆及其人员也负有国际法上的义务,不滥用特权豁免,以免损及接受国的安全和利益。

按照1961年《维也纳外交关系公约》的规定,这些义务大体包括:使馆不得以任何与其职务不相容的方式加以利用;享有外交特权豁免的人员,在不妨碍这种特权豁免的情况下,都必须尊重接受国的法律规章;不得干涉接受国内政;外交人员不应在接受国内为私人利益从事任何专业或商业活动等——在这些义务中,理论上争议较大和受到接受国较多关注的,是使馆的不当利用问题,在这方面曾有许多案件和事例:

(1)使馆不当利用的主要情形之一,是在馆舍内拘禁人。著名的"孙逸仙事件"即是一例。1896年,满清驻英公使将流亡于伦敦的孙中山先生诱拐并拘留于使馆,意图秘密押运回中国受审。幸经英国友人奔走营救,英国警察包围使馆并与清公使交涉,方使孙中山先生获得释放。

(2)另一种不当利用使馆的情形,是进行所谓"外交庇护"。国际法承认各国有权利用本国领土对遭受追诉的外国人进行保护,不将其引渡给另一国,这被称为"庇护"。但是,这种以领土优越权为基础的权利,是否也能适用于驻外使馆,则一直广有争议。

在传统理论中,有以"治外法权说"来解释使馆地位的,这派学者将使馆视为派遣国领土的一部分,因而对利用使馆进行外交庇护持赞成态度。反对者则认为,使馆虽地位特殊,但不能视同派遣国领土,同时外交庇护将极可能成为干涉内政的手段。

20世纪以后,反对的意见逐渐占据上风。大多数国家都不认为外交庇护是国际法上的一般制度,是否合法要视接受国的态度而定——1950年国际法院的经典判例"庇护权"案也确认了这一点:如果接受国反对,派遣国利用使馆进行外交庇护就是违反国际法的;相反,如果接受国不反对,进行外交庇护应该是允许的。例如美洲一些国家在1933年《蒙特维的亚公约》中就相互承认可以有限度地行使外交庇护权。另外,若接受国不反对,派遣国也可对第三国的政治犯给予外交庇护。

第三节 领事关系法

近代领事制度的形成早于常设外交使团制度,但其成文化的过程却较之为晚,一直到1928年,美洲国家才订立了第一个区域性的多边领事公约。联合国建立之后,领事制度的编纂受到关注。1963年《维也纳领事关系公约》获得通过,这被看成是全面规范国家间领事关系的"法典性"文件。

一、领事机关及其人员

(一) 领事机关的职责

外交使节派驻在接受国首都,是派遣国的政治代表,有权代表本国处理两国间一切权益关系。而领事仅仅是派遣国派驻接受国的商务代表。

与使馆不同,领事机关不是唯一的,除了使馆内可设领事部外,派遣国还可以在接受国境内按照一定的区域划分多处设立领馆,每一领馆管理本"领馆辖区"内的领事事务。例如,中国在美国纽约、芝加哥、旧金山就分别设有总领事馆。

按照1963年《维也纳领事关系公约》第5条的规定,领馆的职责包括:

1. 保护,即在国际法许可的限度内保护本国及其侨民和法人在接受国的利益;
2. 促进,即促进本国与接受国间的商业、经济、文化及科学关系的发展,并促进两国间的友好关系;
3. 调查,即以一切合法手段调查接受国内商业、经济、文化及科学等方面的发展情况,向派遣国政府报告;
4. 办理护照和签证,即向派遣国国民签发护照及旅行证件,并为拟赴派遣国旅行的人士办理签证或其他文件;
5. 帮助,即给予本国侨民和法人以及进入接受国境内的本国飞机、船舶及其人员以所需要的帮助;

6. 公证和行政事务,即执行公证,民事登记和办理其他行政性事务,但以接受国法律规章未加禁止为限;

7. 监督、检查等,即对具有派遣国国籍的船舶、航空器及其航行人员进行监督和检查,并予以协助等。

可以看出,使馆的职责是全局性的,侧重于两国间的公法关系,而领馆则是在各自的辖区范围内,处理民政、商务、护侨等日常性的、更具有私法特点的事务。

传统理论和实践曾十分强调使馆和领馆的差异,但自20世纪以来,由于国家对国际商贸活动的管制加强,使馆在商贸领域的活动增加,这在一定程度上侵入到领馆的职务范围。其结果是,外交制度和领事制度的区别已不如从前那么重要了。

(二) 领馆的设立

根据1963年《维也纳领事关系公约》的规定,建立领事关系和互设领馆,也需由两国协议为之。在设立领馆后,一国在必要时也可单方面决定暂时或长期撤回领馆,中止或断绝同另一国的领事关系。这与使馆的设立和撤回的规则基本是相同的。

与使馆相似,领馆也有等级的区分,设置哪一等级的领馆、设置的地点,以及领馆的辖区,也需要两国的商定。按照《维也纳领事关系公约》的规定,领馆也依馆长的等级来确定,分为总领馆、领馆、副领馆和领事代理处四级。但在实践中,并非每个国家都实行四级领馆制。例如,中国实行的就是总领馆、领馆和副领馆的三级领馆制。无论是哪一级领馆,均有一个执行领事职务的区域,称为领事辖区。一般说来,领事辖区与驻在国的行政区域相一致。

(三) 领馆的人员

像使馆一样,不论领馆的等级如何,领馆的人员编制都是相同的,也分为领事官员、行政技术人员、服务人员三类。

一般说来,总领事是最高级的领事官员。作为总领馆的馆长,他领导总领事馆的工作,管辖几个领事辖区或一个大而重要的领事辖区。领事是仅次于总领事的第二级领事官员,他可以担任领馆馆长,管辖一个领事辖区,也可以在总领事馆中辅助总领事工作。副领事和领事代理人分别是第三级和第四级领事人员,有时也可充任副领馆或领事代理处的馆长。

英、美等许多国家,从居住在其领馆所在地的本国人士中选任领事,称为"名誉领事"或"选任领事"。与职业领事或派遣领事不同,名誉领事允许另有职业,领事职务只是其兼职。名誉领事不受薪俸,只接受手续费性质的报酬,其职务活动和特权豁免也受到很大的限制——《维也纳领事关系公约》规定,各国可自由决定是否委派和接受名誉领事。例如,中国目前既不委派也未接受名誉领事。

与领馆馆长的派任不同,国际法并不要求在派任领馆馆长时须事先征求接受国同意,但不妨碍两国之间就这一问题达成协议。但是,领馆馆长必须经接受国以发给"领事证书"的形式给予准允后,方能执行职务。对其他领事官员是否发给"领事证书",由接受国决定,接受国可以拒绝发给"领事证书"而无须说明理由。

《维也纳领事关系公约》第23条还规定,接受国得随时通知派遣国,宣告某一领事官员为不受欢迎人员或其他领馆人员为不能接受。在这种情形下,派遣国应视情形召回有关人员或终止其在领馆中的职务。如果派遣国拒绝召回有关人员或终止其职务,接受国得视情形撤销领事证书或不复承认他为领馆馆员,接受国可以采取上述措施而无须向派遣国说明理由。

领事职务可以因多种原因而终止,其主要情形有:(1)派遣国通知接受国有关领事的职务业已终止;(2)领事证书被接受国撤销;(3)被接受国宣告为不受欢迎的人或不能接受;(4)两国间领事关系断绝或领馆关闭。

二、领事特权与豁免

与外交特权豁免相似,对于领事特权豁免,过去在说明其正当性时,也曾以"治外法权说"作为依据。而1963年的《维也纳领事关系公约》,也像《维也纳外交关系公约》一样,转向了以职务需要说为主、兼顾代表性说的立场。①

---

① 《维也纳外交关系公约》序言部分和《维也纳领事关系公约》序言部分的措辞完全相同。

在 1961 年《维也纳外交关系公约》制定之前,领馆及其人员所享有的特权豁免水平,与使馆及其人员大体相当。1961 年《维也纳外交关系公约》生效之后,对使馆及其人员特权豁免的一些限制性例外被取消了,而在 1963 年的《维也纳领事关系公约》中这些类似的例外仍然被保留。这样,就使得使馆及其人员所享有的特权豁免水平,整体上相对于领馆及其人员为高。

(一) 领馆的特权与豁免

1. 领馆馆舍不可侵犯

与使馆地位的最大差别,就是领馆馆舍不可侵犯权方面的传统例外,在 1963 年《维也纳领事关系公约》中仍然被保留。按照《维也纳领事关系公约》的规定,领馆馆舍中只有"工作处所"不容接受国官员进入,而且,在遇火灾、其他灾害须迅速采取保护行动时,可推定已获得馆长许可。接受国如确有必要,仍可征用馆舍及其设备、财产及交通工具,但以给予迅速、充分及有效的赔偿为条件。

这样,领馆只享有"有限制的不可侵犯权",其所受到的保护水平无疑较之使馆为低。

2. 其他方面的特权与豁免

领馆在档案文件、通讯自由、免税、使用国旗国徽等其他方面所享有的特权豁免水平,仍与使馆大体相当。稍有不同的是,领馆负有护侨的专门职责,因而有权与本国侨民保持通讯及联络。领事官员得自由地与本国侨民通讯及会见,有权探视受监禁、羁押或拘禁的本国侨民,与其交谈、通讯、委托律师,提供法律上的帮助。

(二) 领馆人员的特权与豁免

与外交官相比,领事官员所享有的特权豁免水平也相对较低。主要表现为:

1. 刑事管辖豁免不是绝对的

领事官员的人身不受侵犯,接受国对于领事官员应表示适当尊重,并应采取一切适当步骤以防止其人身自由或尊严受到侵犯。但是,当领事官员犯有严重罪行,当地管辖机关对其提起刑事告诉时,该官员须到管辖机关出庭,但应予以适当照顾。若被定罪,可以被监禁、羁押。

2. 民事管辖豁免和作证义务豁免也都有更多的例外

领事官员和领事雇员对其为执行职务的行为,不受接受国司法或行政机关的管辖。但下列民事诉讼不在其列:(1)因领事官员或领事雇员并未明示或默示以派遣国代表身份而订立契约所发生的诉讼;(2)第三者因车辆、船舶或航空器在接受国内所造成的意外事故而要求损害赔偿的诉讼。

领馆人员就其执行职务所涉及的事项,无担任作证或提供有关来往公文及文件的义务。领馆人员还有权拒绝以鉴定人身份就派遣国的法律提出证言。除此以外,领馆人员不得拒绝作证。派遣国也可以对于某一领馆人员放弃上述任何一项特权和豁免。

3. 旅行自由、免税等其他方面略有限制

领事官员免纳捐税、关税,私人行李免受查验,但在某些特殊情况下,可依一定程序加以查验。

像使馆及外交人员一样,领馆及领事人员也应遵守公认的国际法准则,在享有特权豁免的同时,对接受国承担相应的义务——不将领馆馆舍用于任何与执行领事职务不相符合的用途、尊重接受国的法律规章、不干涉接受国内政、职业领事官员不应在接受国内为私人利益从事任何专业或商业活动。

思考题

1. 试述国家外交机关的体系。
2. 使馆和领馆的职责有何区别?
3. 关于外交特权与豁免的依据,主要有哪些理论学说?
4. 根据《维也纳外交关系公约》,使馆及其人员享有哪些外交特权与豁免?
5. 与使馆及其人员相比,领馆及其人员在享有特权与豁免方面有何不同?
6. 在享有特权与豁免的同时,使、领馆及其人员对于接受国负有哪些国际法上的义务?

第八章 条约法

第一节 概 述

条约法在国际法中居于非常重要的地位。一方面,条约是国家之间相互往来、进行合作的法律工具,条约通过为当事方规定权利和义务从而对它们产生法律的约束效力。另一方面,条约法即关于条约的国际法,不仅包括条约本身的法律制度,而且关涉国际造法程序的主要方面,因为条约是国际法的主要渊源即造法方式之一,国际法院裁断国际争端时以条约为首要的法律渊源。条约体现了当事方的明示同意,以条约方式产生的国际法规则统称为协定国际法(条约规则)。此外,国际法的全部内容都与条约有关或直接来源于条约,条约在国际事务的各个方面几乎无所不在。可以说,条约法的作用、地位和规则与国内法中的合同法类似。

有关条约的国际法原则和规则大部分编纂在1969年的《维也纳条约法公约》(1980年生效,中国于1997年加入该公约)中。该公约既编纂了条约法的习惯规则,又对习惯规则加以进一步发展,构成目前最重要的条约法文件。该公约是本章阐述条约法问题的重要参考资料,但该公约只适用于国家之间缔结的条约,而属于国家和国际组织之间或国际组织相互之间缔结的条约,则由1986年的《维也纳条约法公约》(其全称为《关于国家和国际组织间或国际组织相互间条约法的维也纳公约》)加以调整。若无特指,本章述及的《维也纳条约法公约》专指1969年的公约。

一、条约的定义

1969年和1986年的两个条约法公约皆在其第2条中规定了国际法主体之间所缔结的条约的定义。国际法上的条约是指两个或两个以上的国际法主体依据国际法缔结的关于其相互权利和义务关系或它们的行为规则的书面协议。简言之,条约是国际法主体间以国际法为准而缔结的确立其相互权利和义务的国际书面协议。根据这一定义,条约有如下四个主要特征:

其一,条约是国际法主体间签订的协议。条约的双方或各方都必须是国际法主体,换言之,只要一方不是国际法主体,就不构成条约。此处所指称的"国际法主体"主要包括国家和国际组织。目前,国际上的条约主要是国家间的条约,政府间国际组织以及正在为民族独立而斗争并已形成自己政治组织的民族,它们在一定条件下具有国际法主体的资格,它们之间以及它们与国家间亦可缔结条约。然而,任何个人(自然人或法人)之间、个人和国家之间订立的协议,不论其性质或内容多么重要,都不能称之为现行国际法上的条约。联邦国家中各成员邦之间的协议以及成员邦与其他国家之间缔结的协议也不是条约,各国行政部门、公共机构或地方行政部门未经本国授权,非以国家名义所签订的协定也不能成为条约。条约的这一特征与缔结条约的能力直接相关。关于缔约能力问题将在下面第二节"条约的缔结程序"中论述。

其二,条约为缔约主体创设国际权利和义务。任何国际条约都必须含有创设法律关系的意图,这一要件类似于国内的合同法。实际上,国家或国际组织之间之所以缔结条约,其目的是要在缔约方之间设定权利与义务的法律关系,以解决他们当前存在的某些法律问题。条约创设了一项规则,亦即设下一项适用于相同情势的、持久的行为规范。这种规范创造了国家在国际社会中相应的权利和义务,形成了国家对外交往的权利和义务关系。一般而言,不管条约的性质、名称如何,总会涉及国家及其他国际法主体间的权利和义务关系。双边条约确立缔约双方的权利和义务,多边条约确立缔约各方的权利和义务。有些条约确立了国际法主体之间的行为规则,其行为规则无论是一般性规则,还是个别性规则,都具有造法的性质或功能。与此不同的是,倘若某个协议仅是表明有关国家对某一国际问题的态度、立场,或是提出倡议,而不包含具体的权利和义务,则构不成条约。1975年欧洲安全与合作会议通过的《赫尔辛基最后文件》就是一个例子。与会的各国代表团都只是希望这一作为该会议成果的最后文件只有道义效果而没有法律上的拘束力。会议在该文件的最后条款中规定:该文件"不适合根据《联合国宪章》第102条在联合国秘书处登记"。① 因此,该文件只是一般的国际文件,而不是严格意义上的条约。

其三,条约必须以国际法为准(又译"受国际法支配")。1969年和1986年的《维也纳条约法公约》在关于条约的定义中,都强调了条约是以国际法为准而缔结的国际协定。一项国际协议之所以被视为条约,很重要的一点就是它受国际法的支配,而国内的契约(合同)之所以不是条约,就是因为支配它的法律是国内合同法而不是国际法。譬如,如果两个国家之间签订一项关于在对方国家建立外交代表机构住处的协议,或者纯粹为了商业交易而签订的协议(如购买商品的协议),这类协议受东道国当地法律的调整,那么这类协议不属于条约。

其四,条约以书面形式为主。1969年和1986年的两个条约法公约都明确规定,条约是国际书面协议。这意味着条约应当以书面形式作成,因为国际关系错综复杂,国际协定所涉及的往往是各当事国的重大利益,不采用书面形式则容易引起纠纷,不利于条约义务的履行。1945年《联合国宪章》第102条第1款规定:"会员国所缔结的一切条约及国际协定应尽速在秘书处登记并由秘书处公布之。"这样,只有以书面形式出现的条约才能登记与公布。然而,条约的形式并不限于书面,在国际实践中也曾有"口头协定"(亦称"君子协定"),它们一般也被认为有法律效力。常设国际法院在"东格陵兰案"(丹麦诉挪威,1933年)和国际法院在"核试验案"(澳大利亚诉法国,新西兰诉法国,1974年)中都对口头协定的效力予以承认。但口头协定在国际实践中很少见,它们不容易被证明,且也易引起纷争。

---

① 参见〔英〕D. J. 哈里斯:《国际法案例与资料》(第6版),2004年英文版,第791—792页。

二、条约的名称

条约因其内容不同而名称多样,但名称的不同并不影响它们的法律性质,因为不同名称的条约只表明其内容、缔约方式、手续、生效程序等方面可能有所差异。国际实践中常见的条约名称包括条约、公约、协定、换文、宪章、盟约、规约、议定书、宣言和联合声明,等等。

1. 条约(treaty)。以"条约"为名称的文件一般是比较重要的和正式的国际协议,它既可以是多边的,也可以是双边的协议。例如,《东南亚友好合作条约》《中国和缅甸边界条约》《南极条约》等。

2. 公约(convention)。它通常指在国际组织主持下或者在国际会议上谈判签订的多边条约,这类国际协议多是造法性条约,如1969年《维也纳条约法公约》、1982年《联合国海洋法公约》、2000年《联合国打击跨国有组织犯罪公约》等。

3. 协定(agreement)。其内容多为关于某项具体问题,例如,《中国和塔吉克斯坦国界协定》、中国与东盟的自由贸易协定、联合国系统各国际组织与有关东道国之间签订的总部协定,等等。

4. 议定书(protocal)。它常用作一项主要条约的辅助性文件,以补充说明或解释该条约的规定。例如,《中华人民共和国政府和老挝人民民主共和国政府关于两国边界的议定书》(1993年)、《联合国气候变化公约京都议定书》(1997)、《中国加入世界贸易组织的议定书》(2001年)等。有的议定书本身是一个独立的条约,如《日内瓦和平解决国际争端总议定书》(1949)。

5. 宪章(charter)、盟约(covenant)、规约(statute)。这些名称通常用于建立国际组织的国际协议,如《联合国宪章》(1945年)、《国际联盟盟约》(1919年)、《国际法院规约》等。

6. 换文(exchange of notes)。它是指国家之间采取交换外交照会或函件的形式就彼此间特定事项达成的协议。"外交照会(note)"一般是指国家之间在外交事务中发出的正式公文,其内容通常关涉较为重要的事项。换文是一种简易形式的条约,一般不需要批准程序即可生效。换文因其程序简便而成为实践中最常用的条约文书。这方面的例子如1985年中国和澳大利亚两国政府《关于相互增设总领事馆的换文》等。

7. 宣言(declaration)、联合声明(joint statement)。冠以这些名称的国际文件,有的是条约,有的则不是条约,这取决于当事各方的意思,即当事各方是否有创设、变更或废止法律权利和义务的意图。如果存在必要的有关意图,则该文件构成条约,反之则不是条约。构成条约的例子如:《开罗宣言》(1943)、《中英关于香港问题的联合声明》(1984)等。

除了上述名称外,专约(convention)、文件(act)、谅解备忘录(memorandum of understanding)、联合公报(joint communique)等在一定条件下都可能成为条约的名称。

第二节 条约的缔结

广义上的条约缔结,根据1969年《维也纳条约法公约》第二编第一节"条约之缔结"的规定,其包括如下宽泛的程序:缔约能力和缔约代表,约文的议定和认证,条约的签署、批准、接受、赞同和加入,批准书、接受书、赞同书或加入书的交换或交存等程序。

一、缔约能力和缔约权

缔约能力是指在国际法上可以合法缔结条约的能力或资格。有缔约能力的行为者即条约的主体。

能够成为条约主体的首推为国家。《维也纳条约法公约》第6条规定:"每一国家皆有缔结条约之能力。"缔约能力是国家主权的重要体现。联邦制国家中的组成部分(成员邦或州)是否具有缔约能力,主要取决于该国宪法的规定。如果联邦宪法承认成员邦的缔约能力并在一定范围内规定其缔约能力,那么成员邦可能具有缔约能力。例如,根据前联邦德国的宪法规定,其组成单位享有一定范围的缔约能力。然而,通常情况下,缔约能力全都授予联邦政府,但国际法没有规则禁止不能授权成员邦与第三国缔结条约。[①] 中国作为

---

① 〔英〕D. J. 哈里斯:《国际法案例与资料》(第6版),2004年英文版,第790页。

一个单一制国家,各省、直辖市、自治区等地方政府均无权与外国或国际组织缔结条约,但特别行政区经中央政府特别授权者除外。例如,根据1990年《中华人民共和国香港特别行政区基本法》第151条和1993年《中华人民共和国澳门特别行政区基本法》第136条的规定,在经济、贸易、金融、航运、通讯、文化等领域,香港和澳门两个特别行政区可分别以"中国香港""中国澳门"的名义,单独地同世界各国、各地区及有关国际组织签订和履行有关协议。可见,地方政府能否缔结条约,取决于中央政府有无授权。但即使有中央政府的授权,地方政府的缔约权能也限于一定的范围,即限于非政治和军事领域。

另外,一些政府间国际组织在与其职能有关的方面也具有缔约能力。国际组织的缔约能力,已被国际法院在"执行联合国职务时遭受伤害的赔偿案"咨询意见(1949年)中予以承认。1986年的《维也纳条约法公约》第6条规定:"国际组织缔结条约的能力依照该组织的规则。"该条中的"该组织的规则"系指有关国际组织的组织约章、根据组织约章通过的决定和决议、以及该组织公认的实践。在多数情况下,国际组织缔约能力来源于该组织的暗含权。关于此问题,详见第十章"国际组织法"中有关"国际组织的法律人格"之论述。

除了国家和一些国际组织具有缔约能力外,一些殖民地及类似领土、正在争取独立的民族在它们获得独立之前也被承认具有一定的缔约权。例如,一些前英国殖民地,诸如澳大利亚、加拿大、印度、新西兰和南非等,应邀参加了1919年的巴黎和会并成为《凡尔赛和约》的缔约国。在联合国第三次海洋法会议上,也有一些解放运动组织与会并在《联合国海洋法公约》上签字。

然而,个人从未被承认过具有缔约能力。① 个人(包括公司或企业)与国家或该国政府部门签订的开发自然资源的特许权协议是否可以被视作一个国际法意义上的条约?在关于国际法院管辖权问题的英伊石油公司案(英国诉伊朗,1952年)的判决中,国际法院对此作出了否定的回答。法院指出,作为英国公司的英伊石油公司与伊

---

① 〔英〕D.J.哈里斯:《国际法案例与资料》(第6版),2004年英文版,第791页。

朗政府签订的一项特许权协议不是条约,"它只是一项政府与外国公司之间的特许合同"①。国际实践表明,国际法主体同自然人、私法人之间,"不可能缔结条约,而只能缔结国家契约"②。

至于缔约权,即缔结条约的权力。国家缔约权的行使由每个国家自由地在本国宪法中作出安排,具体规定国家的哪个机关有权代表国家对外缔结条约。例如,在英国,缔结条约是英王的一项特权,英王颁发谈判、签署和批准条约的全权证书或其他授权,英王所缔结的条约无须议会的赞同。在美国,缔约权由总统和国会共同行使,此做法为多数国家所效仿。《美国宪法》第2条第2款规定:"总统经向参议院咨询并得到参议院出席议员三分之二的同意时,有权缔结条约。"但在实践中,美国总统可以单独签订行政协定而无须国会的任何介入。在日本,缔约权由内阁行使,但需得到国会的承认。在中国,依据1982年《中华人民共和国宪法》第67、81、89条和1990年《中华人民共和国缔结条约程序法》第3条的规定:国务院即中央人民政府同外国缔结条约和协定;全国人大常委会决定同外国缔结条约和重要协定的批准和废除;国家主席根据全国人大常委会的决定,批准和废除同外国缔结的条约和重要协定;外交部在国务院领导下管理同外国缔结条约和协定的具体事务。

二、条约缔结的一般程序

条约对国家具有重要的意义,因为条约都为当事国创设一定的义务,因而缔结条约需谨慎为之。缔约必须具有一定的过程和履行必要的手续,只有经过一定的程序,尤其是经过签署或批准程序缔结的条约,才能生效并对当事方产生约束的效力。

在国际法上,对于条约的缔结程序没有统一的规则。但在外交实践中,国家之间缔约的程序一般包括谈判、签署、批准、交换批准书几个阶段:

---

① 《国际法院判例汇编》(I. C. J. Reports),1952年英文版,第112页。
② 李浩培:《条约法概论》,法律出版社1987年版,第10页。

(一) 谈判和约文的起草及议定

条约的制定始于谈判。谈判是有关各方为了就条约的内容达成一致协议而进行的协商或交涉的过程。重要的条约可以由国家元首亲自进行谈判,但在通常情况下,都是由国家元首派遣政府首脑、外交部长、驻外使节或代表进行谈判。谈判代表一般需持有被授权进行谈判的全权证书。

根据《维也纳条约法公约》第2条第1款(c)项的规定,全权证书(full power)是指一国主管当局或某一国际组织主管机关颁发的文件,以指定一人或数人代表该国或该组织谈判、议定及认证条约的约文,表示该国或该组织同意受条约的约束,或完成有关条约的其他行为。简言之,全权证书是证明某人具有代表该国或国际组织谈判、缔结条约资格的文件。全权证书的颁发由各国国内法加以规定。通常,缔结重要政治性条约时,全权证书由国家元首签署,外交部长副署;缔结一般条约时,全权证书由政府首脑签署,外交部长副署。

全权证书在谈判开始时交由对方或者缔约方议定的专门机构进行相互验证或审查。《维也纳条约法公约》第7条第2款规定,国家元首、政府首脑及外交部长等,因其所任职务代表国家,无须出具全权证书。根据该《公约》第8条,如果一项条约是由一个未经授权的人员所为,则不具有法律效力,除非经其本国事后追认。

谈判代表相互交换全权证书或由全权证书审查委员会报告审查结果之后,缔约谈判便可开始。谈判的主要任务是起草和议定条约约文。在约文的起草阶段,双边条约的约文可由一方提出草案或双方共同起草,多边条约的约文或由参加国际会议的代表共同起草,或由设立的专门委员会负责起草,然后交国际会议讨论。譬如,联合国主持制定的条约,通常由联合国国际法委员会起草,之后提交联合国大会讨论。

条约的形式没有统一的规格。除了换文、宣言等简易式条约外,正式条约一般由三部分组成:序言、正文(text,又译"约文")和最后条款。

条约约文起草完毕,就进入条约约文的议定(adoption of the text)阶段。议定是对条约约文的同意。双边条约约文的议定应得到所有参加起草国的同意,国际会议议定多边条约的约文一般是以出席会议且参加投票的2/3多数票通过。但晚近的实践中也采用另一种方式——不经投票的协商一致方式来议定约文,如联合国第三次海洋法会议就采取了协商一致的方式议定《联合国海洋法公约》的约文。

(二) 签署

在签署条约之前,谈判各方还要对约文进行认证。根据《条约法公约》第10条的规定,约文的认证(authentication of the text)是按照一定的程序确定条约约文为作准的和最后的约文。换言之,经过约文的认证,表明谈判各方确认约文是正确的和作准的,对此文本不再修改。

条约在正式签署前,可由谈判代表草签。草签(initialling)只表明全权代表对条约约文已认证,即认为条约内容正确无误,但并不意味着接受条约的拘束。草签时,中国人只签一个姓,外国人也只签代表姓名的第一个字母。经过草签的约文对草签的国家不具有法律效力。草签与待核准的签署不同。待核准的签署(signature ad referendum)又称"暂签",它与草签在对约文的认证上有相同的作用,但待核准的签署经有权签署人的本国或国际组织核准后,可具有完全签署的效力。而草签没有溯及效力,条约以正式签署的日期为签字的日期。

签署(或称"完全签署")是缔约中重要的一环,它指缔约各方的有权签署人在条约文本上签上自己的姓名。签署具有认证约文的效力,并表示签署国同意受条约的约束。条约的签署通常是在庄严的仪式下进行,多边条约一般在外交会议上通过后举行签字仪式。为了体现国家之间的平等,双边条约的签字采取轮换制,缔约双方在本国保存的约文文本的首位(即左方)签字,对方在同一约本的次位(即右方)签字。多边条约无法轮换,则按照各缔约方同意的文字的国家名称的字母顺序依次签字。

(三) 批准

有些条约一经签署就具有法律拘束力。例如,换文和行政协定这类简式的条约,通常是一经签署即发生拘束力。而有些条约在签字后还需要经过批准程序才能生效。在这种情况下，条约的签署只表示签署者所代表的国家初步同意成为该条约的缔约国，但尚须经过批准。在批准该条约之前，签署国将需要对条约作进一步的审查，以便最终决定是否接受该条约的拘束。一般而言，重要的条约特别是一般性多边条约都需要批准。例如，1990年《中华人民共和国缔结条约程序法》第7条规定了我国需要批准的六类条约：(1) 友好合作条约、和平条约等政治性条约；(2) 有关领土和划定边界的条约、协定；(3) 有关司法协助、引渡的条约、协定；(4) 同中华人民共和国法律有不同规定的条约、协定；(5) 缔约各方议定须经批准的条约、协定；(6) 其他须经批准的条约、协定。

批准是指缔约国的权力机关对其全权代表所签署的条约的认可，表示同意受条约约束的行为。《维也纳条约法公约》第14条列举了一国以批准来表示承受条约拘束的四种情况：(1) 条约规定须经批准；(2) 各谈判国约定条约需要批准；(3) 该国的代表对该条约的签署附有须经批准的条件；(4) 在谈判代表的全权证书或谈判中有须经批准的意思表示。在这四种情况下，签字加上批准才使签字国受条约的拘束。

除了批准之外，一国还可以采用接受(acceptance)、赞同(approval)等方式表示同意受条约约束。接受和赞同两种方式与批准的区别在于前者是政府行为，而批准则是立法机关的行为。对于一些不太重要的条约可以选择采用接受或赞同的方式表示同意承受条约拘束，这样可简化缔约程序。因为，在多数国家，批准条约的权力由立法机关行使，缔约权则属于行政机关，于是行政机关签署的条约往往需要经过一定的宪法程序才能获得立法机关的批准，这使条约的批准变得复杂。①

批准是一个国内程序，依国内法的规定进行。是否批准以及何时批准一项条约由签署国自主决定，国家没有批准其代表所签署的条约的义务。"一国对于其代表所已签署的条约不予批准，尽管可

---

① 参见朱晓青主编：《国际法》，社会科学文献出版社2005年版，第348页。

以被认为在政治上不妥当或不友好的行为,它在法律上仍然是合法的。"①在国际实践中,拒绝批准条约的事例并不少见。例如,1919年美国总统威尔逊亲自签署了《凡尔赛和约》,但美国参议院(须2/3多数票批准)不予批准,这使美国不能成为国际联盟的成员国。

需要指出的是,尽管一国签署条约后并没有必须批准该条约的义务,但条约的签署本身已经具有了一定的法律后果,即依据《维也纳条约法公约》第18条的规定,签署国负有不得从事与条约的目的与宗旨不相符的行为之义务。该条第1款规定:如果一国已签署条约但该条约尚待批准、接受、或赞同时,在该国明白表示其不欲成为条约当事国的意思以前的期间内,该国负有义务不得采取任何足以妨碍条约目的及宗旨之行动。正是基于条约的签署有一定的法律后果这一点,美国撤回了它对《国际刑事法院规约》的签署。美国政府在2000年签署了1998年的《国际刑事法院规约》,但由于美国政府担心即将成立的国际刑事法院可能被用来审判美国的驻外官员和军人,因而决定不将这一条约提交美参议院批准,并于2002年5月美国政府在给联合国秘书长(该《规约》的保管机关)的一封信中宣布,撤回该《规约》的签署,美国在该条约上的签字也不再有效,因而美国也不再受这一条约的任何约束,可以不再履行签字国所承担的有关义务。

(四)交换或交存批准书

交换批准书是指双边条约的双方互相交换各自国家的有权机关批准其所缔结的条约的证明文件。批准书一般由国家元首签署,外交部长副署。多边条约因签字国众多,无法交换批准书,则采取交存(deposit)制度,即缔约各方将批准书交给保存条约正本的国家或国际组织。例如,《联合国海洋法公约》第306条规定:"本公约须经批准。批准书应交存于联合国秘书长。"

除条约另有规定外,交换批准书的行为并无追溯的效力。一般言之,双边条约在互换批准书、多边条约在交存批准书后正式生效,自批准书交换之日起,签署国成为条约的当事国。例如,2004年10

---

① 李浩培:《条约法概论》,法律出版社1987年版,第80页。

月14日,中国与俄罗斯两国外长签署了《中俄国界东段补充协定》。2005年4月27日和5月31日,中俄两国最高权力机关分别批准了该协定。2005年6月2日,该协定在双方互换批准书后正式生效。

上述缔约程序仅是一般性的,并非为每一条约缔结的必经程序,但绝大多数条约的产生都必须经过谈判和签署两个阶段。一般而言,重要的条约经过谈判、签署、批准、交换批准书等复杂的缔约程序,而有些双边协定往往只须经过谈判和签署的简单程序,不经过批准程序。例如,《联合国打击跨国有组织犯罪公约》于2000年11月经第55届联合国大会通过,2000年12月12日开放供各国签署,2003年9月29日生效。中国政府于2000年12月12日签署了该公约,2003年8月27日,第十届全国人民代表大会常务委员会第四次会议批准该公约。2003年9月23日,中国政府向联合国秘书长交存批准书,该公约于2003年10月23日对中国生效,该公约同时适用于澳门特别行政区。

条约缔结的程序可由各国以国内法加以规定。在中国,1990年由全国人大常委会通过的《中华人民共和国缔结条约程序法》,对我国缔结条约的程序做了详细的规定。

(五)登记和公布

缔约各方完成了缔结条约的各个程序,在条约生效后应将条约送请联合国秘书处登记,并由联合国秘书长向国际社会公布。对此,《维也纳条约法公约》第80条第1款规定:"条约应于生效后送请联合国秘书处登记或存案及记录,并公布之。"条约登记制度的目的在于防止和杜绝国家之间签订秘密条约,以确保条约内容的公开和"以利舆论对外交谈判的监督"①。

然而,登记并非条约生效的必备条件,不登记的条约并不等于无效。《联合国宪章》第102条规定:"本宪章发生效力后,联合国任何会员国所缔结之一切条约及国际协定应尽速在秘书处登记,并由秘书处公布之。当事国对于未经依本条第一项规定登记之条约或国际协定,不得向联合国任何机关援引之。"据此,不登记条约并不影响

---

① 李浩培:《条约法概论》,法律出版社1987年版,第220页。

其法律效力,其唯一的后果是不能在联合国机构上引用。譬如,在国际法院上,如果某一条约对己方有利,但因为它未曾登记而不能被援用来主张权利,这对己方显然是不利的。

凡在联合国秘书处登记的条约均公布在《联合国条约集》中。

三、条约的加入

条约的加入是指没有在条约上签字的国家表示同意接受条约约束的一种正式法律行为。条约的加入是非缔约方参加多边条约的行为,而能否加入取决于该条约本身的规定和缔约国的意图。条约的加入一般只适用于明文规定允许非签字国加入的条约,即所谓的开放性条约。如1959年《南极条约》规定,它对联合国任何会员国或经所有缔约国邀请的任何其他国家开放,任其加入。中国就是根据此项规定于1983年加入该条约的。

条约的加入是缔结多边条约过程中的一个特殊程序,其旨在扩大条约当事国的数目,使更多国家接受条约的规则和制度。双边条约很少发生第三国加入的问题,因为双边条约解决的多为两国的具体问题,第三国若想加入,可另订条约。

根据《维也纳条约法公约》第15条的规定,以加入方式来表示同意承受条约拘束的情况有以下三种:(1)条约规定一国可以用加入来表示这种同意;(2)另经谈判国协议确定,某些国家可以用加入表示这种同意;(3)全体当事国嗣后协议,某些国家可以用加入来表示这种同意。对于一些有限制范围的条约,缔约国的邀请是加入的必要前提。例如,1949年《北大西洋公约》第10条规定:"欧洲任何其他国家,凡能发扬本公约原则,并对北大西洋区域安全有所贡献者,经缔约各国之一致同意,得邀请其加入本公约。"希腊、土耳其、西班牙等国就是依照这个程序加入的。至于一般性多边公约,常见的做法是在公约中插入加入条款,或规定公约向一切国家开放。

关于加入是否局限于已生效的条约问题,现代的条约理论与实践都已肯定了加入并不以条约生效为前提。国家既可加入已生效的条约,也可加入尚未生效的条约。在非签字国加入尚未生效的条约情况下,加入本身还可被计算在条约生效必备的数字之内。如1982

年《联合国海洋法公约》第308条规定:"本公约应自第60件批准书或加入书交存之日起12个月后生效。"条约的加入一般不须批准,在此情况下,加入就等于批准,由行使批准权的机关作出加入的决定。实际上,加入作为缔结条约的一个特殊程序,它代替了签署和批准两个程序。加入程序一般是加入国通过向条约文本的保存方(国家或国际组织)递交书面加入通知书来实现。

四、条约的保留

(一)条约保留的概念与范围

依据《维也纳条约法公约》第2条对条约保留所下的定义,条约的保留是指一国在签署、批准、接受、赞同或加入条约时所作的单方面声明,不管其采用怎么样的措辞或名称,其目的是排除或更改条约的某些规定对该国适用时的法律效果。

根据上述定义,条约的保留有三个特征:(1)保留应在一国表示接受条约约束时作出。也就是说,保留的提出是有时间限制的,如果一国没在签署、批准、接受、赞同或加入条约时提出保留,那么此后该国就无权再提出保留。(2)保留可以采用任何措辞或名称,如"保留""声明""谅解""解释性声明"或"解释性说明"等,但其性质属于单方面的声明,即声明国是为了维护其在有关条约中的特殊利益而单方面提出的。(3)保留的目的在于排除或更改条约中某些条款对提出保留的当事国的拘束力。这是保留定义的核心,是区分保留和其他有关条约的各类声明的关键所在。有时一国在签署、批准或加入条约时可能声明它对条约某些规定的理解,这种声明被称之为"解释性声明"。实践中,这类声明不一定都是真正的保留,需要根据具体声明是否具有更改或排除条约规定的法律效果来确定。如果一国作出的声明具有更改或排除条约适用的法律效果,该声明就是保留。否则,这样的声明只是当事国对条约的一种解释。[①]

条约的保留是常见的现象。多边条约因涉及国家较多,关系复

[①] 参见万鄂湘、石磊、杨成铭、邓洪武:《国际条约法》,武汉大学出版社1998年版,第119、122—125页。

杂,而各国的政策和利益又不尽相同,因此多边条约经常发生保留问题。而双边条约一般不发生保留问题,如果在条约签字后需要就条款作某种解释或补充,双方可以换文等方式解决。条约保留的法律根据在于国家主权,任何国家不能强迫他国接受条约。原则上,各国在参加国际条约时可以提出保留,但保留也可受一定的限制。根据《维也纳条约法公约》第19条,下列三种情况不得保留:

(1) 条约本身禁止保留。例如,1982年《联合国海洋法公约》第309条规定:"除非本公约其他条款明示许可,对本公约不得作出保留或例外。"(2) 条约仅准许特定的保留而有关的保留不在其内。如1958年《大陆架公约》第12条规定,当事国只能对该公约第1条至第3条以外提出保留。(3) 保留不符合条约的目的与宗旨。这方面的一个典型例子是1965年《消除一切形式种族歧视国际公约》第20条第2款的规定:"凡与本公约的目的及宗旨抵触的保留不得容许,其效果足以阻碍本公约所设任何机关之业务者,也不得准许。凡经至少2/3本公约缔约国反对者,应视为抵触性或阻碍性之保留。"该条款提供了判断一项保留是否符合条约目的与宗旨的具体标准,但正如有学者所指出的,该条所规定的有2/3缔约国反对的保留属于不符合"目的与宗旨"的保留,这是一项不可能满足的条件。①

我国在参加国际条约时,根据我国的对外政策和具体情况,对一些条约也曾提出过保留。例如,2003年8月,第十届全国人民代表大会常务委员会第四次会议在批准《联合国打击跨国有组织犯罪公约》时,声明对该公约第35条第2款关于通过仲裁和国际法院解决争议条款作出保留。这意味着,我国没有义务将关涉该公约的争端提交仲裁或国际法院解决,其他国家也无权向我国要求以仲裁或提交国际法院的方式来解决彼此之间有关该公约的争议。此外,我国的《民法通则》第142条、《民事诉讼法》第238条等法律,在民事法律的适用或涉外民事特别条款中都规定了这样的条款:中华人民共和国缔结或参加的国际条约同中华人民共和国的民事法律有不同规定的,适用国际条约的规定,但中华人民共和国声明保留的条款

---

① 〔英〕D.J.哈里斯:《国际法案例与资料》(第6版),2004年英文版,第813页。

除外。

（二）条约保留的接受

对于一国单方面作出的保留，其他缔约国既可以同意，也可以反对。在1951年国际法院对"防止及惩治灭绝种族罪公约的保留问题"发表咨询意见之前，保留的规则是一致同意原则，即某一缔约国提出的保留必须取得所有其他缔约国的同意，该国才能成为条约的当事国。保留的一致同意原则已被国际法院在"灭种罪公约保留案"中予以否定。

《维也纳条约法公约》第20条对保留的接受和反对做了详细的规定：（1）明文准许保留的条约，则不需要其他缔约国事后予以接受，除非条约有相反规定；（2）对谈判国数目有限的条约，在全体当事国间适用条约的所有条款为每一当事国承受条约拘束的必要条件时，则保留必须经过全体当事国接受；（3）如果一个条约是一个国际组织的组织约章，除另有规定外，保留须经该组织主管部门的接受；（4）凡不属于以上情况的，除条约另有规定外，如果保留经另一缔约国接受，就该另一缔约国而言，保留国即成为该条约的当事国；如果保留经另一缔约国反对，条约在反对国与保留国之间并不因此而不发生效力，但反对国明确表示相反意思者不在此限；一国表示同意受条约约束而附有保留的行为，只要至少有另一缔约国已经接受该保留，就成为有效。

从上述第20条第（4）项的规定来看，保留国之外的"其他当事国"包括两类：接受保留国和反对该项保留的国家，而后者又可分为两种：虽然反对保留但并未反对条约生效的国家和反对保留且明确反对条约生效的国家。

根据第20条的规定，保留的提出，只要获得一个缔约国的同意（或接受）就是有效的，保留国就可以成为该条约的当事国。

《维也纳条约法公约》第20条第5项还规定了默示接受保留的方式：除条约另有规定外，如果一国在接到保留的通知后12个月期间届满时，或至其表示同意承受条约拘束之日为止，未对保留提出反对，该保留即视为业经该国接受，接受的时间以这两个日期中较后的一个日期为准。

(三) 条约保留的法律效果

条约保留的法律效果是一个重要的问题,它涉及保留国与其他当事国之间的条约关系。

关于保留及反对保留的法律效果,《维也纳条约法公约》第21条做了如下的规定:"一、依照第19条、第20条及第23条对另一当事国成立之保留:(甲)对保留国而言,其与该另一当事国之关系上照保留之范围修改保留所关涉条约规定;及(乙)对该另一当事国而言,其与保留国之关系上照同一范围修改此等规定。二、此项保留在条约其他当事国相互间不修改条约之规定。三、倘反对保留之国家未反对条约在其本国与保留国间生效,此项保留所关涉之规定在保留之范围内于该两国间不适用之。"据此,保留在保留国与接受保留国之间产生的效果是:在它们之间适用保留后的条款,换言之,保留国所提出的修正在保留国与接受国之间有法律效力。

根据《维也纳条约法公约》第21条和第20条的规定,保留在保留国与反对保留国之间产生的效果为:(1)如果反对国并不反对整个条约在它(们)与保留国之间生效,那么,保留的条款在它们之间不适用,而其他条款在保留国与反对国之间照常适用;(2)如果反对国明确反对整个条约在它与保留国之间生效,那么,条约在两国之间没有效力,即两国间不存在条约关系。

此外,根据该《公约》第21条的规定,一国对条约提出的保留,在其他当事国之间并不修改条约的规定。也就是说,在保留国之外的其他当事国相互之间照常适用条约的规定,不受条约保留的影响。

(四) 条约保留的撤回与程序

根据《维也纳条约法公约》第22条,保留和对保留的反对均可随时撤回,但必须通知有关当事国。

关于保留的程序,《维也纳条约法公约》第23条规定,对条约提出保留、明示接受保留及反对保留,都必须以书面形式作出并送至有关缔约国和有权成为条约当事国的其他国家。撤回保留或撤回对保留提出的反对,也必须以书面形式作出。

第三节 条约的效力

一、条约的生效

条约的生效意指条约拘束力的开始,各当事方受该条约的约束。

条约生效的方式和日期依条约的规定或谈判国之间达成的协议。如果条约本身规定了生效时间,这样的规定常见于条约的结尾部分(即最后条款部分)。

双边条约的生效通常有下列三种情况:(1) 条约自签字之日起生效;(2) 条约自批准之日起生效;(3) 条约自交换批准书之日或其后某个日期起生效。

多边条约的生效方式一般也有三种:(1) 在一定数目国家交存批准书或加入书之日或其后某个日期起生效。例如,1998 年《国际刑事法院罗马规约》第 126 条规定:"本规约应在第六十份批准书、接受书、核准书或加入书交存联合国秘书处之日起六十天后的第一个月份第一天开始生效。"2002 年 4 月 11 日,批准书的数目达到了 60 份,故该规约于 2002 年 7 月 1 日正式生效。(2) 包含特定国家在内的一定数目的国家提交批准书后生效。如根据《联合国宪章》第 110 条第 3 项的规定,该宪章在联合国安理会五个常任理事国和其他签字国的过半数将批准书交存时即发生效力。(3) 条约自全体缔约国表明承受其约束之日起生效。例如,1959 年《南极条约》第 13 条第 5 项规定:"当所有签字国都交存批准书时,本条约应对这些国家和已交存加入书的国家生效。此后本条约应对任何加入国在它交存其加入书时生效。"

二、条约的遵守

一个国家参加某项条约后,要遵守条约的规定,履行条约的义务,条约对缔约国具有法律约束力。此乃条约必须遵守原则的必然结果。

条约必须遵守原则是指凡有效的条约对其各当事方均有约束

力,必须由各当事方善意履行。所谓"有效的条约"指的是依据国际法合法缔结的、现行有效的条约,这是遵守条约的前提条件。该原则来源于古罗马法的概念"约定必守"(pacta sunt servanda),意指契约和诺言都必须遵守。此概念后来被引用到国际法中,成为国际法的一项基本原则。该原则具体体现为《维也纳条约法公约》第 26 条的规定:"凡有效之条约对其各当事国有拘束力,必须由各国善意履行。"

条约必须遵守原则是国际法一项最基本的原则。因为根据国际法的特点,没有一个最高权力机关可以强制执行条约,如果不实行条约必须遵守原则,条约缔结后可以恣意破坏,条约也就失去其意义,而国际信义和正常的国际关系就会受到损害,国际法本身也可能趋于崩溃。所以,国际法的理论和实践无不强调条约必须遵守原则的重要意义。

条约必须遵守原则的核心内容是条约必须得到善意履行。善意履行就是诚实和正直地履行,也即履行条约不仅要依照条约的文字,而且要符合条约的精神,从而真正实现条约的宗旨与目的。此外,《维也纳条约法公约》第 27 条还规定,一当事国不得援引其国内法规定为理由而不履行条约。换言之,一国不能以国内法来对抗条约,排除条约的适用。缔约国如果违反条约义务,尤其是对其他缔约方的权利造成损害时,将承担相应的国际法上的责任。可见,条约必须遵守原则的后果是,不存在任何理由可以为不履行条约辩解,无论是当事国之间关系陷入困难,也不论是条约所规定的义务在一定期间内负担过重,缔约国都应善意遵守条约。诚然,条约必须遵守不应绝对化,尚有例外存在,如条约与强行法规范冲突、条约的保留和情势变迁等,都可以成为例外的理由。[1]

对于在国际上已生效的条约,缔约国应采取必要的措施,保证在其领土内得到实施,这为条约必须遵守原则所要求。国际法允许各国自行决定条约在国内的实施方式,各国可以采取直接适用方式、"转化"即间接的适用方式抑或兼采以上两种方式在国内实施该国

---

[1] 端木正主编:《国际法》(第 2 版),北京大学出版社 1997 年版,第 319 页。

参加的条约。此外,按照条约必须遵守原则,缔约国任何部门都承担着在最大限度内避免与条约规定相抵触的共同义务,从而避免因违反条约而引起国际争端或遭受缔约对方报复的危险。总之,无论各国的国内结构如何,国家应负责以宪法或法律保证条约的履行,否则条约必须遵守就成为空谈。

三、条约的适用

条约的适用是指有效成立的条约的实施。条约的适用涉及条约适用的时间范围、空间范围以及同一事项先后所订条约的适用等问题。

(一)条约适用的时间范围

条约一般自生效之日起开始适用,不溯及既往,除非条约另有规定。《维也纳条约法公约》第28条对此这样规定:"除条约表示不同意思,或另经确定外,关于条约对一当事国生效之日以前所发生之任何行为或事实或已不存在之任何情势,条约之规定不对该当事国发生拘束力。"换言之,条约生效前对一国发生的行为、事实或在此之前已消失的情势,对该国无拘束力。事实上,《维也纳条约法公约》本身也无追溯效力,因为其第4条规定:"以不妨碍本公约所载任何规则之依国际法而无须基于本公约原应适用于条约者之适用为限,本公约仅对各国于本公约对各该国生效后所缔约之条约适用之。"

(二)条约适用的空间范围

条约适用的空间范围是指条约适用于当事国的地域范围。《维也纳条约法公约》第29条规定:"除条约表示不同意思,或另经确定外,条约对每一当事国之拘束力及于其全部领土。"原则上,条约适用于当事国的全部领土,不论当事国是单一制国家还是联邦制国家。然而,在例外情况下,国家也可能限制条约适用的领土范围,在条约中订入"领土(适用)条款",规定条约不适用于当事国的有关地区。条约中的领土条款如1950年《欧洲人权公约》第63条:"任何国家得在批准本公约时,或此后任何时候,以通知给欧洲理事会秘书长的方式声明:本公约应适用于由该国负国际关系责任的一切或任何领土。"该条规定有时也被称为"殖民地条款",即一些有海外属地的殖民国家在订立条约时会在条约中专门规定,该条约不适用于该国的某些非本土的属地。在中国,我国于1997年和1999年先后对香港和澳门恢复行使主权后,出现了条约效力的空间范围问题。对此,《香港特别行政区基本法》第153条已做了规定:中华人民共和国缔结的国际协议,中央人民政府可根据香港特别行政区的情况和需要,在征询香港特区政府的意见后,决定是否适用于香港特区;中华人民共和国尚未参加但已适用于香港的国际协议仍可继续适用。《澳门特别行政区基本法》第138条也有相似的规定。

(三) 条约的冲突

条约的冲突(抵触)是指一国就同一事项先后所参加的条约的内容发生冲突时,应适用于哪个条约的问题。依据《维也纳条约法公约》第30条的规定,解决条约的冲突问题一般采取下列几种方法:

1. 条约本身有明文规定其同其他国际条约之关系的,遵从条约的规定。例如,根据《联合国宪章》第103条规定,联合国会员国所订的条约与《联合国宪章》的规定发生抵触时,优先适用《联合国宪章》。又如,1963年《维也纳领事关系公约》第73条规定:"本公约之规定不影响当事国间现行有效之其他国际协定。本公约并不禁止各国间另订国际协定以确认、或补充、或推广、或引申本公约之各项规定。"据此,当该公约的规定与缔约国所订的其他条约的相关内容不一致时,应优先适用其他条约。

2. 如果前后所订的两个条约的当事国相同,一般适用"后法优于前法"原则,以后条约代替前条约,即适用后约。

3. 当先后所订条约的当事国不完全相同时,在同为先后两个条约的当事国之间,适用后订条约;在同为两条约的当事国与仅为其中一个条约的当事国之间,适用两国均为当事国的条约。

四、条约对第三方的效力问题

条约的效力原则上不及于第三国,这是条约法上一项重要的原则,它被称为"条约相对效力原则"或称"条约不及第三国"原则。具体而言,条约在原则上只在当事方之间构成法律,只对缔约方发生法律效力,而对第三方没有法律拘束力,即对第三方既不创设义务,也不给予权利。所谓"第三方",即非条约当事方的国家或国际组织等。

条约相对效力原则是从罗马法的一个古老原则"约定对第三者既无损,也无益"(pacta tertiis nec nocent nec prosunt)引申出来的。条约相对效力原则的法理根据是条约的自由同意和国家主权平等原则。从法理上讲,条约是缔约方之间的协议,是缔约各方的意志的体现,故此,原则上条约不能对第三方创设权利及义务。而且,根据国家主权平等原则,各国均平等,未经国家同意,缔约国无权将其意志施加于第三国。条约相对效力原则得到了国际司法判例的支持。常设国际法院在"上萨瓦及节克斯自由区案"(法国诉瑞士,1932 年)中指出,在任何情况下,除了在瑞士同意的范围内,1919 年《凡尔赛和约》第 435 条的规定对瑞士没有拘束力,因为它不是《凡尔赛和约》的缔约国。① 又如,国际法院在"空中事件案"(以色列诉保加利亚,1955 年)中指出,《国际法院规约》对未签字的国家没有任何效力;因保加利亚在 1955 年 12 月 14 日以前还不是联合国的会员国和《国际法院规约》的当事国,故该规约第 36 条第 5 款不能适用于保加利亚在 1921 年所作的接受常设国际法院强制管辖权的声明。②

《维也纳条约法公约》第 34 条重申了条约相对效力原则:"条约非经第三国同意,不为该国创设义务或权利。"受该原则的限制,条约只对当事方有约束的效力,而不能约束非当事方。因此,相对于国际习惯而言,条约规则是国际法上的特别法,而习惯规则则属于国际法的一般法。

条约相对效力原则也不是绝对的,它如同其他法律原则一样也存在例外的情况。根据《维也纳条约法公约》(以下简称《公约》)的规定,在某种情况下,条约可以对第三方产生一定的效果或影响。

第一,条约为第三国规定义务。根据《公约》第 35 条的规定,在

---

① 参见陈致中编著:《国际法案例》,法律出版社 1998 年版,第 351 页。
② 参见中国政法大学国际法教研室编:《国际公法案例评析》,中国政法大学出版社 1995 年版,第 143 页。

符合以下两个条件下,条约可以为第三国规定义务:其一,条约当事国有为第三国规定该项义务的意图;其二,第三国以书面形式明示接受该项义务。

第二,条约为第三国规定权利。根据《公约》第36条的规定,如果某一条约对第三国规定权利,应得到第三国的同意;若第三国无相反的表示,应推定其同意,但条约另有规定者不在此限。与为第三国规定义务不同,给第三国规定权利不要求第三国的明示同意,而且在条约没有相反规定时,第三国没有明确反对的,即可视为同意。这方面的例子是保障各国船舶在苏伊士运河和基尔运河自由航行的条约规定。1888年《君士坦丁堡公约》第1条规定:"苏伊士运河在平时和战时对所有国家的商船和军舰一律开放。无论在平时或战时都不允许企图限制该运河的自由使用。"1919年《凡尔赛条约》第380条规定:"基尔运河及其入口处应对所有与德国保持和平关系的国家的商船和军舰在完全平等的条件下一律自由与开放。"据此,不是这两个条约当事国的第三国可以享受在这两个运河自由航行的权利。

第三,第三国义务或权利的取消或变更。根据《公约》第37条的规定,除非另有协议,否则,要取消或变更第三国担负的义务,须经条约各当事国与该第三国的同意;而要取消或变更第三国的权利,则需视具体情况而定。如果经确定原意为非经该第三国同意不得取消或变更该项权利,当事国不得随意取消或变更,而须经该第三国的同意才能取消或变更该权利;反之,则不必经第三国同意。

第四,条约所载规则由于国际习惯法而对第三国有拘束力。根据《公约》第38条的规定,无论是条约的规定嗣后发展为国际习惯法规则,还是条约的规定是对国际习惯法规则的确认,条约的规定作为公认的国际习惯法规则对第三国有拘束力。此时,该规则是作为习惯法而对包括第三国在内的所有国家有拘束力的,其效力并非来源于条约本身。诚然,根据"一贯反对原则",国际习惯法规则对第三国有拘束力也以第三国无明示反对为限。例如,1982年《联合国海洋法公约》确认了专属经济区的法律制度。专属经济区制度是通过第二次世界大战后各国的海洋实践发展起来的,是发展中国家为200海里海洋权进行斗争的成果。1982年《联合国海洋法公约》通过后,世界上绝大多数沿海国根据该公约的规定确立了本国的专属经济区制度。在该公约于 1994 年 11 月生效之前,众多国家均已纷纷引入专属经济区制度,并认为其为国际法的规则。据此,《联合国海洋法公约》有关专属经济区的规定可以说已发展成为国际习惯法规则。因此,即使有些国家没有批准该公约,但该公约中有关专属经济区法律制度的规定对该公约的非缔约国(尤其是那些已宣布建立本国专属经济区的国家)也是有拘束力的,这些国家不能以非缔约国为由排除该公约中所反映的国际习惯法规则对其适用的效力。

关于条约与第三方的关系,除了《公约》的上述有关规定外,在国际实践中,关于边界和领土变更的条约所规定的新的边界或领土的归属,应被第三国所尊重。

第四节 条约的解释和修订

一、条约的解释

(一) 条约解释的概念

条约的解释是指对条约的正确含义进行揭示和说明的行为,它包括对条约的整体、对条约的某一具体条款、对具体条款的术语或词句、适用条件等的正确含义所作的揭示和说明。条约解释的目的在于明确条约中含混不清或模棱两可的地方,从而有利于条约的善意履行。

在适用条约的过程中,不可避免地会发生对条约内容的解释问题。只有明了条约规定的正确意义,才能善意履行条约,妥善适用条约。条约的解释涉及两个方面的问题:一是由谁解释,即条约的解释权问题,它包括条约解释的主体及其解释效力问题;二是按什么原则或规则解释条约。

条约的解释者可以是当事国、国际组织、国际仲裁机关或司法机关等有权解释主体。一方面,条约的解释者无疑应当是条约的缔结者——条约当事国和有关国际组织,因为它们最了解缔约的意图和各项条款的内容和真实含义,所以原则上应由它们进行解释。从法理上讲,根据罗马法的格言"谁制定的法律谁就有权解释",条约的缔约方作为条约的制定者,应该有权解释条约。就国家而言,根据国家主权平等原则,各缔约国解释条约的权利是平等的,当事国任何一方都无权任意解释条约。换言之,一国对条约产生的义务所作的解释,和另一缔约国所作的解释具有同等的价值。对国际组织来说,每个国际组织原则上有权解释涉及其自身的条约,如各国际组织的创设条约即组织约章,以及各该组织机关在行使职权时要引用的条约等。不过,国际组织的解释也只是对自己有拘束力。

另一方面,如果缔约国之间发生条约解释上的争议,有关当事国可以协商,将纠纷提交仲裁或国际法院裁决。需指出的是,根据1945年《国际法院规约》第36条规定,"条约之解释"是当事国自愿接受国际法院强制性管辖的法律争端之一。但国际法院或仲裁机关不当然具有对条约作出解释的权利,只有当事国间对条约的解释不能达成一致协议,诉诸国际法院或仲裁时,国际法院或仲裁机关才被赋予解释条约的权力,且其所作的解释仅对该当事国具有拘束力。此外,现代的一些国际条约中大多订有条约解释的条款和因解释产生争端的解决程序。

按照不同的标准可将条约解释分为不同的种类。按照解释的主体,条约解释可分为学理解释和官方解释两种。学理解释是国际法学者在其著述中对条约所做的解释,官方解释是条约的当事国或当事国授权的国际机构对条约所做的解释。

按照解释的效力,条约解释可分为有权解释和非有权解释两种。有权解释(authentic interpretation,又称"权威解释"),亦即有强制效力的或有约束力的解释。李浩培先生认为:"条约当事国全体同意的解释才是有权解释。"①条约的有权解释是一个重要的概念,它具有突出的实际意义。实践中,当事方在适用条约之前需要先对条约进行解释。而鉴别一种解释是否有拘束力,实质上是判断该解释是否构成有权解释的问题。所谓"非有权解释",亦即有权解释之外的解释。因此,学理解释和只是条约一方当事国作出的官方解释均

---

① 李浩培:《条约法概论》,法律出版社1987年版,第405页。

属非有权解释。以《联合国宪章》的解释为例。只是一个联合国会员国的单方面解释或少数会员国的解释,都是非有权解释。而如果会员国对《宪章》的正确解释达成了一致意见,这种解释就成为有权解释,从而对联合国各机构和所有会员国有拘束力。

(二) 条约解释的规则

1. 条约解释的一般规则

关于条约解释的通则,总的来说,条约的解释应参照条约的目的与宗旨、依条约的用语所具有的通常意义并考虑其上下文,善意地加以解释。此为《维也纳条约法公约》第31条第1款之规定。解释条约的一般规则可归纳为以下几点:

(1) 善意解释条约。这指的是应从诚实信用的立场对条约进行解释。德国教授雷斯博士认为,善意原则本质上要求不能对条约进行任意的解释,并且禁止解释背离条约"真实"的实质意思。① 实际上,善意原则也可以说是要求对条约进行合理的解释,通俗地讲,就是不能将"黑"的解释成"白"的,将"鹿"解释为"马"。

(2) 根据约文的通常意义解释条约。这指的是按照法律文件的条文用语之字面意思和通常意思,来阐释法条的含义内容。条约的文字应采纳通常的意义或本意来解释,这常为国际法院所确认。例如,在1950年的"大会关于接纳一国加入联合国的权限问题"咨询意见中,国际法院对《联合国宪章》第4(2)条规定的解释,就是以该规定的字面意义为根据的。法院说:"法院认为有必要指出,被要求对条约规定进行解释和适用的法庭之首要义务,是力图按照这些规定在上下文中的自然和通常意义给它们以效力。"②

(3) 联系上下文解释条约。这指的是将条约作为一个整体而联系上下文进行解释。具体而言,是以约文的用语或条文在整个条约上的地位,即依其篇、章、节、条、款、项之前后关联位置,或相关条文之间的关系,阐明其意旨的一种解释方法。对"上下文"的理解,有狭义和广义两种。狭义的"上下文"是指以上提及的一个词语或一

---

① 〔德〕布鲁诺·西玛主编:《联合国宪章诠释》,1995年英文版,第31页。
② 《国际法院判例汇编》,1950年英文版,第8页。

组词语在某个条文或句子中的位置,以及整个条约。而广义的"上下文",还包括条约框架之外的有关文件和其他因素,如条约的序言①、附件、以及全体当事国之间就该条约的缔结所订立的与该条约有关的任何协定,和该条约一个或几个当事国就该条约的缔结所作出并经其他当事国接受为与该条约有关的任何文书(《公约》第31(2)条)。在1950年的"大会关于接纳一国加入联合国的权限问题"咨询意见中,国际法院强调,词语的自然意义和通常意义不应抽象地予以决定,而应按该词语的上下文予以确定。② 在1959年的"空中事件案"中,针对《国际法院规约》第36(5)条,国际法院是"按该条款的上下文并考虑《联合国宪章》和该规约的一般主题"进行解释的。③

(4)条约的解释应符合其目的与宗旨。这要求特别注重条约所载明的目的和宗旨,在有两种以上解释时,应采用最符合条约目的和宗旨的意义。为了正确地探求约文所使用词语的意义,不仅应按该词语的上下文予以决定,还应考虑条约的目的和宗旨,这样作出的解释才可能是妥当的解释。《公约》第33(4)条具体规定了应考虑条约目的的情形:"以两种以上文字认证之条约之解释",若比较作准约文后发现意义有差异而不能消除时,"应采用顾及条约目的及宗旨之最能调和各约文之意义"。条约的目的及宗旨构成条约解释通则中的一个因素。德国国际法教授博恩哈德特博士指出:"条约的整体目的及宗旨和条约个别规定的目的及宗旨,在条约解释中起着重要的作用。这点不仅在学者们中已取得共识,也已被国际司法机构的许多判例所证实。"④

2. 条约解释的补充资料

根据《公约》第32条关于"解释的补充资料"的规定,在以下两

---

① 国际法院在"在摩洛哥的美国国民权利案"(1952)中认为,某些条约的序言表明了条约的目的和宗旨。见《国际法院判例汇编》,1952年英文版,第196页。
② 《国际法院判例汇编》,1950年英文版,第8页。
③ 《国际法院判例汇编》,1959年英文版,第142页。《国际法院规约》也是《联合国宪章》的一部分。
④ 〔德〕鲁道尔夫·伯恩哈特主编:《国际公法百科全书》(第2卷),1995年英文版,第1420页。

种情况下"得使用补充的解释资料,包括该条约的准备资料及其缔结的情况在内":一是用作证实由于适用上述解释方法或原则所得到的意义;二为如果适用一般原则得出的解释不明或难解,或显然不合理或荒谬。该条规定表明,根据补充资料解释条约是作为条约解释的一种补充手段。这种情况下需参考条约起草时的准备资料,包括缔约的谈判记录、条约的历次草案、讨论条约的会议记录等。例如,在"空中事件案"(1959)中,以色列认为保加利亚于1921年关于接受常设国际法院强制管辖的声明,依《国际法院规约》第36(5)条应适用于国际法院,因此国际法院可以对该案行使管辖权。对此问题,国际法院查阅了旧金山制宪会议的记录,并研究了《国际法院规约》第36(5)条的意图,认为该条款只适用于出席旧金山会议和在《联合国宪章》及《国际法院规约》上签字的国家,因而不适用于保加利亚。法院裁定它对该案没有管辖权。[①]

3. 多种文字条约的解释

一项条约有时是以两种或两种以上的文字写成。在这种情况下,《公约》第33条规定的解释规则为:(1)除规定遇有解释分歧时应以某种文字为准外,每种文字的约文应同样作准;(2)作准文字以外的其他文字的译文,解释时只供参考;(3)应推定条约用语在各种作准约文内意义相同;(4)《公约》第33条第4项规定:"倘比较作准约文后发现意义有差别而非适用第31条及第32条所能消除时,应采用顾及条约目的及宗旨之最能调和各约文之意义。"也就是说,在两种以上文字同一作准的条约中,解释分歧按上述方法仍不能奏效时,应采用在考虑条约的目的与宗旨下最能调和各种文本的意义,求出条约的真正含义。

国际法院2001年的"拉格兰德案"(德国诉美国)就涉及两种文字做成的条约解释问题。在关于《国际法院规约》第41条的解释问题上,国际法院在"拉格兰德案"中认为,1969年《公约》第31条的规定反映了有关条约解释的国际习惯法,因此决定根据该条确认的规则来解释该《规约》第41条。由于《规约》的正文文本规定了英、

[①] 《国际法院判例汇编》,1959年英文版,第127页以下。

法两种文字,故需要分别考察两种文本的用语。但法院发现第41条的英、法两个文本的用语存在不同。依据《联合国宪章》第111条的规定,《规约》的英文文本和法文文本是同一作准的。那么,对同一作准文本存在分歧的情况该如何处理?法院认为,在不存在当事方的有关协议情况下,应当援引《公约》第33条第4项的规定。法院指出:《国际法院规约》的目的及宗旨是使国际法院能够履行其职责,特别是依据该《规约》第59条作出有法律拘束力的判决以司法解决国际争端,这是国际法院的基本职能。从《规约》的目的与宗旨和其第41条的用语并联系其上下文,可以得出结论:法院指示临时措施的权力使得这种措施应当具有拘束力。那种认为根据第41条指示的临时措施不具备约束力的主张将与第41条的目的及宗旨相违背。①

二、条约的修正与修改

条约的修正与修改统称为"条约的修订"。实践中,条约的"修正"与"修改"两个词常互用,而在理论上这两个词则有区别:条约的修正(amendment)是指全体当事国对条约规定的更改,而条约的修改(modification)则是若干当事国之间对条约规定的更改。通常所说的条约修改或修正,实际上包括了严格意义上的条约修正和修改的两种情况。条约的修正必须按条约规定的程序进行,一般要求有多数缔约方表决并经多数缔约方批准后,修正才能发生效力。

为了适应条约在签署后国际局势所发生的变动,按照法定程序对条约进行更改是必要的。《公约》第39条规定:"条约得以当事国之协议修正之。"这是条约修正的一般规则,它表明当事国享有对条约修正或修改的权利,一切条约的修正必须经当事国的同意。

双边条约可按照当事国的协议进行修正。多边条约一般都含有修正条款,具体规定条约修正的程序、生效的必要条件以及效力。目前的趋势是要通过新的约文需经投票国的多数同意,其生效需全体当事国的多数批准,但一般要求包括某些国家的批准在内。例如,

---

① 《国际法院判例汇编》,2001年英文版,第99—102段。

《联合国宪章》第108条规定:"本宪章之修正案经大会会员国2/3表决并由联合国会员国之2/3,包括安全理事会全体常任理事国,各依其宪法程序批准后,对于联合国所有会员国发生效力。"现代的一些多边条约均规定,经大多数当事国批准的修正案将对全体当事国生效。譬如,《国际原子能机构规约》第18条规定,经全体大会通过的《规约》修正案如经2/3会员国批准或接受即对该机构的全体会员国生效。但并非所有的多边条约都如此。有的多边条约规定,凡在一定期限内不批准修正案的国家,则据此事实立即停止参加该条约。而有的多边条约则规定,当事国不批准修正案有权退出该条约,但并非由于不批准这一行为就当然立即退出。实践中,条约的保存机关在将修正案通知其他缔约国时,往往规定一个表示反对的期限。如果在此期限内某一缔约国对修正案不提出反对,该缔约国就被视为接受了该修正案。

根据《条约法公约》第40条,有关多边条约修正的一般规则主要包括如下各项:

(1)在全体当事国间修正多边条约的任何提议,必须通知全体缔约国,各缔约国有权参加对此种提议采取行动的决定、以及修正条约的任何协定的谈判和缔结。

(2)凡有权成为条约当事国的国家也有权成为修正后条约的当事国。

(3)修正条约的协定对已成为条约当事国而未成为该协定当事国的国家没有拘束力,这些当事国仍适用未修正的条约。

(4)凡在修正条约的协定生效后成为条约当事国的国家,如果没有不同意的表示,应视为修正后条约的当事国,并就其对不受修正协定拘束的条约当事国的关系而言,应视为未修正条约的当事国。例如,甲国和乙国都是某个修正条约协定的当事国,而丙国仅仅是原来未修正条约的当事国,它没有参加修正条约的协定。因此,该修正协定规定的权利和义务仅适用于甲国和乙国之间的关系,但在甲国和丙国之间的关系以及乙国与丙国之间的关系上,只能适用原来未修正的条约所规定的权利和义务。

《条约法公约》第41条对仅在若干当事方间修改多边条约的情

况作了如下的限制性规定:(1)必须是条约内有这种修改的规定;(2)该项修改不为条约所禁止;(3)该项修改不影响其他当事方在条约上的权利和义务;(4)该项修改不影响有效实现条约的目的和宗旨;(5)应将修改的内容通知其他当事国或国际组织。

第五节　条约的无效、终止和暂停施行

一、条约的无效

条约的无效是指条约因不符合其成立的实质要件而不具有法律效力。

一项书面协议,除了需要符合条约的形式有效要件外,还必须具备条约的实质有效要件才能成为有效的条约。"一个条约如果符合了形式有效要件的要求,那么从它生效之日起直至它的有效期间届满之日止,就是一个在形式上有效的条约。但是,一个形式上有效的条约,如果不具备实质有效要件的要求,仍然可能无效或者可以撤销。"[①]所谓"条约的形式有效要件"指的是前述关于缔结条约的程序规则,而"条约的实质有效要件",即条约成立的实质要件,包括三个方面:具备缔约能力、自由同意和符合强行法。在这三个必要条件中,"具备缔约能力"意味着当事方具有缔约能力或者缔约的外交代表得到合法的授权;"自由同意"要求缔约者所表示的意思没有瑕疵,譬如,因错误、诈欺及贿赂、强迫等原因而缔结的条约均属意思表示不真实,因而不能认为是自由同意。最后一个要件"符合强行法",则是条约须以国际法为准的必然结果。

《维也纳条约法公约》第 46 条至第 53 条规定了条约无效的各种理由或情况,它们可概括为以下几个方面:

(一)违反国内法关于缔约权限的规定

这种情况指的是缔约者无缔约能力。如果一个条约是无缔约能力或越权的人所签订且事后没有得到其本国的追认,则该条约即为

---

① 李浩培:《条约法概论》,法律出版社 1987 年版,第 237 页。

无效条约。例如,一项由谈判代表越权签署的条约需要批准才生效,如果该国批准了该项条约,那么这表明该代表的未经授权行为获得了赞同,由此弥补了原先缔约权的缺陷。[①] 该条约成为有效条约。

由于缔约人的缔约权限是由国内法规定的,因而原则上一国不能以国内法为由撤销该国的同意,而是只有当缔约人明显违反了国内法关于缔约权限的规定,而且其违反的法律规定涉及具有根本重要性的国内法规则,才可造成条约无效。如果缔约人的行为不符合这两个具体条件,一国就不能援引其国内法规定的缔约权限作为理由来主张条约无效。所谓"明显违反",根据《公约》第46条第2项的规定,系指违反的情事对任何在该事项上依通常惯例并善意地行动的国家来说是客观存在并显而易见的。

如果一国被授权的缔约谈判代表的权力附有特定限制,根据《公约》第47条的规定,必须在其表示同意之前已经将此项限制通知其他谈判国,该国才能援引该代表未遵守限制的事实以撤销所表示的同意。换言之,如果一国缔约谈判代表事先没有将其被授权的特定限制通知全体谈判国,那么事后不得以越权为由主张其同意无效。

(二) 错误

错误指条约中有不属于当事国本身造成的重大错误。实践中,错误很少被援用作为条约无效的理由,因为缔约过程中的长期谈判减少了错误出现的可能性。根据《公约》第48条,如果条约的错误在缔约时就存在,并且构成一国同意受条约约束的必要根据,那么该国可以此为由撤销其承受条约约束的同意;但如果错误是由该国本身造成或者当时情况足以使该国知悉错误,则不能援引错误作为撤销其对条约同意的理由;此外,如果错误仅与条约约文用字有关,则不影响条约的效力。隆端寺案(柬埔寨诉泰国,1962年)就是涉及错误的一个国际司法判例。该案是关于泰国与柬埔寨之间边界争端的案例。在该案中,泰国提出,标示泰柬国两国国界线的地图存在重大错误,因为该地图没有遵从双方在1904年缔结的边界条约所确定的

---

① 《国际法委员会年鉴》(第2卷),1966年英文版,第243页。

沿着分水岭划分国界的规定。然而,国际法院拒绝了泰国的主张,指出:泰国以地图的错误作为抗辩的理由不能接受,因为如果提出抗辩的一方以自己的行为促成了这个错误,或者它原本可以避免这个错误,或者情况足以使该当事方注意到错误可能发生,那么这样的抗辩不能被允许作为使同意成为无效的因素。①

(三) 诈欺和贿赂

诈欺与贿赂同错误一样,在条约法实践中很少见到。在条约法上,诈欺是指一国故意以虚伪的陈述或其他不实的行为欺骗对方,使对方陷于错误而同意与它缔结条约。贿赂指的是一国对另一国的缔约谈判代表行贿,使对方陷于错误而同意与它缔结条约。不难看出,贿赂实质上是诈欺的一种,因而学者们常将诈欺和贿赂放在一起讨论。

诈欺的结果阻碍了缔约国表达承受条约拘束的真实同意,因而当一国被另一谈判国的欺骗行为所诱而缔结条约时,该国可以此为理由撤销其受条约约束的同意(《公约》第49条)。也就是说,诈欺与错误一样,并不自动地使条约无效,而是为有关缔约国提供了撤销其承受条约约束之同意的权利或理由。

根据《公约》第50条的规定,如果一国直接或间接贿赂对方谈判代表,使之同意承受条约的约束,则对方国可以援引贿赂为理由而撤销其承受条约拘束的同意。贿赂不仅包括赠送金钱或物品,还应包括一切不正当利益的提供或许诺,以期因此而缔结条约。譬如,如果一个谈判国向另一国的谈判代表许诺,缔约后选举他为联合国某一机构的成员,以诱使其签约。这样的许诺显然是贿赂。② 然而,不正当重要利益的提供或许诺应与一般的礼节性行为或微小的馈赠区别开来。制定《维也纳条约法公约》的国际法委员会在解释该《公约》第50条时指出:"只有那些意在对该代表缔结条约的意向行使重要影响的行为,才可以被援引来主张其旨在代表该国所给予的同意表示无效。本委员会并非想暗示,根据该条规定,对缔结条约的代

---

① 《国际法院判例汇编》,1962年英文版,第26页。
② 参见李浩培:《条约法概论》,法律出版社1987年版,第269页。

表所给予的微小礼遇或礼物可被援引来作为主张该条约无效的借口。"①

(四) 强迫

强迫包括对一国代表的强迫和对国家的强迫两种情况。前者,根据《公约》第51条的规定,条约如果是一国对另一国谈判代表以行为强迫或威胁施加强迫而缔结的,则没有法律效力。后者,根据《公约》第52条的规定,条约如果是违反《联合国宪章》所载国际法原则以威胁或使用武力对一国施行强迫而获缔结的无效。在传统国际法上,第一种情况下缔结的条约也是无效的,但第二种情况却是有效的,因为传统国际法承认使用武力是合法的。但由于《联合国宪章》第2条第4项确立了禁止使用武力原则,故《公约》第52条相应地规定,采取威胁或使用武力的手段缔结的条约无效。该条规定中所称的"违反联合国宪章所含国际法原则"系指禁止使用武力原则。

对缔约代表实施强迫的事例在历史上并不鲜见。例如,1938年德国和捷克斯洛伐克为实施臭名昭著的《慕尼黑协定》的某些规定,双方缔结了《捷克斯洛伐克与德国之间的国籍条约》。该条约后被国际法院判称为无效,因为它是在德国对捷克斯洛伐克政府施加胁迫下缔结的。② 需指出的是,《公约》第52条所称的"威胁或使用武力"指的是非法的威胁或使用武力。例如,1994年9月18日,由海地临时总统和美国前总统卡特(作为时任总统克林顿的代表)在太子港签署了关于恢复海地阿里斯蒂德总统政府的一项协定。从表面上看,该协定是美国通过武力获得的,因为签约之时美国的轰炸机正在飞往海地的途中。但当时的国际背景是,联合国安理会于1993年10月通过的第875号决议授权使用武力以恢复海地合法政府,因此,该协定是有效的,因为在合法的武力威胁或使用武力情况下缔结的条约不适用《公约》第52条。③

---

① 《国际法委员会年鉴》(第2卷),1966年英文版,第245页。
② 〔英〕罗伯特·詹宁斯、阿瑟·瓦茨修订:《奥本海国际法》第1卷第2分册,王铁崖等译,中国大百科全书出版社1998年版,第728—729页。
③ 〔英〕安托尼·奥斯特:《现代条约法与实践》,江国青译,中国人民大学出版社2005年版,第249页。

(五) 与国际强行法相抵触

根据《公约》第 53 条的规定,条约在缔结时与一般国际法强制规范(即国际强行法)相抵触的无效。此外,《公约》第 64 条还规定:"遇有新一般国际法强制规范产生时,任何现有条约之与该项规范抵触者成为无效而终止。"也就是说,条约与强行法冲突而无效的情况可分为两种:一是在缔约时与一般国际法强制规范抵触;二是现有条约与新产生的强行法规则抵触。不论哪种情况,凡与强行法冲突的条约均无效。因为条约必须以国际法为准则,而强行法是国际法主体不得以任何形式排除适用的法律规则,而且只有以后具有同样强制性质的规则才能予以更改的规则。换言之,强行法规则的法律拘束力优于或高于其他国际法规则,因而与强行法相抵触的条约当然归于无效。

迄今为止得到公认的强行法规则包括:禁止灭绝种族、禁止奴隶制、禁止海盗行为、禁止使用武力或武力威胁以侵害他国的领土完整或政治独立、国家主权平等原则等。缔约各方不得通过缔结条约从事强行法禁止的行为,凡这样的条约均为无效。1994 年,拉丁美洲人权法院在阿洛波伊图(Aloeboetoe)案的裁决中指出,一项条约规定了把俘虏当奴隶出售的义务,该条约在今天将是无效的,因为它与新产生的强行法规范相抵触。①

从现代国际法观点看,历史上的不平等条约是无效的。因为,这些条约中的大部分是在对谈判代表施加强迫下缔结的。依据《公约》第 51 条,这类条约属于无效条约;另一些不平等条约是在违反国家主权平等原则下缔结的,依据《公约》第 64 条的规定,与强行法规范相抵触的条约归于无效而告终。

上述条约无效的情况可分为两类:相对无效和绝对无效。相对无效的条约并非自动失效而是可以失效,如由于错误、诈欺、贿赂等意思表示不真实所缔结的条约,只有当意思表示不真实的一方当事国撤销其承受条约约束的同意,条约才无效。但绝对无效的条约则是自动失效,如强迫和违反强行法的条约是绝对无效的,即在任何情

---

① 〔英〕D. J. 哈里斯:《国际法案例与资料》(第 6 版),2004 年英文版,第 857 页。

况下都没有法律效力,可以说是自始至终无效,而不仅仅是从援引或确定失效之日起才无效。这是条约无效与条约的终止或停止施行所不同之处。

二、条约的终止和暂停施行

条约的终止是指一个有效的条约由于法定的原因而在法律上终止存在,不再具有约束力。条约的终止意味着条约法律效力的终结,条约的各当事方不再继续履行该条约规定的义务。

条约的终止与条约的暂停施行(suspension of treaties,又译"停止实施")是两个不同的概念。前者指整个条约对当事方永久地失去效力,而后者是指一个或数个当事方于一定期限内暂停施行条约的一部或全部,但条约本身并不因此而终止,必要时,依一定程序可以恢复条约的施行。

虽然在概念上条约的终止有别于条约的暂停施行,但两者在产生的原因上有许多相似之处。根据《公约》第54条至第64条以及第73条的规定,条约终止的可能原因有:条约期满、条约履行完毕、条约解除条件成立、单方面废约或退约、新约取代旧约、条约不能履行、当事方共同同意终止、情况的基本改变、一方重大违约、断绝外交或领事关系、发生敌对行为、与新强行法冲突,等等。依据《公约》的有关规定,条约暂停施行的原因包括:条约本身的规定、全体当事国同意停止施行条约、一方违约、情势变迁等。以下分而述之。

(一) 条约本身规定的终止

依据缔约自由的原则,缔约方有权在条约中约定终止的任何原因或理由。条约本身所规定的终止原因有二:

1. 全体当事国同意终止

根据《公约》第54条的规定,无论何时,全体当事国经咨商其他各缔约国后都表示同意,该条约予以终止。

2. 条约解除条件成立

有的条约规定了条约解除的条件。根据《公约》第55条的规定,多边条约规定在当事国减少到条约生效所必需的数目以下时终止的,一旦该解除条件成立,条约即告终止。例如,1948年《防止及惩治灭绝种族罪公约》(1951年生效)第15条规定:"如因退约结果,致本公约的缔约国数目不满十六国时,本公约应于最后的退约通知生效之日起失效。"该《公约》的失效亦即其终止。

(二) 单方面废止或退出条约

有些多边条约中含有废止或退出条约的条款(退约条款)。在此情况下,退约国应向条约的保管机构发出通知,一段时间后,条约将对退约国失效。如1982年《联合国海洋法公约》第317条就是一个退出条款,该条第1项规定:"缔约国可给联合国秘书长书面通知废止本公约,并可说明废止理由。不说明理由应不影响废止的效力。废止应自接到通知之日后一年届满时生效,除非通知中指明一个较后的日期。"又如,2003年1月10日,朝鲜政府以国家安全为由,正式宣布退出它于1985年底加入的《不扩散核武器条约》,表示今后不再受制于该《条约》第3条规定的国际原子能机构担保协议的约束。该《条约》第10条对退出条约做了规定:当事国在断定自己国家利益受损的情况下,有退出条约的权利;缔约的当事国向联合国安理会作出通报3个月后,退约行动才能生效。据此,朝鲜的退约在3个月后正式生效。

《公约》第56条第1项规定,条约如果没有关于终止的规定,也无关于废止或退出的规定,除有下列情形之一者外,不得废止或退出条约:(1) 经确定当事国原意为容许有废止或退出的可能;(2) 由条约的性质可认为含有废止或退出的权利。根据上述第56条第1项规定的第一种情况,从1945年旧金山制宪会议的资料分析中可推论,《联合国宪章》是一项允许退出的条约。而政治同盟条约可能属于《公约》第56条第1项规定的第二种情况的条约,即这类条约从其性质可被认为当事国有退约的权利。① 实际上,多数国际组织的组织约章都规定了成员国的退出权利。

《公约》第56条第2项规定,当事国应将其依第一种情形废止或退出条约的意思至迟在12个月以前予以通知。

---

① 〔英〕D. J. 哈里斯:《国际法案例与资料》(第6版),2004年英文版,第860页。

(三）条约由于期满或目的已达到而终止

此为简单而直接的条约终止情况。关于条约到期而终止，一般条约都规定条约的有效期限，条约到期且无延长条约期限的行为，则当即失去法律效力。例如，1950年《中苏友好同盟互助条约》第6条规定："本条约有效期间为30年，如在期满前一年未有缔约国任何一方表示愿意废除时，则将延长5年，并依此法顺延之。"1979年4月3日，中华人民共和国第五届全国人民代表大会常务委员会第七次会议作出决定，该条约于1980年4月11日期满后不再延长，即至此终止。

至于条约因执行完毕而终止的情况，有的条约虽然没有规定期限，但是由于这些条约目的在于执行某一项义务或事项，则一旦条约所规定的义务或事项全部执行完毕，条约的任务即告完成，条约随即失效。如两国之间关于领土转让的条约，一旦该转让按照该约规定已经发生，该约即执行完毕而告终。

（四）条约可因下列一般国际法上的理由而终止

1. 条约履行的不可能

条约缔结后，可能因履行条约必不可少的对象永久消失或被毁，致使条约无法履行。例如，作为条约实施必不可少的标的物的岛屿沉没、河流干涸以及水坝或水电站毁坏等。又如，双边条约可能因当事国一方的消亡或条约规定的全部事项已消失而无法履行。但根据《公约》第61条，若不可能履行属于暂时的，则只能以此为由中止实施条约的义务，而不能终止条约；若条约的不可能履行是由于一方当事国违反条约义务或其他国际法义务而造成的结果，则该国不得援引此理由终止条约。例如，在加布奇科沃—大毛罗斯工程案（匈牙利诉捷克斯洛伐克，1997年）中，国际法院指出，由于严重的财政困难导致某些支付的不可能，不被视为终止或停止实施条约的理由。①

2. 情况的基本改变

"情况的基本改变"，又称"情势变迁"或"情势不变"，作为条约法上的一项原则，它指的是缔约方在缔结条约时存在一个假定，即以

---

① 《国际法院判例汇编》，1997年英文版，第102段。

缔约时所能预见到的情况不变为条约有效的前提；倘若情况发生了根本改变，缔约方有权终止、退出或停止施行条约。

情势变迁是一个古老的原则，它原来的含义是"情势不变"(rebus sic stantibus)，是古罗马法的一个概念，它指的是缔结契约时的情况如没有发生基本变化，契约应继续有效；反之，如果情况发生了基本变化，契约的效力就应改变。此概念被引入国际法，成为缔约一方终止、退出或停止施行条约可援引的一个理由。如同国内法制度一样，国际法也承认如果情势变迁使得一项协定的目的无法实现，除了该协定实际上不可能履行之外，它还可以成为终止协定的正当理由。不过，只有当特定事项发生时才能适用该原则，而且它并不能自动导致条约终止，而是当事国一方必须援引该原则为理由才能终止条约。常设国际法院在"上萨瓦及节克斯自由区案"（法国诉瑞士，1932年）中也认为存在这一原则，但对情势变迁原则适用的范围与具体方式有所保留。国家实践和国内法院判决也同样支持这一原则。1966年法国以情势变迁为由单方面宣布退出《北大西洋公约》及其组织，成为援引情势变迁而单方面废约的一个实例。1926年中国废除1865年与比利时签订的含有领事裁判权的条约，就曾以当时中国的政治、经济情况发生根本变化为理由。

情势变迁原则的适用是有条件限制的。为防止缔约国滥用该原则作为不履行条约义务的理由，《公约》第62条对该原则的适用做了若干的限制性规定：(1)缔约时存在的情况所发生的改变必须是基本性的；(2)此种情况的基本改变是当事国缔约时所不能预料得到的；(3)此等情况的存在构成当事国同意受条约拘束的必要根据；(4)此种改变的影响将根本变动依条约尚待履行的义务的范围。此外，根据《公约》第62条第2项和第3项，边界条约或者情况的改变是由当事国违反义务所导致者，均不得以情势变迁为由终止条约。

国家可以援引情势变迁原则以终止其条约义务，但国际法院和仲裁机构很少适用该原则。国际法院在"渔业管辖权案"（英国诉冰岛，1974年）中指出："国际法承认，决定缔约国接受条约的情况如果发生了根本性的变化，条约当事国可在一定的条件下宣布条约终止或停止施行。《维也纳条约法公约》第62条关于'情况的基本改变'

的规定在许多方面是现有国际习惯法的编纂……情势变迁所指的情势改变必须是根本性的……变迁必须造成条约义务的扩大。"①强调情势变迁原则的适用受一定条件的严格限制,这具有相当的现实意义。因为该原则没有一个客观的衡量标准,在实践中易被滥用。例如,第一次世界大战后签订了《凡尔赛和约》,德国在1935年以情势变迁为借口,单方面不履行该条约,宣布实行普遍征兵制。

情势变迁原则与条约必须遵守原则作为条约法中并存的两个原则,两者并不矛盾。因为,条约必须遵守原则所指的"条约"必须是以有效为前提。而所谓的"有效",除了条约本身应是平等条约、不与国际法强制规范相抵触外,还必须有履行的实际可能。如果客观情况确实发生了根本性的变化,造成了履行条约的实际不可能,那么有关当事国终止、修改、退出或停止施行该条约是合乎情理的。但是,由于情势变迁原则没有一个客观的衡量标准,缔约国往往凭主观意志决定,甚至滥用该原则。这不仅违反了该原则的初衷,也损害了条约的效力和权威。因此,《公约》在坚持条约必须遵守原则的基础上,对情势变迁原则采取慎重的态度。这表明,在条约法中,条约必须遵守原则是基础,情势变迁原则是例外。条约必须遵守原则强调条约关系的稳定性,而情势变迁原则着眼于正义的价值,这正如有学者所认为的:"如完全不承认这一原则的适用,由于情势的根本变化,可能导致条约的一方当事国负担的义务过重而违背正义的事态发生。"②晚近的国际司法实践也强调了条约必须遵守原则的重要性。

在国际法院的加布奇科沃—大毛罗斯工程案(匈牙利诉捷克斯洛伐克,1997年)中,匈牙利认为它和捷克斯洛伐克1977年缔结一项条约之后,双方都发生了深刻的政治变革,兼之经济项目的削减和国际环境法新规范的发展变化,因此匈牙利依据《维也纳条约法公约》第62条关于情况的基本改变为由,提出终止该条约。然而,国

---

① 《国际法院判例汇编》,1974年英文版,第36、37、43段。
② 〔日〕松井芳郎等:《国际法》(第4版),辛崇阳译,中国政法大学出版社2004年版,第41页。

际法院并没有接受匈牙利的主张。法院认为,在1977年条约实施期间,两国的政治经济情况所发生的变化并未根本改变该条约的目的,多瑙河水利工程预期利益的减少并没有达到使双方义务发生了根本改变的程度,而环境法的发展在缔约时并不是不可预见的。法院强调,条约关系的稳定性要求《公约》第62条只能作为例外来适用。①

3. 缔约一方违约

根据《公约》第60条第1项至第2项的规定,如果有缔约一方废弃条约或行使了与条约的目的及宗旨不符的重大违约行为时,则双边条约的他方当事国有权宣布废除条约,多边公约的其他当事国有权一致协议,在该国与违约国之间或在全体当事国间终止条约。

所谓"重大违约"(一国对条约的重大违反),依据《公约》第60条第3项的规定,是指该公约不允许的废弃条约以及对实现条约的目的与宗旨不可缺少的规定之违反。例如,如果1993年《禁止化学武器公约》的一个当事国阻碍国际核查组在其领土上核查该国是否遵守了该公约的行为,这可能就是一个重大违约,因为核查机制是监督该公约有效性的一个关键方法。②

需指出的是,缔约双方的相互违约行为不能使条约终止或使终止合法化,这是国际法院在加布奇科沃—大毛罗斯工程案(1997年)中所确认的。在该案中,国际法院援用了常设国际法院1927年在霍茹夫工厂案中的一段判词:"如果因为一方的不法行为阻碍了另一方履行义务,那么,先有不法行为的一方就不能利用后实施不法行为的另一方没有履行义务这一事实而获益,这是国际仲裁和各国国内法院普遍接受的一项原则。"国际法院进而指出,捷克斯洛伐克单方面修建临时解决办法的设施和随后运行这些水利设施这一国际不法行为的产生,是因为匈牙利自己先作出了不当行为。因此,匈牙利由于自己的行为损害了其终止条约的权利,即使在其要求终止条约时捷克斯洛伐克违反了对实现该条约目的或宗旨至关重要的规定,匈

---

① 《国际法院判例汇编》,1997年英文版,第104段。
② 〔英〕安托尼·奥斯特:《现代条约法与实践》,江国青译,中国人民大学出版社2005年版,第232页。

牙利也不能以此为理由终止条约。①

因违约而终止或暂停实施条约的情况存在一个例外,那就是,这个理由不适用于那些涉及保护人权的条约(包括国际人权条约和国际人道法条约),诸如涉及难民、禁止奴隶制、种族灭绝和一般人权保护的条约。从理论上讲,这类条约所规定的义务与其说是条约当事国相互负担的,毋宁说是对整个国际社会负担的。如果条约当事国之一对这种条约的违反,使其他当事国有权援引为终止或暂停施行条约的理由,那么,这类条约规定的人道制度将因此而崩溃,这对整个国际社会都是不利的。因此,《公约》第60条第5项规定:本条第1项至第3项不适用于人道性质的条约中关于保护人身的规定,尤其是不适用于关于禁止对受此种条约保护的人采取任何方式的报复的规定。② 这样,当缔约一方违反这类条约时,其他当事国应采取终止或暂停施行条约以外的措施,以使违约国继续遵守这类条约。③

4. 条约被代替

条约被代替是指某一条约被新条约代替而默示终止。根据《公约》第59条的规定,全体当事国就同一事项先后缔结两项条约,如果在后订条约中可见或另经确定当事国有终止先前订立的条约的意思,或者后订条约与前订条约差别很大,以至于两个条约不可能同时适用,则前订条约应视为终止。例如,1949年《关于战俘待遇的日内瓦公约》第134条规定:"在缔约国之关系上,本公约代替1929年7月27日之公约。"据此,1929年公约归于终止。

5. 断绝外交或领事关系

《公约》第63条规定,当事国间断绝外交或领事关系不影响彼此间由条约确定的法律关系,但外交或领事关系的存在为适用条约所必不可少的不在此限。事实上,断交对两国间的条约关系可能并没有实质性的影响。例如,1990年伊拉克入侵科威特后,英国与伊

---

① 《国际法院判例汇编》,1997年英文版,第110段。
② 实际上,1949年关于战争中人道法的日内瓦四公约已规定了禁止对被保护者进行报复,如1958年《关于改善战地武装部队伤者病者境遇的日内瓦公约》第46条规定:"禁止对本公约所保护的伤者、病者、人员、建筑物或设施进行报复。"
③ 李浩培:《条约法概论》,法律出版社1987年版,第558页。

拉克断绝外交关系,但 1932 年的《伊拉克和英国的引渡条约》并没有停止实施。①

6. 缔约国之间发生敌对行为

《公约》第 73 条在涉及缔约国之间爆发战争或敌对行为引起的效果时仅规定:"本公约之规定不妨碍……国家间发生敌对行为所引起关于条约之任何问题。""条约当事国之间发生敌对行为对条约的有效性的影响,是没有解决的问题。"②实际上,战争对条约的影响应视条约的性质和缔约国的意向而定。譬如,政治性条约会随着战争或敌对行为的爆发而终止,诸如航空运输协定之类的某些商业性条约会暂停施行。而有些条约,诸如边界条约、规定战争与武装冲突法规的条约等,将继续有效。

7. 条约与新的强行法规则抵触

《公约》第 64 条规定,遇有新的一般国际法强制规范产生时,任何现有条约如与该项规范抵触的即成为无效而终止。这在前面关于"条约的无效"问题中已作阐述。

思考题

1. 条约有哪些特征?哪些实体可以成为国际条约的主体?

2. 签署作为条约缔结程序的一部分,它具有什么法律意义或法律后果?

3. 国家是否可以由于本国国内法的原因而拒绝履行其条约义务?为什么?

4. 甲国、乙国和丙国三国之间签订了一项条约,该条约没有规定保留。不久,丁国加入该条约,它在加入时对该条约第 5 条提出了保留。对此,甲国反对丁国的保留但没有说该条约在它们两国之间没有效力;乙国明确接受丁国的保留;丙国没有作出任何回应。

根据《维也纳条约法公约》第 19—21 条确认的保留规则,请回

---

① 〔英〕安托尼·奥斯特:《现代条约法与实践》,江国青译,中国人民大学出版社 2005 年版,第 236 页。
② 〔英〕罗伯特·詹宁斯、阿瑟·瓦茨修订:《奥本海国际法》第 1 卷第 2 分册,王铁崖等译,中国大百科全书出版社 1998 年版,第 683 页。

答:丁国是否成为该条约的当事国?丁国与甲国、乙国和丙国之间是什么样的关系?

5. 试述条约对第三方的效力问题。
6. 条约解释的国际法规则有哪些?
7. 如何解决条约的冲突问题?
8. 哪些情况会造成条约的无效?
9. 论述条约必须遵守原则与情势变迁原则之间的关系。
10. 条约终止的可能原因有哪些?

第九章 国际法律责任

第一节 概 述

一、国际法律责任的概念

任何法律制度都应有关于违背其规定义务的责任制度。追究法律责任的原因,在于维护法律所保障的权益和社会秩序,在于维护法律的精神与权威。国际法也不例外。国际法律责任是现代国际法的一项重要内容。

国际法律责任是指国际法主体对其国际不法行为或其他损害行为所应承担的法律责任。

(一)国际法律责任的特征

从上述定义可以看出,国际法律责任主要有以下特征:

1. 国际法律责任的主体不仅包括国家,而且包括国际组织、争取独立的民族等非国家实体。传统的国际法律责任理论认为国际法律责任主体仅限于国家,因此国际法律责任就是国家责任。然而,随着现代国际法的发展,尤其是享有特定权利和承担特定义务的非国家主体的产生和发展,国际法律责任的主体范围扩大了。

2. 国际法律责任产生的原因不仅包括国际不法行为,而且包括国际法不加禁止的损害行为。传统国际法律责任理论主张国际不法行为是导致国际法律责任的唯一原因。然而,随着科学技术的进步,各国在工业生产、核能利用、外层空间探索以及海底开发等活动中常常给别国带来损害和威胁。而各国进行的这些活动都是国际法所不加禁止的。这就产生了国际法不加禁止的行为所造成的损害的责任形式。这是对传统国际法律责任理论的一种发展。

3. 国际法律责任的实质是一种法律责任。它同国际关系中一国对另一国发生不礼貌或不友好行为(但并非不法行为)所产生的责任不同。在对外关系上,人们常常可以见到有所谓警告对方应对某种行为或事件负责这类用语,这里所谓的"责任"既可能是一种法律责任,也可能是一种道义责任或政治责任。而法律责任表现为一定的形式和内容,具有强制性质。① 国际法律责任旨在确定国际不法行为和损害行为所产生的法律后果。

(二) 国际法律责任的意义

国际法律责任作为现代国际法上最为重要的制度之一,具有重要的意义和作用。

1. 国际法律责任制度是追究一国违背其国际义务而承担国际责任的法律依据。虽然国际社会是一个横向平行式的社会,不存在国内社会那样的有组织的中央强制机关,但是按照国家责任条款,就可以断定一国是否犯有国际不法行为。如果一国犯有国际不法行为,就应承担由此引起的国际法律责任或法律后果。

2. 国际法律责任制度是促使各国履行其国际义务的外在动力。国际法律规则,在很大程度上是靠各国自觉遵守的。然而,按照国际责任法律制度的规定,如果一国犯有国际不法行为,那么受害国和其他有关国家就有权援引国家责任的有关条款,作出单独或集体反应,或采取措施,来促使其履行所应承担的国际义务。可见,国际法律责任制度也是维护正常的国际法律秩序的重要手段。

3. 国际法律责任制度有利于维护受害者的合法权益。国际法律责任制度的目的之一是对权利和利益的受害者给予赔偿,并在一定程度上确定了合理赔偿的形式和标准。因此,它有利于维护受害者的合法权益。

二、国际法律责任的编纂

随着国际关系的演变,国际法律责任制度像国际法的其他部门法一样,也在不断地发生变化。

(一) 国家责任条款草案

在传统的国际法理论与实践中,国家责任专指外国侨民受到损

---

① 参见贺其治:《国家责任法及案例浅析》,法律出版社 2003 年版,第 4 页。

害时所引起的责任。国家责任法的编纂工作,可以追溯到1930年国际联盟主持召开的海牙国际法编纂会议。这是进行起草国家责任公约的首次尝试。然而,这次编纂会议并没有制定出一个具体的关于国家责任的国际公约。尽管国联起草国际公约的努力失败了,但会议材料中详细记载了各国对国家责任问题的不同观点,为以后联合国国际法委员会关于国家责任条文草案的编纂工作提供了宝贵的材料。①

联合国国际法委员会成立后,1949年国际法委员会召开第一次会议时就把国家责任问题列为应优先审议的14个"编纂和逐步制定"的主题之一。1953年,联合国大会正式要求国际法委员会着手制定国家责任问题的国际法原则。经过长期的努力,国际法委员会在1996年第48届会议上一读通过了《关于国家责任的条款草案》的全部条款和两个附件及评注,由联合国秘书长提交给各国政府征求评论和意见。

2001年11月,国际法委员会第53届会议二读通过了《国家对国际不法行为的责任条款草案》(以下简称2001年国家责任条款草案)。该条款草案共59个条款,分为四部分:第一部分是"一国的国际不法行为",第二部分是"一国国际责任的内容",第三部分是"一国国际责任的履行",第四部分是"一般规定"。同一读的条款草案相比较,2001年国家责任条款草案有如下两个特点:一是整个条款草案结构更严谨,内容更丰富;二是在一些争议较大的问题上,尽力找出能够平衡各方不同立场的案文。②

2001年国家责任条款草案虽然还是一项有待通过的国际公约,但它是国际法委员会继《维也纳条约法公约》后所取得的一个历史性成就,其中的绝大部分内容反映了在长期的国际实践中所形成的习惯国际法规则。因此,2001年国家责任条款草案为建立完备、统一的国际法律责任制度奠定了重要基础。

---

① 参见李寿平:《现代国际责任法律制度》,武汉大学出版社2003年版,第10页。
② 参见贺其治:《国家责任法及案例浅析》,法律出版社2003年版,第9—10页。

(二) 国际法不加禁止的行为所产生的损害性后果的国际责任条款草案

上述 2001 年国家责任条款草案,是旨在制定国家对国际不法行为的责任。因此,国际法委员会在编纂上述条款草案的同时,也注意到了国际法律责任问题的新发展,即国际法不加禁止的行为所产生的损害性后果的国际责任问题。

1. 《预防危险活动的跨界损害的条款草案》

1978 年,国际法委员会将"国际法不加禁止的行为所产生的损害性后果的国际责任"作为另一专题列入了工作计划,并先后任命罗伯特·昆廷—巴克斯特(R. Quentin-Baxter)和胡利奥·巴尔沃萨(Julio Barboza)担任特别报告员。1996 年,国际法委员会决定成立一个全面审议本专题的工作组,并在同年晚些时候决定将该工作组拟定的"国际法不加禁止的行为所产生的损害性后果的国际责任条款草案"提交联合国大会并转发各会员国审议。该条款草案共有三章 22 条,包括"一般规定""预防"和"赔偿或其他补救"等内容。① 1997 年,国际法委员会重新讨论关于本专题的工作计划,任命彭·斯·拉奥(P. S. Rao)为特别报告员,决定在"国际法不加禁止的行为所产生的损害性后果的国际责任"这个标题下展开工作,并首先在"预防危险活动的跨界损害"这个副标题下拟定条款草案。1998 年,国际法委员会暂时一读通过了"预防危险活动的跨界损害的条款草案",并决定将该条文草案通过联合国秘书长交由各国政府发表评论和意见。

2001 年,国际法委员会在上述一读通过的条款草案的基础上,经过订正,增加了序言和有关条款,进一步明确了有关国家的权利和义务,并最终在委员会第 53 届会议上二读通过了由 19 个条款组成的《预防危险活动的跨界损害的条款草案》②。

---

① 该条款草案的中文译本,可参见《国际法未加禁止之行为引起有害后果之国际责任条款草案》,王羲译、梁西校,载《法学评论》1999 年第 6 期。
② 该条款草案, see http://www.un.org/law/ilc/texts/prevention/prevention articles (e).pdf。

2. 《关于危险活动造成的跨界损害案件中损失分配的原则草案》

国际法委员会在完成"预防危险活动的越境损害"的编纂工作后,继续进行"国际法不加禁止的行为所产生的损害性后果的国际责任"这个标题的第二部分的编纂工作。2004年,国际法委员会第56届会议一读通过了《关于危险活动造成的跨界损害案件中损失分配的原则草案》。该草案于2006年7月在国际法委员会第58届会议上二读通过①。该草案共8条,主要规定了对跨界损害的受害者提供及时和充分的赔偿,界定了损害的范围,确立了严格责任制,明确了国家、经营者以及其他实体分担损失的原则、确保提供赔偿的程序,要求国家为此制定国内法规并进行区域或国际合作。

(三) 国际组织的责任条款草案

2001年国家责任条款草案第57条对"国际组织的责任"问题做了如下规定:"本条款不影响一国际组织依国际法承担的或任何国家对一国际组织行为责任的任何问题。"截至2006年8月,联合国国际法委员会暂时通过了《国际组织责任条款草案》案文第1—30条。关于国际组织的责任问题,详见"第十章国际组织法"的第二节中有关国际组织的国际责任能力。

第二节 国家对国际不法行为的责任

国家对其国际不法行为所承担的责任,简称国家责任,也称国家的国际责任。

一、国际不法行为的国家责任的构成要件

国家责任是由一国的国际不法行为引起的,那么国际不法行为究竟是怎样构成的?按照2001年国家责任条款草案的规定,一国国际不法行为是由两个要素构成的,即行为归于国家和该行为违背了该国的国际义务。

---

① 该条款草案,see http://untreaty.un.org/ilc/sessions/58/58docs.htm.

(一) 行为归于国家

一国国际不法行为是否可以归于国家而构成国家行为,只能按照国际法而不能依据国内法来判断。根据现代国际法规则,一国国际不法行为,既有单独属于一国的国家行为,也有属于一国参与或介入他国的行为。对于前者,该行为所引起的国际责任,应由行为国单独承担;对于后者,则可以由另一国承担或由它们共同承担。

1. 可以单独归于一国的行为

根据2001年国家责任条款草案的有关规定,国际不法行为可以单独归于一国而成为该国的国家行为,有如下几种情况:

(1) 一国的国家机关的行为。任何国家机关,不论它行使立法、行政、司法职能,还是行使任何其他职能,不论它在国家组织中具有何种地位,也不论它作为该国中央政府机关或一领土单位机关而具有何种性质,其行为应视为该国的国家行为。这里所说的国家机关包括依该国国内法具有此种地位的任何个人或实体。

(2) 行使政府权力要素的人或实体的行为。虽然不是国家机关,但经该国法律授权而行事政府权利要素的人或实体,其行为应视为该国的国家行为,但条件是该个人或实体在特定的情况下正在以此种资格行事。这些经授权行使政府权力要素的人或实体,可能包括一些私人、国营公司、准国营实体、政府的各种代理机构,在特殊情况下,甚至包括私营公司;在每一情况下,都是由国家授权行使公共性质的职能。

(3) 由另一国交由一国支配的机关的行为。由另一国交由一国支配的机关,如果为行使支配该机关的国家权力要素而行事,其行为应视为支配该机关的国家行为。

(4) 逾越权限或违背指示的行为。国家机关或经授权行使政府权力要素的人或实体,如果以此种资格行事,即使逾越权限或违背指示,其行为仍应视为该国的国家行为。

(5) 受到国家指挥或控制的行为。如果一个人或一群人实际上是在按照国家的指示或在其指挥或控制下行事,其行为应视为该国的国家行为。

(6) 正式当局不存在或缺席时实施的行为。如果一个人或一群人在正式当局不存在或缺席和在需要行使政府权力要素的情况下实际上正在行使政府权力要素,其行为应视为该国的国家行为。

（7）叛乱运动或其他运动的行为。成为一国新政府的叛乱运动的行为,应视为该国的国家行为;在一个先已存在的国家的一部分领土或其管理下的某一领土内组成一个新的国家的叛乱运动或其他运动的行为,应视为该新国家的行为。

（8）经一国确认并当作其本身行为的行为。按照上述情况不归于一国的行为,在并且只在该国承认和当作其本身行为的情况下,仍视为该国的国家行为。换言之,在一般情况下,国家不承认和不接受私人和实体的行为归于国家,但是,如果其后这种行为经国家承认和接受,则应归于国家。

2. 一国牵连入他国的国际不法行为

按照2001年国家责任条款草案的有关规定,一国牵连入他国的国际不法行为,主要有以下几种情况:

（1）一国援助另一国实施国际不法行为。援助或协助另一国实施其国际不法行为的国家应该对此种行为负国际责任,如果该国在知道该国际不法行为的情况下这样做,而且该行为若由该国实施会构成国际不法行为。

（2）一国指挥和控制另一国实施国际不法行为。指挥和控制另一国实施其国际不法行为的国家应该对该行为负国际责任,如果该国在知道该国际不法行为的情况下这样做,而且该行为若由该国实施会构成国际不法行为。指挥和控制另一国实施国际不法行为的较典型的例子是,宗主国或保护国对从属它的国家实施不法行为而承担责任。

（3）一国胁迫另一国实施国际不法行为。胁迫另一国实施一行为的国家应该对该行为负国际责任,如果在没有胁迫的情况下,该行为仍会是被胁迫国的国际不法行为;而且胁迫国在知道该胁迫行为的情况下这样做。

总之,凡是属于一国对另一国提供援助、指挥或施加胁迫的情况,其责任应根据情况归于援助、指挥或胁迫的国家,但这并不能解除被援助、被指挥或被胁迫国家的责任。上述三种情况的主要不同在于:在援助的情况下,主要的责任属于行为国,援助只起支持的作用;在受他国指挥的情况下,行为国犯下了国际不法行为,尽管是在他国的指挥下所为的;在胁迫的情况下,胁迫国是此行为的主要行为者,被胁国只是它的工具;而在胁迫等同于"不可抗力"的情况下,才能解除被胁国的责任。① 2001年国家责任条款草案对此做了下述规定:"本章不妨碍采取有关行为的国家或任何其他国家根据本条款其他规定而应承担的责任。"

(二) 违背国际义务

国际不法行为的另一个构成要件是一国违背它所应承担的国际义务。那么,国家违背国际义务究竟是指什么?怎样才构成对国际义务的违背?对此,2001年国家责任条款草案做了明确规定。

1. 违背国际义务的行为

如果一国的行为不符合国际义务对它的要求,那么该行为即为违背国际义务的行为;而不论有关的义务来源于习惯国际法规则、国际条约或国际法律秩序内适用的一般原则,也不论该义务是行为义务还是结果义务。

2. 违背有效的国际义务

违背的义务必须是有效的国际义务,这是违背国际义务的一个必要条件,也是国际法的一般原则在国家责任法领域的适用。

3. 违背国际义务的时间问题

2001年国家责任条款草案第14条对"违背国际义务的时间问题",做了如下规定:"没有持续性的一国行为违背国际义务时,该行为发生的时刻即为违背义务行为发生的时刻,即使其影响持续存在;有持续性的一国行为违背国际义务时,该行为延续的时间为该行为持续、并且一直不符合该国际义务的整个期间;一国违背要求它防止某一特定事件之国际义务的行为开始于该事件发生的时刻,该行为延续的时间为该事件持续、并且一直不遵守该义务的整个时间。"

从上述条款的规定可以看出,违背国际义务的时间大致可分为下列两种情况:

---

① 参见贺其治:《国家责任法及案例浅析》,法律出版社2003年版,第145页。

（1）非持续性违背国际义务。一项已经完成的违背行为,如果它的完成时刻即为违背义务发生的时刻,那么这项已完成的违背行为即为非持续性违背国际义务,虽然它的影响或后果可能持续下去。① 例如,一国的防空部队击落合法飞越该国上空的飞机、一国的警察杀害或伤害另一国的外交代表等,都属于非持续性的违背国际义务的行为。

（2）持续性违背国际义务。持续性违背国际义务是指违背国际义务在发生后继续不断地在一定时期内进行下去。例如,制定和保持与一国条约义务相冲突的法律条款、强行占领另一国的部分领土等。

4. 复合行为违背国际义务

2001年国家责任条款草案第15条对"一复合行为违背义务"做了如下规定:"一国的一系列汇集起来被界定为非法的作为或不作为违背国际义务的时刻,发生于该作为或不作为发生的时刻;它们同其他的作为或不作为联在一起足以构成不法行为;在上述情况下,该违背义务行为的持续时间为一系列作为或不作为中的第一个开始发生到此类行为再次发生并且一直不符合该国国际义务的整个期间。"

根据上述条款,关于复合行为违背国际义务的问题,主要涉及以下两个方面:

（1）复合行为的含义。复合行为(composite act)是指"在时间上连续不断地在不同情况下采取的一系列的单独行动,汇集起来形成一种'积聚的行为'(aggregate act)。构成复合行为的个别行为可能是合法的行为,也可能是非法的行为"。② 例如,禁止灭绝种族、种族隔离、危害人类罪、系统性的种族歧视行为以及一项贸易协定所禁止的歧视行为等,都属于复合行为违背国际义务。

（2）违背义务的持续时间。关于复合行为的持续时间,一旦发生了足够次数的作为或不作为,从而导致构成复合行为的结果,则其

---

① 参见贺其治:《国家责任法及案例浅析》,法律出版社2003年版,第120页。
② 同上书,第127页。

违法行为应从一系列行为中的第一项行为发生的时候,作为其延续时间的开始。

二、国家责任的免除

在国际关系的实践中,一国的行为如果违背了该国所承担的国际义务,那么就构成国际不法行为,原则上该国就应当承担国际责任。然而,一国违背国际义务行为的不法性,在某些特殊情况下可因国际法的规定而被排除,与此有关的国家责任也就被免除了。

根据国际实践,2001年国家责任条款草案具体规定了下列几种免责情况:

(一)同意(consent)

所谓同意是指一国以有效方式表示同意另一国实行某项特定行为时,该特定行为的不法性在与该国的关系上即告解除,但以该行为不逾越该项同意的范围为限。例如,一国飞机飞越另一国领空,一国在另一国境内安置设施,一国在另一国进行官方调查或查询,甚至一国在另一国对人员进行逮捕和拘留等。一国采取的上述行为,如果没有得到另一国的同意,那么就构成违背国际义务的行为。可见,一国对另一国的特定行为表示"同意",是解除该另一国有关行为的非法性的必要条件。这是国家责任法的一条重要原则。

以同意为由免除国家责任,应满足以下条件:

1. 必须是以有效方式表示的同意。所谓以有效方式表示的同意,首先,是指自愿的同意。如果以错误、欺诈或其他胁迫方式所取得同意,则是无效的;其次,同意必须是以明显确认的方式表示;最后,同意必须是能够代表国家意愿的机关作出的。例如,受本国或外国某些势力摆布的傀儡政权,就无权表示同意。

2. 该特定行为不逾越所同意的范围。例如,甲国同意乙国的商用飞机飞越其领空,但如果乙国运送军队和军事装备的飞机也飞越甲国的领空,那么乙国行为的非法性就不能被解除。

3. 同意不能违反强制性规范。如果一国的同意违反一般国际法某一强制性规范,也是无效的。

（二）自卫（self-defense）

一国的行为如构成按照《联合国宪章》采取的合法自卫措施,则该行为的不法性即告解除。因此,自卫权的行使必须符合《联合国宪章》规定的条件:(1)自卫必须是而且只能是对已经实际发生的武力攻击进行反击;(2)自卫只有在安理会采取必要办法,以维持国际和平与安全以前才能行使;(3)当事国所采取的自卫措施或办法必须立即向安理会报告。

总之,自卫行为不构成国际不法行为。它是国际法上禁止使用武力的基本原则的例外。

（三）反措施（countermeasures）

反措施是指受害国针对一国际不法行为的责任国不履行国家责任条款规定的法律后果而采取的措施,以促使责任国履行其国际义务。可见,受害国之所以采取反措施,是因为责任国未履行其国际义务。因此,尽管这种反措施不符合受害国的国际义务,但是该反措施应被认为是正当的和允许的,其非法性应被排除。

作为解除一国行为的不法性的反措施,应包含以下条件:(1)针对性。由于反措施是针对另一国的国际不法行为的一种反应,因而只有在对该另一国的关系上,才有理由采取反措施。(2)在采取反措施前,受害国应要求责任国履行其义务,并将采取反措施的任何决定通知责任国且提议与该国进行谈判。(3)根本性义务不受反措施的影响。有关国家在采取反措施的情况下,它的根本性义务,如条约义务并未解除,更未终止。(4)相称性。反措施必须和所遭受的损害相称,并应考虑到国际不法行为的严重程度和有关权利。(5)如果国际不法行为已经停止,并且已将争端提交有权作出对当事国具有约束力之决定的法院,那么受害国就不得采取反措施。

（四）不可抗力（force majeure）

不可抗力是指人们没有办法抗拒的强制力。一国不遵守其对另一国国际义务的行为如起因于不可抗力,即有不可抗拒的力量或该国无力控制、无法预料的事件发生,以致该国在这种情况下实际上不可能履行义务,则该行为的不法性即告解除。

造成不可能履行义务的不可抗力的原因是多方面的,既有自然的因素,如由于恶劣天气的影响而使一国的飞机误入另一国领空;也有人为的干预,如因叛乱而失去对国家部分领土的控制,或因第三国采取军事行动而对某一地区的破坏,从而未能履行某一国际义务等。

不可抗力只有符合下列条件,才能解除该行为的不法性:(1) 该行为是由不可抗拒的力量所引起的;(2) 该行为是由于发生了该国无力控制或无法预料的事件所造成的;(3) 该行为使该国在当时的情况下,实际上不可能履行其国际义务。

值得注意的是,如果不可抗力的发生是由于一个国家本身的行为所造成的,那么该国就不能援引不可抗力作为解除其不履行义务的非法性的理由。另外,一国一旦接受了某一特定风险的责任,该国就不能要求以不可抗力为理由来避免责任。

(五) 危难(distress)

危难是指其行为构成国家行为的行为者,在遭遇极端危险的情况下,为了挽救其生命或受其监护的其他人的生命,只能采取不遵守该国国际义务的行为的情况。例如,飞机和船舶发生机械故障后,未经许可而进入外国领空或领水的情况,就属于国际法实践中比较典型的危难案件。

危难与不可抗力的主要区别在于:在不可抗力的情况下,行为者采取的行动是非自愿的;而在危难的情况下,行为者采取的行动是自愿的,尽管极端危险的情形实际上已使行为者没有其他选择。因此,有些国际法学者将危难定义为"相对不可能"地履行国际义务;而在不可抗力的情况下,则属于"实际上不可能"(material impossibility)或"绝对不可能"地履行国际义务。[①]

以危难为由,主张免除一国的国际责任也必须符合下列条件:(1) 危难只限于人的生命遭受危险的情况;(2) 危难情况不是由援引国造成的;(3) 如果行为者的有关行为可能造成类似的或更大的灾难,则不得援引危难作为免责理由。

(六) 危急情况(necessity)

危急情况是指一国为了保护该国的基本利益、对抗某项严重的

---

① 参见贺其治:《国家责任法及案例浅析》,法律出版社2003年版,第176页。

迫切危险,而采取违背该国所承担的国际义务的措施的状况。

以危急情况为理由来解除一国行为的不法性,有它的特殊性。因此,它应严格满足以下的限制条件,防止被滥用:(1) 有关的行为是援引国为保护其基本利益、对抗某项严重迫切的危险;(2) 有关的行为必须是不严重损害对方国家或整个国际社会的基本利益;(3) 有关的国际义务并没有排除援引危急情况的可能性;(4) 有关的危急情况不是由援引国本身的行为造成的。

三、国家责任的形式

一国的国际不法行为一经确定,如果没有免除责任的条件出现,那么该国就应当承担相应的国家责任。国家责任是一种严格意义上的法律责任,是在行为国和受害国之间引起的法律后果、产生的一种新的权利义务关系,即行为国承担赔偿的义务,而受害国则享有要求赔偿的权利。此外,一国违背它所承担的国际义务而产生的法律后果,并不影响该国应继续履行它所承担的国际义务的责任。

根据国际实践,2001年国家责任条款草案主要归纳了以下几种国家责任形式:

(一) 停止不法行为(cessation)

所谓"停止不法行为"是指国际不法行为的责任国,在实施一项持续性的不法行为时,有义务立即停止该行为。停止不法行为是消除不法行为所引起的后果的第一个必要条件。它的作用是制止违背国际法的行为,并且保证被侵犯的国际法原则和规则能够继续有效和得到遵守。

要求停止不法行为必须具备两个条件:(1) 不法行为具有持续的性质。例如,在"美国驻德黑兰外交和领事人员案"中,国际法院裁定伊朗的行为是持续地违反伊朗所承担的国际义务。(2) 被违背的国际义务在发出要求时仍然有效。

在国际关系中,明确停止不法行为的义务是具有重要的现实意义的。当一国际不法行为不是某个具体行为或事件,而是一个持续不断的行为时,受害国首先关注的是行为国停止不法行为,继续履行国际义务。特别是当国际不法行为的损害性并不在于其后果,而是在于其持续性时,停止不法行为对于受害国来说就更显重要了。①

(二) 保证不重犯(non-repetition)

保证不重犯是指国际不法行为的责任国在必要情况下,有义务提供不重复该不法行为的适当承诺和保证。

保证不重犯是一国国际不法行为引起的另一个法律后果,其目的是为了恢复受害国和责任国之间对继续保持关系的信心,通常是在受害国认为仅仅恢复原有的状态,尚不能取得应有的保障时,才提出承诺和保证不重复该行为的要求。

保证不重犯的特点是向前看,着眼点是未来,而不是过去;强调的是预防未来可能发生的事情,而不是赔偿。

在国际实践中,保证不重犯一般有以下两种方式②:

1. 只作出不再犯的保证,而不加任何具体地说明。例如,1966年中国驻印度尼西亚使领馆遭袭后,中国外交部除了要求印尼政府立即采取措施、赔偿一切损失外,还要求"保证今后不再发生类似的事件"。

2. 受害国要求责任国采取某项特定的措施或特定的行为加以预防。例如,在1886年"多恩案"(F. T. Doane Case)中,美国在菲律宾的传教士多恩因抗议西班牙当局强占其教会拥有的土地而被扣留,并解送到马尼拉;在美国政府的抗议下,西班牙当局采取了补救措施,恢复了他的工作场地,并保证对教会和他的财产给予保护。

(三) 赔偿(reparation)

对一国国际不法行为造成的损失给予赔偿,是国家责任法的核心内容。赔偿是一个一般性的用语,是指国家可以用来履行或解除其责任的各种不同形式。它包括恢复原状、补偿和抵偿等方式。对国际不法行为造成损害的充分赔偿,可以单独或综合地采取这些方式。

1. 恢复原状(restitution)

恢复原状是指加害国有责任将被侵害的事物恢复到实施不法行

---

① 参见王铁崖主编:《国际法》,法律出版社1995年版,第151页。
② 参见李寿平:《现代国际责任法律制度》,武汉大学出版社2003年版,第167页。

为以前所存在的状态。恢复原状是受害国因加害国的国际不法行为而要求加害国给予赔偿的第一种方式,也是首选的赔偿方式。

恢复原状一般可以分为物质上恢复原状和法律上恢复原状。前者包括被掠夺的或非法没收的财产、历史文物和艺术珍品;释放被拘留的个人等。后者涉及需要修改责任国法律制度中或与受害国法律关系上的状况,如修订违背国际法规则的宪法或法律规定。取消关于外国人的人身或财产的不符合国际法的某些行政或法律措施等。

应该指出的是,恢复原状并非毫无限制。根据2001年国家责任条款草案第35条的规定,恢复原状需要满足下列两个限制条件:(1)恢复原状在事实上是可行的。例如,应归还的财产已经永久消失、或者已经被损坏到毫无价值的地步,则不需要恢复原状。(2)恢复原状与赔偿应成比例,不能使加害国承受过重的负担。换言之,如果责任国因恢复原状而承受的负担与受害国因此而得到的利益完全不成比例,则不得要求恢复原状。这是公平原则的基本要求。

2. 补偿(compensation)

补偿是指责任国对其国际不法行为所造成的损害,没有或无法以恢复原状的方式给予赔偿时,对受害国实际遭受的损失予以货币补偿。

补偿是最经常采用的赔偿方式。虽然恢复原状在赔偿方式中占有首要地位,但由于恢复原状有时不可能实现,或者有时尽管恢复了原状仍难以作出充分的赔偿,所以还要给予补偿。因此,补偿也可以说是恢复原状的一种补充形式。

补偿一般采用金钱的形式,当然也可以通过双方的商定采取其他等价赔偿形式。

关于补偿的范围,2001年国家责任条款草案第36条第2款规定了"在资金上可以评估的任何物质损害或精神损害"。在资金上可以评估的损害既包括国家本身(即其财产或人员受到损害、或为补救或减轻国际不法行为造成的损害而支出的款项)遭受的损害,也包括本国自然人或法人遭受的损害,国家是以该自然人或法人的国籍国的名义在外交保护的框架内提出索赔的。① 此外,补偿还包括可以确定的利润损失。例如,常设国际法院在"霍茹夫工厂案"中就裁定受害方应获得赔偿时的财产价值,而不是财产被没收时的价值。这就意味着受害方获得的赔偿应包括财产从被没收时起直到获得赔偿时止这段时期所丧失的利润。

负责处理补偿问题的机构,既包括有关国家根据协定成立的国际仲裁机构,也包括各类国际法院。不过,在许多情况下,补偿是由加害国和受害国通过外交谈判就支付款额达成协议而完成的。

3. 抵偿(satisfaction)

抵偿是指一国际不法行为的责任国在无法以恢复原状或补偿弥补所造成的损害时,有义务采取正式道歉、表示遗憾、承认不法行为或其他恰当的方式对受害国作出赔偿。抵偿是责任国对其国际不法行为所造成的损害进行赔偿的第三种方式,也是继恢复原状、补偿之后的另一种普遍适用的赔偿方式,并且还是一种不可或缺的赔偿方式。

抵偿包括各种形式,如正式道歉、表示遗憾、承认不法行为、对非金钱损害作出象征性的损害赔偿、对造成伤害或损害事件的原因作出应有的调查、对肇事的个人采取纪律或刑事处分、为受益人设立管理补偿付款的信托基金等。

在上述各种抵偿方式中,正式道歉是一种常见的方式。它经常与其他方式结合起来成为一种为受害国所接受的解决争端的方式。例如,在"孤独号案"中,混合委员会要求美国一方面应向加拿大政府道歉,另一方面还应赔偿2.5万美元,作为对非法行为的物质上的改正。正式道歉可以采取口头方式表示,也可以用书面方式表达,有时甚至还可以采取象征性的行为,如向受害国的国旗、国徽致敬礼。

抵偿作为赔偿的一种方式,必须遵守以下限制条件,防止被滥用:(1)抵偿要与损失相称。抵偿本身不具有惩罚性质,也不意味着对损害作出惩罚性赔偿;(2)抵偿不得采取羞辱责任国的方式。在国际法的发展史上,有不少把抵偿作为羞辱责任国的工具的例子。

---

① 参见贺其治:《国家责任法及案例浅析》,法律出版社2003年版,第242页。

例如,义和团运动后,西方列强强迫晚清政府所做的抵偿方式,就是这方面的典型例子。

值得注意的是,在国际不法行为引起的法律后果方面,一国也必须依照国际法,而不得援引其国内法作为不遵守其应履行的停止不法行为和给予赔偿义务的借口。虽然一国可能由于必须在本国实行其本国的法律和规则而在遵守国际义务上会发生实际困难,但该国无权以其本国法律或实践作为不能履行国家责任条款所规定的法律后果的障碍。另外,关于责任承担义务的范围,2001年国家责任条款草案也做了明确规定:责任国义务可能是对另一国、若干国家或对整个国际社会承担的义务,具体取决于该国际义务的特性和内容及违约情况;国家责任条款的规定也不妨碍国家以外的人或实体因一国的国际责任而可能直接取得的任何权利。

第三节　国际法不加禁止行为所造成的损害的责任问题

前已述及,国际法委员会把"国际法不加禁止的行为所产生的损害性后果的国际责任"这个标题的编纂工作分为两部分:"预防危险活动的跨界损害"和"关于危险活动造成的跨界损害案件中损失分配的原则",并分别拟定了条款草案。因此,本节就根据国际法委员会通过的有关条款草案,分别进行剖析。

一、关于预防危险活动的跨界损害问题

(一)《预防危险活动的跨界损害的条款草案》的适用范围

2001年,国际法委员会二读通过了《预防危险活动的跨界损害的条款草案》(以下简称《预防危险活动的条款草案》)。该草案由序言和19个条文组成,其重点是引起重大跨界损害的危险活动的核准和管制方面的预防责任。

预防作为一种责任,是针对重大损害或破坏实际上发生之前的那个阶段;如果已经发生了,有关的国家就要采取补救或者补偿措施,这往往涉及赔偿责任问题。

《预防危险活动的条款草案》把重点放在预防的责任,而不是赔偿的义务,具有以下方面的重要意义:(1)预防应该是一种理智可取的政策。如果在造成损害之后再去补偿,往往无法恢复该事件或者事故发生之前所存在的状况。(2)履行预防责任,现在更有必要。因为在危险活动的进行、所用的材料以及控制这些活动的教程和所涉及的风险等方面,人们的知识都在不断增长。(3)从法律角度来看,由于人们有更大能力跟踪连串的因果关系,即原因(活动)与影响(损害)之间的物理联系,甚至包括连串因果关系中的几个中间环节,所以危险活动的经营者也更应该采取一切必要步骤来预防损害。

按照《预防危险活动的条款草案》第1条的规定,该条款草案的适用范围是:国际法不加禁止的、其有形后果有造成重大跨界损害的危险的活动,且这种活动是在起源国领土内或在其管辖或控制下的其他地方进行的活动。"国际法不加禁止的、其有形后果有造成重大跨界损害的危险的活动"具有特定含义。它包括四个要素:(1)人为要素:即这类活动未受国际法禁止;(2)风险要素:即这类活动具有引起重大损害的可能;(3)领土(外)要素:即这类损害必须是跨界的;(4)有形要素:即跨界损害必须是由这类活动通过其有形后果而引起的。

"造成重大跨界损害的危险"包括造成重大跨界损害的可能性较大和造成灾难性跨界损害的可能性较小的危险。其中,"跨界损害"是指在起源国以外的一国领土内或其管辖或控制下的其他地方对人、财产或环境造成的损害,不论各当事国是否有共同边界。

(二)各国在预防危险活动所造成的跨界损害方面的一般责任

根据《预防危险活动的条款草案》第3条、第4条和第5条等有关条款的规定,各国在预防危险活动所造成的跨界损害方面的一般责任,主要包括:

1. 预防责任。即起源国应采取一切适当措施,以预防重大的越境损害或随时尽量减少这种危险。它强调了起源国预防重大跨界损害的首要责任。

2. 合作责任。即当事国应真诚合作,并于必要时要求一个或多个有关国际组织提供协助,以预防重大跨界损害或随时尽量减少这种危险。换言之,各国必须遵守合作原则,拟定并执行有效政策,以预防或随时尽量减少重大跨界损害危险。此外,起源国还有一项预期性的合作义务,即起源国应酌情与可能受影响国和有关国际组织合作,制订对付紧急情况的应急计划。

3. 履行责任。即当事国必须采取必要的履行措施,无论是立法、行政或其他性质的措施,包括建立适当的监督机制。这些措施可适当地预先采取。

(三) 各国在预防危险活动所造成的跨界损害方面的具体责任

按照《预防危险活动的条款草案》有关规定,各国在预防危险活动所造成的跨界损害方面,还应履行以下具体义务:

1. 核准

须经起源国事前核准的情形,主要有以下三种:(1) 在该国领土内或在其管辖或控制下的其他地方,进行有造成重大跨界损害危险的活动;(2) 上述活动计划作出的任何重大改变,这种改变可能会增加危险或改变其危险的性质或影响范围;(3) 计划对一项本来无害的活动的进行方式作出改变,而这种改变会将该项活动变成有造成重大跨界损害之危险的活动。

如果一个国家一旦准备履行核准义务,那么核准要求就应适用于该国在上述范围内的所有本来已在进行的活动。此外,在核准的条件没有获得遵守的情况下,起源国应采取适当行动,包括必要时撤销核准,从而完全禁止该项活动的进行。

2. 危险的评估

起源国在准许经营者开展国际法不加禁止的、其有形后果有造成重大跨界损害的危险的活动之前,应确保对有可能造成重大跨界损害的活动进行评估。通过这项评估可以使该国能够确定活动所涉危险的程度和性质,从而确定其应该采取的预防措施。至于应该由谁进行评估的问题,由各国自己决定。不过,一般认为,应由起源国指定一个政府的或非政府的机构代表政府对评估工作进行评价,并对该机构的结论承担责任。评估的内容,可由进行评估的国家在国内法中规定。评估不仅应该包括对人身和财产、而且也应该包括对其他国家环境的影响。

3. 通知

首先,如果评估表明有造成重大跨界损害的危险,起源国应及时将该危险和评估通知可能受影响国,并应向其递交评估工作所依据的现有技术和所有其他有关资料。起源国在收到可能受影响国于不超过六个月的期间内提出的答复以前,不应就是否核准该项活动作出任何决定。

其次,如果一国有合理理由相信,起源国已计划、或已进行一项活动,可能有对该国造成重大跨界损害的危险,该国可以"要求"起源国履行通知的义务。这种"要求"应附有具体解释,说明理由。如果起源国认为它没有义务发出通知,则应在合理期间内告知该要求国,并附上具体解释,说明作出这一结论的理由。如果这一结论不能使该国满意时,经该国请求,两国应迅速进行协商。在协商期间,如果另一国提出请求,起源国应作出安排,采取适当而且可行的措施,以尽量减少危险,并酌情在一段合理期间内暂停有关活动。

最后,起源国应毫不延迟地以可以使用的最迅速方式将有关国际法不加禁止的、其有形后果有造成重大跨界损害的危险的活动之紧急情况,通知可能受影响国并向其提供一切有关的现有资料。

4. 预防措施的协商

首先,各当事国在其中任何一国提出要求时,应进行协商,以期为预防重大跨界损害或随时尽量减少这种危险所须采取的措施达成可以接受的解决办法。当事国应在这类协商开始时,就协商的合理时限达成协议。

其次,当事国就预防措施进行协商时,为了达到公平利益均衡,应考虑到下列所有有关因素和情况:(1)重大越境损害的危险程度以及有办法预防损害、或者尽量减少这种危险或补救损害的程度;(2)有关活动的重要性,考虑到该活动在社会、经济和技术上为起源国带来的总利益和它对可能受影响国造成的潜在损害;(3)对环境产生重大损害的危险,以及是否有办法预防这种损害、或者尽量减少这种危险或恢复环境;(4)起源国和酌情可能受影响国愿意承担预防费用的程度;(5)该活动的经济可行性,考虑到预防费用和在别处开展活动或以其他手段开展活动或以其他活动取代该项活动的可能性;(6)可能受影响国对同样或可比较的活动所适用的预防标准以及可比较的区域或国际实践中所适用的标准。

最后,如果协商未能取得一致同意的解决办法,起源国如果决定核准从事该项活动,也应考虑到可能受影响国的利益,但不得妨碍任何可能受影响国的权利。

5. 提供和交换资料

首先,向受影响国提供资料。即起源国在将评估通知可能受影响国时,应向其递交评估工作所依据的现有技术和所有其他有关资料。

其次,交换资料。即各当事国在活动开始进行后,应及时交换该项活动有关预防或随时尽量减少重大跨界损害的危险的所有现成资料。即使该项活动已经终止,也应该继续交换这种资料,直到各当事国认为合适才停止。

最后,向民众提供资料。即各当事国尽可能以适当方式向本国或他国可能受影响的民众提供有关的资料,说明一项活动可能引起的危险和损害,并查明他们对这事的意见。

应该指出的是,起源国不应有义务透露对其国家安全至为重要的资料。即起源国可以不提供对其国家安全或保护其工业机密至为重要或涉及知识产权的数据和资料,但起源国应本着诚意同可能受影响国合作,视情况许可尽量提供资料。这一规定是对国家提供资料义务范围狭窄的例外。

6. 不歧视

起源国必须在不基于国籍或居所或发生伤害的地点而实行歧视的基础上,允许使用其司法程序或其他程序。

7. 和平解决争端

各当事国在解释或适用《预防危险活动的条款草案》方面发生的任何争端,应由争端各方按照相互协议选定和平解决争端的方式迅速予以解决,包括将争端提交谈判、调停、调解、仲裁或司法解决。值得注意的是,《预防危险活动的条款草案》还对该条款草案与其他国际法规则的关系,做了明确的规定:"本条款不影响各国根据有关条约或习惯国际法规则所承担的任何义务。"

总之,如果当事国不履行关于《预防危险活动的条款草案》所规定的上述预防义务,便可能引起国家责任。

二、关于危险活动造成的跨界损害案件中损失分配的原则问题

(一)《关于危险活动造成的跨界损害案件中损失分配的原则草案》的适用范围

2006年8月,国际法委员会第58届会议二读通过了《关于危险活动造成的跨界损害案件中损失分配的原则草案》(以下简称《损失分配原则草案》)。

1. 制订《损失分配原则草案》的原因

根据《损失分配原则草案》第3、第4和第5序言段的规定,制订该原则草案的基本理由主要有以下几个方面:(1)虽然有关国家遵守了关于预防危险活动造成跨界损害的义务,但是危险活动引起的事件仍会发生;(2)由于这种事件,其他国家和(或)其国民可能遭受损害和严重损失;(3)应当制定适当而有效的措施,以确保因这种事件而蒙受损害和损失的自然人和法人,包括国家,能够获得及时和充分的赔偿。

2.《损失分配原则草案》的适用范围

《损失分配原则草案》原则1明确规定了该原则草案的适用范围,即"本原则草案适用于国际法未加禁止的危险活动所造成的跨界损害"。

可见,《损失分配原则草案》所处理的核心问题是跨界损害,注重的是一国境内的活动在另一国管辖范围内引起的损害。换言之,本原则草案的侧重点是所引起的损害,而不论是否履行了关于《预防危险活动的条款草案》所载的应有注意义务。不过,如果起源国没有履行应有预防义务,那么除了根据本条款草案要求赔偿以外,还可以针对国家对不法行为的责任提出求偿。

而所谓"损害"是指对人员、财产或环境所造成的重大损害,包括:(1)人员死亡或人身伤害;(2)财产的损失或损害,包括构成文化遗产部分的财产;(3)环境受损而引起的损失或损害;(4)恢复财产、环境,包括自然资源的合理措施的费用;(5)合理反应措施的

费用。

3.《损失分配原则草案》的目的

根据《损失分配原则草案》原则3的规定,该原则草案的目的是:"确保遭受跨界损害的受害者得到及时和充分的赔偿;在发生跨界损害时维护和保护环境,特别是减轻对环境的损害以及恢复环境或使之复原。"

可见,《损失分配原则草案》的主要目的,可以概括为以下四个方面:(1)以可预计、公平、迅速和成本效益良好的方式提供赔偿;(2)促进经营者和其他有关的人或实体愿意预防危险活动造成跨界损害;(3)促进当事国或受害国之间的合作以便以友好方式解决有关赔偿的问题;(4)保存和促进对国家和人民的福利至为重要的经济活动的持久活力。

(二)《关于危险活动造成的跨界损害案件中损失分配的原则草案》的主要内容

1. 对跨界损害的受害者提供及时和充分的赔偿

按照《损失分配原则草案》原则4的规定,对跨界损害的受害者提供及时和充分的赔偿,应包括以下四个要素:

(1)国家应该建立责任制度。即各国应采取必要措施,包括要求经营者或酌情要求其他人或实体履行责任。

(2)任何此类责任制度不应该要求出具过失证明。

(3)可能施加于这些责任的任何条件或限制,不应该侵蚀及时和充分赔偿的要求。即按照各国和国际公约中的习例,责任会受到一些条件的限制;但是,为了确保这些条件和免责条款不致从根本上改变提供及时和充分的赔偿这一要求的性质,强调任何此类条件或免责条款均应符合原则草案3中所载关于提供迅速和充分的赔偿的要求。

(4)应该设置各种形式的担保、保险和工业基金,以便为赔偿提供充足的财政保证。即起源国提供的措施应该包括经营者或酌情要求其他个人或实体建立并保持财政担保,例如保险、债券或其他财政担保,以应付索赔要求。

2. 确立了严格责任制

《损失分配原则草案》原则4第2款规定,责任不应该以过失证明为依据。《损失分配原则草案》的主题是:危险和超危险活动牵涉到复杂的作业,涉及会引起重大损害的一些固有的危险。在这些问题中,据普遍确认,不应要求出示过失或疏忽证明,即使一个谨慎的人所应该有的必要注意都做到了,也应该要求这个人负起责任。在许多管辖区域内,在分配含有固有危险性的活动的责任时,严格的责任都得到确认。在若干文书中,严格责任已经被采用为责任的依据。

采用严格责任是基于若干理由。有些活动涉及较为复杂的工业程序和设施,可能含有危险,严格责任使求偿人解除了这方面的举证责任。有关工业把涉及危险和营运的极为复杂的科技活动当作秘密牢牢地守护着,要求求偿人证明过失或疏忽,是一种沉重的负担,既不公正,也不恰当。此外,由于与危险活动相联系的利润为进行这种活动的工业提供了诱因,人们通常认定,严格责任制度鼓励了对所涉危险的较佳管理。

3. 明确了国家、经营者以及其他实体分担损失的原则

《损失分配原则草案》原则4,明确规定了国家、经营者以及其他实体分担损失的原则。一方面,国家应当采取必要措施,包括在适当情况下要求在国家级设立工业基金,确保在其领土或其管辖或控制下的危险活动引起跨界损害时对受害者进行及时和充分的赔偿;如果有关的措施不足以提供充分的赔偿,国家还应确保拨给更多的财政资源。另一方面,要求经营者或酌情要求其他人或实体履行责任,包括要求经营者、或者必要时其他个人或实体为偿付索赔建立并保持财政担保,例如保险、债券或其他财政担保。

《损失分配原则草案》原则5还规定:"一旦发生造成或可能造成跨界损害的涉及危险活动的事件时:(a)起源国应立即将事件以及可能造成的跨国损害后果通知所有受影响或可能受影响的国家;(b)在经营者的适当参与下,起源国应确保采取适当的反应措施,并应当为此目的使用现有最佳科学数据和技术;(c)起源国还应当酌情与所有受影响或可能受影响的国家磋商并寻求其合作,以减轻并在可能的情况下消除损害后果;(d)受跨界损害影响或可能受影响

的国家应采取一切可行措施减轻并在可能的情况下消除损害后果;
(e) 有关国家应当酌情在相互接受的条件基础上寻求主管国际组织和其他国家的援助。"

可见,国家针对危险活动造成的紧急情况所采取的任何措施不得且不应将经营者的作用置于任何次要地位或仅让他们起剩余性作用。其实,在保持紧急备灾状态和一旦发生事故便立即采取任何这类措施方面,经营者具有同等重要的责任。经营者可以并应当给予国家履行其责任所需的一切援助。具体说,经营者最能够说明事故的详情、性质、发生时间和确切地点以及可能受到影响的各方可以采取哪些措施来尽量减轻损害的后果。如果经营者不能采取必要的反应行动,起源国则应作出必要安排来采取这类行动。[1] 在此过程中,它可以向其他国家或主管国际组织寻求必要和可获得的帮助。

4. 确保提供赔偿的程序

《损失分配原则草案》原则 6 有五项条款,具体规定了以下"国际和国内救济"的措施:

(1) "一旦其领土内的或受其管辖或控制的危险活动造成跨界损害,各国应赋予本国司法和行政部门以必要的管辖权和职权,并确保这些部门具备提供及时、充分和有效救济的手段。"这一条款规定了确保制定适当程序以保证提供赔偿的要求,对各国均适用。

(2) "跨界损害的受害者应当能够从起源国获得与在该国领土上遭受同一事件损害的受害者相等的及时、充分和有效的救济……包括索取赔偿有关的资料能够被恰当地获取。"这一条款着重于国内程序。其中具体说明义务是针对起源国的。这是一项关于平等获取权的规定。

(3) "第 1 款和第 2 款不影响受害者有权在起源国可得到的救济之外,寻求其他的救济。各国可规定,诉诸迅速而又最经济的国际求偿诉讼解决程序。"这一条款旨在更具体地说明有关程序的性质。

---

[1] 按照关于环境责任的第 2004/35/CE 号欧盟令第 5 和第 6 条规定,根据第 13 条指定的主管当局可以要求经营者采取必要的预防或恢复措施,如果经营者不采取这些措施或者找不到经营者,主管当局则可以自己采取这类措施。

它提及"国际求偿诉讼解决程序"。在此可以设想若干程序。例如,在跨界损害情况中,国家可以通过谈判商定应负的赔偿额。这些程序可以包括混合求偿委员会、为确定一次性总付款额进行谈判等。

5. 要求国家为此制定国内法规并进行区域或国际合作

《损失分配原则草案》原则 7 和原则 8,要求国家为此制定国内法规并进行区域或国际合作。

(1)各国应在全球、区域或双边的基础上进行合作,并在以下三个方面拟定国际协定:关于赔偿问题的协定;关于特定类别危险活动发生事故后为尽量减轻跨界损害而采取的反应措施的协定;以及关于国际和国内救济的协定。

(2)鼓励各国合作。即通过工业基金或国家基金在国际上建立起各种财政保障系统,以便保证向跨界损害受害者提供充足、及时和充分的补救。

(3)每个国家都应制定执行本原则草案的法律、规章和行政措施。

(4)在适用这些原则草案和任何执行规定时,不得有基于任何理由的歧视。

(5)各国应相互合作,依据国际法规定的义务执行本原则草案。

第四节 国际刑事责任问题

一、国际刑事责任问题的起源及其分歧

国际法上的国际刑事责任问题,主要涉及国家的刑事责任问题和个人的刑事责任问题。一般认为,国际刑事责任问题始于第一次世界大战后。第一次世界大战后签订的《凡尔赛和约》第 227 条规定,德国皇帝威廉二世犯有严重违反国际道德和条约神圣义务的罪行,应该接受协约国法庭的审判。这种强调对国际罪行加以惩罚的规定,导致了国际刑事责任新概念的产生。

第二次世界大战以后,根据《关于控诉和惩处欧洲轴心国主要战犯的协定》及其附件《欧洲国际军事法庭宪章》以及《远东国际军

事法庭特别公告》和《远东国际军事法庭宪章》的规定,以破坏和平罪、战争罪和反人道罪审判了德国、日本的主要战争罪犯,并追究了他们的刑事责任。此后,惩处战犯、追究战犯的国际刑事责任的原则和规则,成为了国际法上所确认的一项新制度。

然而,国际法学界关于国际刑事责任问题,存在较大分歧,主要有以下三种理论[①]:

第一,认为国家在国际法上不负刑事责任,对于代表国家行事的个人所做的国家行为,个人也不负国际刑事责任。因为国家是抽象的实体,而个人又是执行国家政策的,所以既不能把国际刑事责任加于国家,也不能把国际刑事责任加于执行国家政策的个人。

第二,主张国家应负国际刑事责任,个人不负国际刑事责任。其理由是,无论其罪行是由国家机关还是由代表国家的个人行为,由此行为引起的国际罪行都应归罪于国家。因此,只有国家对代表国家行事的个人行为所产生的后果承担国际法律责任。

第三,认为国家和国家首脑个人都应承担国际刑事责任。其理由是,战争罪犯的犯罪行为是代表国家的机关所为的,战争犯罪应受惩罚的国际法规则和国际审判实践,都证明了国家应负国际刑事责任。同时,国家的职能只能通过国家领导人和国家机关工作人员的个人行为来实现的。况且,国家是个抽象的实体,国际刑法不能施加于国家,而只能施加于代表国家的个人。因此,代表国家制定和执行政策的个人也应负国际刑事责任。

二、国家的刑事责任问题

在制定国家责任条款草案的过程中,争论最大的一个问题是国家罪行能否成立的问题。这一争论的实质就是国家能否成为国际刑法的主体。从权利主体来说,国家当然是主体,因为只有国家有权向国际法庭提起诉讼;至于个人,有人认为个人并非权利主体,即无权直接向国际法庭提起诉讼,但也有人主张个人享有权利,可就人权问题向国际法庭或相关的机构提出控告或诉讼。就义务主体而言,占

---

① 参见端木正主编:《国际法》,北京大学出版社2000年版,第371页。

主导地位的意见是,只有个人才能承担国际刑事责任,接受刑罚处罚;国家并不能成为刑事义务主体,承担刑事责任。因此,"国家罪行"的概念不能成立。①

1976年,国际法委员会临时通过的"国家责任条款草案"第19条,曾经承认一国的国际不法行为和国际罪行之间的区别,即承认"国家罪行"概念的存在。

1996年国际法委员会一读通过的"国家责任条款草案"第19条对"国际罪行和国际不法行为"作了如下的明确规定:

  第一,一国行为如构成对国际义务的违背,即为国际不法行为,而不论所违背义务的主题如何。

  第二,一国所违背的国际义务对于保护国际社会的根本利益至关重要,以致整个国际社会公认违背该项义务是一种罪行时,其因而产生的国际不法行为构成国际罪行。

  第三,在第二款的限制下,并根据现行国际法规则,国际罪行除了别的以外,可由下列各项行为产生:(a) 严重违背对维护国际和平与安全具有根本重要性的国际义务,例如禁止侵略的义务;(b) 严重违背对维护各国人民的自决权利具有根本重要性的国际义务,例如禁止以武力建立或维持殖民统治的义务;(c) 大规模地严重违背对保护人类具有根本重要性的国际义务,例如禁止奴隶制度、灭绝种族和种族隔离的义务;(d) 严重违背对维护和保全人类环境具有根本重要性的国际义务,例如禁止大规模污染大气层或海洋的义务。

  第四,按照第二款的规定并非国际罪行的任何国际不法行为均构成国际不法行为。

上述有关"国家罪行"的规定,引起了各国的激烈争论。对"国家罪行"概念持异议的国家,主要包括中国、美国、法国、英国、德国、奥地利、爱尔兰、日本和瑞士等。例如,中国认为:要将国家罪行的概念移植到国际法领域,在理论和实践上将会遇到难以逾越的困难。

---

① 参见贺其治:《国家责任法及案例浅析》,法律出版社2003年版,第18—19页。

一方面,在由主权国家组成的国际社会里,"平等者之间无管辖权"是一个基本的法律原则。另一方面,拒绝国家罪行的概念将不会削弱个人从事国际不法行为的责任;况且,国际社会还没有把刑事责任归于国家的国际实践。

支持"国家罪行"概念的国家,主要包括丹麦、捷克、意大利、希腊、阿根廷、墨西哥、蒙古、乌兹别克斯坦和坦桑尼亚等。例如,丹麦认为,国际不法行为与国际罪行之间的区分是国家责任条款草案"第一部分中最突出的内容"。就灭种罪或侵略罪来说,虽然这些罪行是个人犯下的,但又可以将这种罪行归于国家,因为它们通常是由国家机构执行的,意味着某种"体系性犯罪"。因此,这种情况下的责任,不能仅仅限于代表国家行事的个人,必须使作为法律实体的国家本身在某种程度上承担责任。[①]

国际法委员会在二读开始阶段,一直未能就国家责任条款草案中的"国家罪行"概念达成一致意见。最后,在特别报告员的建议下,国际法委员会决定删除一读通过的第 19 条,在 2001 年国家责任条款草案第二部分"一国国际责任的内容"中增加第三章"严重违背依一般国际法强制性规范承担的义务"。这一处理方式,既对国际不法行为做了区分,又避开了有争议的"国家罪行"概念,同时还在不同程度上满足了各方的要求。

总之,关于国家的刑事责任问题,不但国际法学界有不同的看法,而且到目前为止还没有一项国际公约对其作出明确的规定。况且,2001 年国家责任条款草案还删除了"国家罪行"的概念,对国家的刑事责任问题也未作规定。

三、个人的刑事责任问题

国际法上的个人刑事责任是指个人因其所犯国际罪行依据国际法应承担的刑事责任。[②]

---

① 参见贺其治:《国家责任法及案例浅析》,法律出版社 2003 年版,第 28—38 页。
② 参见邵沙平:《国际刑法学——经济全球化与国际犯罪的法律控制》,武汉大学出版社 2005 年版,第 166 页。

国际法上的个人刑事责任原则的确立经历了一个不断发展的过程。纽伦堡国际军事法庭宣称："违反国际法的罪行是人而不是抽象的实体所犯下的,因此,只有通过惩治犯下此类罪行的个人,才能使国际法的规则得到实施。"纽伦堡和东京审判后,联合国大会决议确认了国际军事法庭宪章所包含的国际法原则。1950年,国际法委员会编纂了国际军事法庭宪章和法庭判决中所承认的国际法原则,其中包括"从事构成违反国际法的犯罪行为的人承担个人责任,并因此应受惩罚"。

此后,国际社会签订了一系列国际条约,既重申了国际犯罪的个人刑事责任原则,也扩大了要求个人承担刑事责任的国际罪行的范围。例如,1988年于罗马签订的《制止危及海上航行安全非法行为公约》第3条、第5条就规定,任何人如非法并故意以武力或武力威胁或任何其他恐吓方式夺取或控制船舶,或从事其他危害海上航行安全的行为则构成犯罪;每一缔约国应使犯有公约所列罪行的个人受到适当惩罚,这种惩罚应考虑到罪行的严重性。

进入20世纪90年代后,个人的刑事责任问题又有了新的进展。1993年"前南国际刑庭规约"和1994年"卢旺达国际刑庭规约",同样确立了个人的国际罪行和个人的刑事责任。特别是1998年通过的《国际刑事法院规约》继承和发展了有关个人刑事责任的一般原则。2002年7月,国际刑事法院正式成立。国际刑事法院的建立,对于建立和完善有关个人刑事责任的国际法律机制具有重要意义。

《国际刑事法院规约》第25条对"个人的刑事责任问题"作了明确的规定:"……实施本法院管辖权内的犯罪的人,应依照本规约的规定负个人刑事责任,并受到处罚。有下列情形之一者,应依照本规约的规定,对一项由本法院管辖权内的犯罪负刑事责任,并受到处罚:(1)单独、伙同他人、通过不论是否负刑事责任另一人实施这一犯罪。(2)命令、唆使、引诱实施这一犯罪,而该犯罪是既遂或未遂的。(3)为了便利实施这一犯罪,帮助、教唆或以其他方式协助实施或企图实施这一犯罪,包括提供犯罪手段。(4)以任何其他方式资助以共同目的行事的团伙实施或企图实施这一犯罪。这种资助应当是故意的,并且符合下列情况之一:(a)是为了促进这一团伙的犯罪活动或犯罪目的,而这种活动或目的涉及实施本法院管辖权内的犯罪;(b)明知这一团伙实施该犯罪的意图。(5)就灭种罪而言,直接公然煽动他人灭绝种族……"

此外,关于个人的刑事责任问题,2001年国家责任条款草案第58条作了如下规定:"本条款不影响以国家名义行事的任何人在国际法中的个人责任的任何问题。"

由上可见,当代国际法已经明确承认了对某些违反国际法行为负责的个人的刑事责任原则。

思考题

1. 什么是国际法律责任？国际法律责任制度的确立有何意义？
2. 试述国际不法行为的国家责任的构成要件。
3. 《预防危险活动的跨界损害的条款草案》评析。
4. 试析《关于危险活动造成的跨界损害案件中损失分配的原则草案》。
5. 谈谈你对国家的国际刑事责任问题和个人的国际刑事责任问题的看法。

第十章 国际组织法

发轫于19世纪的现代意义上的国际组织,在第二次世界大战后获得了巨大的发展。特别是随着全球化进程的加快推进,国际组织的数量与日俱增,其活动领域和职能范围也不断扩展,国际组织在当今国际事务中发挥着越来越大的作用。从国际法的角度来看,一方面,国际组织在与各国、其他国际组织以及各国的自然人或法人进行交往的过程中,不可避免地形成各种法律关系,并产生与国际组织有关的各种国际法问题。另一方面,在国际组织的演进过程中,它们与国际法之间存在着互动关系,国际法的基本原则和一般规则为国际组织的建立和运作提供了法律基础,同时国际组织的兴起和发展也对国际法的发展产生巨大的影响。

在国际法的历史上,作为调整国际组织内部及其对外关系的国际组织法,比作为调整国家的权利和义务的实体法产生的历史要晚,而且与国际法的其他法律部门相比,国际组织法还欠完善,仍有待进一步的发展。

本章的内容分为两大部分:第一部分主要涉及国际组织中普遍存在的一般法律原则、规则和制度;第二部分主要是关于各类国际组织的法律秩序,即各个国际组织运作过程中所遵循或形成的法律规范。

第一节 国际组织与国际组织法的概念

一、国际组织的概念

"国际组织"一词的含义有广义与狭义两种。广义言之,凡是由两个以上的国家或其政府、民间团体或个人基于特定目的,以一定的协议形式而建立的各种机构,都可称之为国际组织。其中,由国家或其政府所创立的国际机构,通常称之为"政府间国际组织"(IGO)或"公国际组织"(public international organizations),如联合国、世界卫生组织、欧洲联盟等。而由不同国家的民间团体或个人设立的国际机构则称之为非政府国际组织或国际民间组织(private organization),如国际红十字会、国际奥林匹克委员会等。国际法所着重研究的是狭义上的国际组织,即作为国际法主体的政府间国际组织,它是由两个以上国家或其政府为实现特定目的,依据国际条约而建立的常设机构。这是一种严格意义上的国际组织,又称狭义的国际组织。若无特指,本章提及的国际组织均指狭义的国际组织,即政府间国际组织。

从以上对"国际组织"的界定中可见,一个典型的国际组织具有以下几个特征:

第一,国际组织是国家之间的组织。这一特征可以从两个方面来理解:其一,国际组织是主权国家的集合体,本质上是国家间多边合作的一种有效的法律形式,一种常见的固定组织形态。其二,国际组织建立在国家之间而不是凌驾于国家之上,它不能违反国家主权原则去干涉那些本质上属于成员国国内管辖的事务。

第二,国际组织根据国际条约或其他受国际法支配的文件而创立。绝大多数的国际组织是根据国家之间的特定协议,即条约建立起来的。这个建立条约是国际组织据以成立与运作的法律基础。但在少数情况下,作为国际合作形式的国际组织是在无条约的情况下建立的。例如,北欧理事会(NC),有关的条约是在该理事会建立后才缔结的。① 又如,欧洲安全与合作组织(OSCE,1995 年之前该组织称为"欧洲安全与合作会议"),虽然人们认为该组织存在一项暗含协议,但该组织的成员国坚持不为此缔结任何条约。此外,有时国际组织的机构或国际会议通过的决议等文件也可以建立一个国际组织,如石油输出国组织(OPEC,简称"欧佩克")、泛美地理历史学会(PAIGH)等。

---

① A.J.皮亚斯勒编:《国际政府间组织》(第 3 版)第一部分,1974 年英文版,第 1135—1143 页。

第三,国际组织具有特定的宗旨和目的。这些宗旨和目的由组织约章予以明确规定,并通过国际组织的机关根据其各自职权和活动程序予以实施。国际组织实质上是执行某种特定职能的一种工具,履行组织约章规定的职能正是国际组织存在的理由。多数学者认为,国际组织具有国家间合作的职能,这是国际组织的基本特征。①

第四,国际组织必须有一套常设的组织机构。国际组织为了实现其目的和宗旨,至少应拥有一个常设机构和经常性的工作地点。这种地点常称为国际组织的总部。设有常设机构是国际组织区别于国际会议的主要特点。

二、国际组织的类型

目前,国际组织极其庞杂,职能各异,按照不同的分类标准可以将各种国际组织划分如下:

(一)依据国际组织成员的性质,国际组织可分为政府间组织和非政府间组织

如前所述,前者是指由国家或其政府组成的国际常设机构,而后者,非政府国际组织(INGO),或简称"非政府组织"(NGO),是指非由一国政府或政府间协议建立、能够以其活动在国际事务中产生作用、其成员享有独立投票权的民间组织。换言之,非政府间组织是由不同国家的自然人或法人组成的跨国界的非官方团体。这种由各国民间的团体或个人组成的跨国组织,其成员不具有政府权力。截至2004年,国际组织总数达58859个,其中政府间组织有7350个,占总数的12.49%;非政府组织有51509个②,占总数的87.51%。

人所共知的非政府组织包括国际红十字委员会、国际商会(ICC)、国际绿色和平、大赦国际、国际奥林匹克委员会、国际法协会(ILA),等等。这些非政府组织的建立和活动受特定国家的国内法支配,从法律上讲,它们的地位同依据一国法律建立的其他组织并无

---

① 饶戈平主编:《国际组织法》,北京大学出版社1996年版,第17页。
② 国际协会联盟编:《国际组织年鉴》第42版,2005/2006年第5卷英文版,第3页。

区别。自20世纪以来,非政府组织发展迅猛,并对各国政府和政府间国际组织产生越来越大的影响,有愈来愈多的政府间组织与非政府组织进行合作。联合国创立了政府间国际组织同非政府组织建立正式协商关系的制度。根据《联合国宪章》第71条的规定和联合国经社理事会先后于1950年和1968年通过的两份决议,经社理事会对符合一定条件的非政府组织分别授予它们对联合国的不同的权利和特权,它们与联合国经社理事会建立了咨商关系。

虽然非政府组织可以借助政府间国际组织的承认,以咨询者、观察员等身份在一定范围内和一定程度上参与国际法律关系,但是,国际社会至今仍没有任何国际条约对非政府组织的法律地位作出统一规定,更不存在这方面的国际习惯法规则。因此,除了个别的非政府组织(如国际红十字委员会)具有特殊的地位外,绝大多数非政府组织不具有国际法律人格,不构成国际法主体。

(二)依据国际组织的职能,国际组织可分为一般性国际组织和专门性国际组织

前者具有政治、经济、文化、社会、军事等多方面的职能,如联合国、欧洲联盟等。后者——专门性国际组织只具有较专门的行政性或技术性的职能,如世界卫生组织、世界气象组织、世界贸易组织、国际电信联盟、万国邮政联盟等。

(三)依据国际组织成员的地域特点,国际组织可分为全球性国际组织和区域性国际组织

前者的成员资格向国际社会的所有国家开放,以全世界为其活动范围,如联合国、世界贸易组织等。后者则主要是由某一地区或一定意识形态的国家组成,如美洲国家组织、亚洲开发银行、欧洲联盟、北大西洋公约组织等。

(四)依据国际组织的权力及其与成员国关系的性质,国际组织可分为国家间组织(interstate organization)和超国家组织(supranational organization)

前者的权力机关由成员国政府的代表构成,组织的决议或决定只约束成员国,而对成员国的个人不创设权利和义务。而后者,其部分机关则由独立于成员国的人员组成,组织的部分决议或决定不仅

约束成员国政府,还直接约束成员国的自然人和法人。亦即是说,超国家组织具有某些超国家的权力,但这种权力从根本上讲还是来源于成员国间达成的协议。欧洲共同体(欧洲联盟)是超国家组织的范例。

三、国际组织法的概念与性质

国家通过国际组织的组织约章明示或暗示地赋予政府间国际组织一定的国际法律权利能力和行为能力,使国际组织在一定范围内具有国际法主体资格,成为一种有限的和派生的国际法主体。而以国际组织为研究对象的新学科——国际组织法学也应运而生。国际组织法是指用以调整国际组织的创立、法律地位、组织的内部和外部活动以及有关法律关系问题的法律规范的总称。①

需要指出的一点是,国际组织法不同于海洋法、条约法等其他部门法,国际组织法并非一部统一的适用于所有国际组织的国际法典,它只是与国际组织相关的法律原则、规则和制度的总称。因为,每一个国际组织的法律秩序都可能是不一样的。

国际组织法,也称"国际组织的法律秩序",可分为国际组织的外部法和内部法两部分。前者主要由调整国际组织与成员方、非成员方及其他国际组织等外部关系的法律规则组成;后者主要由调整国际组织内部各种关系的法律规则组成,其涵盖诸如雇佣关系、附属机构的建立和职能、行政服务的管理等事项。② 国际组织的内部法,有时被称为"国际组织的规则",它包括一国际组织的组成文件,该组织依据组织约章所通过的各种决定、决议和其他文件(other acts),以及该组织业已确立的惯例等。然而,外部法和内部法很难清楚地区分开来。

在此有必要对国际组织的"组成文件"(constituent instruments)这个概念做一说明。国际组织据以成立与运作的、由各成员国政府

---

① 参见饶戈平主编:《国际组织法》,北京大学出版社1996年版,第19页。
② 参见〔英〕C. F. 阿麦瑞森科:《国际组织机构法原理》(修订第2版),2005年英文版,第271页起各页。

缔结的协议,统称为国际组织的"组成文件",这类文件有各种不同的名称,包括基本文件(basic instrument)、组织法(constitution)、组织约章(constitutive regulations)、组成条约(constituent treaty)等。组织约章实质上是国家间的一种多边条约。国际组织的法律地位、主要机构及其职权、活动程序以及成员的权利与义务,都必须以组织约章为依据,不得违反。故此,组织约章又被称为国际组织的"宪法",它在国际组织的内部法律体系中居于最高等级的地位。

学界对国际组织内部法的法律性质在一定程度上存有争议。许多学者认为,源自国际组织的组成条约的规则是国际法的一部分。有些学者则认为,虽然国际组织是根据条约或受到国际法调整的其他文件建立的,但该组织的内部法一旦正式生效,就不属于国际法的一部分了。另有一种得到实践支持的意见认为,已经实现高度一体化的国际组织(如欧洲共同体)的规则应当属于特殊情况。还有一种获得国际法委员会部分委员支持的观点认为,应该根据国际组织规则的来源和主题作出区分,例如,从国际法领域中剔除一些行政管理规章(administrative regulations)。① 应该说,在国际组织的内部法中,国际组织的组织法(constitution)和以组织约章为依据的具有约束力的决议或规范等规则,无疑可被视为属于国际法。

第二节　国际组织的一般法律制度

所谓"国际组织的一般法律制度"(简称"国际组织一般制度"),是指任何国际组织处理大体相似和相同的机构问题所形成的基本制度。一般来说,它主要包括国际组织的组织约章、法律人格(包括责任能力等)、成员资格、组织结构、职能范围、活动程序、财政制度、争端解决等具体内容。② 其中,关于国际组织的组织约章问题,已在本章前面一节中论及;关于国际组织的财政制度,因其技术

---

① 参见2005年联合国国际法委员会报告,联合国文件A/60/10,第75—76页。
② 参见曾令良主编:《国际法学》,人民法院出版社、中国社会科学出版社2003年版,第100页。

性较强和限于本书的篇幅,本书不述及;至于国际组织的争端解决机制,将在"国际争端的和平解决"一章中论述。

一、国际组织的法律人格

(一) 国际组织国际法律人格的确立

国际组织的法律人格(legal personality),是指国际组织具有的能够独立参加国际关系并直接承受国际法上的权利和义务的主体资格。国际组织的国际法律人格一旦确立,它们就可成为国际法的主体,并从而得以在国际层面享受权利和承担义务,而不再仅仅局限在各个单独国家管辖的区域内运作。

需要指出的是,并非由两个或两个以上国家进行合作的所有安排,都必然会建立独立的法律人格。① 例如,国际法院在瑙鲁诉澳大利亚一案中指出,澳大利亚、新西兰和英国在联合国1947年批准同意的托管协议下签订的据以组建瑙鲁行政管理当局的协定,并未建立一个有别于国家的独立国际法律人格。② 此管理当局并非国际组织,而是依据联合国安理会决议成立的临时机构。那么,国际组织的法律人格何以获得? 这首先取决于建立国际组织的组织约章的明文规定。这方面的例子如1951年欧洲煤钢共同体的建立条约——《巴黎条约》第6条,1957年《欧洲经济共同体条约》第210条。不难看出,国际组织的法律人格是成员国通过组织约章明示赋予的,这与国家的国际法律人格是固有的、与生俱来的显然不同。然而,大多数国际组织的组织约章并未明文规定国际组织具有法律人格,而是需要通过对国际组织的目的与职能的解释来证明组织约章默示赋予国际组织法律人格。这正如国际法院在1949年的"执行联合国职务时遭受伤害的赔偿案"的咨询意见(以下简称"赔偿案")中所指出的:"国家具有国际法所确认的全部国际权利和义务,但像联合国这样的一个实体的权利和义务,则必须取决于其组成文件所明示或暗示的宗旨和职能、以及在实践中逐渐发展的职能。"在该案

---

① 〔英〕马尔科姆·N. 肖:《国际法》(第5版),2003年英文版,第1187页。
② 《国际法院判例汇编》,1992年英文版,第240、258页。

中,国际法院是根据暗含权①理论来推论出联合国具有国际人格的。法院认为,联合国是国家集体活动逐渐增加的产物。为了实现其目的和宗旨,联合国必须要具备国际人格,这是从联合国正在行使的和享受的权利和职能中得出的必要推论。对此法院强调:联合国成员国将某些职能委托给联合国,已经赋予了联合国能够有效地履行其职能所必需的能力。②

国际法院在赔偿案中还认为,联合国是被创设为具有客观的国际人格的实体,而非仅仅在其成员国内具有法人资格。法院强调说:"五十个国家,代表了(当时)国际社会的绝大多数成员,它们有权依据国际法创立一个具有客观的国际人格而不是仅仅具有这些成员国承认的人格的实体(即联合国)。"③客观的国际人格意味着国际组织人格的确立不依赖于有关非成员国的事先承认,它源自国际组织本身的性质和职能。需指出的是,并非所有的国际组织都必然拥有客观的国际人格。国际法院在赔偿案中的意见是仅特指像联合国这样的普遍性国际组织而言。实践中,一些小的国际组织并不具有客观人格。

国际法院在赔偿案中的咨询意见,为明确政府间国际组织具有国际法律人格铺平了道路。国际组织的国际法律人格的确认对国际法的贡献在于扩大了国际法主体的范围。在传统国际法上,主权国家是唯一的国际法主体。然而,根据现代国际法,某些非主权国家的实体也可能拥有某种国际法律人格。该咨询意见明确否定了只有国家才是国际法主体的观点,认为已经产生某些并非国家的团体参与国际关系的情况。此外,国际法院在关于"1951年3月25日世界卫生组织和埃及之间协定的解释案"的咨询意见中重申:"国际组织是国际法主体,因此受到国际法的一般规则、国际组织的组织法或其参

---

① 暗含权一般指国际组织的组织约章规定的明示权力以外而为实施该组织目的与职能所必需的权力,也是行使明示权力所必需的或至关重要的权力。它本身不是独立的权力,而是渊源于组织约章确定的目的、职能与明示权力的。参见饶戈平、蔡文海:"国际组织暗含权力问题初探",载《中国法学》1993年第4期,第97页。
② 《国际法院判例汇编》,1949年英文版,第174、179—180页。
③ 同上书,第185页。

加的国际协议所规定的任何义务的约束。"①同时,国际法院在赔偿案中也谨慎地强调,具有国际人格并不表示国家资格的归属或承认该实体拥有平等的权利和义务。法院指出,联合国具有国际人格并不等于宣布联合国是一个国家,也不等于说它的法律人格以及权利义务与国家的完全相同,也并不意味着联合国是一个"超国家"。②相似地,国际法院在"一国在武装冲突中使用核武器的合法性问题"的咨询意见中指出:"本法院几乎无须指出,国际组织是国际法主体。与国家不同,国际组织不具有一般的权利能力。"③

(二) 国际组织法律人格的体现

国际组织为了履行其职能和实现其宗旨,它们在对外关系中一般须具有下列几项权利能力和行为能力。这些权能是国际组织在国际法上的人格的具体体现。

1. 缔约能力

有些国际组织有能力在一定范围内与其他国际法主体缔结条约。国际组织的缔约能力是国际组织的一项非常重要的权力。但正如有学者指出的,"国际组织具有法律人格本身可能并不足以构成其缔结国际协定能力的基础"④,国际组织的缔约能力主要取决于该组织的组织约章,对此,1986年《关于国家和国际组织间或国际组织相互间条约法的维也纳公约》第6条明确规定:"国际组织的缔约能力受该组织规则的调整。"据此,国际组织的缔约能力将依据各自的组织约章、暗含权和嗣后的惯例来具体确定。实践中,国际组织出于履行其职能的需要,不仅与其成员国缔结条约,而且与非成员国或其他国际组织签订条约或协定,如1947年的《联合国专门机构的特权与豁免公约》以及同年联合国为其位于纽约的联合国总部而与美国签订的总部协定。

2. 使节权

有些国际组织有能力在一定范围内参与国际关系,这表现在它

---

① 《国际法院判例汇编》,1980年英文版,第89—90页。
② 《国际法院判例汇编》,1949年英文版,第185、179页。
③ 《国际法院判例汇编》,1996年英文版,第78页。
④ 〔英〕马尔科姆·N. 肖:《国际法》(第5版),2003年英文版,第1197页。

们可与其成员国、非成员国或其他国际组织和国际会议相互派遣或者接受常驻使节或临时使节。一方面,为促进国际组织的工作和有关国家之间的相互了解与合作,各国可以向国际组织派遣常驻代表团。例如,联合国成员国大多都在联合国纽约总部派驻了常驻代表团,非成员国在联合国系统中建立了常驻观察员代表团,欧共体也向联合国派遣了外交代表。另一方面,在征得接受国的同意前提下,有时国际组织会向接受国派遣常驻人员与机构。然而,国际组织的这种对外交往权并不同于国家的外交权,后者是基于国家主权平等原则,而前者,国际组织的使节权通常并不要求对等,而且仅限于有关组织的职能范围内的特定领域。

3. 享受特权与豁免

为了保证国际组织有效履行其职能之必需,国际组织及其代表、资产和财产在东道国和常驻地国可以享受一定范围的特权与豁免。就法律依据而言,国际组织的特权与豁免既可以体现在国际组织的组织约章的规定,也可以由国际组织与东道国签订的双边协定加以确定(如 1947 年联合国与美国签订的总部协定)。以联合国为例。《联合国宪章》第 105 条作了如下规定:"一、本组织于每一会员国之领土内,应享有于达成其宗旨所必需之特权及豁免。二、联合国会员国之代表及本组织之职员,亦应同样享有于其独立行使关于本组织之职务所必需之特权及豁免。"该条总括性的规定,后来经由 1946 年《联合国特权和豁免公约》以及 1947 年《联合国各专门机构特权及豁免公约》进行了增补。据此,联合国在成员国境内享有为执行职务所必要的法律行为能力,联合国的工作人员和其成员国的代表享有有关的特权与豁免。此外,国际组织的特权与豁免也见诸于多边国际公约的规定,如《联合国特权与豁免公约》《联合国专门机构特权与豁免公约》、1973 年《关于防止和惩处侵害应受国际保护人员包括外交代表的罪行的公约》等。

国际组织所享受的特权与豁免因各组织的性质与职能而异。例如,联合国享有较高的特权与豁免,包括司法豁免权、会所与房舍不可侵犯权、档案文书不可侵犯权、通信便利和免纳税捐等。联合国专门机构的特权与豁免则比联合国本身的要少些。国际经济组织的特权与豁免往往限于其执行职责所必要的范围。而国际组织工作人员的特权与豁免仅限于独立执行任务的范围。各国常驻普遍性国际组织的代表团通常享有同外交使团一样的特权与豁免。

国际组织专家的特权与豁免问题近年来成为国际法院发表咨询意见的议题。1989年,国际法院在"关于适用《联合国特权与豁免公约》第6条第22节"的咨询意见中指出:"实践中,根据秘书长提供的资料,联合国需要将性质越来越不同的各种任务交给不具有联合国官员身份的人员。……关于特权与豁免的实质,不在于他们的行政职务,而在于他们任务的性质。"[①]1999年,国际法院在"关于人权委员会特别报告员享有法律诉讼豁免的争议"的咨询意见中确认,联合国人权委员会特别报告员是为联合国执行使命的专家,因而享有使其能够独立执行公务的相应的特权和豁免。在该案中,马来西亚籍的联合国人权事务委员会特别报告员库马拉斯瓦米先生在其本国被控毁谤。国际法院在有关该案的咨询意见中认为,联合国秘书长负有首要责任并有权评估包括执行使命的专家在内的联合国官员是否在其职务范围内行事,并且在断定他们是在其职务范围内行事的情况下,维护其豁免权,以此保护这些官员。[②]

4. 承认与被承认权

这是指国际组织在同其他国际法主体发生关系时,承认其他国际法主体和被其他国际法主体承认的问题,以及当成员国中出现两个或多个政治实体时,国际组织承认其中一个为该成员国的代表。

5. 国际责任能力

国际组织拥有一定的求偿能力和承担国际责任的能力。与国家责任分为违法责任和国际损害责任两类相对应,从责任的起源来划分,国际组织的责任可分为以下两种:一是可归因于国际组织的国际不法行为引起的国际组织责任;二是由于合法活动造成的损害性后果而产生的侵权行为责任,如由于合法的空间活动造成的环境损害的责任。前一种违法责任,起因于国际组织自身的国际不法行为,它

---

① 《国际法院判例汇编》,1989年英文版,第194页。
② 《国际法院判例汇编》,1999年英文版,第84、87页。

与国家的违法责任情况相同,损害不是引起这种国际组织责任的必要条件;后一种侵权行为责任则要求引起损害性后果的发生才承担国际组织的责任问题,这种责任,与相对应的国家责任一样,只有当国际组织进行了一项国际法不加禁止的活动时出现了违反国际法所规定的一项义务的情况,才可能引起国际责任。例如,当某一国际组织在从事一项国际法不加禁止的活动,但却未能遵守有关的采取预防措施的义务,此时该组织便可能承担国际责任。

就最常发生的国际组织的违法责任而言,这种责任的基础是国际组织的国际法权利能力和行为能力,即国际组织的国际法律人格,因为责任是国际人格的必然结果,是国际组织具有国际权利和义务的体现。

具体而言,某一国际组织侵害到某个国家或其他国际法主体时,若该侵害是因国际组织违反了基于条约或习惯国际法的国际义务而造成,那么该国际组织就得承担责任。这业已得到国际司法实践的支持。例如,在1980年的世界卫生组织地区办事处案中,国际法院指出,正如一个国家会因其对国际组织的侵害而负责任一样,国际组织在侵害到一个国家时,如果该侵害是因该组织违反条约规定或国际习惯法原则而造成的,那么该组织同样要对损害该国的行为承担责任。① 在现阶段,国际组织责任问题较多发生在联合国维持和平行动以及维和部队成员的活动所引起的损害赔偿责任方面。例如,20世纪60年代早期,联合国在刚果的维和行动中,因维和部队的违法战斗行动对比利时、希腊、意大利、卢森堡和瑞士等国的国民造成了伤害,这些国家向联合国提出索赔要求。为此,联合国于1965年分别与这几个国家缔结了赔偿协定,进行一揽子的赔偿。

另一方面,如果国际组织的权利受到其他国际法主体的侵害,那么该组织有权要求赔偿。国际法院在1949年的赔偿案中指出,国际责任的基础是违反国际义务。法院认为,当联合国的职员在执行公务时遭受损害,联合国有权以自己的名义就联合国、被害人或继承人受到的损害提出赔偿要求。国际法院进一步阐明,国家代表受害人

---

① 《国际法院判例汇编》,1980年英文版,第73页。

主张索赔权是基于国籍的联系,与此不同的是,国际组织向有关国家提出索赔要求的权利,是基于受害者是代表联合国行事,他在行使着联合国的职能。所以,"联合国对其工作人员具有职能保护的权利"。①

现行国际法并没有关于国际组织责任的一般的明确规定,只在某些技术性领域(如外空法、海洋法及国际环境法等),有国际条约对国际组织的责任问题作出专门的规定。关于国际组织责任,联合国国际法委员会经过多年努力,于2006年8月通过了《国际组织责任条款草案》②。该草案目前涉及第一部分"国际组织的国际不法行为",包括五章内容,共三十条案文。虽然该草案尚未成为现行有效的国际法律文件,但它具有重要的指导意义。

二、国际组织的参与者

一般而言,政府间国际组织的成员(或称"会员")原则上只是国家,尤其是政治性较强的国际组织,对成员资格的要求更为严格,如联合国的成员只能是主权国家。而且,虽然有些国际组织允许非国家实体作为其成员或准成员,如世界贸易组织成员中就有欧共体、中国香港、中国澳门、中国台湾地区等非国家实体,但这些国际组织的主要参加者无疑是国家。这是因为国家在国际组织的实践中发挥着关键的作用。国际法院在1996年关于"一国在武装冲突中使用核武器的合法性问题"的咨询意见中指出:"国际组织受特定性原则(principle of speciality)的调整,换言之,创建这些组织的国家赋予它们权力,该权力的限度取决于共同利益,而创建国委托这些组织来增进这种利益。"③

部分国际组织的成员中拥有国家以外的实体。这些非国家实体,有的是国际组织,譬如,欧洲共同体是联合国粮农组织的一个成员。该组织为了接纳区域经济一体化组织为其成员,于1991年修订

---

① 《国际法院判例汇编》,1949年英文版,第180、184页。
② 该《条款草案》及其评注,载于以下联合国大会文件:国际法委员会报告,第58届会议,大会正式记录第61届会议补编第10号(A/61/10),2006年8月。
③ 《国际法院判例汇编》,1996年英文版,第78页。

了其章程。而有的非国家实体则是一国的某些领土或私人实体等。前者如世界气象组织的章程第3条(d)、(e)款规定,它们赋予"领土"或"领土集团"这些非国家实体成为其成员。后者,私人实体作为国际组织成员的例子,如世界旅游组织,该组织的成员除了作为正式成员的国家、作为联系成员的领土或领土集团之外,还有作为附属成员的政府间及非政府国际机构。

由上可见,国际组织的参与者不仅有国家,还有各种非国家实体。这种多样化现象,根据国际法委员会的解释,"反映出实践中的一个重要趋势,即为了在某些领域内实现更为有效的合作,国际组织日益倾向于拥有混合成员"。①

从国际组织成员的类型来说,各种国际组织的成员可分为下列五种:(1)正式成员(full member,也称"完全成员")。一般来讲,正式成员基本上是国家,而其他几种类型的成员可能是其他政府间或非政府间的国际组织、一国的某些领土实体、争取独立的民族等。这从上述有关国际组织参与者的多样性中可以说明这一点。需要补充说明的是,各种类型的成员在国际组织内部关系中的权利和义务是不相同的。具体而言,作为国际组织正式参与者的正式成员,通常参与该组织的全部活动和承受该组织的全部权利和义务。(2)联系成员(associate member,或称"准成员")。它们在国际组织中只享有有限的权利(如出席会议和参加讨论),但在主要机构中没有表决权,也不能在主要机关中任职,它们对组织承担较低的财政义务。(3)部分成员(partial member)。这种成员资格提供了一种灵活参加国际组织的形式,使得非成员得以充分参加国际组织的一个或一些机构,并使有关国家与国际组织相互受益。② 需指出的是,部分成员只是参加某国际组织的部分机关工作的非成员,它们是那些机关的正式成员,但并不是该国际组织的成员。(4)附属成员(affiliate member)。这是世界旅游组织的一种特殊类型的成员资格,它向关

---

① 2003年联合国国际法委员会报告,联合国文件A/58/10,第21页。
② 〔荷〕亨利·G.谢默斯、尼尔斯·M.勃洛克:《国际机构法》(修订第3版),1995年英文版,第116—118页。

心旅游专门利益的政府间和非政府间的国际机构开放。(5)观察员。大多数国际组织都邀请非成员国或非国家实体(如民族解放运动组织)、其他政府间或非政府间的国际组织,出席其有关会议,它们的身份称为观察员。观察员参加某些国际组织的会议,但没有表决权。例如,联合国除了现有192个成员国之外,另有2个常驻联合国观察员国——巴勒斯坦和梵蒂冈,其出席联合国有关机关的会议,但从不参与表决。

关于国际组织成员资格的起始时间。有些成员是因为参与了国际组织的创建工作而在国际组织建立之时成为其成员的,这种成员称为创始成员。另有些成员是在国际组织建立之后通过加入的方式取得成员资格的,这种在国际组织成立后依照组织约章规定的程序加入的成员,称为纳入成员或"附加成员"。无论是创始成员还是嗣后加入的成员,它们的权利和义务通常都是一样的。

至于国际组织成员资格的终止,这主要是因为成员的退出或成员被国际组织开除(驱逐)等原因所导致。退出是成员国的自愿行为。国家既然是根据其自由意志加入国际组织,当然也可以自愿退出。大多数国际组织的组织约章都明确规定,成员资格可因单方面退出而终止,但通常需要事先通知并经一段时期方可生效。驱逐(或称"开除")是国际组织对成员国采取的一种措施。例如,根据《联合国宪章》第6条,联合国的会员国如果屡次违反《宪章》所载的原则,那么大会经安理会之建议可以将其除名。实践中,驱逐成员的情况比退出的要少见。①

三、国际组织的主要机构及其职能

国际组织需要设置若干内部机构才能有效地实现其成员国所共同确立的宗旨和职能,这些机构是体现成员国意志和完成该组织任务的必要手段。不同组织的内部机构是各国际组织运作的"硬件",它们根据有关国际组织的组织约章开展活动,从而使国际组织的目

---

① 〔荷〕亨利·G.谢默斯、尼尔斯·M.勃洛克:《国际机构法》(修订第3版),1995年英文版,第95页。

标得以实现。从国际组织机构的职能角度来看,国际组织一般都设有下列三种内部机构:决策机构、执行机构和行政管理机构。国际组织机构的职能是指整个国际组织在正常运转中各机构的工作分工及其范围。

(一) 决策机构

国际组织一般都有一个作为最高决策的审议机构,它是根据组织约章设立的最高权力机关。这种机构由所有成员派代表参加,一般称之为"大会"或"代表大会"。例如,联合国的这种机构称为大会,世界银行将其称为理事会,国际劳工组织的称为国际劳工大会。这种机构的主要职能是制定方针政策、审查预算、接纳新成员、选举行政首长、选举执行机构成员并审议其报告、制定及修改有关条约、就有关事项提出建议或作出决定、实行内部监督,等等。它们一般1—2年召开一次常会(全体会议)。在决策时,多数国际组织的各成员享有平等的投票权,除另有规定以外,会议以各成员的多数票作出决定。

(二) 执行机构

国际组织一般都设有一个执行机构,通常称为执行局或理事会,也有称为委员会的。这种机构的主要职能是执行最高决策机构的决定,具体处理本组织管辖范围内的事项,提出建议、计划和工作方案并付诸实施。其具体权力大小不等。决策机构休会期间,一般由执行机构行使职权。例如,国际海事组织的理事会,其职权主要是提出建议、行使协商与咨询方面的职能;而欧共体(欧洲联盟)的委员会、世界银行的执行董事会,其权力则要大得多。比较而言,联合国安全理事会的权力最大,它是一个有关国际和平与安全的行动机关,其有关决议对全体成员国均有拘束力,它是联合国的权力重心。

执行机构一般由最高权力机构推举的少数成员国组成,在一定任期内轮换。但也有由成员国按一定标准委派的。如国际货币基金组织的执行董事会,其24名执行董事中有8名是由基金份额最多的8个成员国分别委派的。

(三) 行政管理机构

绝大多数国际组织都设有行政管理机构,叫作"秘书处",它是一个以秘书长或总干事为首的常设机构。秘书长和秘书处的任务主要是负责处理组织中的各种经常性工作,协调组织中各常设机构的活动并为其提供各种服务。国际组织为了保证秘书处的独立性与工作效率,一般都要求秘书长和所有职员,以国际公务员的身份为本组织整体执行职务,只对本组织负责,保持中立,不应寻求或接受任何政府或本组织外的其他任何当局的指示。

此外,在现代国际组织中,有少数组织设有司法机构,用以解决某些国际争端。这种机构的法官,一般都是经成员国推荐并通过特定程序正式选举产生的。除了上述国际组织的主要机构外,各国际组织及其主要机关还可设立它们认为必要的辅助性机构。

国际组织一般具备至少两个机构,即全体成员参与的机构(大会)和负责日常管理的机构(秘书处)。设立机构的最重要的目的就是使得国际组织具有行为能力。不过,其行为能力的范围主要取决于组织的目的与职能。

四、国际组织的表决制度和决议

(一) 国际组织的表决制度

国际组织成员对本组织的文件草案或赞成或反对的表示方式称为表决。表决是国际组织决策程序中最重要的部分。国际组织采用的表决规则和制度由该组织的组织约章决定。在通常情况下,每个成员国都享有平等的一票。少数国际组织按特定标准确立成员国之间不同的投票表决权。在国际组织的实践中,表决制度一般有以下四种:

1. 全体一致同意(即"全体一致通过"规则)

它是指国际组织的议案必须取得出席及投票的所有成员的一致同意才可通过。19世纪的国际会议,通常采取一致同意原则,国际联盟沿用了此种制度。这种表决方式往往使得议案难以通过,故当今的大多数国际组织已不再使用这种表决方式。

2. 多数同意制(即"多数通过制")

它是指议案经出席及投票的成员多数同意即可通过。这种表决制根据"多数"的种类又可分为下列三种:

（1）简单多数，指有超过半数成员的同意票即可获得通过。这主要用于程序性事项或其他不很重要的决议。如联合国大会的一般议案，经成员国过半数同意即可通过。

（2）特定多数，指要求达到一定比例的多数时议案才能通过。所谓"特定多数"，通常情况下要求2/3多数。这种表决制多适用于重要问题或特定事项的决议。如联合国大会对于重要问题的表决须经出席大会及投票的成员国的2/3多数国同意才能通过。

（3）多数加特定成员通过，指除了要求特定数目的多数之外，还要求包括特定成员的同意票方可通过。这种表决制为个别国际组织或机构所采用。如联合国安理会对于非程序性事项的议案，须经包括全体常任理事国的同意票在内的9个理事国的同意才能通过。

3. 加权表决制（又译"加重投票制"）

它是指依据一定标准和规则分别给予国际组织成员以不同票数或不等值的投票权的一种表决制度。在表决制度上，国际组织基于成员国主权平等原则，通常适用一国一票制，成员国不论大小强弱在组织内均享有平等的一份投票权。但一些国际经济组织，因其带有股份制的性质，因而它们的表决制度也反映了股份制的特点，按成员对组织的贡献或责任大小来分配表决权。例如，根据《国际货币基金组织协定》第12条和《国际复兴开发银行协定》第5条，在这两个组织中，每个成员国都平等享有250票基本投票权，此外，根据各国所缴份额，每10万单位特别提款权份额增加一票。

4. 协商一致（consensus）

这是国际组织通过决议（或议案）的一种新方法。它是指成员国之间进行广泛协商后，达成一种不经投票而一致合意的通过议案方式。协商一致通过的决议表明对决议的基本内容取得一致意见，但并不表明决议的每一项规定都为所有国家所同意。李浩培先生据此认为，"consensus"应理解为"协商基本一致"，它是介于全体一致同意与多数表决两种程序之间的一种决策程序。① 联合国大会、联合国发起召开的一些国际会议、联合国某些专门机构以及其他许多

---

① 李浩培：《李浩培文选》，法律出版社2000年版，第589页。

国际组织都在很多情况下采用协商一致程序。如在联合国主持下的第三次海洋法会议,在制定海洋法公约时就采用了协商一致的方式。

(二) 国际组织的决议

国际组织决议是指国际组织的某一机构,依程序规则以书面形式通过的决定。① 一般而言,决议表现为阐述某机构辩论结论的一种正式文本。国际组织各机构的决议通常是由组成某机构的成员以表决方式,按所要求的可决票数,如简单多数、三分之二多数或四分之三多数等予以通过,或者是一致通过。近年来,国际上也广泛采用协商一致通过决议的做法。

国际组织决议的形式和名称多种多样,如决定、命令、规章(regulation)、建议、宣言等。但名称本身并不重要,关键的是某一决议的意图是什么。如果一项决议试图成为有拘束力的决定,而该国际组织的基本文件中也含有这种拘束力的规定,则该决议具有拘束力。②

概而言之,国际组织决议的效力根据,归根结底是国家的同意或意志。其根据可分为三种:第一种根据是国家的明示同意,表现为国际组织的组织约章的明文规定;第二种是国家的默示同意,体现为国际组织所享有的必要的暗含权力,即组织约章的默示条款;第三种是国家意志协商与妥协的结果,或者可以说是国家的"基本同意",表现为一定条件下的协商一致。③

国际组织为其内部工作之目的而制定的、关于组织本身职能的决议,称为"内部决议"。国际组织决议中的绝大部分为内部决议。这种决议主要用于管理国际组织的内部事务,它们对国际组织内部以及对成员国产生法律上的拘束力。就国际组织的内部而言,它们对组织的官员和其所有下属机构有拘束力。国际法院在"联合国的某些费用案"的咨询意见中判称:"(《联合国宪章》)第18条涉及大会关于'重要问题'的决定。这些决定的确包括某些建议,但其他的

---

① 饶戈平主编:《国际组织法》,北京大学出版社1996年版,第259页。
② 参见〔英〕J. 马卡可瑟克主编:《二十一世纪之初的国际法理论》,1996年英文版,第385页。
③ 关于此问题的讨论,可参阅黄瑶:《国际组织决议的法律效力探源》,载《政治与法律》2001年第5期,第31—32页。

决定具有处分性效力和效果,例如关于会员国权利和特权的中止、会员国的开除、预算问题。"①内部决议的法律拘束力,通常由国际组织基本文件明文赋予,而有的内部决议的法律效力则来自国际组织基本文件的暗含规定。

为了参与国际社会部分事务的管理,国际组织为外部目的(针对会员国)而制定的、扩展到组织本身职能之外的决议,谓为"外部决议"。国际组织的外部决议,一般没有法律效力,但特殊情形也并不少见。例如,在联合国体系内,依据《联合国宪章》第 39—42、44、48 和 53 条,安理会能够采取有拘束力的决定,使会员国承担有关义务。安理会这些决定的拘束力之法律基础,是《宪章》第 25 条的规定:"联合国会员国同意依宪章之规定接受并履行安全理事会之决议。"该条规定使安理会能够履行《宪章》第七章和第八章所阐明的其建立和维持国际和平与安全的职能。

第三节 联合国法律制度

联合国(United Nations,简称 UN)是第二次世界大战后根据《联合国宪章》成立的全球性政府间国际组织。它既是当今世界上最大的一般政治性国际组织,也是世界上最具代表性和权威性的综合性国际组织。

一、《联合国宪章》与联合国的建立

(一)《联合国宪章》

《联合国宪章》(以下简称《宪章》)是创立联合国的一项多边国际条约,它是联合国的基本文件。《宪章》是联合国据以运作的法律依据,联合国各机构的活动范围与权限不得超出《宪章》的规定。

《宪章》由序言和 19 章组成,全文共 111 条。《宪章》所附的《国际法院规约》也是《宪章》的一部分。《宪章》的主要内容包括:联合国的宗旨和原则,联合国的成员国,联合国主要机关的组成、职权、活

---

① 《国际法院判例汇编》,1962 年英文版,第 163 页。

动程序和主要工作以及有关联合国的地位与《宪章》的修正等条文。

《宪章》本质上是一项多边国际条约,而且还是一部造法性的国际条约。它不仅规定了联合国成员国的权利和义务,而且还确立了公认的国际法原则和规范。由于几乎世界上所有的国家都参加了联合国,《宪章》可以说是对全球几乎一切国家产生普遍影响的最大公约,其各项宗旨、原则及相关规定具有普遍的国际适用性,产生了一般国际法的效力,即《宪章》构成现代国际法的一部分。它所规定的联合国法律制度,在现代国际法律秩序中占有重要而独特的地位。

综上所述,《宪章》这部国际文件具有双重性或两面性:它既是一项国际条约,又是一部组织约章。此外,《宪章》还被认为具有国际社会宪法(constitution,又译为"基本法")的地位,这是《宪章》与其他国际组织基本文件的最大区别。《宪章》为联合国的各机构设定了在国际社会范围内履行的基本职能,如维持国际和平与安全和致力于其他国际公共利益等。而且,《宪章》第2(6)条授权联合国在维持国际和平及安全的必要范围内,应保证非联合国会员国遵行《宪章》的各项原则。再者,根据被称为"优先条款"的《宪章》第103条的规定,《宪章》本身及其规定的义务,相对于联合国成员国在其他国际条约中所做的承诺而言,是一种"更高级的法律"。国际法院在1962年"联合国的某些费用案"的咨询意见中,也承认《宪章》是"一项具有某些特殊特征的条约"。[①]

(二)联合国的建立及其会员国

1945年,50个国家(后又加上波兰)的代表在美国旧金山举行的联合国家国际组织会议上起草了《宪章》。在中国、法国、苏联、联合王国和美国以及多数其他签字国批准《宪章》之后,《宪章》于1945年10月24日生效,联合国宣布正式成立。10月24日这一天被称为"联合国日"。

联合国会员国(也称"成员国")有创始会员国和纳入会员国两种。凡参加旧金山联合国家国际组织会议或之前曾签署1942年《联合国家宣言》的国家,签署并批准《宪章》的,均为创始会员国,这类

---

① 《国际法院判例汇编》,1962年英文版,第151页。

会员国有 51 个。联合国成立后根据会员国条件和按照参加程序加入联合国的国家均是纳入会员国。根据《宪章》第 4 条,成为新会员国的条件是:(1) 爱好和平的国家;(2) 接受宪章的义务,愿意并能够履行宪章的义务;(3) 经安理会推荐并由大会三分之二多数表决通过。今天,世界上的国家几乎都加入了联合国。截至 2006 年 12 月,联合国共有会员国 192 个。

联合国是一个具有国际法律人格(也称国际人格)的政府间国际组织。国际法院在 1949 年赔偿案中,根据暗含权力理论推论出联合国具有国际人格,已如前述。但是,联合国不是世界政府,它是主权国家间的国际性机构,是成员国解决各种国际问题的场所,它的执行机构只能按照成员国的共同决定采取行动。一般而言,除了安理会的决议之外,联合国的决议对会员国没有法律约束力,联合国不能干涉成员国的内部事务。

联合国共有六种正式语文:阿拉伯文、中文、英文、法文、俄文和西班牙文。英文和法文为其工作语言。联合国总部设在美国纽约,联合国总部以外的办事处(分部)有:联合国日内瓦办事处、联合国维也纳办事处和联合国内罗毕办事处。联合国的网址为:http://www.un.org/。

二、联合国的宗旨与原则

根据《宪章》第 1 条,联合国的宗旨有下列四项:

1. 维持国际和平及安全

这是联合国组织的首要目标,它优先于联合国的其他宗旨。为达到此目的,《宪章》规定了两个步骤:一是采取有效的集体措施,以防止和消除对和平的威胁、制止侵略行为或其他破坏和平的行为;二是用和平的方法以及依照正义和国际法的原则,调整或解决可能导致破坏和平的国际争端或情势。《宪章》特别提到在解决国际争端中应依照正义和国际法的原则,表明国际法在联合国解决国际争端中的重要作用。

2. 发展国际间的友好关系

《宪章》规定:"发展各国间以尊重人民平等权利和自决原则为

基础的友好关系,并且采取其他适当措施,以增强普遍和平。"各国人民平等权利及民族自决的原则,是发展各国友好关系的基础。

3. 促进国际合作

《宪章》规定:"促成国际合作,以解决国际间属于经济、社会、文化或人道主义性质的问题,并且不分种族、性别、语言或宗教,促进和鼓励对于一切人的人权和基本自由的尊重。"为实现这一宗旨,《宪章》在第九章至第十三章进一步作了具体规定。

4. 构成一协调各国行动的中心,以达成上述共同目的

《宪章》规定联合国应成为协调各国行动的中心,亦即联合国应当是协调一切社会制度相同或不同的国家的行动并使之进行合作的重要场所,其主要活动方式在于通过彼此协商,取得有关各国的行动一致。

联合国的一个中心任务是促进发展,即促进各国民众生活水平提高、充分就业、经济和社会进步以及发展。在联合国系统所开展的工作中,多达70%的工作是为了完成这一任务。

为了实现联合国的宗旨,《宪章》第2条规定了联合国及其成员国应遵行下列7项原则:主权平等原则、善意履行《宪章》义务原则、和平解决国际争端原则、禁止使用武力或以武力相威胁原则、集体协助原则、保证非成员国遵守《宪章》原则、不干涉内政原则。这些原则已在第一章的有关"国际法基本原则"一节中阐释过。

三、联合国的主要机关及其职权

联合国设有六个主要机关:大会、安全理事会、经济及社会理事会、托管理事会、国际法院和秘书处。其中,除了国际法院设在荷兰海牙外,其他五个机关均设在纽约联合国总部。

(一) 大会

1. 大会的组成

大会由联合国全体成员国组成。每国代表不超过5人。每年开常会一次,通常在9月的第三个星期二开始举行,一般在12月25日前闭幕。除了常会之外,大会还可以根据安理会或过半数会员国的请求,召开特别会议(特别联大)或紧急特别会议(紧急特别联大)。

大会举行常会时,除全体会议外,还设有以下6个主要委员会来分担大会的工作:第一委员会是裁军和国际安全委员会,第二委员会为经济与财政委员会,第三委员会即社会、人道和文化委员会,第四委员会是政治和非殖民化委员会,第五委员会为行政和预算委员会,第六委员会即法律委员会。每届常会还设有两个程序委员会,即总务委员会和全权证书委员会。此外,大会为了行使其职能,还设有一些常设和临时机构。

2. 大会的职权

大会具有广泛的职权,可以讨论《宪章》范围内的任何问题或事项,除安理会正在处理者外,它可向成员国或安理会提出关于这些问题或事项的建议。根据《宪章》第四章,大会的主要职权可概括为三个方面:

(1) 在维持国际和平与安全方面:① 审议此方面(包括裁军和军备管制等)合作的一般原则,并提出有关的建议;② 讨论涉及国际和平与安全的任何问题,并且除安理会正在讨论的争端或情势外,提出有关建议。由于安理会是联合国在维持国际和平与安全方面负主要责任的机关,为避免大会干扰安理会的有关行动,《宪章》第12条规定,在安理会对于任何争端或情势正在执行《宪章》授予的职务时,大会非经安理会请求不得提出任何建议。③ 提请安理会注意足以危及国际和平与安全的情势。

(2) 在国际合作方面:发动研究并做成建议,以促进政治方面的国际合作,提倡国际法的逐渐发展与编纂;促进经社、文教和卫生方面的国际合作,协助全人类的人权和基本自由的实现,等等。

(3) 在组织事务方面:大会审议安理会和联合国其他各主要机关提出的报告,审查和批准联合国的预算,选举安理会的非常任理事国、经社理事会的理事国以及国际法院法官,根据安理会的推荐,委任联合国秘书长,等等。

总之,大会主要是一个审议和建议的机关。大会作为联合国的全体会议机构,由几乎世界上所有国家的代表组成。但大会的决议一般没有法律拘束力,这是由《宪章》对它设定的职权决定的。依据宪章,大会只有"提出建议"的权力,宪章没有授予大会立法权。因此它的决议一般只有建议性质。然而,大会的决议反映了会员国的政治意愿和看法,可以造成一定的国际舆论并具有道义上的力量。大会和安理会在联合国各主要机关中居于中心地位。

3. 大会的表决程序

大会实行一国一票制,每个会员国有一个投票权。大会对于重要问题的表决,须由会员国以 2/3 多数通过。所谓"重要问题"包括:关于维持国际和平与安全的建议,安理会非常任理事国、经社理事会理事国、托管理事会理事国的选举,接纳新会员国,中止会员国权利和开除会员国,制定联合国预算等。而对于其他问题的决议,以会员国的过半数决定。实践中,大会也常采取协商一致方式通过决议。

(二) 安全理事会

1. 安理会的组成

安全理事会(简称"安理会")由 15 个理事国组成。其中,常任理事国 5 个,包括中、法、苏(1991 年 12 月苏联解体后,其席位由俄罗斯联邦取代)、英、美,非常任理事国 10 个。

安理会非常任理事国由联合国大会按地区分配名额以 2/3 多数票选出,任期 2 年,每年改选五名,交替进行,改选时不得连选连任,但必须由同一地区的国家接替。每个理事国有代表一人,各理事国有代表常驻会所。

安理会主席的职位由各理事国按照其国名的英文字首的排列次序轮流担任,任期 1 个月。安理会的常会由主席认为必要时随时召集各理事国常驻代表举行,但两次常会的间隔不得超过两个星期。同时,如经有关方面请求,安理会主席也应召开会议。此外,安理会每年举行两次定期会议。

2. 安理会的职权

安理会是在维持国际和平与安全方面负主要责任的机关,而且是联合国中唯一有权采取行动来维护国际和平与安全的机关。它在联合国六个主要机关中占有首要的政治地位。

(1)和平解决国际争端方面的职权:① 促请各争端当事国用和平方法解决它们的争端。所谓"和平方法"包括谈判、调查、调停、和解、仲裁、司法解决、利用区域机关或区域办法、或者各当事国自行选择的其他和平方法。② 调查任何争端或情势,以断定其继续存在是否足以危及国际和平与安全。③ 在某争端或情势的继续存在足以危及国际和平与安全时,安理会可在任何阶段建议适当程序或调整方法。

（2）制止威胁和平、破坏和平和侵略行为方面的职权:① 根据《宪章》第39条,安理会应断定任何对和平的威胁、和平的破坏或侵略行为是否存在,并应做成建议或抉择,以维持或恢复国际和平及安全。② 促请争端当事国遵行安理会认为必要或适当的临时措施,以防止情势恶化(《宪章》第40条)。③ 决定采取武力以外的办法,并促请会员国执行此项办法。根据《宪章》第41条,安理会决定采取的非武力办法包括经济关系、铁路、海运、航空、邮电、无线电及其他交通工具的局部或全部停止,以及断绝外交关系。④ 根据《宪章》第42条,如果认为上述非武力办法不足以解决问题,可采取必要的武力行动(包括会员国的空军、海军、陆军示威、封锁及其他军事举动),以维持或恢复国际和平及安全。为了实施《宪章》第42条的规定,《宪章》第43条至第48条规定了安理会的武力行动所需遵循的程序要求,以使武力行动由安理会控制或指挥及监督,从而保证这种行动的客观性和公正性。特别是根据第43条,安理会同各会员国缔结"特别协定",要求会员国提供特别协定规定的军队、便利和协助。第46条进一步规定,使用武力的计划应由安理会以军事参谋团的协助来决定。

上述联合国安理会根据《宪章》第41条和第42条,为维持或恢复国际和平与安全而采取的措施或行动,包括武力的行动和非武力的制裁措施,被称之为联合国强制执行措施,也称"执行行动"(enforcement action)。《宪章》第41条规定的是包括经济制裁、停止交通电信和断绝外交关系在内的非武力执行措施,在近些年的反对国际恐怖主义的实践中,得到少数国家(如美国)的支持,它们积极寻求安理会对支持恐怖主义的国家作出经济制裁决定。《宪章》第42条赋予安理会采取武力执行行动的权力。然而,安理会由于缺乏可供它控制和支配的联合国部队而不能适用第42条,因而至今尚没有一次军事行动是真正意义上的安理会享有领导权的执行行动。① 冷战结束之后,安理会倾向于采取授权执行行动。例如,1991年的海湾战争可以说是一次联合国安理会授权的军事行动。1990年8月2日,伊拉克侵占科威特,安理会于当天通过了第660号决议。该决议确定"伊拉克对科威特的入侵造成了破坏国际和平及安全的情势",要求伊拉克从科威特撤军。但伊拉克不接受安理会的决议。之后,安理会先后通过了十余项决议,敦促伊拉克撤军。鉴于伊拉克拒绝执行安理会关于海湾危机的各项决议,安理会于1990年11月29日通过了第678号决议,授权各会员国"可以使用一切必要手段,支持并履行安理会第660号决议和其后的各项决议,恢复该地区的和平与安全",除非伊拉克在1991年1月15日以前完全履行了安理会的各项决议。1991年1月17日,以美国为首的多国部队对伊拉克实施空袭,展开了"沙漠风暴"行动。2月24日,多国部队对伊拉克发动大规模地面进攻。伊拉克于当月的28日接受了联合国的全部决议。

(3) 其他方面的职权:负责拟订军备管制方案;在特定战略性地区行使联合国的托管职能;建议或决定为执行国际法院判决所应采取的措施;同大会平行选举国际法院法官;向大会推荐新会员国和联合国秘书长;向大会建议中止会员国的权利或开除会员国。

需要指出的是,安理会为维持或恢复国际和平的目的(即根据《宪章》第七章)作出的决定,对联合国所有会员国都有法律约束力,联合国全体会员国有义务执行有关决议。此外,根据流行的观点,安理会在以下方面具有类似的权力通过对会员国有法律拘束力的决定:调查争端(《宪章》第34条)和执行国际法院的判决(《宪章》第94条)。

3. 安理会的表决程序

根据《宪章》第27条,安理会每一理事国应有一个投票权。安

---

① 关于联合国所采取的或授权采取的武力行动问题的讨论,可参阅黄瑶:《论禁止使用武力原则——联合国宪章第二条第四项法理分析》,北京大学出版社2003年版,第252—278页。

理会表决的事项分为程序事项和非程序事项(即实质性事项)两种:
(1) 关于程序事项决议的表决,9个理事国的同意票即可通过;
(2) 对于非程序事项决议的表决,必须有包括全体常任理事国的同意票在内的9个可决票通过。此制度通称为"大国一致原则"。该原则是在1945年的雅尔塔会议上确定下来的,故称"雅尔塔公式"。大国一致原则意味着五大国中任何一个大国的否定票都可以把安理会的议案否决,这使安理会各常任理事国因此而享有否决权(veto power)。否决权是指在联合国安理会中投反对票即可否决任何提案的权力。否决权由中、法、俄、英、美五个常任理事国享有。根据《宪章》规定,关于和平解决争端的决定,若常任理事国本身是争端当事国,不得参加投票。此外,由于《宪章》没有对什么是程序事项和非程序事项作出界定,各大国经多次磋商得出如下解释结论:关于某一事项是否属于程序性这一先决问题的决定,也必须以9个理事国的可决票决定之,其中应包括全体常任理事国的同意票在内。这样一来,常任理事国在安理会就享有了两次否决的权力,称为"双重否决权"。在安理会的实践中,弃权常被排除在总票数之外,故此产生了"弃权不妨碍通过"的嗣后实践。国际法院在1971年的"纳米比亚案"中对此做法予以认可。

五个常任理事国享有否决权,是根据第二次世界大战期间五大国对维护世界和平的贡献以及战后的国际形势,为突出五大国维护世界和平的责任和保持它们之间的一致而确定的。然而,大国一致原则在实践中颇受争议。一方面,该原则保证了大国在联合国安理会中发挥特殊的作用。联合国六十余年的实践表明,在国际重大问题的决策上保持五大国一致有利于安理会重大决议的顺利执行,可以推动它们竭尽全力通过协商作出一致的集体决定,避免安理会的分裂,也有利于遏制超级大国滥用常任理事国的职权,作出有损世界各国利益或侵犯他国独立主权的决定。另一方面,在联合国的实践中,否决权的消极方面引起了人们的关注,即当五大国意见分歧、立场各异时,否决权阻止安理会通过决议及采取行动,此时安理会的职能就很难实现。否决权体现为一种少数抵制或阻止多数的权力。一项实质性决议,只要有一个常任理事国反对,即便获得安理会其他国家的同意,该决议也不能通过。否决权的行使受国际政治的影响很大。例如,1972年9月,以色列因"黑九月事件"对巴勒斯坦实施了残酷的报复行动。在安理会就该事件谴责以色列的一项提案进行表决时,美国使用了否决权,这是美国首次在巴勒斯坦问题上使用否决权。在此后的三十多年中,美国在中东问题上使用否决权达近四十次。

(三)经济及社会理事会

经社理事会由54个理事国组成。理事国由联合国大会选举,任期3年,交替改选,每年改选1/3,可以连选连任。从1971年起,中国一直是经社理事会的理事国。经社理事会每年举行2次常会。

经社理事会是大会权力下负责协调联合国及联合国各专门机构间的经济与社会工作的机构,它对促进国际社会在经济、社会、文化、教育、卫生等领域的合作以及人权事业的发展负有主要责任。经社理事会的具体职权主要包括:(1)就经社、文教、卫生等事项进行研究并提出报告,并向联大、会员国和有关机构提出这些事项的建议案。(2)可提出有关人权的建议案以便增进全体人类的人权及基本自由的尊重及维护。(3)可就其职权范围内的事项拟定公约草案提交大会和召集有关国际会议。(4)与各种政府间专门机构签订协定,使它们同联合国建立关系,并协调各专门机构的活动。(5)就其职权范围内的事项同非政府组织进行磋商。

经社理事会每个理事国有一个投票权,该理事会决议采取简单多数通过。

(四)托管理事会

根据《宪章》第86条,托管理事会由三类联合国会员国组成:管理托管领土的会员国;不管理托管领土的安理会常任理事国;由大会选举一定数目的其他会员国(任期3年)。托管理事会是联合国负责监督托管领土行政管理的机关,它的主要职权包括:审查托管当局提交的报告,接受并审查托管领土的居民或其他各方的请愿书,派出视察团视察托管领土等。

联合国托管制度是在国际联盟的委任统治制度基础上建立起来的,托管制度的基本目的是增进托管领土趋向自治或独立的逐渐发展。托管领土分为战略托管领土和非战略托管领土两种，前者由管理国向安理会负责，后者即非战略托管领土由管理国向托管理事会负责。联合国成立以来，置于它托管的领土共有 11 处，都是位于非洲及太平洋的前殖民地。到 1994 年，所有托管领土都已实现自治或独立，有的成为单独国家，有的加入邻近的独立国家。鉴于托管理事会的工作已大致完成，它已修订议事规则，取消每年举行会议的规定，会议的举行视需要而定。

（五）国际法院

国际法院是联合国的主要司法机关，其有关内容将在第十二章"国际争端的和平解决"中详述。

（六）秘书处

秘书处由秘书长 1 人、副秘书长和助理秘书长若干人、以及其他行政工作人员组成。秘书长由安理会推荐，大会任命，任期 5 年。安理会常任理事国在推荐秘书长时享有否决权。1997 年第 52 届联大通过决议，增设联合国常务副秘书长一职，常务副秘书长在秘书长不在的情况下在联合国总部代理秘书长。

秘书处负责联合国的行政管理，为联合国各机构服务，并执行这些机构制定的方案和政策。秘书长和秘书处职员还要在解决国际争端中进行斡旋和调停，管理维持和平行动，组织国际会议等。

秘书长是联合国的行政首长，负责提供通盘行政指导。除了其行政职责外，秘书长还得执行安理会、大会及其他主要机构所委托的其他职务。《宪章》还授权秘书长可以将其认为可能威胁国际和平及安全的任何事件提请安理会注意。

秘书处的职员是国际公务员。根据《宪章》第 100 条，秘书长和秘书处职员只对联合国负责，在执行职务时，不得请求或接受联合国以外的任何政府或其他当局的指示，以免妨碍其国际官员的地位。秘书处的工作人员来自 170 个国家，工作地点包括纽约联合国总部以及联合国驻日内瓦、维也纳、内罗毕等地的办事处。

四、联合国专门机构

联合国专门机构是指根据特别协定同联合国建立关系的、或根据联合国决定而创设的对某一特定业务领域负有广泛的国际责任的政府间专门性国际组织。此种协定或决定把各专门机构纳入联合国体系。

联合国专门机构具有以下几个特点:(1)它们是政府间的国际组织。因各专门机构是根据各国政府缔结的国际条约而建立,故非政府组织不能成为联合国专门机构。(2)它们是某一特定领域的全球性专门性组织。《联合国宪章》第57条对这些专业领域限定的范围是经济、社会、文化、教育、卫生和有关方面。而且,由于这种机构在某一专门领域负有广泛的国际责任,因此,区域性的国际组织不能成为联合国专门机构。(3)它们与联合国具有法律关系。它们或者通过与联合国经社理事会签订特别协定、或者根据联合国的决定而与联合国建立法律关系。这种关系表现为互派代表出席彼此的会议、互换情报、由经社理事会协调各专门机构与联合国的关系和协调彼此的活动,等等。(4)它们有独立的法律地位。各专门机构不是联合国的附属机构,它们具有独立的法律地位。各专门机构有自己的组织约章、成员国、组织结构、经费来源和工作总部等。它们的决议和活动无须联合国批准,它们只是与联合国建立密切的关系并接受联合国的协调。

目前,联合国专门机构有17个,其中16个是依照《联合国宪章》第63条订立协定而设立,它们是:(1)国际劳工组织(ILO)。它旨在制定政策和方案以改善工作条件和增加就业机会,并确定供世界各国使用的劳工标准。(2)联合国粮食与农业组织(简称"粮农组织",FAO)。它致力于提高农业生产力和加强粮食安全,并提高农村居民的生活水准。(3)联合国教育、科学及文化组织(简称"教科文组织",UNESCO)。其目的在于促进教育的普及、文化发展、世界自然和文化遗产的保护,以及在科学、新闻自由和通讯方面的国际合作。(4)世界卫生组织(WHO)。它致力于协调各个方案以解决保健问题,使所有人达到最高可能的健康水平,并在免疫、保健教育和提供基本药物等领域中开展工作。(5)国际复兴开发银行(IBRD,又称"世界银行")。(6)国际金融公司(IFC)。(7)国际开发协会(IDA)。前述三个国际组织统称为世界银行集团,该集团旨在向发展中国家提供贷款和技术援助,以减少贫穷和促进可持续的经济增长。(8)国际货币基金组织(IMF)。其目的是帮助国际货币合作和金融稳定,它是一个就金融问题进行协商、提供咨询和援助的常设论坛。(9)国际民用航空组织(ICAO)。该组织主要就空中交通运输的安全、保障和效率制定必要国际标准,并对民航所有领域中的国际合作进行协调。(10)万国邮政联盟(简称"万国邮联",UPU)。它旨在为邮政服务制定国际规则,提供技术援助,促进邮政事项上的合作。(11)国际电信联盟(ITU)。它致力于促进国际合作以改进各类电信,对无线电和电视频率的使用进行协调,促进采取安全措施并开展研究。(12)世界气象组织(WMO)。其旨在促进对地球大气层和气候变化的研究,帮助在全球交流气象数据。(13)国际海事组织(IMO)。它致力于改进国际海运程序,提高海事安全标准,减少船舶造成的海洋污染。(14)世界知识产权组织(WIPO)。它旨在促进国际社会对知识产权的保护,推动版权、商标、工业设计和专利方面的合作。(15)国际农业发展基金(简称"农发基金",IF-AD)。它致力于筹集资金以提高发展中国家穷人的粮食产量并改善其营养状况。(16)联合国工业发展组织(简称"工发组织",UNI-DO)。它旨在通过技术援助、咨询服务和培训促进发展中国家的工业发展。此外,国际原子能机构(IAEA)也属联合国专门机构,它是根据1954年第9届联合国大会决议成立的一个在联合国主持下的自治的政府间组织,其致力于促进原子能的安全与和平使用。而世界贸易组织(WTO),尽管它与联合国建立了比较稳定的工作关系,但并不是联合国专门机构。

在上述17个专门机构中,一些机构,如国际劳工组织和万国邮政联盟,创立时间比联合国更早。我国是各专门机构的成员国。联合国专门机构的组织结构大多采取三级结构:作为最高权力机关的全体大会,作为执行机关的理事会或执行局,作为行政管理机关的秘书处。

联合国17个专门机构和联合国本身形成了以联合国为核心的国际组织体系,统称为"联合国体系"(又称"联合国系统"或"联合国大家庭")。换言之,联合国体系是联合国的机构本身和与联合国有特殊关系的国际组织所形成的体系,包括联合国、联合国专门机构、以及联合国特设办事处、计划署、基金。例如,联合国难民事务高级专员办事处、联合国开发计划署或联合国儿童基金会等各种机构。联合国体系的各种机构,其范围几乎涉及所有经济和社会领域。

第四节 区域性国际组织

一、概述

区域性国际组织(简称"区域性组织")是指在同一地域内的国家或者虽不在同一的地域内,但以维护该区域利益为目的的国家所组成的国际组织与集团。[①]

区域性国际组织具有国际组织的一般特点,诸如,它们也是由明确规定其职能和组织结构的国际条约建立,它们的法律地位和组织结构与其他政府间国际组织相似。此外,区域性组织还具有如下自身的基本特征:

1. 区域性组织的成员大多限于特定地区内的国家。它们由于地理邻近,来往频繁,比较容易建立起一定组织形式的合作关系。

2. 区域性组织的成员国通常在民族、历史、文化、语言、宗教等方面有密切的联系,培育了某种共同意识,在政治、军事、经济和社会等方面有共同关切的问题,因而区域性组织具有更加稳固的政治和社会基础。

3. 区域性组织的宗旨与活动仅局限于处理区域性的一般或有关某些具体事项的问题,诸如维持本区域内的和平与安全,保障本区域的共同利益,促进本区域内的社会、经济及其他领域关系的发展等。

区域性组织的出现早于普遍性国际组织。在普遍性国际组织产生之后,便产生了两者之间的关系问题。《联合国宪章》第八章规定了区域性组织和联合国的关系以及区域性组织在两个方面的职能:

---

① 参见渠梁、韩德主编:《国际组织与集团研究》,中国社会科学出版社1989年版,第390页。

一是和平解决地区争端;二是采取强制执行行动,即协助联合国安理会实施特定的强制执行行动,但此种行动必须以安理会授权为限。例如,《宪章》第52条确认了区域性组织在维持区域国际和平与安全方面的重要地位,规定参加区域性组织的联合国会员国,在把地方性争端提交安理会以前,应首先通过区域性组织力求争端的和平解决。《宪章》把区域性组织纳入到了联合国维持国际和平与安全的体系,但区域性组织的有关活动不得违背联合国的宗旨和原则。

冷战结束以后,联合国维持国际和平与安全的任务日益繁重,联合国不得不依靠各有关区域性组织。"联合国宪章和加强联合国作用特别委员会"从1992年开始审议"关于改善联合国与各区域性组织之间的合作的宣言草案"。该草案肯定了区域性组织"是《联合国宪章》规定的集体安全体系的不可缺少的组成部分"。[①]

二、主要的区域性国际组织

世界上主要的区域性国际组织,在欧洲的主要有:北大西洋公约组织(NATO)、西欧联盟、欧洲理事会、经济合作与发展组织(OECD)、欧洲联盟、欧洲安全与合作组织(OSCE)、独立国家联合体(CIS,简称"独联体")等;在美洲大陆的主要包括:美洲国家组织、拉美一体化协会(LAIA)、安第斯集团(AG)等;在亚洲及太平洋地区,主要有:东南亚国家联盟、阿拉伯国家联盟(LAS)、亚太经济合作组织(APEC)、上海合作组织(SCO)等;在非洲,该地区最大的国际组织为非洲统一组织(OAU),该组织被2001年建立的非洲联盟所取代。以下择要简介几个主要的区域性组织。

(一)非洲联盟

非洲联盟(AU,简称"非盟")于2001年正式成立,截至2005年1月共有53个成员国。非盟的主要机构有:(1)非盟首脑会议,由全体成员国组成,它是非盟的最高决策机构和最高权力机构,其主要职责是制定非盟的共同政策、监督政策和决议的执行情况、向执行理事会等下达指示等。(2)执行理事会,是非盟的执行机构,由成员国

[①] 许光建主编:《联合国宪章诠释》,山西教育出版社1999年版,第383页。

外长或其他部长组成,每年举行两次会议,负责实施大会决议和对成员国的制裁。(3)泛非议会,是非盟的立法机构。(4)非洲法院,是非盟的司法机构。2003年非洲联盟在埃塞俄比亚首都亚的斯亚贝巴举行首届特别首脑会议,该大会通过的非洲联盟宪章修订案增添了和平与安全理事会为该组织的正式机构,这使该组织在促进非洲和平、稳定与繁荣发展方面进入了一个新阶段。

非洲联盟的前身是非洲统一组织,它是依据1963年的《非洲统一组织宪章》在埃塞俄比亚建立的。该组织的宗旨是促进非洲国家的统一与团结,协调与加强非洲国家在各方面的合作,保卫非洲国家的主权、领土完整和独立,根除一切形式的殖民主义,促进国际合作。其最高权力机关是国家和政府首脑会议。

(二)美洲国家组织

美洲国家组织(OAS)是历史最悠久的区域性组织,其总部设在美国华盛顿。截至2002年,该组织有35个成员国,古巴于1962年被取消成员国资格。尽管美洲国家组织于1948年随着《美洲国家组织宪章》(又称《波哥大公约》)的生效而成立,但它的历史可以追溯到"美洲共和国联盟",该联盟以及作为其常设秘书处的泛美联盟在20世纪的头十年就已经存在。[1]

美洲国家组织实行集体安全体制,组织外部对其一个成员国的武装攻击将被视为是对全体成员国的攻击。该组织的主要机关包括:作为最高权力机构的大会,行使广泛权力的外长协商会议,作为执行机构的常设理事会,等等。

(三)东南亚国家联盟

1967年,马来西亚、菲律宾、新加坡、泰国、印度尼西亚五国外长在泰国曼谷签署《东南亚国家联盟宣言》,宣布东南亚国家联盟(ASEAN,简称"东盟")正式成立。东盟总部设在印尼首都雅加达。1999年,柬埔寨、越南、老挝、缅甸和文莱五国加入,使得东盟的成员国扩大为10个。

---

[1] 〔美〕托马斯·伯根索尔、希恩·D.穆尔菲:《国际公法》(第3版),2002年英文版,第55页。

东盟是一个具有经济和政治目标的国际组织。其活动主要是由东盟常务委员会和一系列的常设委员会主持每年的部长会议,议题涵盖科学技术、航运和商业等各领域。1976年东盟成员国签署了下面三个协议:(1)《东南亚友好合作条约》,该条约重申了成员国有关和平以及和平解决争端的承诺;(2)《东盟协调一致宣言》,该宣言呼吁加强成员国之间的政治和经济协调与合作;(3)《建立常设秘书处的协定》,以便协调根据1967年《东南亚国家联盟宣言》建立起来的五国秘书处。常设秘书处在1992年得以进一步的加强。[①] 1987年《修改东南亚友好合作条约的议定书》的签署,使得东盟地区以外的国家能够加入《东南亚友好合作条约》。

东盟的最高机构是政府首脑会议,它负责对东盟发展的重大问题和发展方向作出决策,每年召开一次首脑会议。此外,东盟还要举办各种部长会议,包括外交部长和经济部长的会议。东盟设有一个常务委员会,它是各成员国外长的部长会议之间的政策杠杆和协调机关。而东盟秘书长向政府首脑会议、东盟部长会议和常务委员会负责。

20世纪90年代后期,在经济全球化浪潮的冲击下,东盟国家逐步认识到启动新的合作层次、构筑全方位合作关系的重要性,并决定开展"外向型"经济合作。"10+3"和"10+1"两种合作机制应运而生。"10+3"是指东盟10国领导人与中国、日本、韩国3国领导人举行的会议,"10+1"指的是东盟10国分别与中日韩3国(即3个"10+1")合作机制的简称。在这些合作机制下,每年均召开首脑会议、部长会议、高官会议和工作层会议。近年来,"10+3"和"10+1"已发展成为东亚合作的主要渠道,被认为是亚洲地区的发展方向和振兴的重要标志。

2000年11月4日,中国与东盟签署了《中国与东盟全面经济合作框架协议》,决定到2010年建成中国—东盟自由贸易区。2003年10月,中国加入《东南亚友好合作条约》,并与东盟签署了宣布建立

---

① 参见〔英〕菲利普·桑德斯、〔比〕皮尔·克莱因:《鲍威特国际机构法》,2001年英文版,第229—231页。

"面向和平与繁荣的战略伙伴关系"的联合宣言。

(四) 欧洲联盟

欧洲联盟(EU,简称"欧盟")的前身是欧洲共同体(EC,简称"欧共体")。1993年11月1日,《欧洲联盟条约》(又称《马斯特里赫特条约》,简称《马约》)生效,欧共体演化为欧洲联盟。欧盟总部设在比利时首都布鲁塞尔。欧盟是迄今为止世界上一体化程度最高的区域性国际组织,它具有某种超国家性质而被称为"超国家组织"。同时,欧盟是欧洲最重要的国际组织和迄今为止最复杂的区域性组织。[①]

作为欧盟前身的欧洲共同体是下列三个共同体的合称:创建于1951年的欧洲煤钢共同体、创建于1957年的欧洲经济共同体和欧洲原子能共同体。这三个共同体原本是三个各自独立的法律实体,到1967年7月,三个共同体的机构合而为一,统称为欧洲共同体。它是西欧主要发达国家为了加强相互间的合作,推动本地区和各自的经济而建立起来的区域性经济贸易组织。随着时间的推移,欧共体成为一个逐步走向高度一体化的经济和政治实体。1992年,欧共体12个成员国签订了《欧洲经济与货币联盟条约》和《政治联盟条约》,统称《欧洲联盟条约》或《马约》。1993年《马约》生效后,欧洲共同体更名为欧洲联盟,而原来的欧洲经济共同体更名为欧洲共同体。可见,欧盟事实上由欧洲共同体、欧洲煤钢共同体和欧洲原子能共同体组成。其中,欧共体是欧盟的核心,由于这个缘故,欧共体的称呼将继续使用,尤其是在某些法律性文件(如在建立欧共体条约的基础上签署的正式法案)中仍使用欧共体的名称。"欧共体"和"欧洲联盟"两个名词现在常被交替使用。

欧盟对符合一定条件的欧洲国家开放加入。法国、德国、意大利、荷兰、比利时和卢森堡六国为欧共体创始国。欧共体和后来的欧盟从1971年至2007年1月期间进行了六次扩大,成员国从6个增至27个。

欧盟有四个主要的机构:欧洲理事会、欧盟委员会、欧洲议会和

[①] 〔英〕马尔科姆·N.肖:《国际法》(第5版),2003年英文版,第1172页。

欧洲法院。(1) 欧洲理事会 (European Council),即首脑会议。它由成员国国家元首或政府首脑及欧盟委员会主席组成,负责讨论欧盟的内部建设、重要的对外关系及重大的国际问题。首脑会议每半年举行一次正式会议和一次非正式会议,必要时还可召开特别会议。欧洲理事会主席由各成员国轮流担任,任期半年。欧洲理事会是欧盟的最高权力机构,在决策过程中采取协商一致通过的原则。理事会下设总秘书处。(2) 欧盟委员会 (Commission of European Union)。它是欧盟的常设执行机构,负责实施欧盟条约及欧洲理事会作出的决定,代表欧盟对外联系并负责经贸等方面的谈判,处理日常事务。(3) 欧洲议会 (European Parliament)。它是欧盟的监督和咨询机构,在某些领域有立法职能,并有部分预算决定权。欧洲议会可以三分之二多数弹劾欧盟委员会,迫其集体辞职。欧洲议会大厦设在法国斯特拉斯堡,议会秘书处设在卢森堡。自 1979 年起,欧洲议会议员由成员国直接普选产生,任期 5 年。(4) 欧洲法院(ECJ,即欧共体法院)。它是欧盟的司法机构,由 15 名法官组成。该法院适用欧共体法(欧盟法)。欧盟法包括有关的条约、欧盟机构通过的规章、该法院先前的判例法和成员国国内法的一般原则。

应当指出的是,欧盟不同于传统意义上的国际组织,它是一种特殊类型的国际组织。欧共体在其实践中形成了一种特殊的法律体系——欧共体法(欧盟法)。欧盟的成立条约(包括建立原来三个共同体的基本文件)授权欧共体(欧盟)不仅有权针对所有成员国制定法律,而且有权制定在成员国内直接生效的法律。在一定条件下,欧共体法为成员国国民个人直接创设权利和义务,个人可以据此要求国内法院保护权利和实施义务。此外,欧盟法(欧共体法)可以在成员国国内法律层面直接适用,而且其效力高于成员国国内法,当两者相抵触时优先适用欧盟法规范,同时并不剥夺成员国国内法的一般效力。

思考题

1. 政府间国际组织与非政府间国际组织有何区别?

2. 何谓国际组织的法律人格?国际组织的法律人格与国家的法律人格有何不同?

3. 如果国际组织的职员在执行公务时遭受侵害,那么该国际组织是否有权以自己的名义向加害方提出赔偿要求?为什么?

4. 国际组织一般都设有哪些主要机构?其有哪些职能?

5. 国际组织决议的效力怎样?联合国安理会通过的决议是否都有法律拘束力?为什么?

6. 联合国大会的职权有哪些?如何看待联大决议的效力?

7. 联合国安理会的职权是什么?何谓联合国强制执行措施?

8. 联合国安理会的表决程序如何?为什么否决权的行使会引起争议?

9. 何谓联合国专门机构?它们与联合国的关系如何?

10. 什么是区域性国际组织?区域性组织与联合国有何关系?

第十一章 国际法上的人权

第一节 概 说

一、人权及国际人权法的概念

享有充分的人权,是长期以来人类追求的理想。从第一次提出"人权"这个伟大的名词后,多少世纪以来,各国人民为争取人权作出了不懈的努力,取得了重大的成果。但就世界范围来说,现代社会还远远没能使人们达到享有充分人权这一崇高的目标。这也是为什么无数仁人志士仍矢志不渝地要为此而努力奋斗的原因。①

（一）对人权概念的不同理解

虽然人权是人类共同追求的理想,但在当今世界,对人权概念的解释和运用,却总存在混乱和模糊——人们往往在不同意义上使用人权一词,用以表示不尽相同甚至全然相反的主张。

在西方学者看来,人权是保持人类尊严的必不可少的权利,没有这些权利,人就无尊严可言。这些权利是建立在个人基础之上的,是一种个人权利,每一个男女个人享有这些权利,完全是因为他们属于人类,而非出于其他原因。许多西方学者认为,人权只有建立在每个"个人"的基础上才是稳固的,所谓的"集体人权"的概念在逻辑上就是错误的——因为在有关人权的大部分冲突中,个人和集体,包括国家,一直是而且现在仍然是对立的。人权实质上是在个人和集体（特别是国家）的相互冲突对立中发展起来的概念,如果把这样一种权利亦归属于集体,最后的结果往往是将国家或其他集体的权利置于个人权利之上,这等于是在原本就不公平的冲突中又帮了占优势

---

① 国务院新闻办公室编:《中国的人权状况》,中央文献出版社1991年版,第1页。

的一方一把。① 总之,人权只能是个人权利和自由,而不是集体权利,是人由于其人的属性而具有的公民权利、政治权利和经济权利。

与此相反,亚非新兴的独立国家认为,近代人权观念虽然最先出现于西方,这并不意味着西方的人权观就当然地体现了全人类对人权的全部认知,更不意味着西方国家可以垄断对人权概念的解释。在它们看来,人权是人之作为人都享有的权利,这是一个抽象的命题。现实、具体的人都生活在不同文化传统、不同政治体制和不同经济条件下,他们对人的尊严和价值,对人所应有的利益和诉求,对自身人权的现实状况无疑都有不同的体验。就亚非国家过去的体验而言,其尊严、价值和利益之饱受践踏和剥夺显然缘于西方的殖民统治,这不能不让人感到西方人权观的虚伪和褊狭,不能不让人对其文化和哲学基础中的内在矛盾进行反思。对殖民地和附属国人民来讲,最大的人权问题就是要摆脱外国殖民统治,争取民族自决;而对已摆脱殖民统治的新独立国家来讲,最紧迫的人权问题是要为人民提供生存和发展的基本条件。无论是自决权还是发展权,都主要是在民族和人民这样的集体权利的层面上享有,因此人权概念不是仅仅限于个人人权,它同时也包含集体的人权和自由。

在传统的西方人权观念中,人权不仅只限于个人人权,而且就个人人权的内容来讲亦只限于公民权利和政治权利,经济、社会和文化权利是不应包纳在内的。在现代,由于经济、社会和文化权利作为人权的内容被写进了《世界人权宣言》和《经济、社会和文化权利国际公约》,西方学者们不得不修改旧说。他们虽然不能不承认经济、社会和文化权利的确是现代国际法所确认的人权内容,但却同时对这种变化表示遗憾和担忧。他们认为,现实的经济、社会和文化权利是需要大量经济资源的投入来满足和保持的,这只能靠渐进的方式得以实现,内容空泛的人权是没有意义的,同时,关注经济、社会和文化的发展往往可能成为忽视公民和政治权利的借口和理由。基于这样的理解,西方学者强调,在两类权利发生冲突的情况下,必须坚持公

---

① 〔加〕J.汉弗莱:《国际人权法》,庞森等译,世界知识出版社1992年版,第11—15页。

民权利和政治权利优于经济社会和文化权利。① 第三世界国家则认为,经济及社会权利同公民政治权利不是互相排斥,而是相互依赖、互相支持的,充分的经济权利和经济保障是实现人类尊严和保障公民权利及政治权利的物质条件。因此,他们主张把实现人权的重点放在工作权、受教育权和适当生活标准等社会经济权利方面。而在当前的国际范围内,把争取和实现人权的斗争同反对超级大国的掠夺和剥削结合起来,打破富国剥削穷国的旧的国际经济秩序,建立公正平等的国际经济新秩序是当前人权发展的特点和方向。

在很长时期里,人权只是作为国家内部政治生活和立法原则而存在,只涉及国内法问题,各国国民的人权问题被视为完全受各国排他性管辖的事项。从第一次世界大战后,人权问题开始由国内法领域进入国际法领域,人权范畴内的一些专门事项,如禁奴、少数民族的保护、禁止强迫劳动等,开始为公约所规定并成为国际保护的对象。第二次世界大战以后,《联合国宪章》将人权的尊重和促进作为联合国的宗旨之一,《世界人权宣言》和人权两公约(《经济、社会、文化权利公约》和《公民权利和政治权利公约》)的制定,更标志着人权问题真正进入国际法领域。针对上述发展,很多西方学者认为,"在人权方面,国家再不拥有一个保留其管辖权而可以不受国际法及外交干预的绝对领域了"②,而且,从性质上说,人权问题更适合由国际社会来过问,因为"由于国家宪法可以经过法定的,虽然是比较困难的程序予以变更,所以人权除非以国际社会的有效承认为基础并受其保障,否则不足以防止国家的粗暴侵犯"③。基于此,西方国家主张在区域和世界范围内建立保护人权的国际机构,来实现或监督人权的保护。与此相反,第三世界国家认为,人权原则和主权原则并不是绝对对立的,而是相互结合的。主权原则是国际法的基础,人权原则不能离开主权原则,只能从属于主权原则,人权的充分实践只有在

---

① 〔加〕J.汉弗莱:《国际人权法》,庞森等译,世界知识出版社1992年版,第14—18页。
② 〔英〕斯塔克:《国际法导论》(第9版),1984年英文版,第350页。
③ 〔英〕罗伯特·詹宁斯·阿瑟·瓦茨修订:《奥本海国际法》第1卷第2分册,王铁崖等译,中国大百科全书出版社1998年版,第355页。

尊重主权原则的基础上才能获得切实的保障。从实践上讲,人权的实现主要取决于国内因素和条件,不能单靠国际人权机构的保障。对于依主权原则,根据国际条约和习惯而自愿承担的保护人权的国际义务,国家有责任在本国和国际上促成其实现,对于其违反所负国际义务而实施的侵犯人权的行为,如以立法、行政等措施实行种族隔离、种族灭绝、贩卖奴隶等,国际社会有权干预,违法国家当然不能以"内政"为借口而逃避其国际责任。

人权概念的模糊和歧义,有着复杂的历史根源和现实原因。大体说来,这一方面是由于不同国家、民族、阶级和个人,在经济利益、政治立场、文化背景、价值取向、发展水平和社会政治生活体验等方面的差异,另一方面则是因为人权本身作为认知对象过于宽泛和复杂,对人权及其历史的解释,包含着对宗教、伦理、哲学、经济、法律、政治等诸多方面乃至整个人类历史的理解。考虑到联合国的新独立成员国以前大都遭受西方的殖民统治,考虑到东西方间政治价值观和道德理念的差异,考虑到在各主权国家间立法的实效性和可行性,联合国《世界人权宣言》的起草者们建议对人权采用一个较为宽泛、模糊和能够包容各方面主张的理解,既要表达应该维护的信念,又应是一个可以实施的行动方案——不试图去解决人权问题上的所有哲学争议,只是去发现一些保障基本权利的较明智的方法,并解决其实施中因智识等方面的差异所带来的困难。这种务实的立法策略,不仅体现于《世界人权宣言》,也影响了以后的国际人权条约。

由此可见,要想从法律上给出一个各方面都满意的、一般精确的人权概念,的确是一件非常困难的事。考虑到人权高度的道德性,许多人甚至怀疑这样做是否可能和明智:一个精确的人权定义必定是具有某种强制特征而缺少理解上的弹性,这样做的结果可能造成巨大的风险。基于此,保持一个开放的、宽容的人权概念,也许是谨慎和更为可取的。

(二) 国际人权法的概念和渊源

从第一次世界大战开始,属于人权范畴的许多具体问题开始进入国际法领域,由国际法所调整。特别是第二次世界大战以后,由于《联合国宪章》《世界人权宣言》、1966 年人权两公约及其他一些特殊领域人权公约的制定,人权问题开始全面为国际法所关注,成为国际法的重要内容并正在形成现代国际法的分支,即国际人权法。何谓国际人权法？西方学者和第三世界国家学者亦有不同认识。美国学者伯根索尔(T. Buergenthal)认为:"国际人权法,被确定为是处理保护受国际保证的个人和团体的权利不受政府侵犯以及处理促进这些权利发展的法律。"①而我国学者则认为,国际人权法是联合国宪章和根据联合国宪章制定的人权文件中有关保护国家和人民集体人权与尊重男女个人人权的规则的总称。②

多数第三世界国家学者认为国际人权法的渊源包含国际条约和国际习惯,并主张国际条约是主要渊源,国际习惯则相对次要,主要体现在联合国、其他国际组织和国际会议通过的宣言、决议、其他国际文件以及国际法院的判决中,也体现在各国的国内立法和国际实践中。西方国家的学者则主张在国际条约和国际习惯之外,《国际法院规约》第 38 条中所称的"一般法律原则"也是国际人权法的渊源。

二、人权问题的历史与现状

近代"人权"的概念,是 17 和 18 世纪欧美新兴资产阶级思想家为了同中世纪的神权和封建贵族、僧侣的特权相对抗而提出的一个政治口号。但是应当明确的是,从很早开始,人类就在为一些现在被称"人权"的个人权利而奋斗,虽然当时没有使用"人权"这个名词。

例如,在 16 世纪,西班牙神学家弗兰西斯科·维多利亚就曾在美洲西班牙领地进行保护土著人权利的工作。1555 年,《奥格斯堡和约》同意,在神圣罗马帝国内,天主教徒和路德教徒享有同等地位,后来这种宗教宽容政策扩大到加尔文教徒。奥地利学者菲德尔斯(A. Verdross)曾注意到,在较为古老的国际法学说中,就已经发现了这个基本原则:按照国际法,对于拒绝给予本国臣民以基本权利,

---

① 〔美〕伯根索尔:《国际人权法概论》,潘维煌等译,中国社会科学出版社 1995 年版,第 1 页。
② 王献枢主编:《国际法》,中国政法大学出版社 1994 年版,第 286 页。

例如自由从事宗教的权利的一个国家,可以进行干涉。① 此外,战争中的人道规则,从古代起就绵延不绝。

明确提出人权的伟大口号,并在人权的旗帜下为争取人权而抗争是从欧洲近代开始的。近代资产阶级的人权观念和制度,经历了数百年的形成与发展过程。

追溯起来,资产阶级人权观的思想渊源是人文主义。人文主义是文艺复兴运动的主要思潮,它以个人主义为核心,以自由平等为基点,有力地抨击了欧洲神权统治和封建专制,形成了早期资产阶级人权理念,并成为后来天赋人权思想的渊源。天赋人权论是自然法学说在人权领域的理论展开,在西方,天赋人权论不仅完整体现着西方人权观的主要内容,而且亦奠定了人权作为法律权利的效力基础。

从历史上看,天赋人权论有三个发展阶段:天赋人权论最先是由荷兰学者提出的。古典自然法学派的代表人物格劳秀斯在其名著《战争与和平法》中就开始从理论上论及人权问题;斯宾诺莎(Spinoza)在《神学政治论》中亦提出了人的"天赋之权"的概念。在这一时期,格劳秀斯和斯宾诺莎等虽已提出了天赋人权的概念,但未具体阐述。天赋人权论发展的第二阶段是理论的系统化。这一工作主要是由英国哲学家、政治学家和法学家完成的,其中最主要的是洛克(J. Locke)和霍布斯。天赋人权理论发展的第三阶段是它的规范化、法律化。对这一工作作出重大贡献的主要是法国和美国的思想家和政治家,代表人物如法国的伏尔泰(Voltaire)、孟德斯鸠(C. Montesquieu)、卢梭(J. Rousseau),美国的汉密尔顿(W. Hamilton)、杰斐逊(T. Jefferson)、潘恩(T. Paine)等。天赋人权从观念思想走向规范、法律的主要标志是1776年美国的《独立宣言》和1789年法国的《人权宣言》。美国《独立宣言》宣称:"人人生而平等,都从造物主处被赋予了某些不可转让的权利,其中包括生命权、自由权和追求幸福的权利。"法国《人权宣言》宣称"阐明自然的、不可转让的、神圣的人权"是其宗旨,并将人权的内容具体化为自由权、平等权、财产权、安全和反抗压迫权。此后,美国宪法和法国宪法都各视《宣言》为其立

---

① 〔奥〕菲德罗斯:《国际法》(下册),李浩培译,商务印书馆1981年版,第664页。

法精神,人权开始作为国内政治生活和立法原则而存在。

从19世纪以来,天赋人权思想有着广泛传播,在许多国家成为立法的指导原则。但是,在第一次世界大战以前,人权问题主要是国内法问题,人权原则亦主要是国内法原则。虽然在保障宗教自由、禁止奴隶制和奴隶贸易、推动战争行为的人道化、对外国人待遇上的国际责任等方面有一些条约,但这些条约数量并不多。第一次世界大战以后,人权问题开始由国内法进入国际法领域,这主要表现在有关人权的条约逐渐增多了。例如,第一次世界大战结束后巴黎和会签订的对奥地利、保加利亚和匈牙利和约,都把对这些国家内少数民族的保护列为专编,并规定少数民族的一些基本权利和自由。再如1926年的《禁奴公约》和1930年的《禁止强迫劳动公约》等。虽然人权已开始进入国际法的视野,但从整体上看,第二次世界大战以前人权的国际保护,还仅限于人权的个别方面,并带有非经常的特征。

现代国际人权法是在第二次世界大战后形成的,它的发展可归因于战前和战争期间德、意、日法西斯政权对人权的残暴践踏以及由于这种暴行而导致的空前的战争灾难和痛苦。人们相信,如果国际联盟时代存在一种保护人权的有效国际制度,这些对人权的侵犯也许本可被制止,而和平的维护也许会有更多一些机会。人权和世界和平与安全的关系第一次被人们深切地体会和意识,罗斯福总统曾经说过"人权是和平的必要条件"。基于这样的理解,《联合国宪章》在序言中宣示"重申基本人权,人格尊严与价值,以及男女与大小各国平等权利之信念"。《宪章》第1条第3项规定,联合国宗旨之一是"发展国际间以尊重人民平等权利及自决原则为根据之友好关系","不分种族、性别、语言或宗教,增进并激励对于全体人类之人权及基本自由之尊重"——可以说,人权不仅构成联合国的道义基础,同时也是维护世界和平与安全的柱石。

《宪章》中关于人权的条款是一般性的规定,规定得比较抽象。劳特派特、赖特(Q. Wright)等国际法学者认为其中包含了会员国直接的法律义务,但其他许多学者如凯尔逊、田烟茂二郎等,却认为这些条款并不构成会员国直接的法律义务。无论如何,《宪章》关于人权的规定意义重大:首先,它使人权问题国际化;其次,因为《宪章》

的规定,会员国有义务在促进人权方面与联合国进行合作,这给联合国提供了制定和编纂这些权利的必要的法律权力,使之能为此作出巨大的努力,这种努力反映在通过了"国际人权宪章"及现存的其他许多国际人权文件方面;第三,联合国多年来成功地澄清并扩大了会员国为促进人权所应承担的义务范围,在此基础上建立了各种制度以保证各国能确实遵守。

在《宪章》的影响下,1948年联合国通过了《世界人权宣言》,并于1966年制定了《经济、社会和文化权利国际公约》和《公民权利和政治权利国际公约》。此外,联合国还主持制定了大量有关人权专门问题的国际公约和文件,其中既涉及政治领域,亦涉及社会、经济、文化领域,范围十分广泛。

第二节 国际人权公约的基本内容

一、国际人权宪章

《联合国宪章》对人权作出了原则规定后,为使人权有更明确的标准,1948年12月10日联合国大会通过了《世界人权宣言》。这是战后第一个关于人权的专门性国际文件,从此人权问题真正地进入国际法领域并受到世界广泛关注。12月10日也因此被联合国确定为国际人权日。

《世界人权宣言》是联合国大会决议,因此严格说来,只有建议性质而无法律上的拘束力。为了推动《宣言》内容的法律化,联合国大会于1966年12月9日一致通过了《经济、社会、文化权利国际公约》和《公民权利和政治权利国际公约》,向各国开放批准,1976年两公约正式生效。《世界人权宣言》和这两个公约,共同构成"国际人权宪章",对个人基本权利和自由作了明确规定。

(一)《世界人权宣言》

《世界人权宣言》是人权的纲领性文件。如其所称,《宣言》的目的在于"作为所有人民和所有国家努力实现的共同标准","以期每一个人和社会机构经常铭念本宣言,努力通过教诲和教育促进对权利和自由的尊重,并通过国家和国际的渐进措施,使这些权利和自由在会员国本身人民及在其管辖下领土的人民中得到普遍和有效的承认和遵守。"

《宣言》由序言和30个条文组成。其中第1条是《宣言》的基础概念,它规定:"人皆生而自由,在尊严及权利上均各平等……"第2条规定了享受人权和基本自由的平等和非歧视原则:"不分种族、肤色、性别、语言、宗教、政见或其他主张,国籍、门第、财产、出生或其他种身份,都应享受宣言所载的一切权利和自由。"第1条和第2条共同规定了宣言的基本思想和原则。

《宣言》第3条至第21条宣示了个人的公民和政治权利。其中,第3—5条是基本权利,包括生命权、人身自由、安全权、禁止奴役等;第6—11条是司法权利,包括法律人格权、受法律平等保护的权利、司法救济权等;第12—17条是人身权利,包括个人私生活、家庭、住所、通讯不受无理侵犯的权利、国籍权、寻求庇护的权利等;第18—21条是政治权利,包括思想和言论自由、信息和表达自由、和平集会和结社自由等。

《宣言》第22条至第27条宣示了个人在经济、社会及文化方面的权利。其中包括工作权、休息权、社会保障的权利和文化权利。

从整体上看,虽然《宣言》规定了经济、社会和文化权利,但重点仍在于强调个人的权利和自由,并侧重于个人的公民和政治权利。

尽管《宣言》在形式上是建议性的联大决议,但鉴于它是由全体联合国会员国无异议一致通过的,并且不断为各种人权公约、国际文件和各国立法所确认,因此相当多的学者认为,《宣言》的许多原则可以被看成是国际习惯法的一部分。这种说法虽然还有争议,但有一点是确定无疑的:《宣言》是《联合国宪章》人权条款的一个权威性解释,也是包括《经济、社会和文化权利国际公约》和《公民权利和政治权利国际公约》在内的各种国际人权公约的源泉和基础。

(二) 1966年两个国际人权公约的特点

《世界人权宣言》制定后,联合国决定着手把宣言中的内容落实为对缔约国有法律拘束力的国际公约,以确保宣言所确认的权利与自由切实得以实施。经过18年的努力,联合国于1966年主持制定了《经济、社会和文化权利国际公约》和《公民权利和政治权利国际公约》。两公约是目前关于国际人权法的基本文件,它们与《世界人权宣言》,连同1966年《公民权利和政治权利国际公约任择议定书》、1989年《旨在废除死刑的公民权利和政治权利国际公约第二任择议定书》以及《联合国宪章》的人权条款,一起被称为"国际人权法案"。①

作为人权领域最基本的法律文件,1966年的两公约均以《世界人权宣言》为基础,但也有若干变化和发展。例如,为了顺应第二次世界大战后非殖民化进程中广大新独立国家的愿望,两公约都在其第1条宣告:"所有人民"均享有自决权和对天然资源的固有权利。这在《世界人权宣言》中是没有的,而《宣言》第14条所规定的庇护权、第17条所宣告的个人财产权,在两公约中则均未出现。

值得注意的是,两公约虽然都是由《世界人权宣言》衍生而来,但两者在面对各自所要保护的各项人权时,却呈现出如下明显的差异:

1. 两公约宣告的公民权利和政治权利的"松紧"不同

对于《世界人权宣言》所宣告的各项公民权利和政治权利,《公民权利和政治权利国际公约》的一个基本倾向是"收紧"。这在公约中有多种表现,包括排除《宣言》中有争议的庇护权和财产权、对其他各项权利的享有规定种种例外和限制等——其中最为突出的,是公约中所谓"克减权"条款。按照该条款,除7项基本人权外,缔约国可以在紧急状态下,中止其他各项公民权利和政治权利的行使。② 而对于《世界人权宣言》所宣告的各项经济、社会和文化权利,《经济、社会和文化权利国际公约》的基本倾向是"放宽"。公约不仅进一步扩大了

---

① 〔美〕伯根索尔、墨菲:《国际公法》,黎作恒译,法律出版社2005年版,第92页。
② 《公民权利和政治权利国际公约》第4条第1款规定:"在社会紧急状态威胁到国家的生命并经正式宣布时,本公约缔约国得采取措施克减其在本公约下所承担的义务,但克减的程度以紧急情势所严格需要者为限,此等措施并不得与它根据国际法所负有的其他义务相矛盾,且不得包含基于种族、肤色、性别、语言、宗教或社会出生为理由的歧视。"第2款还规定,公约中有7项权利是所谓"不可克减的权利",包括:生命权、免于酷刑和不人道待遇的自由、免于奴役和强迫劳动的自由、免于因债务而被监禁的自由、禁止刑法的溯及效力、法律上的人格权、思想良心和宗教自由。

《宣言》所宣告的各项权利,而且还规定了新的权利。此外,《经济、社会和文化权利国际公约》也没有"克减权"的规定,对各项权利的例外和限制也非常少。

2. 两公约的约文在法律上的精确性不同

《公民权利和政治权利国际公约》的约文,较之《世界人权宣言》具有更强的法律精确性,这不仅表现在约文的措辞方式上,也表现在对约文所附的各种严格的限制性条件当中。与之对应的是,与《世界人权宣言》相比,《经济、社会和文化权利国际公约》虽然条文增多了,有些规定更详细了,但法律上的精确性却没有实质性的增加。其约文措辞较空泛,通常也很少有限制性的条件。

3. 两公约的实施措施的强度有别

为了保证各项权利的落实,《公民权利和政治权利国际公约》建立了一个人权事务委员会,除专门负责审议各缔约国的人权报告书外,还可在缔约国事先声明接受委员会管辖时,以公开的程序处理与其有关的人权指控。而《经济、社会和文化权利国际公约》仅规定了一个向联合国经社理事会提交报告的制度。

两公约之所以有上述不同的特点,其根本原因是,公民及政治权利与经济及文化权利分别属于两种不同的权利范畴。前者的实现,在于排除国家的压制和侵犯,国家由之承担的是消极的"不作为"义务,这种义务的履行并不需要以大量资源的投入为条件,因此应当"立即实施"。而经济及文化权利的实现,需要国家的积极介入,需要大量资源的投入——鉴于各国的资源条件不尽相同,只能要求缔约国根据自己的状况,承担"逐渐促进"的义务。

二、两个国际人权公约的主要内容

(一)《公民权利和政治权利国际公约》的主要内容

《公民权利和政治权利国际公约》(本部分《公约》即指此)包括序言和53个条文。《公约》第1条规定了民族自决权和人民对自然资源的固有权利,这是集体性权利第一次得到一般国际人权公约的确认。《公约》第2—5条是一般总括性条款,其中第2条宣布缔约国所承担的条约义务应当"立即实施",而非"逐渐促进"。第4条则是所谓的"克减权"条款。公约第 6—27 条规定了各项具体权利,主要内容与《世界人权宣言》所列举的个人权利相似,包括了生命权、司法权利、人身权利和政治权利等。

1. 生命权

人人有权享有生命、自由和人身安全,不得被使为奴隶或奴役。禁止对任何人施以酷刑,或施以残忍的、不人道的或侮辱性的待遇或刑罚。死刑仅适用于犯罪情节最大的罪行,不满 18 周岁者及孕妇不得被判处或执行死刑。

2. 司法权利

人人享有受法律平等保护的权利,有被承认为法律主体并享有司法救济的权利。任何人不得被无理逮捕、拘禁或放逐。人人享有受法庭公正和公开审判的权利,刑事被告人在未经证实有罪时,享有被视为无罪的权利。罪刑法定并且法律不得溯及既往。禁止债务监禁。

3. 人身权利

任何人的私生活、家庭、住所、通讯有受法律保护和不受侵犯的权利。人人享有自由迁徙、择居、离去包括本国在内的任何国家以及返回本国的权利。人人享有国籍的权利。

4. 政治权利

人人享有思想、良心与宗教自由的权利,享有主张及表达意见的自由,享有和平集会和结社的自由,享有选举和被选举权,包括平等参与政治事务和参加本国公职的权利。

为了保证上述公约义务的"即时"履行,《公约》第 28 条至第 45 条,规定建立一个由 18 人组成的人权事务委员会。委员会以多种程序处理有关公约履行的问题:除了专门审议各缔约国的定期人权报告外(第 40 条),委员会还可在缔约国事先声明接受委员会管辖时,接受和审查一缔约国指称另一缔约国未履行公约义务的"来文"(第 41 条)。如果仍未能获得双方满意的解决,人权事务委员会可经有关缔约国同意后,设立和解委员会,解决相关争议。

(二)《经济、社会和文化权利国际公约》的主要内容

《经济、社会和文化权利国际公约》(本部分《公约》即指此)包

括前言和31个条文。《公约》第1条与《公民权利和政治权利国际公约》一样,是关于民族自决权和人民对自然资源固有权利的规定。《公约》第2—5条也是一般总括性条款,但其中第2条在规定缔约国所承担之条约义务的性质时,将其界定为"逐渐促进"。此外,《公约》也没有规定所谓的"克减权"条款。《公约》第6—15条规定了各项具体的权利,进一步扩大了《世界人权宣言》所宣示的权利范围,内容主要涉及个人的工作权利,组织工会的权利,享受包括社会保险在内的社会保障的权利,妇女和儿童享受特别保护的权利,以及教育权、文化权等。

1. 工作权

人人享有工作的权利,包括男女同工同酬、组织工会和罢工的权利等。

2. 休息权

人人享有休息和闲暇的权利。

3. 社会保障的权利

人人享有受社会保障的权利,享受维持本人及其家庭健康和福利所需的生活水准的权利。禁止低龄童工,禁止雇佣儿童及少年从事危险和有害健康的工作。

4. 文化权利

人人享有受教育的权利,有自由参加社会文化生活的权利。

为使公约各项规定得到实施,《公约》第16条规定了报告制度,各缔约国有义务就其促进遵守公约各项权利实现而采取的措施及进展向联合国秘书长提出报告,联合国经济及社会理事会将报告书交由人权委员会研究讨论并提出建议。

三、国际人权保护的专门性公约

(一) 防止并惩治灭绝种族罪

第二次世界大战前和战争期间,纳粹德国灭绝种族的暴行震惊了国际社会的良知,直接推动了世界各国把这种行为宣布为国际犯罪。

1948年12月9日,联合国大会通过了《防止并惩治灭绝种族罪公约》(本部分《公约》即指此),1951年1月12日该公约正式生效。中国于1983年参加。《公约》规定,灭绝种族是指蓄意全部或局部地消灭某一民族,使这个团体的成员在身体上或精神上遭受严重伤害;故意使某个民族处于某种生活状况之中,以毁灭其全部或部分生命;强制施行一种办法,意图防止这个团体生育;强迫迁移该团体的儿童。根据《公约》,不仅犯有灭种罪的个人或团体,而且预谋或煽动灭种行为的共犯也在惩治之列,对犯有这种罪行的人,无论其为何人都应一并惩治。为此,缔约国"确认灭绝种族行为,不论发生于平时或战时,都是国际法的一种罪行,承允防止并惩治之"。

《公约》考虑了将那些被控犯有灭绝种族行为的人送交国际刑事法庭审判的可能性,但《公约》没有建立这种法庭,而这一任务现已为2002年建立的国际刑事法院所担当。

(二) 消除种族歧视和禁止种族隔离

历史经验证明,种族歧视和对立经常就是社会不公、偏见、暴行和战争的滋生源,种族问题亦历来就是人权当中最引人注目的方面。鉴于战前的教训和战后不容乐观的现实,1963年联合国大会通过了《消除一切形式种族歧视宣言》。《宣言》宣称:"任何种族差别或种族优越的学说在科学上均属错误,在道德上应受谴责,在社会上均失平而招险。种族歧视系对人类尊严的凌辱,对联合国宪章原则的否定和对世界人权宣言所宣示的人权和基本自由的侵害,妨碍国际友好和平关系并足以扰乱人民间和平与安全。"

为使上述《宣言》内容具有法律拘束力,1965年联大又通过了《消除一切形式种族歧视国际公约》(本部分《公约》即指此),并于1969年正式生效。《公约》第1条首先对"种族歧视"进行了定义,《公约》要求所有缔约国"谴责种族歧视并承诺立即以一切适当方法实行消除一切形式种族歧视与促进所有种族间谅解的政策,并依情况需要制定法律,禁止并终止任何人、任何团体或任何组织所施行的种族歧视"。为保障《公约》的施行,《公约》第二部分专门设立了消除种族歧视委员会,负责审议缔约国提交的报告书,并在缔约国事先声明接受委员会管辖时,处理与其有关的指控。

种族歧视最极端的表现形式就是种族隔离。从20世纪50年代开始,南非的种族隔离政策就引起国际社会严重关注,联合国各机构为中止种族隔离制度采取了各种措施。1973年的《禁止并惩治种族隔离罪行国际公约》宣布:"种族隔离是危害人类的罪行,由于种族隔离政策所产生的不人道行为,都是违反国际法原则,特别是违反联合国宪章的宗旨和原则的罪行。"凡是犯有种族隔离罪行的组织、机构或个人,缔约国均有义务禁止、防止和严厉惩治。

除了种族方面的歧视外,国际社会还制定了其他一些方面防止歧视的国际文件,包括消除对妇女歧视的公约等。

(三) 禁止奴隶制和禁止强迫劳动

反对和禁止奴隶制度,是最早进行的人权保护工作之一。1926年的《国际禁奴公约》,首次对奴隶制下了定义,即"奴隶制为对一人行使附属于所有权的任何或一切权力的地位和状况"。但直到第二次世界大战以后,奴隶制在世界各地仍有存在,主要表现为大量类似奴隶制的制度和习俗。为此,联合国经社理事会于1956年通过了《废止奴隶制、奴隶贩卖及类似奴隶制之制度与习俗补充公约》。

根据上述两个国际公约,一切奴隶制、类似奴隶制之习惯,包括债务质役、农奴制、包办或买卖婚姻、转让妻子、妻子在丈夫死后由他人继承、役使儿童少年或剥削其劳动力等,均应予以废止。从现在情况看,禁止奴隶制不仅是公约项下义务,而且同时也是国际习惯法所规定的强行法义务。

除奴隶制度外,各种形式的强迫劳动也是对人权野蛮侵犯的行为。1930年,国际劳工组织曾通过一个《强迫劳动公约》,规定除法院判定有罪而被迫从事劳动等例外情形外,缔约国不得以惩罚相威胁,强迫任何人从事本人不曾表示自愿从事的所有工作和劳务。1957年,鉴于战后出现的新情况,国际劳工组织大会又通过了《废止强迫劳动公约》。该《公约》规定,缔约国不得以强迫劳动作为:(1) 政治压迫或政治教育的工具或作为对持不同政见者的惩罚;(2) 经济发展目的的动员和使用劳工的方法;(3) 整治劳动纪律的工具;(4) 参加罢工的惩罚;(5) 实行种族、社会、民族或宗教歧视的工具。

(四) 难民及无国籍人的保护

难民指因战争的威胁或民族、宗教、政治等原因躲避迫害离开本国的人。无国籍人指被剥夺国籍或拒绝给予国籍或由于各国国籍取得标准不同而没有国籍的人。难民和无国籍人由于失去了本国的保护,在所在国处于不稳定和易受侵害的状态,特别需要国际社会的保护。

从第一次世界大战以后开始,难民问题就引起国际社会关注。1921年国际联盟即设立了负责俄国难民的高级专员公署,1933年以后则负责德国难民事务。第二次世界大战期间,盟国成立了难民救济及安置管理局。战后,联合国大会于1946年通过决议成立了国际难民组织,1950年更名为联合国难民问题高级专员公署。

1951年,联合国制定了《关于难民地位的公约》。该《公约》确认了一般情况下对难民"禁止驱逐出境或送回"的原则,同时还详细规定了难民的权利和义务。例如,依照该《公约》,难民在宗教自由、诉讼地位、初等教育及某些社会福利方面享有国民待遇;在雇佣条件、结社权利等方面享受"最惠国待遇";在自营职业或自由职业、初等教育以外教育等方面享受不低于一般外国人在同样情况下所享受的待遇。

在无国籍方面,国际社会亦订立了许多国际条约,一方面努力减少和消除无国籍状态,另一方面,亦通过条约给予无国籍人以一定的法律地位,保障其基本人权和自由。

(五)禁止酷刑和其他残忍、不人道或有辱人格的待遇或处罚

酷刑被称为人类的一项古老的罪恶。在《世界人权宣言》《公民权利和政治权利国际公约》及其他一些国际人权公约中都规定了禁止酷刑的原则。联合国大会于1984年通过了《禁止酷刑和其他残忍、不人道或有辱人格的待遇或处罚公约》(简称《禁止酷刑公约》)并于1987年生效。

《禁止酷刑公约》的目的是防止和惩罚由公职人员或以官方身份的其他人员所犯的酷刑。酷刑是指"为了向某人或第三者取得情报或供状,蓄意使某人在肉体或精神上遭受剧烈疼痛或痛苦的任何行为"。缔约国有义务采取有效的立法、行政、司法或其他措施,防止在其管辖的任何领域内出现酷刑行为。《禁止酷刑公约》特别强调,"任何特殊情况"和"上级官员或政府当局的命令"不得援引作为

施行酷刑的理由。

为保障《禁止酷刑公约》的施行,《禁止酷刑公约》建立了与联合国早期人权条约相仿的执行机构,包括禁止酷刑委员会、报告制度、国家间任择指控制度和个人投诉制度。委员会还被授权在收到可靠情报,认为确有经常施行酷刑的确凿迹象时,主动对缔约国进行调查。

此外,自20世纪60年代末以来,联大还对联合国有关死刑的法律和实践进行了研究,并于1989年通过了《旨在废除死刑的公民权利和政治权利国际公约的第二任择议定书》。

第三节 国际人权保护机制

国际社会对人权的国际保护所能依赖的最有效的办法,首先当然是主权国家能自愿承担起保护人权和基本自由的责任,通过完善国内的立法和实施措施,最大限度地实现对人权的尊重。考虑到人权是高度道德化的领域,期望各国能诉诸其内在强制显然是有道理的。但是,完全指靠各国能自觉充分地履行保护人权的义务,显然过于理想化,因此在国际层面上建立人权的国际保护机制很有必要。

就目前的实践看,人权保护的国际机制在层次上可区分为全球性人权保护制度和区域性人权保护制度,而在实体内容上主要涉及人权保护机构和人权保护程序两个部分。

一、全球性人权保护机构

(一) 联合国系统内的人权机构

联合国在这方面的主要做法是运用其国际法的编纂权力,就人权领域的问题制定大量公约,利用其强大的舆论力量和政治压力,鼓励尽可能多的国家加入有关人权的这些公约,并且建立各种国际机构负责监督公约的实施。

据统计,截至1991年底,仅联合国系统内的人权机构就已有42个。这些机构大致可以区分为一般性机构和专门的人权机构。

1. 一般性机构

一般性机构是指维护和促进人权只属于其职能之一的机构。在联合国,可以说它的六大机关都属于此类,因为在大会、安理会、国际法院、经社理事会、托管理事会、甚至秘书处的职能中,都有维护和促进人权的内容。此外,联合国的某些专门机构,例如联合国教科文组织、世界卫生组织等,亦属于一般性机构。

2. 专门性机构

专门的人权机构是指其职能全部关涉人权的维护和促进的机构。这类机构又可区分为依《宪章》而成立的联合国内部人权机构和由联合国管理的人权公约项下的人权机构两类:

(1) 联合国内部的专门人权机构,在《联合国宪章》范围内都具有它们的组织基础。这类机构主要有人权理事会、人权高级专员办公室、防止歧视和保护少数民族委员会和妇女地位委员会等。

人权理事会是联合国大会的下属机构,其前身是作为经社理事会下属职司委员会的人权委员会。人权委员会成立于1946年2月,总部设在瑞士日内瓦,是联合国系统内处理人权问题的主要机构,可以处理与人权有关的任何问题。2006年3月15日,第60届联合国大会通过决议,决定设立人权理事会以取代人权委员会。人权理事会共有47个席位,按地域公平原则分配。人权理事会目前虽取代了人权委员会的全部职能,但仍属过渡性质,联大将在5年后对该理事会的地位进行审查。

人权高级专员办公室,是依据1993年第48届联大决议设立的秘书处下属机构。作为其首长的人权高级专员,在联合国秘书长领导下专门负责联合国的人权事务。作为联合国系统内人权保护工作的主要执行者、协调者和推动者,人权高级专员根据联合国大会、经社理事会和人权理事会的授权和决定展开各项工作。

其他一些机构,如妇女地位委员会等,则主要处理专门人权领域的事务。

一般情况下,人权机构主要由经社理事会依据《联合国宪章》第68条设立,并由经社理事会管理,但也有一些是由联合国其他机关依《宪章》设立,如1962年联大通过决议成立的反对种族隔离特别委员会。

（2）战后大量有关人权的国际公约,绝大多数都是由联合国主持制定并由联合国管理的。根据公约所设立的各种人权保护机构,与联合国有密切联系,虽然不能被称为联合国内部的机构,但称之为联合国系统的人权机构是不过分的。这样的机构主要有,根据《公民权利和政治权利国际公约》而设立的"人权事务委员会";依《消除种族歧视公约》设立的"消除种族歧视委员会";依《消除对妇女歧视公约》设立的"消除对妇女歧视委员会";依《禁止酷刑公约》设立的"禁止酷刑委员会"及依《儿童权利公约》设立的"儿童权利委员会"等。

(二) 联合国系统外的人权保护机构

在联合国系统之外,非政府人权保护组织的活动非常活跃。其中著名的如大赦国际、国际人权联盟、国际法学家委员会等,在促进人权的保护方面发挥了相当显著的作用。

二、国际人权保护的程序

除了在一些区域人权制度中有以人权法院利用司法程序保护人权的情况外,在联合国范围内主要有以下几种人权保护的程序:

1. 报告及审查制度

多数人权公约都规定了报告及审查制度。缔约国有义务定期就其履行条约促进及保障人权的情况向公约规定的机构提交报告,国际人权机构在审议报告的基础上提出一般性建议或评论。

2. 来文及和解程序

许多人权公约都规定有来文及和解程序,缔约国可以在事前随时声明承认国际人权机构的管辖权,国际机构在认定已用尽了国内救济的情况下,有权处理已接受任择条款的缔约国之间的指控,提供斡旋,以便求得当事国间有关事项的友好解决。但如果斡旋不能奏效,经有关缔约国同意后,国际机构可以提供和解委员会进行和解。如仍不能获致结果,和解委员会可提出报告,说明与争执事项有关的一切事实问题的结论,并提出解决问题的各种可能意见。

3. 国际法院的司法程序

许多人权公约都就公约的解释等事项规定了国际法院的协议管辖。遇有当事国间就协议管辖事项发生争议时,国际法院可用司法程序加以解决。

4. 个人申诉制度

《禁止酷刑公约》《消除一切形式种族歧视国际公约》等一些人权公约,还规定了个人申诉或来文指控制度。在缔约国管辖下的个人可就公约所载的任何权利受到侵害的情况向公约所设的人权机构提起申诉或请愿。

5. 联合国"1503 程序"

前面的各项人权保护程序都以人权公约为依据,属于条约项下的监督机制。1503 程序则不同,它不以人权公约为基础,而是依据联合国经社理事会决议建立。1970 年联合国经社理事会通过了一个题为"有关侵犯人权及基本自由的来文的处理程序"的 1503 号决议,规定防止歧视及保护少数者小组委员会不用依据条约,在经证明确系一贯和严重的侵害基本人权的情形下即有权受理个人的来文——该机制因之得名为 1503 程序。

一般来说,在国际人权公约中,非政府人权组织是没有个人来文申诉权的,但是在联合国人权理事会的 1503 程序中,个人或者团体都可以提交关于"持续不断的、大规模的和证据确凿的侵犯人权"的非匿名来文。按照 1503 号决议的授权,防止歧视及保护少数者小组委员会可决定将具有一贯侵犯人权特点的"特殊情势"提交人权委员会审议。人权委员会可以自行研究并向经社理事会提出报告和建议,也可以在征得有关国家同意的情况下任命一个特设委员会去进行调查。任何"特殊情势"在提交经社理事会审议前,1503 程序内的所有步骤均需保密,除非有关国家希望将其公开。

三、区域性人权保护制度

(一) 欧洲人权保护制度

欧洲是近代人权概念的发源地,欧洲国家间有共同的政治传统、历史背景、思想基础和较接近的经济发展水平,这都使得它们在人权方面有共同的理解和主张。同时,欧洲作为两次世界大战中饱受蹂躏的地区,欧洲人民对法西斯践踏千百万人生命与自由的暴行有最深切的体验,对人权和自由的宝贵亦有最真实的理解。第二次世界大战后,联合国和欧洲理事会的建立,为欧洲人权国际保护体系奠定了基础。

1950年11月4日,欧洲理事会成员国在罗马签订《欧洲人权公约》(本部分《公约》即指此),该《公约》至少以下几个方面超过了与它同期订立的《世界人权宣言》:(1) 使缔约国承担了对《世界人权宣言》特别规定的若干权利提供国内有效救济的约束性义务;(2) 给《公约》所包括的权利及对各种权利的例外与限制条件,作出了周密而准确的定义;(3) 建立了旨在调查与报告违反人权情况的欧洲人权委员会和有强制管辖权的欧洲人权法院。

《欧洲人权公约》是第一个区域性人权公约,在生效之初其内容并不很全面,后来是通过议定书的形式逐步得到完善,而且缔约国包括了全部欧洲理事会的成员国。《公约》反映了西方国家的人权观念,仅以政治和公民权利为中心内容,没有涉及社会、经济和文化权利。《公约》排除了缔约国选择其他国际程序的可能性,但它本身所设立的人权保障机制却是当今国际上最有效的。

欧洲人权委员会的程序与联合国许多人权机构的程序有相似之处,主要包括对缔约国之间指控的调查、调解和报告及对个人投诉的调查、调解和报告。对缔约国之间的指控,委员会无须缔约国事先接受任择条款即可受理;而对个人提出的申诉,则须被指控的缔约国事先已声明它承认委员会拥有此权限,并且事先已用尽了国内救济方法。委员会受理指控后进行实质调查并在调查基础上予以调解。如果调解无效,委员会必须提出事实报告并据事实得出是否违反公约的意见。委员会的报告不具有拘束力,但委员会可将报告转呈欧洲理事会部长委员会,由部长委员会按违反情况决定应采取的措施,或者由人权委员会于3个月内将问题提交欧洲人权法院解决。

至于欧洲人权法院,根据1950年《欧洲人权公约》第44条和第48条,只有接受其管辖权的国家和欧洲人权委员会才有权将案件提交该法院,个人无权直接向法院提起诉讼。然而,1990年11月6日签订的《公约》第九议定书对《公约》第 44 条和第 48 条作出了修改，允许个人、非政府组织或个人团体将案件提交法院。①

法院在受理案件后，由 7 名法官组成法庭进行审理，其中包括当事国双方的本国国籍法官。法庭的审理程序与国际法院的审理程序相类似，分书面程序和口头程序，附有理由的判决书是终审判决，对当事国有拘束力。判决须送欧洲理事会部长委员会由其监督执行并予以公布。

欧洲人权法院从 1960 年 9 月 14 日受理第一宗案件"劳莱斯案"(Case of Lawless v. Ireland)至今，已分别处理了一千余件案件。应该说，法院的影响力是相当大的，仅凭起诉的可能性这一点，就能推动当事国在法院审讯前迅速解决问题，特别是当有关政府力求避免一种预见到的不利判决时，它直接或间接都会导致有关国家立法的变更。此外，根据欧洲理事会部长委员会的要求，法院可以提供在解释《公约》和议定书方面的法律咨询意见，这种咨询权的作用亦不可低估。

（二）美洲人权保护制度

美洲国家的人权制度有两个不同的渊源：一个源于《美洲国家组织宪章》，另一个基于《美洲人权公约》（本部分《宪章》《公约》即指此两个文件）。以《宪章》为基础的人权制度在美洲国家组织所有 32 个成员国中均适用，而《公约》制度只对缔约国有约束力。这两个制度在很多方面有着重叠之处，并相互影响。在一些案例中，两种制度的法律机制同时适用于同一种人权情势的不同方面。这与欧洲国家在《欧洲人权公约》规定下建立统一人权制度的做法不大相同。

基于《美洲国家组织宪章》的人权保护制度发展较早。1948 年签字并于 1951 年生效的《美洲国家组织宪章》是美洲国家组织的组织文件和一个多边公约。《宪章》对人权的保护作了原则性规定，但没有对"个人基本权利"下定义，也没有建立任何机构来督促其遵行。不过，制定《宪章》的波哥大会议同时也公布了《关于人的权利和义务的美洲宣言》。《美洲宣言》早于《世界人权宣言》，但两者有

---

① 参见王铁崖主编：《国际法》，法律出版社 1995 年版，第 163 页。

很多共同之处,《美洲宣言》比较广泛地规定了各种权利,不仅包括公民及政治权利,也包括经济、社会及文化权利。《宣言》是作为不具约束力的决议通过的,然而在长期的人权实践中,它逐渐被公认为规范性文件,含有对《美洲国家组织宪章》第 3 条第 10 款所宣布的"个人基本权利"的权威解释。1959 年,美洲国家组织第五次外长会议决定建立美洲人权委员会以促进对人权的尊重。由于 1948 年的(美洲国家组织宪章)没有对应条款,所以美洲人权委员会不是美洲国家组织的官方机构,而是一个"自治"实体。由于《委员会章程》是由美洲国家组织理事会通过的,所以委员会在实质上承担着在全体美洲国家组织成员国间促进人权的职权。《委员会章程》第 2 条规定,"人权应理解为《关于人的权利与义务的美洲宣言》所提出的人的权利",这样,委员会实际上是把《美洲宣言》作为其人权促进工作的依据和标准。与欧洲人权委员会不同,美洲人权委员会可以自由地接受个人申诉,无须被告国事先接受任择管辖条款。美洲人权委员会还可以以所谓"国家研究"的活动来开展人权工作。委员会可调查特定国家的人权状况,如果需要的话,还可以通过建议的形式,呼吁该国政府停止对人权的侵犯。从 1970 年布宜诺斯艾利斯议定书生效开始,美洲人权委员会的地位有所变化。依修改后的《美洲国家组织宪章》,委员会变成了美洲国家组织在人权方面的促进和咨询机构,并且委员会的结构、职权和程序将依未来的《美洲人权公约》加以改造,成为负有两方面职责的人权机构。1978 年,《美洲人权公约》生效,美洲国家组织大会为新的人权委员会通过了新章程,新的委员会保留了依 1948 年《宪章》而发展起来的国家研究与现场调查制度和个人投诉制度,同时依《公约》确立了任意的国家间指控程序。委员会对受理的个人投诉和国家间指控,以听证会形式进行调查,在事实基础上促成和解;如果无法和解,委员会即提出报告,陈述事实、结论和建议并交有关国家。这些国家可在 3 个月内决定是否执行委员会建议,在此期间,委员会或有关国家亦可将案件提交美洲人权法院。

  1978 年生效的《美洲人权公约》是美洲人权制度的一个新起点,它不仅改造了旧的美洲人权委员会,建立了美洲人权法院,而且调整了美洲人权规范的实体标准。《公约》虽然受到《美洲宣言》的影响，但亦有相当差别：一是《公约》较之《宣言》，其拘束力性质更为明确；二是《公约》的保护重点放在公民权利和政治权利方面，而对《宣言》所提的经济、社会、文化权利只承允采取进一步措施来充分实现。

依《公约》建立的美洲人权法院，可以对人权争议进行裁判，也可以提出咨询意见，解释《公约》和其他一些人权条约。法院只对承认了法院任择强制管辖权的缔约国间的案件有权处理，个人不能直接向法院起诉，他必须先向人权委员会申诉并完成委员会程序，如不能解决时才能依靠人权委员会或一个国家向法院起诉。一旦案件送交法院，法院有权全面地审查委员会对事实和法律的结论，并听取对委员会管辖权的任何异议。法院的判决是终局性的，如判决未得到遵守，法院得向美洲国家组织大会通报，并由大会讨论并决定采取合适的政治措施。

(三) 非洲人权保护制度

《非洲人权和民族权宪章》(以下简称《非洲宪章》)是由非洲统一组织于1981年通过并于1986年生效的。《非洲宪章》的条款反映了联合国人权文件和非洲传统的影响，比起欧洲和美洲的区域人权条约来，它更接近《国际人权宪章》的标准。第一，《非洲宪章》宣布的不仅是权利，还有义务；第二，它不仅规定个人权利，还规定人民的权利；第三，除了保障公民权利和政治权利外，它还保障经济、社会和文化权利；第四，在行使《非洲宪章》所宣布的权利时，允许缔约国对此加以非常广泛的限制。不仅《非洲宪章》的参加国所承担的义务及其履行方式更多的是以《公民权利和政治权利国际公约》为范本，而且其建立的国际监督机构也与联合国的实践相仿。《非洲宪章》同其他区域制度的明显差别在于它没有人权法院，而且非洲制度更讲究协商与和解。此外，非洲机制的重点旨在处理对人权的大规模否定而不是个别侵犯。

《非洲宪章》的执行机构是非洲人权和民族权委员会。委员会具有促进和准司法职能。作为委员会的促进权力，它可以进行研究，召开会议，倡议出版计划、传播消息及同关心人和人民权利的国家和地方机构合作。委员会可以就其调查研究过程中所发现的"问题领域",提请各国政府注意,并提出自己的看法和建议。委员会的准司法权力可以分为两个部分:一是委员会有相当广泛的解释权,可以解释现行宪章的一切条款,并制定与促进人和人民权利及基本自由有关的原则和规则,这等于赋予了委员会准立法权力;二是委员会解决人权争议的权力,它可以利用国家间指控制度和个人指控制度,来解决有关人权争议的案件。

第四节 中华人民共和国在人权问题上的立场

一百多年来,中国人民为摆脱三座大山的压迫,进行了艰苦卓绝的斗争,所奋斗的就是争得做人的基本权利。新中国的建立,标志着中国人民从此摆脱了受奴役、受压迫的屈辱地位,第一次争得了当家做主的权利,这已经是一项了不起的人权成就。在社会主义制度下,人民的公民权利、政治权利和社会、经济、文化权利又得到了很大的保障。我国不仅在国内法层面保障和促进广大人民的人权和自由,而且在国际上亦积极参加联合国人权委员会的活动,同世界上广大坚持正义的国家和人民一道为维护和实施各项人权公约,促进人权在世界范围内的充分实现而斗争。中国在人权问题上的基本立场可以归纳如下。

一、尊重基本人权和自由

中国一贯信守《联合国宪章》的宗旨和原则,尊重基本人权和自由,反对一切践踏民族自决和实行种族歧视的政策。

中国是联合国的创始会员国,是《联合国宪章》中人权条款的积极倡导者。中国政府在很多国际会议和国际文件中,都表达了对《宪章》宗旨和原则的支持,其中也包括了对作为《宪章》宗旨之一的"尊重基本人权和自由原则"的支持。例如,中国积极参与制定的万隆会议十项原则,其中第一条就是"尊重基本人权、尊重联合国宪章的宗旨和原则"。周恩来总理在全国人大就万隆会议十原则所作报告中亦指出:"尊重基本人权、尊重联合国宪章的宗旨和原则,尊重正义和国际义务,和平解决国际争端等原则,都是中国人民的一贯主张,也是中国一贯遵守的原则。"

为保障中国人民的基本人权和自由,我国根据国际法和宪法的原则实施了大量的国内立法措施。我国不仅通过各种法律法规确认广大人民的公民权利、政治权利和社会、经济、文化权利,而且还为保障这些权利提供司法程序方面的支持。随着我国改革开放的深入和综合国力的提高,这些权利的实现将会获得越来越多的物质保障。在国际上,我国亦为人权的国际保护作出了积极贡献。我国恢复在联合国的合法席位后,即积极参与联合国保护人权的活动。从1980年起,我国已经参加了多项国际人权条约,例如,1948年《防止和惩治灭种罪公约》、1966年《消除一切形式种族歧视公约》、1973年《禁止和惩治种族隔离罪行国际公约》、1979年《消除对妇女一切形式歧视公约》、1951年《难民地位公约》、1984年《禁止酷刑和其他残忍、不人道或有辱人格的待遇或处罚公约》《经济、社会和文化权利国际公约》,等等。在联合国的人权保护活动中,我国主张应优先解决国际间大规模严重侵犯人权的问题,例如,种族歧视、种族灭绝、种族隔离、奴隶贩卖以及国际恐怖主义活动等。我国政府积极支持南非人民反对种族歧视和种族隔离的斗争,为维护人权和正义作出了努力。

二、开展人权领域内的平等对话和交流

在人权问题上,我们主张相互理解、相互尊重、求同存异、平等讨论和合作,反对任何国家垄断对人权的解释,反对在人权问题上片面推行自己的价值观念、意识形态、政治标准和发展模式。

我们认为,人权是一个历史概念,应当从历史角度和发展的观点来看待。人权概念是整个人类文明进化的产物,并不单独属于某一类民族或地区。近代人权概念虽然最先出现于西方,并以西方的哲学思想和法学概念作为直接来源,但这并不表明人权就是西方文化的专利,更不表明西方的人权当然就具有"普世效力",可以放之四海而皆准。人权不是一个抽象的、绝对的概念,而是具体历史环境的产物,也必定要随历史的发展而发展。正因为人权是相对的、具体的,所以在不同的历史背景、民族传统和经济文化条件下,人权有不同的表现形式和具体要求。不同的国家和民族从自身具体的道德标

准和价值观念出发,对人权亦会有不同的认识和体验。

从我们自己的文化传统、道德标准、价值观念和历史背景出发,我们认为人权不仅可以是个人的基本权利和自由,也可体现为集体的基本权利和自由;人权不仅包括个人的政治权利,也包括个人的经济、社会和文化权利;不仅包括集体(民族和国家)的政治权利,还包括集体的经济社会权利。对于我们这样一个有十多亿人口的发展中国家来讲,人权的首要方面是生存权和发展权。

我们从自身的历史条件中得出我们自己对人权的认识和理解,我们也相信,其他国家和民族对人权的理解亦有其历史的背景和理由。我们尊重不同的观点和主张,也希望我们的观点和主张能得到理解和尊重。强行推行自己的价值观念和人权主张并不利于开展人权领域的对话和合作。只有相互理解,相互尊重,求同存异,平等讨论和交流,才能逐步缩小分歧,达成共识和合作。

三、反对借口人权问题干涉别国内政

保护人权和尊重国家主权不是相互对立,而是相互结合的,人权只有在尊重主权原则的基础上才能得到充分保障。

我们认为,国家的主权和独立是人民享有基本人权和自由的前提和条件,丧失了主权和独立,人民就不可能有尊严和自由,也不可能享有真正的人权。所以,我们主张,主权原则和人权原则不是相互对立而是相互结合的。主权原则是现代国际法的基础,人权原则只能从属于主权原则而不能高于主权原则,而且人权的实施只能在主权原则基础上才能获得切实的保障。

我们认为,从本质上看,人权问题主要是国内问题,人权的实现主要地取决于国内的因素和条件,不可能单靠国际机构的保障。基本人权的保障和促进只能是在主权原则的基础上,通过国内的立法和实践得以实现,人权的实现及实现的程度,也主要取决于国内的经济、文化、社会等各方面条件。目前,国际上除了公约以外对人权的保护并没有一个统一的标准,因而从客观上讲也只能由国家根据自己的国情,通过国内法加以保护和实现。

少数国家强行推行自己的价值观,以自己的人权标准来判断他

国的人权状况,或者奉行"双重标准",用人权作为推行自己国家政策、干涉他国内政的工具,这实质上是在破坏和妨碍人权问题上的国际交流与合作。对此,我们是坚决予以反对的。

人权原则作为一项国际法基本原则,早已为《联合国宪章》和许多国际条约、文件所确认,被国际社会所广泛接受。国家有义务保障和促进基本人权和自由,有责任在本国和国际上促成其实现。对于少数国家无视国际法,违背其所承担的保障人权的国际义务而实施的侵犯人权的行为,例如实行种族隔离、种族歧视、种族灭绝、贩卖奴隶等,国际社会有权进行干涉。

思考题

1. 对于人权,西方国家与发展中国家之间有何不同的理解?其根源何在?

2. 什么是国际人权法?其渊源包括哪些?

3. 何谓"国际人权宪章"?联合国1966年的两个国际人权公约的特点是什么?

4. 《公民权利和政治权利国际公约》和《经济、社会和文化权利国际公约》的主要内容分别是什么?

5. 联合国系统内的人权保障机构主要有哪些类型?有哪些主要的程序和制度?

6. 欧洲、美洲和非洲的人权保护制度各有哪些主要特征?

7. 我国对人权问题的基本立场和观点是怎样的?

第十二章 国际争端的和平解决

第一节 国际争端及其解决方法

一、国际争端的概念

在国际交往中,国家和其他国际法主体之间难免会发生摩擦、争执。国际法上所讲的国际争端或国际纠纷,是指国家、国际组织等国际法主体之间,由于政治、经济、法律的原因或者事实、历史的因素而产生的争执。国际争端具有下列几个特点:

(一) 国际争端的主体是国家或其他国际法主体

它可能是两个国家之间,也可能是若干个国家之间甚至是跨地区或世界范围内的国家之间的争端。此外,国际争端还可能是发生在国家与国际组织之间、或者其他国际法主体相互之间(如国际组织之间)的争端。简言之,国际法上所指的国际争端就是国际法主体之间的争端,而非指一国之内的争端,更非指国家与外国个人之间的争端。

(二) 国际争端的客体(亦即争端所涉的事项范围)是有关法律权利或政治利益的争执

从国际实践来看,它既可以是争端当事方有关法律权利的争执,也可以是涉及政治利益方面的冲突或对立。前者称之为"法律性争端"(如因条约解释和适用、划定边界走向等而产生的争端),后者称之为"政治性争端"(如因国家主权或领土完整受到侵犯而引起的争端)。

(三) 国际争端由国际法的解决方法加以解决

即通过国际间的解决方法和程序解决。具体而言,对于政治性争端,由于其牵涉国家主权,一般不适合采用法律裁判的方法解决,因故政治性争端又称为"不可裁判的争端";对于法律性争端,通常用裁判的方法解决,这类争端因此也被称为"可裁判的争端"。而国内性质的争端,例如,一国内部发生的政治动乱、民族冲突等,为了避免产生干涉内政的后果,除非有关国家要求采用国际程序,一般只能由该国的国内解决方法解决。

(四) 国际争端的解决方法由当事国自愿选择适用

由于国际争端主要是主权国家之间的争端,其解决方法无论是政治方法还是法律方法,均只能由当事国在自愿基础上选择适用或由当事国协议决定。国际社会不存在一个凌驾于国家之上行使裁判权的权威机关,没有一个对所有国家都有管辖权的司法机构。虽然国际法要求各国应以和平方法解决国际争端,但具体选用哪种方法则是当事国主权范围内自行决定的事情。

一般而言,国际争端比任何其他争端都要复杂和难以解决。因为,一方面,导致国际争端的原因往往十分复杂,既可能有政治、经济和法律因素,也可能有事实因素和历史原因,通常是各种因素和原因混合而导致。另一方面,国际争端可能涉及国家的重大利益或重要权利。因此,在国际实践中,国际争端的解决经常需要比较长的时间,有些甚至需要几年、十几年或几十年。而且,世界上存在着许多长期悬而未决的国际争端,它们是对国际和平与安全构成威胁的不稳定因素。20世纪的两次世界大战实质上就是有关国际争端严重恶化所导致的后果。

二、国际争端的解决方法

在传统国际法上,解决国际争端的方法分为强制方法和非强制方法两类。下面分而述之。

(一) 解决国际争端的强制方法

在传统国际法上,国际争端的强制解决方法是指一国为迫使另一国接受其所要求的对争端的解决而采取的带有强迫性的解决争端方法。在现代国际关系中,国家使用的主要强制解决方法有反报、报复、平时封锁和干涉等。

反报(retortion)是指一国以同样或类似的行为回报另一国的不礼貌、不友好或不公正的行为。在国际实践中,反报通常适用于国家之间有关贸易、关税、航运、外交特权与豁免、移民和外侨政策等经济法律关系。例如,甲国提高乙国工业品的进口税,乙国拒绝甲国的农产品进口,就属于反报。反报所针对的不是违反法律的行为,它通常被认为是行为国的合法对抗措施,只要不违反国际法,反报是允许的。因此,构成反报的形式是多种多样的。实施反报的目的是为了强迫一国改变其不礼貌、不友好或不公正的行为,只要对方改变了这种行为,反报行为就必须立即停止。①

报复(reprisals,又称"报仇")是指一国对另一国的国际不法行为采取的相应强制措施,它实际上是一种带有惩罚性的强制措施。与反报不同,报复所针对的是他国的国际不法行为而非不友好行为,报复行为本身如果不以他国存在不法行为为前提,则有可能构成国际不法行为。依照国际法,报复行为只有在下列条件下行使才能被视为合法:(1) 报复的手段必须是国际法允许的,不能以不法行为对付不法行为;(2) 报复只能在向对方提出合法要求无法满足时才能使用,而且不应超出所受实际损害的合理限度,即符合"相称性"原则;(3) 报复是为制止不法行为和谋求补救而进行的,因此,一旦对方国家停止不法行为或给予适当补偿后,报复必须立即停止。报复行为具有很大的危险性,它们往往引发进一步的暴力行为或使紧张事态升级。武力报复是违反《联合国宪章》第 2 条第 4 项关于禁止使用武力原则的非法行为。1970 年《国际法原则宣言》第一项原则第 6 段规定:"各国皆有义务避免涉及使用武力之报复行为。"因此,历史上那些以武力欺侮弱小国家、侵略、轰炸他国等方式进行报复的国家行为,在现代国际法看来均是非法的。

平时封锁是指在和平时期,一国或数国以军事力量阻止船舶进出他国的港口或海岸,以迫使被封锁国满足封锁国有关争端解决的要求。平时封锁不同于战时封锁,后者是国家海战的一种权利。在国际关系史上,平时封锁曾经是被经常采用的一种争端解决方法。然而,因平时封锁涉及武力的使用,侵犯了被封锁国的领土主权,故在现代国际法上是被禁止的。

---

① 参见端木正主编:《国际法》(第 2 版),北京大学出版社 1997 年版,第 449 页。

干涉,从解决国际争端角度来讲,是指第三国对其他两国之间的争端进行专断性干预,迫使争端当事国按干涉国的要求解决其争端。根据不干涉内政原则,任何国家或国际组织不得非法干涉他国的内政。至于第三国介入有关国家之间的争端以促使争端和平解决的斡旋或调停,第三国也无权要求对方必须按照自己提出的方式解决争端。而武装干涉,即一国以武装力量对另一国进行的干涉,此乃武装侵略,它是最为直接的公开干涉,它直接与禁止使用武力原则相抵触,为现代国际法所不容。

除了上述强制方法外,传统国际法还认为国家有"诉诸战争权"(jus ad bellum),认为国家有主权,也有战争权,可用战争来解决国际争端。然而,《联合国宪章》第2条禁止非法使用武力,并确立了和平解决国际争端原则。因此,在现代国际法上战争方法是非法的。根据《宪章》第42条和第51条,在国际关系中可以合法使用武力的情况只有两种:一是联合国安理会的武力执行行动,二是受到武力攻击的国家行使自卫权的行为。

值得注意的是,国际争端的强制解决方法,不应与联合国或其他国际组织根据其组织约章而采取的对违法者实施的制裁相混淆。《联合国宪章》第41条和第42条授权安理会对威胁和平、破坏和平或进行侵略行为的国家施加"武力以外"的制裁措施或"武力行动",此权力是授予安理会而不是授予任何会员国的。

(二) 解决国际争端的非强制方法

解决国际争端的非强制方法,指的是在争端各方自愿的基础上采取的解决国际争端的方法,即现代国际法上的和平解决争端方法。

尽管不能笼统地说,国际争端的强制解决方法就一定违反国际法,是否违反国际法还应对其合法性问题加以具体的分析,但是,作为和平解决争端的方法,最主要的还是应靠非强制的方法,这是和平解决国际争端原则和禁止使用武力原则的应有之义。基于对20世纪两次世界大战原因的反思,《联合国宪章》第2条第3项规定了和平解决国际争端这一国际法的基本原则,对各国在处理国际关系问题时提出了一般的要求。然而,这个一般要求并不一定能阻止有的国家不愿或不能以和平方法解决国与国之间的问题。倘若有的国家违反国际法义务或侵犯别国领土主权,则必然产生危害国际和平与安全的后果。为此,《宪章》第2条第4项确立了禁止使用武力原则,禁止以战争或非法使用武力解决国际争端。鉴于《宪章》所确立的这两项原则,在现代国际法上,无论国际争端的性质如何,国家和其他国际法主体都只应以和平方法解决国际争端。

《联合国宪章》第33条列举了国际争端的各种和平解决方法,包括谈判、调查、调停、和解、仲裁(公断)、司法解决、区域机关或区域办法的利用,以及各国自行选择的其他和平方法。据此,可以将和平解决国际争端的方法归纳为政治方法、法律方法和通过国际组织解决国际争端方法。其中,谈判、协商、斡旋、调停、调查、和解等属于解决争端的政治方法,而仲裁(公断)和司法解决属于法律方法。

第二节 国际争端的政治解决方法

一、国际争端政治解决方法的特点

国际争端的政治解决方法,也称"外交解决方法"或"非司法方法",是指法律方法以外的由争端当事国直接解决或由争端双方以外的第三方介入解决的方法。政治解决方法适合于解决任何性质的国际争端,但这种方法所提出的调停建议或调查报告没有法律拘束力。

政治解决方法具有如下主要特点:(1)由争端当事国直接进行。政治方法必须是当事国主动进行的,不仅谈判与协商由当事国直接进行,即使有第三方介入(如斡旋和调停)或由第三方进行,都是当事国主动进行和决定的,任何国家或国际组织都无权迫使当事国接受某种政治解决方法。(2)第三方只起促进解决的作用。几乎所有的政治方法都允许第三方介入,但不论第三方的作用如何重要都只起促进作用,而没有任何决定的权利。假如第三方发号施令,用强迫手段使当事国接受其主张,则构成越权行为,这正如干涉一样,其本身就是违反国际法的。(3)无论哪一种政治解决方法都只有建议的作用,而没有法律拘束力。相比之下,法律解决方法则具有法律约束力,这是政治解决方法与国际争端的法律解决方法的最根本区别。(4)政治解决方法可以适用于任何性质的争端,无论是政治性的争端,还是法律性的争端抑或兼有这两种性质的混合性争端,只要当事国同意,都可以采用政治方法求得解决。而且,在采用政治方法的解决过程中,不影响当事国采取其他的解决方法。

国际争端的政治解决方法包括:谈判、协商、斡旋、调停、调查、和解等。

二、谈判与协商

谈判与协商是指争端当事国为了解决它们之间的争端而直接进行的一种解决国际争端的政治方法。

谈判作为解决国际争端的方式久已有之,并被载入20世纪的一些重要国际法律文件。1907年《海牙和平解决国际争端公约》、1928年《和平解决国际争端总议定书》和《联合国宪章》等都把谈判列在和平解决争端方法之首。实践中,谈判"往往是在需要采取其他更加正式的争端解决方法过程中的第一个阶段。事先谈判,通常是国际性法院在行使管辖权之前需要满足的一个条件"。[①] 由于谈判这种解决方法没有严格的程序要求,故它被许多学者认为具有简便、灵活性大的特点,这容易给争端的解决创造机会。但谈判的主要缺陷是,它直接受国家力量对比的影响(如在谈判桌上,大国或强国容易施加政治或经济压力),从而可能导致不公正的结果。尽管如此,谈判仍是解决争端最重要的方法。例如,在有关海洋法的案例中,像北海大陆架案和爱尔兰渔业管辖案,国际法院的判决都只是提出解决的原则或标准,最终还是要由当事国谈判具体的方案予以解决。[②]

协商是20世纪以后才发展起来的一种方法,协商与谈判只是形式上有别但没有实质性的差别。谈判通常只是在争端当事国之间直接进行,协商则不限于当事国,还可以邀请有关国家或中立国参加。

[①] 〔美〕托马斯·伯根索尔、肖恩·D.墨菲:《国际公法》(第3版),黎作恒译,法律出版社2005年版,第46页。

[②] 参见〔日〕松井芳郎等:《国际法》(第4版),辛崇阳译,中国政法大学出版社2004年版,第231页。

在实践中,谈判与协商是密切相连的,在谈判中进行协商,在协商的基础上继续谈判。谈判与协商的双方如果达成协议,该协议以条约的形式对双方有法律拘束力。若谈判没有达成协议,谈判的结果没有法律拘束力。

谈判与协商是和平解决国际争端最普通的方法,在国际实践中,大量的争端都是通过当事国直接进行谈判和协商解决的。例如,中国与英国关于香港问题的解决,就是以谈判和协商来解决国际争端的范例。

三、斡旋与调停

斡旋与调停指的是由第三方介入协助争端当事国解决争端的外交方法。在理论上,斡旋(good offices)是指第三方不直接参与争端谈判,而是主要运用外部手段促成争端当事国进行谈判以解决争端。在斡旋中,第三方可以由国家、国际组织或个人进行。而所谓调停,它也有第三方介入,但第三方进行调停时往往直接参与谈判,并向当事国提出实质性建议。第三方是否直接参加谈判是斡旋与调停的主要区别。但在实践中,两者并没有严格的区分,第三方在斡旋时有时也参与某些谈判或提出建议。无论是斡旋还是调停,第三方提出的建议都没有拘束力。

在国际关系史上,斡旋和调停的成功不乏其例。例如,在伊朗发生扣留美国外交及领事人员做人质的事件后,1982年阿尔及利亚就此事进行斡旋,最后促成美伊两国就释放人质问题达成协议。而长达八年的两伊战争,在时任联合国秘书长德奎利亚尔的反复调停下,伊朗和伊拉克终于在1988年宣布停火,开始直接谈判。又如,对始于20世纪90年代初的朝鲜半岛核问题这一复杂而棘手的问题,中国在朝核问题的会谈中发挥了东道主的斡旋和调停作用。2005年,中国积极推动各方尤其是朝美双方拿出具体的解决方案,将会谈引向深入,并在出现僵局时,及时提出折中方案,积极居中斡旋,从而推动了有关会谈取得进展。

四、调查与和解

调查与和解的目的在于查明事实,为争端当事国解决争端创造条件。调查通常是由争端当事国通过协议成立国际调查委员会查明事实,作出调查报告,为双方解决争端准备条件,但调查报告没有法律拘束力,它只限于对事实的认定。例如,1983 年的韩国客机事件发生后,国际民用航空组织的理事会组织一个由五名专家组成的调查小组,到肇事地点进行广泛的调查,提出调查报告。虽然这份报告没有拘束力,但它澄清了一些基本事实问题,并导致了国际民航组织对《国际民用航空公约》第 3 条的修改。该事件的经过是,1983 年 9 月 1 日,一架韩国航空公司的客机在从纽约到平壤的定期航班飞行中,在偏离航线长达 5 个多小时的情况下飞进苏联的领空,被苏联军用飞机拦截。后来,韩国的民航机被苏联的其中一架拦截飞机发射的两枚导弹击中坠毁,机上 240 名乘客全部丧生。[①] 实践中,调查这种解决国际争端的制度,常用于当事国的分歧只涉及事实问题。在这种情况下,一旦调查者或调查委员会查明了事实真相,双方的争执就很可能迎刃而解。

和解(conciliation,也称"调解")是比调查更进一步的解决方法。和解是将争端提交给一个若干人组成的委员会(和解委员会),委员会在查明事实之后提出解决争端的建议。调查与和解的主要区别是前者只是查明事实,而后者不仅在调查基础上提出报告,阐明事实,而且还提出解决争端的建议。但和解委员会的报告和建议没有法律拘束力,当事国没有必须接受的义务。不难看出,较之于以上各种争端解决方法或程序,和解显得更为正式。在当代,将和解规定为争端解决方法的条约并不少见。如《联合国海洋法公约》第 284 条规定:"作为有关本公约的解释或适用的争端一方的缔约国,可邀请他方按照附件五第一节规定的程序或另一种调解程序,将争端提交调解。"和解这一争端解决程序曾被成功用于解决冰岛与挪威之间的大陆架划界争端。在 1981 年的扬马延岛海域划界争端中,冰挪两国

[①] 参见陈致中编著:《国际法案例》,法律出版社 1998 年版,第 263—267 页。

签订的一份协议规定,设立一个由3名调解委员组成的调解委员会(两国各选派一名本国人担任委员,委员会主席由双方共同指定),该委员会的调解建议没有拘束力,但双方在进一步的协商时应予以考虑。1982年,双方都接受了该委员会的报告,两国的海域划界争端得到了和平解决。①

对于上述各种解决国际争端的非司法方法,各国有权选择运用其中的一种方法或者同时采用几种方法来解决争端,即将谈判与协商、斡旋与调停、调查、和解结合起来使用。譬如,根据1965年《消除一切形式种族歧视国际公约》第11—13条和1966年《公民权利和政治权利国际公约》第41—42条的规定,有关解决侵犯人权申诉的争端解决机构,就是将谈判、调查、和解等方法结合起来以进行化解工作的。

第三节 国际争端的法律解决方法

一、国际争端法律解决方法的特点

解决国际争端的法律方法是指采用仲裁或司法方法解决国际争端。法律方法具有以下几个特点:(1)由临时设立或常设的仲裁机构或国际司法机构审理争端,此种机构具有相对完善的组织或程序规则;(2)依据国际法裁判争端;(3)作出具有法律拘束力的裁决或判决,当事国有义务加以遵守。

解决国际争端的法律方法与政治方法的主要区别在于,通过法律方法作出的裁决或判决对当事国有法律约束力,且法律方法通常只适用于可裁判的国际争端即法律性争端,纯属国家主权范围内的政治性争端一般不采用法律方法解决。而国际法律解决方法与国内法律解决方法的不同之处,是国际法律解决只能在当事国自愿接受的基础上进行。因为,在国际社会,平等国家之间没有管辖权,所以

---

① 参见陈致中编著:《国际法案例》,法律出版社1998年版,第216—219页。

无论是通过仲裁还是司法方法解决争端,都只能基于当事国的同意。①

解决国际争端的法律方法包括国际仲裁和司法解决两种程序。

二、国际仲裁

(一) 国际仲裁的概念

国际仲裁是指两个主权国家自愿将争端提交给它们自行选任的仲裁人处理,并相互约定服从其裁决的一种解决国际争端方法。

国际仲裁的历史由来已久。近代的国际仲裁发轫于1794年英美两国根据《杰伊条约》进行的仲裁。根据该约,英美双方选派同等数目的委员组成混合委员会,审理两国之间自美国独立战争以来的一系列求偿案件。混合委员会是双方根据仲裁条约产生的,委员会的委员是双方各自选派的,故《杰伊条约》被认为是近代仲裁制度的开始。1872年的阿拉巴马仲裁案具体确立和发展了近代仲裁制度。在该案中,英美两国以在《华盛顿条约》中提出的三项规则作为仲裁适用的法律,开创了由当事国在仲裁条约中规定仲裁庭所适用的法律规则的先例。

从仲裁的主体来看,仲裁可以区分为不同的种类:(1) 狭义的国际仲裁,即严格意义上的国际仲裁,是两个主权国家解决其法律争端的一种程序,仲裁的双方都是国家。作为国际争端的法律解决方法之一,国际仲裁的客体通常是两国因条约的解释和适用而引起的争端,如有关领土主权、边界问题、为本国国民提出的索赔问题等方面的争端。国际仲裁由国家之间签订条约组织仲裁庭进行,其适用的法律主要是国际法。(2) 广义的国际仲裁,即仲裁的一方为国家,另一方为外国的自然人或法人,由国际仲裁机构依据国际法进行。这一类的仲裁现在越来越多,它有别于传统国际法上的国际仲裁。作为广义上的国际仲裁,其主要的机构有:位于华盛顿的解决投资争端国际中心(ICSID,它依据1965年《解决国家与他国国民投资争端的

---

① 参见端木正主编:《国际法》(第2版),北京大学出版社1997年版,第456—457页。

公约》设立),位于巴黎的国际商会(ICC),伊朗—美国求偿法庭,等等。这些机构可对涉及国家与个人(包括公司)之间的有关纠纷进行仲裁。(3)国际商事仲裁。它指的是不同国家的商业实体根据其合同的规定将争端提交国际商事仲裁机构(如斯德哥尔摩的仲裁院)进行裁决。国际商事仲裁适用国际法和有关国家的国内法来解决商事争端。这种仲裁的当事双方都是来自不同国家的自然人或法人。国际商事仲裁虽然有别于一国国内的个人或法人之间进行的商事仲裁,但它不是严格意义上的国际仲裁。本书所讲的国际仲裁指的是狭义的国际仲裁。

(二)仲裁协定与仲裁条款

仲裁是当事国自愿接受的一种法律程序,因此仲裁的法律依据是双方当事国为仲裁而签订的仲裁协定或仲裁条款。仲裁协定有两种:(1)缔约国为了解决双方今后在某些问题上出现的争端而签订的仲裁协议,这类协定也称为"一般仲裁协定"(general compromis)。1899 年签订、后经 1907 年修改的《海牙和平解决国际争端公约》就属于这类协定,常设仲裁法院就是依据该公约建立起来的。(2)当事国在争端发生后为解决具体争端而签订的仲裁协定,它也称"特别仲裁协定"(ad hoc compromis)。例如,英国和法国为划定两国在英吉利海峡区域和大西洋区域的大陆架边界,于 1975 年签订的仲裁协定。据此建立的国际仲裁法庭于 1978 年作出裁决,成功解决两国的大陆架划界争端,此乃英法大陆架仲裁案。

除了仲裁协定外,仲裁的另一法律根据是仲裁条款,它指的是缔约国在双边或多边条约中设立一个条款,规定今后发生的某类争端交付仲裁解决。这类条款常见于双边通商条约,如 1984 年中国和加拿大签订的《投资保证协定》,其第 6 条规定了关于该协定解释和适用的争端可提交特设仲裁庭解决。需指出的是,这种仲裁条款只是表明缔约国有以仲裁方式解决争端的意向,但未对仲裁相关的重要事项作出约定,因此在具体争端发生时往往还要签订具体的仲裁协定。

仲裁协定是一份关于仲裁庭组成及其运作的文书,它必须载明争端的事由、请求仲裁的问题、仲裁员的选派、仲裁庭(或仲裁小组)

的组成、仲裁所适用的法律、仲裁的程序规则、裁决的效力、仲裁费用等内容。仲裁协定是一项国际条约,仲裁庭必须按照仲裁协定开展活动,若有一方当事国不遵守仲裁作出的裁决书,将构成违反国际法的行为。

(三) 仲裁庭的组织

国际仲裁法庭的组成有不同的方式,但均由当事国来决定。仲裁庭可以是 1 名独任仲裁人,也可以是多名(如 3 名或 5 名)仲裁员组成。有的仲裁庭规模很大,像根据 1981 年《阿尔及利亚协定》设立的伊朗—美国求偿法庭,它作为处理 1979 年德黑兰人质事件的后续赔偿问题的仲裁机构,是由 9 名仲裁员组成的。但常见的仲裁庭由 3 名仲裁员组成,其中,争端双方各指定一名仲裁员,第三名则由双方协商决定,若协商不成也可请某个有国际地位的人士(如国际法院院长)协助指定。实践中,国际仲裁可以在常设仲裁法院(PCA),也可以在其他常设性或临时性的仲裁法庭进行。仲裁员的选派由仲裁协定规定,或直接由当事国选派,抑或双方从常设仲裁法院的仲裁员名单中选派。

(四) 仲裁适用的法律

国际仲裁所适用的法律,除非仲裁协定有特别的规定,一般适用国际法,亦即《国际法院规约》第 38 条所表述的国际法,包括国际条约、国际习惯、一般法律原则,以及在争端当事国同意下适用"公允及善良"原则来裁断争端。在实践中,国际仲裁法庭除了适用国际法外,也可以根据仲裁协定的规定适用有关国家的国内法或判例。以特雷尔冶炼厂仲裁案为例。1935 年,就加拿大特雷尔冶炼厂对美国华盛顿州造成的跨界空气污染事件,美加两国签订了一份特别协议,组成有三名仲裁员的国际仲裁法庭解决此项争端。关于法律适用问题,该项协议规定:"适用美国在处理这类问题所适用的法律和实践,以及国际法和惯例,并考虑缔约双方谋求公平解决的愿望。"[①]

(五) 仲裁裁决的效力

仲裁裁决对提交仲裁的争端当事国有拘束力,当事国对仲裁裁

---

① 陈致中编著:《国际法案例》,法律出版社 1998 年版,第 273 页。

决必须执行,除非仲裁人明显超越仲裁协议规定的权限或有其他恶意行为。而且,仲裁裁决是终局裁决,一经正式宣布并通知争端当事国或其代理人后,即开始生效,不得上诉。争端当事国如果对仲裁裁决的解释或执行发生任何争端,除有不同的约定外,应提交作出裁决的仲裁庭处理。如前面提及的特雷尔冶炼厂仲裁案,国际仲裁法庭在1938年作出裁决后,美国对裁决提出异议,要求该仲裁庭对裁决进行审议和修改。该仲裁庭于1941年作出最后裁决,驳回了美国的要求。

综上所述,仲裁是介于司法解决与国际争端的政治解决方法之间的一种方法,即所谓的"准司法方法"。一方面,仲裁裁决具有拘束力,这是国际仲裁同政治解决方法的最大区别。另一方面,国际仲裁在形式上虽然类似司法解决(两者作出的判决或裁决均有法律拘束力),但在性质上它又与司法解决不同,这体现在如下几点:(1)司法解决一般由常设的国际司法机构(如国际法院等)进行审理,而仲裁是由根据仲裁协定组织起来的仲裁法庭加以解决;(2)司法解决的司法机构和法官是根据特定的法院规约和规则组织和安排的,而仲裁的仲裁员则是争端当事国自行选定的;(3)司法解决依据国际法进行裁判,而仲裁法庭所适用的法律则由仲裁协定加以规定。(4)仲裁裁决对当事国具有拘束力,但它不像司法判决那样具有法律制裁的性质,仲裁裁决只是当事国出于道义上的责任和自愿地承担义务的结果。因此,仲裁的强制性较司法解决要小。

有二百多年悠久历史的仲裁制度在当今的争端解决中占有重要地位,诚如英国的梅里勒斯教授所言,仲裁至今仍是处理国际争端的一种重要手段。不过,对于单个争端而言,谈判或其他外交手段可能更为可取。[1] 实践中,仲裁这种准司法方法,与争端解决的外交方法和司法方法是并存互动的。例如,1982年《联合国海洋法公约》在题为"争端的解决"的第十五部分中,有多个条文规定了缔约国可将海洋争端提交仲裁解决,同时也规定缔约国可利用调解程序、诉诸国际海洋法法庭和其他的和平解决方法来解决海洋争端。

---

[1] 〔英〕J. G. 梅里勒斯:《国际争端解决》(第4版),2005年英文版,第123—124页。

(六) 常设仲裁法院

常设仲裁法院(Permanent Court of Arbitration,简称 PCA)是根据 1899 年的《和平解决国际争端公约》于 1900 年成立的,其旨在为各国将外交方法所不能解决的国际争端立即提交仲裁提供便利。此仲裁院的组织只有两个机关和一份仲裁员名单,此份名单供争端当事国从中选任仲裁员组成仲裁法庭以处理争端案件。

为了减少组织仲裁法庭的麻烦,1899 年第一次海牙会议制定的《和平解决国际争端公约》作出了建立常设仲裁法院的规定。次年,常设仲裁法院正式建立,这标志着国际仲裁制度的一个新发展。1907 年第二次海牙会议对以上 1899 年的公约进行了修订(原来的第 20 条至第 29 条修订为第 40 条至第 50 条)。根据修订后的《海牙公约》,常设仲裁法院的任务是:"该法院随时受理案件,除当事国另有规定之外,按照《公约》所载之程序规则办事";"除非当事国协议成立特别法庭,常设仲裁法院有权受理一切仲裁案件"。自 1913 年以来,常设仲裁法院设在荷兰海牙的和平宫。

常设仲裁法院由常设行政理事会、国际事务局和仲裁法院组成。(1) 常设行政理事会。它由各缔约国驻荷兰的外交代表组成,由荷兰外交大臣任主席,其职能是监督事务局的工作,制定理事会议事规则和其他规章,决定仲裁法院可能产生的行政问题,管理事务局的人事任免和其他日常工作。(2) 国际事务局。它是常设仲裁法院的书记处,由秘书长和其他官员组成,负责该法院的联系事项,保管档案并处理一切行政事务。(3) 仲裁法院。它事实上仅是一份仲裁员名单(panel),由每一缔约国从本国或从别国提出至多 4 名精通国际法、享有最高道德声誉并愿意担任仲裁职务的人,作为该法院的仲裁员,列入该法院一份仲裁员名单中,然后由国际事务局将名单通知各缔约国。每个缔约国的仲裁员组成一个团体,称为"各国团体"。仲裁员的任期是 6 年,可连选连任。仲裁员在行使职务并在本国以外时,享有外交特权与豁免。

当争端当事国决定把争端提交常设仲裁法院解决时,双方签订仲裁协定,从该院的仲裁员名单中选定两名仲裁员,再由它们共同选定一名仲裁员,组成仲裁法庭以处理争端案件。同时,海牙公约并不禁止当事国通过协议在常设仲裁法院以外另行选任人员组成特别仲裁法庭以处理争端案件。在此过程中,常设仲裁法院的国际事务局只起到联系和保管档案的作用。从常设仲裁法院的组织机构和运作来看,它不是一个有固定的常任法官来处理案件的真正意义上的"法院",而只是一个为利用国际仲裁解决争端提供便利的机构。

现在,常设仲裁法院已经拥有仲裁以及和解、调查、调停和斡旋等多种机制促进争端的解决,而且备有多个现代的、反映当事方自主权和为有关案件特别设计的具有灵活性的规则。此外,常设仲裁法院已从原来所设计的解决国家间争端的机构转变为一个还可解决国家与国际组织或个人之间、国际组织之间以及国际组织同私人之间争端的有广泛管辖权的机构。① 1994 年,第 49 届联合国大会一致同意接纳常设仲裁法院为联合国观察员。常设仲裁法院作为和平解决国际争端的第一个常设机构,在历史上曾发挥过意义深远的作用。迄今,它仍是和平解决国际争端的一个重要途径。常设仲裁法院自 1900 年成立以来,共审理了 40 多个案件。虽然自 1922 年常设国际法院成立后,常设仲裁法院受理的案子大为减少,但近年来,利用常设仲裁法院解决争端出现增多的趋势,2004 年该法院有未决案件 11 宗。②

中国是 1899 年和 1907 年两个海牙公约的原始缔约国。1949 年中华人民共和国成立,因台湾国民党当局窃据海牙公约缔约国的地位,并继续向常设仲裁法院指派仲裁员,新中国没有同该法院发生关系。1993 年中华人民共和国政府恢复在常设仲裁法院的活动,并于同年 10 月选派了 4 名新中国的首任仲裁员(王铁崖、李浩培、端木正、邵天任),他们被列入该法院的仲裁员名单。

三、司法解决

(一) 概述

司法解决,即国际司法解决程序,是指争端当事国将它们之间的

---

① 柳华文:《常设仲裁法院:历史与当代》,载《国际法学论丛》(第 2 卷),民族出版社 2001 年版,第 368—369 页。
② 〔英〕D.J.哈里斯:《国际法案例与资料》(第 6 版),2004 年英文版,第 1026 页。

争端提交国际性的司法机构进行解决。简而言之,司法解决即是通过国际诉讼解决争端。

近十多年来,国际关系发生了巨大变化,国际社会法治化的呼声渐涨,新设立的国际司法机构不断增多。国际司法机构中首屈一指的是国际法院,它是当今世界上唯一具有一般管辖权的常设性国际法庭。此外,还有一批具有特殊管辖权的国际性和区域性法院或法庭,例如,国际海洋法法庭、国际刑事法院、欧洲法院、欧洲人权法院、美洲国家人权法院、非洲人权与民族权法院(简称"非洲人权法院")、前南斯拉夫国际刑事法庭、卢旺达国际刑事法庭、世界贸易组织争端解决专家组,等等。

在国际司法解决程序中,管辖权问题尤为突出。管辖权是国际诉讼的基础,确定管辖权成为国际诉讼的第一步。而根据国家主权平等原则,国际司法解决程序只有在国家自愿接受的基础上才能进行。这意味着,只有在一国同意接受某一国际性法院或法庭的管辖时,该国才有义务将国际争端提交该法院或法庭。因此,国际司法机构在审理案件中,首先要解决的问题是确定争端当事国是否接受其管辖。"一般说来,各国可以在争端出现之前或之后自由接受某个国际性法院的管辖,也可以将其对法院管辖的接受限制在某些类型的争端,还可以对其接受附加各种条件。"①

本书将集中阐述国际法院这一当今最重要的司法解决程序。

(二) 国际法院

国际法院(International Court of Justice,简称 ICJ),西方常称之为"世界法院"(the World Court),它是联合国的主要司法机关。

1. 国际法院的成立

国际法院的前身是常设国际法院(Permanent Court of International Justice,简称 PCIJ)。第一次世界大战结束后,1920 年国际联盟通过《常设国际法院规约》,创立了常设国际法院(也称"国际常设法院"),它于 1922 年开始运作,成为国联的司法机关。《常设国际

---

① 〔美〕托马斯·伯根索尔、肖恩·D. 墨菲:《国际公法》(第 3 版),2002 年英文版,第 78 页。

法院规约》是常设国际法院运作的法律根据,它规定了该法院的组成、职权、法律适用和诉讼程序。这些规则被后来的《国际法院规约》所沿用。常设国际法院是第一个一般性的国际审判法院,它共作出 30 件判决、提出 29 份咨询意见。这些判决和咨询意见至今仍被学者们和国际司法机构视为权威而被引用。第二次世界大战之后,1946 年常设国际法院正式撤销,它被国际法院所取代。国际法院作为常设国际法院的继任者,两者之间存在着很大的承接性和相似之处。"实质上,国际法院是常设国际法院的延续,两者拥有几乎相同的《规约》和管辖权以及一份连续的案件清单,由常设国际法院判决的案件和国际法院所判的案件之间并无区别。"①

国际法院于 1946 年 4 月在荷兰海牙正式成立。它是根据《联合国宪章》第十四章的规定而设立的联合国主要司法机关。《国际法院规约》是《联合国宪章》的一个组成部分,它规定了国际法院的组织、管辖权和程序等。1946 年 5 月国际法院通过的《国际法院规则》对法院的组织制度和诉讼程序作了详细的规定。《宪章》《规约》和《规则》是国际法院的重要法律文件。

2. 国际法院的组织

国际法院由 15 名不同国籍的法官组成,法官由联合国大会和安理会分别选举产生。法官按照"代表世界各大文化和各主要法系"的原则进行分配和选任,他们分别来自亚、非、拉、欧、美各个地区。法官任期 9 年,可以连选连任。为了保证法院工作的连续性,每三年改选三分之一即五名法官。按照惯例,安理会五个常任理事国(中、法、俄、英、美)在法院应各有法官 1 名。中国籍的历任国际法院法官有:徐谟(任期为 1946—1956 年),顾维钧(1957—1968 年,曾任国际法院副院长),倪征燠(1985—1994 年),史久镛(1994 年起任职至今,2003 年 2 月至 2006 年 2 月任国际法院院长)。在国际法院前身的常设国际法院,中国籍的法官有:王宠惠(任期为 1921—1939 年)和郑天锡(1939—1946 年)。

国际法院的法官是专职的,不得从事任何其他职业。同时,法官

---

① 〔英〕马尔科姆·N.肖:《国际法》(第 5 版),2003 年英文版,第 960 页。

也是独立的,法官不代表任何国家,仅代表联合国。然而,对涉及法官本国的案件,该法官无须回避,有当事国国籍的法官有权参加案件的审理。而当法官中无一人是涉案一方当事国的国籍时,该国有权选派一位法官代表其国家。这种临时选派的法官称为"专案法官"或"特别法官"(judge ad hoc),他们在庭审中与其他法官的地位完全平等。

国际法院设院长和副院长各1人,由法官自行选举产生,任期3年,可连任。现任院长是来自英国的罗莎琳·希金斯(Rosalyn Higgins,任期为2006—2009年),她是国际法院成立60年来的首位女院长。此外,国际法院设有书记处——书记官处,由书记官长、副书记官长及其他工作人员组成。书记官长在执行职务时代表法院。

国际法院审理案件一般由全体法官出庭,法官9人构成法院的法定人数。但根据《国际法院规约》第26条的规定,国际法院为了处理特种案件和特定案件可以设立分庭(Chamber),该分庭由3位或3位以上的法官组成。此外,为了迅速处理案件,国际法院应每年设立由5名法官组成的分庭,经当事国请求可用简易程序审理及裁判案件(第29条)。自1984年国际法院第一次组织分庭审理了加拿大和美国提交的缅因湾区域海上边界划界案以来,法院曾多次采用分庭形式审理案件,并于1993年7月设立了一个7人组成的"环境案件分庭"。

3. 国际法院的管辖权

国际法院的职能是解决国家之间的争端并为联合国及其机构就法律问题提供咨询意见。因此,国际法院的管辖权包括诉讼管辖权和咨询管辖权两项。

(1) 国际法院的诉讼管辖权

国际法院的诉讼管辖涉及"对人管辖"和"对事管辖"两方面。对人管辖是指哪些主体可以成为国际法院的当事方。"对事管辖"是指什么事项能够成为国际法院的管辖对象,即国际法院可以受理哪些案件。

① 国际法院的诉讼当事国

国际法院的当事方只能是国家,即只有国家才能成为国际法院的诉讼当事方,而国际组织、自然人和法人都不能成为国际法院的当事方,亦即不能成为国际法院的原告或被告。

联合国的所有会员国都是《国际法院规约》的当然当事国,它们自动成为法院的诉讼当事国。此外,根据《联合国宪章》第93条的规定,非联合国会员国在某些情况下也可以成为国际法院的诉讼当事国和《国际法院规约》的当事国。具体而言,国际法院的诉讼当事国有三类:其一,联合国会员国。其二,虽非联合国会员国但为《国际法院规约》的当事国。瑞士便是一例。它在未成为联合国会员国之前(瑞士在2002年9月才成为联合国的第190名成员国),就已经是《国际法院规约》的当事国,从而具有了国际法院诉讼当事国的资格。其三,既非联合国会员国也非《国际法院规约》当事国,但根据安理会决定的条件,事先向国际法院书记处交存一项声明,表示愿意接受国际法院的管辖并保证执行法院判决和履行《联合国宪章》第94条规定义务的国家。

② 国际法院管辖案件的范围

根据《国际法院规约》第36条的规定,国际法院管辖的事项(即诉讼案件)有下列三种,或者说国际法院管辖权的确立方式有下列三种:

第一,自愿管辖。这是指国际法院对当事国自愿提交的一切案件享有的管辖权(《国际法院规约》第36条第1项)。对于任何性质的争端,只要当事国双方在争端发生后签订特别协定,将具体争端提交国际法院,法院当然有管辖权。例如,加拿大和美国于1979年签订特别协定,把两国在缅因湾区域的大陆架和专属渔区的划界争端提交国际法院解决,这就是1984年国际法院审理的缅因湾划界案。

第二,协定管辖。根据《国际法院规约》第36条第1项的规定,国际法院对现行条约或协定所特别规定应提交的一切事件享有管辖权。换言之,现行有效的双边或多边条约的缔约国,在该条约中事先同意,今后把它们之间因此条约所载事项所发生的争端,提交国际法院解决。这种条约中一般都含有一个专门的争端解决条款,规定可提交国际法院的争端及其范围等。例如,1948年《防止及惩治灭绝种族罪公约》(简称《灭种罪公约》)第9条就规定:"缔约国间关于本公约的解释、适用或实施的争端,包括关于某一国家对于灭绝种族罪或第三条所列任何其他行为的责任的争端,经争端一方的请求,应提交国际法院。"目前约有三百份双边或多边条约规定,在解决这些条约的适用或解释所引起的争端方面,国际法院具有管辖权。① 在协定管辖的情况下,应注意缔约国对争端解决条款是否提出了保留。如果一国在参加有关条约时对此类条款提出保留,则表明该国不愿意接受国际法院的管辖。例如,在使用武力的合法性问题案(南斯拉夫诉美国,1999年)中,南斯拉夫就北约干涉科索沃的行动,根据《灭种罪公约》在国际法院起诉美国。但法院裁定,依据美国对《灭种罪公约》的保留,法院对该案明显缺乏管辖权。据此,法院作出决定不受理该案。美国在1988年批准《灭种罪公约》时作出了这样的声明:在根据该公约第9条将争端提交国际法院之前,每个案件都需得到美国的明确同意。②

第三,任意强制管辖。被称为"任择条款"(或"选择条款")的《国际法院规约》第36条第2项规定:有关条约的解释、任何国际法问题、构成违反国际义务的任何事实、违反国际义务应予赔偿的性质和范围等方面的争端,当事国可以随时声明接受国际法院的强制管辖而不需另订特别协定。根据该条款的规定,国家可事先声明接受国际法院的强制性管辖。此称任意强制管辖(或称"任择性强制管辖")。之所以称为"任意强制管辖",是因为这种做法是各当事国自愿选择作出的,带有任意性。但接受法院管辖的声明一旦作出,法院就具有强制性管辖权,双方不必另行签订特别协定。在同样作出接受法院强制管辖声明的国家之间,争端发生之后,任一当事国都可以向国际法院递交请求书起诉,将争端提交国际法院审理。例如,1974年的核试验案就是澳大利亚和新西兰两国分别单方面向国际法院提出请求书,状告法国的空中核试验违反国际法。澳、新、法三国在此之前均已发表接受国际法院强制管辖的声明。

---

① 见联合国文件"联合国大会第六十一届会议,国际法院的报告",A/61/4(SUPP),2006年8月14日。

② 〔美〕托马斯·伯根索尔、肖恩·D.墨菲:《国际公法》(第3版),2002年英文版,第81页。

截至 2006 年 7 月 31 日,共有 192 个国家为《国际法院规约》缔约国,其中 67 个国家根据《规约》第 36 条第 2 项向联合国秘书长交存声明,承认法院的强制性管辖权。① 但有不少国家在声明接受国际法院强制管辖时都附有各种保留。常见的保留是,把本国确定为本质上属于国内管辖范围内的事项排除在法院管辖之外。这种保留起到削弱国际法院强制管辖的作用。② 此外,一国可以修改或废止其接受国际法院强制管辖的声明。③ 例如,近几十年来,一些国家对它们接受国际法院强制管辖的声明作出修改,将有关国家安全或自卫的事项排除在国际法院管辖之外。而终止接受国际法院强制管辖声明的事例也不少见,如法国在 1974 年核试验案后终止了它对国际法院强制管辖的声明,美国由于尼加拉瓜案(尼加拉瓜向国际法院起诉美国对其采取军事和准军事行动,美国在该案的实质问题上败诉),于 1985 年撤回它在 1946 年发表的关于接受国际法院强制管辖的声明。1972 年,中国政府撤回了国民党政府在 1946 年作出的接受国际法院强制管辖的声明。

由上述可知,一国可以采取三种方式表示其同意接受国际法院的管辖权:一是争端发生后签订特别协定,二是争端发生前所签条约中含有交由国际法院解决争端的条款,三是事先声明接受《国际法院规约》"任择条款"(第 36 条第 2 项)。通过这三种方式,国际法院的对事管辖权得以确立。此外,实践中,国际法院还存在一种应诉管辖(forum prorogatum,又译"授予法院的扩大管辖权")制度,此制度也称"默示接受管辖原则"。它指的是当事国一方事先没有接受国际法院的任择条款,争端发生后两国也没有签订特别协定,但一方当事国在国际法院起诉,被告国应诉,这样就构成当事国同意国际法院管辖的方式,国际法院对该案有管辖权。这方面的典型案例是 1949

---

① 见联合国文件"联合国大会第六十一届会议,国际法院的报告",A/61/4(SUPP),2006 年 8 月 14 日。
② 参见中国政法大学国际法教研室编:《国际公法案例评析》,中国政法大学出版社 1995 年版,第 132 页。
③ 〔以〕沙布泰·罗森纳:《国际法院的法律与实践(1920—2005)》(第 4 版)第 2 卷,2006 年英文版,第 783—789 页。

年的科孚海峡案,该案是国际法院成立后受理的第一个案件。第二次世界大战结束后,英国军舰在科孚海峡通过,在阿尔巴尼亚的领海发生了触雷事件。1947年英国单方面向国际法院起诉,阿尔巴尼亚反对英国的起诉。当时,阿方还不是联合国会员国,也不是《国际法院规约》的当事国,它认为国际法院对此案没有管辖权。但阿政府还是写信给国际法院说:"英国的起诉方式不正当,但阿尔巴尼亚政府还是准备出庭应诉,接受国际法院对本案的管辖,但不能作为先例。"法院认为,阿尔巴尼亚给法院的信已表明愿意接受法院的管辖,根据默示接受管辖原则,法院对该案拥有管辖权。[①]

不难看出,国际法院的诉讼管辖都是建立在国家同意的基础之上的,法院管辖权的基础是当事国事先或争端发生后所达成的一致。从这点来说,国际法院没有真正意义上的强制管辖权。这是国际法院与国内司法机关强制管辖的根本区别。国际法院的诉讼管辖所作出的判决对当事方具有法律拘束力,这一点则与国内法院相同。此外,国际法院是民事法院,它没有刑事管辖权,不能审判个人(如战犯等)。

(2)国际法院的咨询管辖权

咨询管辖权是国际法院的另一种管辖权,它是指国际法院作为联合国的司法机关,应有关国际组织或机构的请求,对有关法律问题提供权威性的意见。《联合国宪章》第96条规定,大会和安理会可对任何法律问题请求国际法院发表咨询意见;经大会授权的联合国其他机关和专门机构,可就其工作范围内的任何法律问题请求国际法院发表咨询意见。该条规定表明,联合国大会及安理会请求国际法院发表咨询意见的权利与联合国其他机关及专门机构的请求权并不完全相同,后者的权利是附有条件而受到限制的。对此,国际法院在1996年关于核武器的使用及威胁是否合法的咨询意见中做了详细的阐述。

1993年5月,作为联合国专门机构的世界卫生组织通过一项决议,请求国际法院就"在武装冲突中国家使用核武器的合法性问题"

---

① 参见陈致中编著:《国际法案例》,法律出版社1998年版,第186—187页。

发表咨询意见。联合国大会也于1994年12月通过决议,请求国际法院就"国际法是否允许在任何情况下威胁和使用核武器"的问题发表咨询意见。法院在咨询意见中指出,联合国专门机构请它发表咨询意见必须满足三个条件,即该机构必须经过适当的授权,所提的问题必须是法律问题,所提的问题必须是该国际组织活动范围内所引起的问题。法院认为,世卫组织向它提出的问题满足了前两个条件,但不符合第三个条件。因为使用核武器是否合法与世卫组织的职能无关,世卫组织提交法院的问题不是该组织章程限定的活动范围内事项引起的问题,故此法院作出决定,它不能对世卫组织提交它的问题发表咨询意见。与此不同的是,法院认为,大会有权就任何问题请求法院发表咨询意见,大会向法院提出的问题与联大的很多活动和所关切的事项有关,且该问题确实是一个法律问题。因此,法院认定它有权对联大提交的问题发表咨询意见。[1]

从《宪章》第96条的规定来看,国家不能要求国际法院发表咨询意见,也不得阻止国际法院发表咨询意见;任何个人,包括联合国秘书长,也无权要求国际法院发表咨询意见。依据《国际法院规约》第65条,国际法院有权决定是否发表咨询意见,国家无权反对法院提供咨询意见。

国际法院的咨询管辖所提出的咨询意见只具有咨询性质,没有法律拘束力。但事实上,由于国际法院在国际法领域的权威地位,该法院的法官是代表世界各大法系的法学权威,故法院的咨询意见颇受尊重,它们对有关问题的解决和国际法的发展产生积极的影响。

4. 国际法院适用的法律

根据《国际法院规约》第38条的规定,国际法院适用的法律是国际法。此外,如果当事国同意,法院也可依据"公允及善良"原则判案。有关论述可参见第一章的"国际法渊源"一节。

5. 国际法院的诉讼程序

根据《国际法院规约》第三章的规定,国际法院的诉讼程序包括

---

[1] 参见凌岩:《国际法院关于核武器的使用和威胁是否合法的咨询意见》,载《中国国际法年刊:1996》,法律出版社1997年版,第313—321页。

以下几个步骤:

(1) 起诉。当事国向法院提交案件的方式因管辖根据的不同而有异。根据《规约》第40条的规定,向国际法院起诉的方式有两种:① 在自愿管辖情况下,当事国双方协商后将特别协定通告法院书记官长;② 在协定管辖和任意强制管辖情况下,当事国一方向法院书记官长提出请求书,由法院通知争端对方。

(2) 书面程序和口头程序。法院收到当事国的起诉文书(即通知书或请求书)后,即以命令要求争端各方限期递交诉状、辩诉状,必要时还要递交答辩状和复辩状。此为书面程序。各方在这些书面文件中详述争端的事由、诉讼主张和理由,并提交一切有关证据。此后法院以命令安排日期进行口头辩论。在口头程序中,当事国应由代理人代表,并可派律师或辅助人在法院予以协助(《规约》第42条)。法院对各方当事国的证人、鉴定人、代理人、律师及辅助人进行讯问。口头程序应公开进行。一方当事国不出庭时,可作出缺席判决。

(3) 评议及宣判。法庭辩论结束后,法官即退席进行评议,对案件中的问题,逐项进行表决。评议是秘密进行的,判决由出庭法官的过半数票通过,如票数相等,院长或代理院长可投决定票。判决书应开庭宣读。任何法官不论是否同意多数意见,都可将其个人意见附于判决之后。个人意见(individual opinion)有两种:一是不同意根据多数法官意见所达成的判决结果的意见,此称"异议意见"或"反对意见"(dissenting opinion);二是同意判决的结论,但不同意判决所依据的理由之意见,此称"个别意见"(separate opinion)。

上述几个步骤属于基本程序。除此之外,国际法院审理过程中还常有一些特别程序(或称"附带程序")。

(4) 特别程序。特别程序是法院在特定情况下所采用的程序,包括初步反对主张、临时保全措施、参加,等等。

① 初步反对主张。在根据接受法院强制管辖声明而提出的案件中,被告当事国可在法院指定期限内对法院的管辖权提出书面反对意见,此称"初步反对主张"。如果法院认为它对该案没有管辖权,法院将以命令宣布撤销该案。

② 临时保全措施(provisional/interim measures,也称"临时措施")。依据《国际法院规约》第 41 条的规定,在开始案件审理之前,法院如果认为必要,有权指示临时措施以保全当事国的权利。换言之,在法院的管辖权还未确定之时,法院有权对当事国提出的指示临时措施的请求进行审理。若后来法院认为没有管辖权,法院就以命令宣布终止临时措施。关于临时措施的效力,国际法院在 2001 年的"拉格兰德案"(德国诉美国)中裁定,临时措施具有拘束力(详见第八章"条约法"中的第四节"条约的解释")。

③ 参加。参加是指第三国参加诉讼,它包括两种情况:其一,一国如果认为某案件的判决可能影响属于该国具有法律性质的利益时,可向法院申请参加诉讼,该申请由法院裁决是否准许(《国际法院规约》第 62 条)。其二,诉讼涉及条约解释问题时,诉讼当事国以外的该条约其他签字国有权参加诉讼程序。但如果参加了诉讼,法院判决中对该条约的解释对该参加国有同样拘束力(《规约》第 63 条)。在国际法院的实践中,第三国请求参加诉讼的申请多遭拒绝。最近的一个有关案例是利吉丹岛和西巴丹岛主权归属案(印度尼西亚诉马来西亚)。1998 年印马两国签订一份特别协定,将此两岛的主权争端提交国际法院解决。两国分别在法院指定的时限内递交了诉状、辩诉状和答辩状。不久,菲律宾于 2001 年 3 月 13 日递交请求书,要求准许其参加本案,以便"保护和捍卫(其政府)……因其对北婆罗洲领土提出所有权和主权要求而产生的历史和法律权利,只要这些权利受到或可能受到国际法院对利吉丹岛和西巴丹岛主权问题判决的影响……"。印马两国反对菲律宾要求准予参加的请求。法院在举行公开听讯后作出裁决,拒绝菲律宾提出参加诉讼的请求。①

6. 国际法院的判决

国际法院的判决是终局性的,自宣读之日起对各当事国发生拘束力,不得上诉。当事国若不服判决,可向国际法院请求解释或申请复核。根据《联合国宪章》第 94 条的规定,作为案件当事国的联合

---

① 邵沙平主编:《国际法院新近案例研究(1990—2003)》,商务印书馆 2006 年版,第 360—361 页。

国会员国必须承诺遵行法院的判决;如果有一方不履行判决,他方可向安理会提出申诉,安理会可作出有关建议或决定应采取的办法以执行国际法院的判决。

根据《国际法院规约》第 59 条的规定,法院的判决只对该案和该案的当事国及其他诉讼参加国有拘束力。这表明国际法院不采用普通法系的遵循先例原则。尽管如此,法院的判决大多具有司法连续性和权威性。由于法院在裁判中对国际法作出了权威的阐释,因而其判决往往受到各国和国际组织的尊重,具有很高的法律权威性,被广泛地加以援引。

国际法院是当今国际社会能够对诉讼和咨询案件作出法律认定的主要司法机构。它在 60 年里一共作出了 92 项判决,提出了 25 项咨询意见。[①] 国际法院在和平解决国际争端和促进国际法发展方面发挥了十分重要的作用。它在成立的 60 年间解决了许多重大的国际争端,其中,诉讼案件主要涉及领土主权、陆地边界、海洋划界、使用武力、外交保护、国家责任及赔偿、是否违反某些条约、国际人权法及国际人道法、国家对其自然资源主权、环境保护等国际法问题;咨询案件主要涉及联合国组织的法律地位、国际条约的解释、联合国行政法庭的裁决、使用核武器的合法性问题,等等。同时,国际法院在适用法律解决国际争端的过程中,对现代国际法的发展作出了积极的贡献。在咨询意见方面,尽管这种意见无约束力,但由于国际法院在国际法领域享有权威性的地位,该法院的法官是代表世界各大法系的法学权威,所以咨询意见对现行国际法的阐释具有重大的影响。而且,这种阐释有助于国际法原则和规则的明确和发展。在诉讼案中,虽然国际法院的判决对该案当事国及其他诉讼参加国以外的其他国家并不具有约束力,法院的意见也并非法律,但根据《国际法院规约》第 38 条第 1 项(卯)的规定(司法判例是确定法律原则的补助资料),国际法院的判决具有高度的权威性。

---

① 联合国电台:《国际法院在海牙庆祝成立 60 周年》,http://radio.un.org/ch/print.asp? NewsID = 961,2006 年 9 月 20 日访问。

第四节 通过国际组织解决国际争端

一、概述

和平解决国际争端是现代国际法的一项基本原则。该原则的实施已不仅仅依赖争端当事国本身,政府间国际组织在相当大的程度上已成为和平解决国家间争端的有效工具。许多国际组织的基本文件(组织约章)都将争端的和平解决列为自己的重要职能,并规定了相应的解决机制。譬如,作为《建立世界贸易组织协定》附件2的《关于争端解决规则与程序的谅解》,它全面规定了世贸组织解决争端的政治方法(包括协商、斡旋和调解)、法律方法(包括专家组审议和上诉)、裁决的执行与监督、救济办法等,还专设了争端解决机构(DSB)。

从性质上来说,通过国际组织解决争端的方法,既有政治方法也有法律方法(司法解决)。而在国际组织的政治方法中,既有非武力的方法也有武力的方法,如为了消除对和平的威胁或恢复被破坏的和平局势,在特殊情况下,国际组织可依据其组织约章或国际法采取包括使用武力在内的强制措施。鉴于国际组织解决争端的法律方法,已在本章的前一节中论及,本节的内容仅限于国际组织解决争端的非司法方法。

无论是普遍性国际组织还是区域性国际组织,都对国际争端的和平解决作出了积极贡献。在普遍性组织方面,联合国及其前身国际联盟均拥有较为全面的争端解决机制,本节将集中论述联合国的政治机关解决争端的机制。在区域性组织方面,如欧洲联盟、美洲国家组织、非洲联盟、欧洲安全与合作组织等,它们也设立了和平解决争端的多种机制。

二、通过联合国的政治机关解决国际争端

联合国的主要政治机关是大会和安理会。在和平解决争端方面,联合国的政治机关发挥了积极的作用,联合国秘书长也同样发挥

着重要的作用。

(一) 安理会与国际争端的解决

根据《联合国宪章》第 24 条的规定,安理会在包括和平解决争端在内的维持国际和平与安全方面负有主要的责任,而且它是联合国中唯一有权采取行动来维护国际和平与安全的机关。

1. 安理会在和平解决国际争端方面的职权

根据《宪章》第六章(第 33 条至第 38 条)的规定,安理会在和平解决国际争端方面的职权主要包括调查和提出建议两个方面:(1)调查:可调查任何争端或情势,以断定其继续存在是否足以危及国际和平与安全(第 34 条)。(2)建议:对足以危及国际和平与安全的争端或情势,安理会可在争端的任何阶段就争端解决的程序或方法提出建议(第 36 条)。安理会根据《宪章》第六章作出的建议虽然对当事国没有法律拘束力,但可对当事国施加道义上的压力。

2. 安理会的执行行动

《宪章》第七章(第 39 条至第 51 条)规定了安理会在制止威胁和平、破坏和平和侵略行为方面的职权。该章首先授权安理会断定是否存在对国际和平与安全的威胁或破坏,并对应采取的相关措施提出建议(第 39 条)。第 39 条是联合国集体安全制发生作用的关键条款。因为,对和平的威胁、对和平的破坏和侵略行为的存在构成安理会强制执行措施或集体安全保障措施的前提条件。① 其次,《宪章》第 40 条规定,安理会为阻止事态的恶化,可以采取其认为必要的临时性措施(如安排停火或撤出武装)。再次,安理会为执行它所通过的有强制性的决议,有权对违反国际法的国家采取有拘束力的非军事的制裁措施,包括局部或全部停止与违法国的经济关系、铁路、海运、航空、邮电、无线电的联系,甚至断绝外交关系(第 41 条)。最后,倘若上述办法被证明并不足以维持或恢复国际和平与安全,则安理会有权对违法国采取军事强制措施,包括空海陆军示威、封锁及其他军事举动(第 42 条)。根据《宪章》第 41 条和第 42 条,安理会为维持或恢复国际和平与安全而采取的强制执行安理会决议的措施

---

① 参见〔韩〕柳炳华:《国际法》(下卷),中国政法大学出版社 1997 年版,第 376 页。

或行动,包括武力的行动和非武力的制裁措施,被称之为联合国强制执行措施,也称"执行措施""强制执行行动"(enforcement action,又译"执行行动")或"集体强制措施"。关于此问题的具体论述,详见第十章"国际组织法"的第三节中有关安理会的部分。

安理会的执行行动是联合国集体安全制度的重要内容之一。所谓"联合国集体安全制度",是指联合国应对国家发动的侵略或其他非法使用武力的行为、维护国际和平与秩序的一种制度,它通过会员国的国际合作或集体措施以实现各会员国和国际社会的安全保障。在集体安全制下,任何一国如违反《联合国宪章》非法使用武力,必然受到联合国会员国的合力抵抗。联合国集体安全制度主要包含三方面的内容:一是禁止在国际关系中非法使用武力(即禁止使用武力原则,详见第一章导论中的"国际法基本原则");二是允许受到武力攻击的国家行使自卫权(详见第二章"国际法上的国家"中的"自卫权"问题);三是授权安理会为维持或恢复国际和平与安全可采取强制执行措施。①

3. 联合国维持和平行动(简称"维和行动")

这是联合国在实践中创造的一种维持国际和平与安全的办法,是《联合国宪章》所规定的和平解决争端程序与强制执行行动之间的一种补充。联合国维和行动是为了帮助维持或恢复冲突地区的和平、或为促成和平创造条件的一种临时措施和辅助手段,它是维护世界和平的一个重要工具。

维持和平行动是由联合国首创和发展的一种办法,《宪章》中找不到这个名词。这种办法的产生,是因为在联合国成立后不久就开始的东西方对峙的冷战期间,安理会受大国一致原则的影响,往往不容易在重大问题上达成共识而未能及时采取执行行动。为了缓和紧张局势、控制武装冲突范围和促使冲突停止,联合国向世界各冲突地区派出观察团、监督组织和紧急部队,由此产生了"维持和平行动"。关于维和行动的法律依据,主流意见认为,维和行动是以《宪章》第

---

① 关于联合国集体安全制度的论述,可参阅余民才主编:《国际法专论》,中信出版社 2003 年版,第 223—240 页。

40条为依据的。实际上,维和行动与《宪章》第六章"争端之和平解决"和第七章"预防行动或强制执行行动"的关系非常密切。维和行动超越了和平解决争端的范围,但它又未构成以集体实力实施的强制执行行动。维和行动填补了和平解决争端的各种政治方法(《宪章》第六章)与诸如经济制裁及军事干预等更有力的执行行动(《宪章》第七章)之间的间隙,故又被称为《宪章》"第六章半程序"。

维持和平行动的目的是为了谋求缓和与遏制冲突,防止世界各地威胁和平的局部争端的扩大化,而由联合国安理会或大会通过决议,并经与当事国协商同意,向发生冲突地点派出军事部队或军事观察员部队。其任务大体上包括:监督停火、休战或停战;执行脱离接触协议;监督和督促有关方面的撤军;监督公民投票、民族自决或选举;阻止非法越界和军事渗透;建立和维护安全区及保护区;维持治安乃至行使过渡时期一国政府的各种职能;保护平民活动以及从事人道主义援助,等等。由于联合国维持和平部队人员头戴联合国特有的蓝色贝雷帽,故维和部队多被称为"蓝盔部队"。维和部队根据其任务,相应地被称为观察团、监督团、调查团、援助团、保护部队等,其人员既可有军事人员,也可有文职人员。关于维持和平行动的形成,由于联合国没有自己的军队,每一次维和行动都必须单独规划,以满足每一新局势的要求。维和行动由联合国安理会核准部署,并决定其任务授权。这种决定的作出至少要有安理会成员国九票赞成,且可由五个常任理事国的任一反对票加以否决。

联合国维和行动自1948年在实践中产生之后,要求遵守三项原则:(1) 同意原则,即维和行动必须征得驻在国政府的同意,通常也须征得直接有关的其他各方(即冲突各方)的同意;(2) 中立原则,即在维和行动中保持中立;(3) 自卫原则,即除自卫外不使用武力。其中,维和部队的部署或驻扎是否取得东道国的同意,这是维和行动与联合国执行行动的一个关键区别。然而,随着冷战结束后使用联合国维和部队的日渐增多,维和行动出现了一些新的特点,如强迫东道国接受,在保护人道主义救援的授权下频繁使用武力等。这使得维和行动的职能日益与《宪章》第42条规定的强制执行行动接近,维和行动呈现出可能被滥用的倾向。

(二) 大会与国际争端的解决

根据《宪章》第四章的规定,大会在和平解决国际争端方面拥有一定的权限:(1) 对联合国会员国、安理会或作为争端当事国的非会员国所提出的有关维持国际和平及安全的任何问题,均可以讨论;除安理会正在执行职务的问题外,大会可向有关国家、安理会或兼向两者提出有关建议;(2) 大会可召开特别或紧急特别会议以讨论紧急问题;(3) 提请安理会注意足以危及国际和平与安全的情势;(4) 有权设立常设或临时的委员会或机构,对有关争端或情势进行调查。大会有关解决争端的建议没有拘束力,但有重要的舆论和政治影响力。

(三) 秘书长与国际争端的解决

根据《宪章》第98条和第99条的规定,秘书长在和平解决争端上有两方面的职权:(1) 执行大会及安理会托付的关于和平解决争端的职务(第98条)。例如,秘书长根据安理会或大会的决定,承担了派遣和指挥联合国维持和平部队的任务。(2) 秘书长可将其认为可能威胁国际和平及安全的任何事件,提请安理会注意(第99条)。《宪章》第99条为秘书长提供了主动采取政治行动的法律基础,该条常被认为是允许秘书长在维持国际和平与安全方面发挥政治主动性的授权。[①] 作为联合国行政首长的秘书长,代表着联合国的权威,为和平解决国际争端做了大量的工作,包括对国际争端和带有国际背景的国内争端进行斡旋、调停活动,为预防争端发生进行事实调查,被授权负责维和部队事宜,等等。

三、利用区域机关或区域办法解决国际争端

区域机关即区域性国际组织。区域办法(又译"区域安排")实质上是指区域性多边条约,根据这种条约,区域组织的成员国保证在调整其相互关系上以和平方式解决国际争端。

区域办法在和平解决区域性国际争端、维护国际和平及安全中发挥了一定的作用。《联合国宪章》第33条确认,"区域机关或区域

[①] 许光建主编:《联合国宪章诠释》,山西教育出版社1999年版,第624页。

办法之利用"是和平解决国际争端的一种方法或途径。《宪章》第八章(第52条至第54条)对区域办法作了专门的规定。据此,区域办法具有下列特点:

1. 区域办法只适用于区域性国际争端的解决

能以区域办法来解决的国际争端应具有区域性的特征,而属于世界性的国际争端不能采用此办法。而且,区域办法及其运作应符合联合国的宗旨及原则。

2. 区域性国际争端应首先利用区域办法解决

缔结区域办法的联合国会员国在将区域性争端提交安理会以前,应优先利用区域办法和平解决争端(《宪章》第52条第2项)。安理会应鼓励利用区域办法或区域组织和平解决区域性争端(第52条第3项)。

3. 联合国安理会在采取执行行动时,可以利用区域办法或区域机关

然而,由于《联合国宪章》赋予了安理会决定合法使用武力的垄断权,因而区域机关(区域组织)如果要采取武力执行行动,必须获得安理会的预先的和明确的授权,这符合《宪章》制定者们所设想的安理会应对区域组织执行行动进行有效控制的要求。冷战期间的联合国安理会由于常任理事国经常行使否决权而难以正常作出决策,联合国很少对区域组织的执行行动事先作出明示授权。冷战结束后,安理会通过了一些涉及授权区域组织采取军事行动的决议,例如,安理会关于在波斯尼亚和克罗地亚实施空中打击的以下决议:第816号决议(1993)、第836号决议(1993)、第844号决议(1993)和第958号决议(1994)等。在这些决议中,安理会授权各会员国"举国一致行动或通过区域组织或区域办法"对波黑冲突进行干预,北大西洋公约组织被认为也属于这些决议所指的区域组织。[①]

4. 为了维护国际和平与安全,依区域办法已采取或正在考虑采取的行动,不论何时都应向联合国安理会报告(《宪章》第54条)

---

① 参见克赖斯狄恩·托穆沙特主编:《联合国五十年:法律的视角》,1995年英文版,第44页。

实践中,区域性国际组织利用和平解决争端的各种手段,为维护地区安全和稳定作出了积极贡献。例如,美洲国家组织1998年成功地调解了厄瓜多尔和秘鲁长达五十多年的边界争端。又如,1990年利比里亚爆发内战。西非国家经济共同体派遣了维持和平部队(西非监测组),并通过斡旋促成了各派达成若干协定,最终成功化解了长达9年的利比里亚内战。

思考题

1. 国际争端的和平解决方法有哪些?
2. 国际争端的各种政治解决方法的特点分别是什么?
3. 什么是解决国际争端的法律方法?其与争端的政治解决方法有何区别?
4. 国际仲裁与国际诉讼有何不同?严格意义上的国际仲裁与国际商事仲裁有什么区别?
5. 国家同意国际法院管辖的方式有哪些?国际法院与国内法院强制管辖的根本区别是什么?
6. 试述国际法院在和平解决争端和促进国际法发展方面的作用。
7. 何谓联合国集体安全制度?
8. 什么是联合国维持和平行动?它与联合国强制执行措施有何不同?
9. 什么是区域办法?联合国怎样控制区域组织的执行行动?

第十三章 战争与武装冲突法

第一节 战争与武装冲突法的体系与内容

一、战争、武装冲突与国际法

从国际法的角度看,国际关系可区分为和平关系和敌对关系,根据敌对的程度不同,敌对关系又可依次分为战争(*war*)、非战争的武装冲突(*non-war armed conflict*)和其他敌对关系(*hostile relations*)。

双方处于严重敌对状态,动用各种非武力手段进行激烈对抗,但又未发展为武装冲突,这类情形被称为"其他敌对关系"。一个典型的例子,便是1946年以后西方国家与苏联东欧集团之间长达半个世纪的"冷战"。这是战争及武装冲突与和平之间的一种中间状态,双方以冷战为背景所采取的许多敌对行为,诸如经济封锁、敌意宣传等等,似乎既不受战时国际法的约束,也很少受平时国际法的规范。

当对抗由非武力手段转为武力方式时,争斗的性质有了根本性的变化。此时双方的敌对关系,究竟是非战争的武装冲突还是战争,一般取决于三个因素:武力使用的规模、冲突方的意图和非冲突第三方的反应。

如果武力使用的规模有限、时间短促且涉及范围不大,冲突方以及第三方均不认为和平状态已经结束,这时的敌对关系属"非战争的武装冲突"。如果武力的使用规模大、范围广、持续时间较长,冲突方有较为明确的"战争意向",认为和平关系已终止,战争状态已经开始,这种敌对关系即构成了"战争"。在有些场合,冲突一方认为是战争,而他方却予以否认时,是否存在着战争就有争议,这种情形下第三方的态度就颇为关键:若第三方未作出反应或者明确认定该敌对关系不是战争时,说明冲突的规模较小,还没有影响到第三方的权益,因此敌对状态很可能是非战争的武装冲突;相反,若第三方宣告中立或者事实上采取中立,冲突各方又明示或默示接受时,说明武力使用已达充分广阔的规模且涉及第三方的权益,由此可证实战争状态的存在。

国际法上的战争主要指两个或两个以上的敌对国家,为推行国家政策而大规模使用武力,并由此形成的法律状态。它有以下主要特征:

1. 战争主要发生在主权国家之间,但又不限于国家

按照传统国际法,一国内部发生的武装叛乱(起义)、殖民地人民反抗殖民帝国的武装斗争都是内战,而内战属于一国的内政,不是国际法上的战争。除非叛军或殖民地人民的武装组织被该国政府或外国承认为交战或叛乱(起义)团体时,内战才取得战争的性质,才可适用战争法规。这种实践在第二次世界大战后有了重大变化:基于民族自决原则,反抗殖民主义的武装斗争不再被看成是内战,而被确认为国际性的自卫战争;内战即使未取得战争的性质,仍可取得非战争武装冲突的地位,适用战争法规中的人道主义规则。①

2. 战争通常都伴随有一定规模的武力使用

《战争论》的作者克劳塞维茨(Von Clausewitz)说:"战争是迫使敌人服从我们意志的一种暴力行为。"战争在本质上是一种武力的使用,但两者又不是简单的等同。战争中的武力使用不同于一般的武装冲突,通常其规模更大、影响范围更广且持续时间较长。在现代政治概念(全民武装理论)和技术进步的影响下,两次世界大战期间出现了所谓的"总体战"理论。这种理论主张,除了武力的大规模使用外,经济和财政压力、心理攻击以及食物控制等也都是可以动摇瓦解敌方士气和意志的战争手段。② 受此理论影响,实践中出现了不少两国间存在战争状态,但却没有武装冲突的例子,如第二次世界大战中的拉美国家,虽然曾宣战并参加对轴心国的政治经济封锁,但却

---

① 1949年的日内瓦四公约为非国际性武装冲突(内战)规定了冲突各方应遵守的最低限度规则,1977年又专门缔结了该公约的第二附加议定书,保护非国际性武装冲突中的受难者。

② 〔英〕莫瓦特主编:《新编剑桥世界近代史》第12卷,中国社会科学院世界历史研究所译,中国社会科学出版社1987年版,第253—257页、第1101—1105页。

没有实际的交战行为。

3. 在国际法上,战争不但是大规模使用武力的事实,还是一种法律状态

当冲突一方宣战或认为对方的敌对行为构成战争,并同时或继之以敌对行为时,则它们之间的和平关系即转为战争状态。战争状态出现后,包括中立法在内的全部战争法规开始适用。如果敌对行为未伴随战争状态,只是非战争武装冲突时,则外交、条约关系仍不断绝,中立法不适用,其他战争法规也只部分适用。

20世纪以前的数百年间,传统国际法只对战争行为进行规范,但却并不禁止战争。当时普遍接受的一个观点是,国家有诉诸战争的不容置疑的权利,以战争作为解决国际争端和推行国家政策的手段是国际法所许可的。但自20世纪以来,战争在国际法上的地位有了重大变化,国家诉诸战争的权利先是受到限制,继而被彻底否定:

从1899年的海牙和会开始,国际社会即倡导,各国在解决国际争端时"应尽量免除诉诸武力"。[①] 1907年海牙和会通过的《限制用兵力索取契约债项公约》则进一步在具体问题上对国家诉诸战争的权利作了直接限制。其后,美国先后与许多国家签订了一系列以其国务卿布赖恩命名的条约即布赖恩条约,规定争端国非经过一定的"冷却期",不得诉诸战争,这是从时间方面对"战争权"进行限制。第一次世界大战后,反战思潮高涨,《国际联盟盟约》虽未完全禁止战争,但却对"战争权"作出了更广泛的限制。《盟约》序言称,会员国负有"不得从事战争"的义务,第12条又规定会员国"非俟仲裁员裁决或法庭判决或行政院报告后3个月届满以前,不得从事战争",第13条和第15条还规定,对于遵行仲裁裁决、司法判决及行政院建议之任何会员国,不得进行战争。

由于《国际联盟盟约》未完全禁止战争,国际间遂进一步寻求补救。1925年的《洛迦诺公约》、1927年国际联盟大会的决议及1928年第六届泛美会议的决议等,均明白禁止战争。这些努力促成了1928年巴黎外交会议的召开和《巴黎非战公约》的订立。《公约》以

---

① 1899年《海牙和平解决国际争端公约》第1条。

缔约各国人民的名义郑重宣告:谴责以战争解决国际争端,废弃以战争作为国家政策的工具,同意以和平方法解决它们之间可能发生的一切性质的争端。由此,《公约》在法律上否定了国家诉诸战争的权利,但这须以不损害各国的合法自卫权作为前提。

《巴黎非战公约》是一项具有重大法律价值的国际文件,但它的条款过于简约,尤其他在宣布废弃战争时并未预料到会有各种非战争武装冲突的情况。为弥补这些漏洞,联合国发展出"禁止非法使用武力"的概念。《联合国宪章》宣布联合国的目的是"欲免后世再遭今代人类两度身历惨不堪言之战祸",为达此目的"保证非为公共利益,不得使用武力"。《宪章》广泛禁止各会员国在其国际关系上使用或威胁使用武力,或以与联合国宗旨不符的任何其他方法,侵害他国家的领土完整或政治独立。按照《宪章》,只有两种情形下的武力使用才是合法的,这就是(1)合法自卫;(2)安理会授权或采取的行动。

《联合国宪章》禁止非法使用武力的条款是缜密的,但在法律上禁止非法使用武力,不等于在现实中消除了战争和非战争武装冲突。由于战争和非战争武装冲突的客观存在,因此调整战时国际关系的国际法规范依然有其存在的必要。

二、战争和武装冲突法的体系

战争法是一个历史悠久且又富于演进的国际法部门,从其内容和体系的变化中可以折射出国际法从传统向现代迈进的轨迹。传统战争法仅调整战争状态下的国际关系和国家行为,不涉及非战争的武装冲突。现代战争法则在战争状态之外,还涉及非战争的武装冲突,因此,它也被称为战争和武装冲突法。

战争和武装冲突法有广义和狭义之分。狭义的战争和武装冲突法包括两大部分:第一部分是仅适用于战争状态的规则,包括战争的开始和结束,战争期间交战国之间、交战国与中立国或非交战国之间法律关系的原则和规则等;第二部分是具体的交战法则(*rules of war*),既适用于战争状态,也适用于非战争的武装冲突,包括交战行为应遵循的基本原则、合法的交战人员和战场、禁止使用的作战手段和方法、对战争受难者的保护等。广义的战争和武装冲突法,还包括维护和平、禁止非法使用武力的内容,以及制裁惩办反和平罪、战争罪的原则和规则。

第二次世界大战以后,人权原则日渐深入人心,也给包括战争和武装冲突法在内的国际法部门带来深刻的影响,从20世纪60年代开始,国际实践中有一个显著的趋势,是将人权规则和标准引入战争和武装冲突法。由此带来的一个结果是,出现了"国际人道法"(international humanitarian law)的概念。对于国际人道法的范围,学者们的认识并不一致。

斯塔克(J. G. Starke)等一些学者,认为国际人道法正在逐渐取代传统战争法中"交战法则"的概念,因此从范围上看,它指的是狭义的战争和武装冲突法中第二部分的全部内容。① 而其他一些学者则认为,国际人道法不能取代交战法则的概念。交战法则可分为两个系统,一个是以1899年和1907年等历次海牙会议缔结的公约为主的条约体系,包括圣彼得堡宣言、1925年日内瓦议定书、巴黎海战宣言等,主要是关于作战规则或限制作战手段及方法的条约和惯例,称为"海牙公约体系"。另一个是以日内瓦公约为主的体系,称为"日内瓦人道法规体系"或"日内瓦条约体系"。其中尤其重要的是1949年的《日内瓦四公约》和1977年该公约的两个《附加议定书》(详见"第三节国际人道法"中的有关阐述),其中包含大量关于伤病员、战俘、平民待遇的人道主义规则。按照他们的理解,国际人道法的范围一般只限于交战法则中的日内瓦公约体系。②

本章将国际人道法的范围限定于日内瓦公约体系,单独作为一节。将战时中立制度从有关战争状态的规则中抽出,单独成一节,称为"战时中立",把制裁惩办反和平罪、战争罪的原则和规则也单独列节,称"战争罪行及其责任"。余下的部分则合并,在本节中以"战争与武装冲突法的传统内容"为题,按照时间顺序进行论述,即战争的开始、战争行动的进行(关于作战手段和方法的海牙公约体系)和

---

① 〔英〕斯塔克:《国际法导论》(第9版),1984年英文版,第527—528页。
② 王铁崖主编:《国际法》,法律出版社1995年版,第640—649页。

战争的结束。

三、战争与武装冲突法的传统内容

(一) 战争的开始及其后果

通过宣战而使战争开始的实践自古有之,但做法并不一致。在古希腊和古罗马,"战争非经宣告不得开始"是一项绝对的律令,宣战不仅具有法律上的意义,更具有"祈告并取悦于神"的宗教意义,因此宣战事宜一般都由祭司职掌并伴以神圣的仪式——不宣而战将受到神的厌弃,而且不具有使战争开始的法律意义。在我国的春秋战国时期,诸侯国之间也有大量宣战和约期会战的实践,不宣而战被认为是不义和不祥的,但仍然具有使战争开始的效果。古印度也有最后通牒和宣战的做法,但似乎并不受到特别的重视,在《摩奴法典》和史诗《摩诃婆罗多》中可看到大量限制作战手段、减轻战争痛苦的交战法则,但却很少记载宣战规则。

罗马帝国衰落之后,神圣的宣战仪式被逐渐废弃,人们对于宣战的必要性也有不同看法:欧洲大陆长期保留着宣战的传统,欧洲大陆的学者从不怀疑明确宣战的必要性。格劳秀斯曾断言,开战前宣战是一项国际法准则,而是否宣战是界定正义战争和非正义战争的一个标准。英美国家则不然,其理论和实践都只把宣战看成纯粹任意的手续,对于战争来讲,宣战并不具有构成性,而且也不是判断战争合法与否的试金石。[①] 近代以后,这一方面的实践开始整合,到19世纪,开战前宣战被普遍认定为习惯法规则,并且很多学者把它看成是合法战争的一个要件。尽管宣战已成为习惯规则,但不宣而战的事例仍然不少,特别是1904年日本偷袭在旅顺港的俄国海军,不宣而战地开始了日俄战争,更引起了国际间的广泛关注。这导致1907年在《海牙第三公约》中明确制定出宣战的规则,该规则要求开战须有"事先的而非含糊不清的警告"。《巴黎非战公约》明文废弃战争

[①] 〔法〕夏尔·卢梭:《武装冲突法》,张凝等译,中国对外翻译出版公司1987年版,第19—20页。

后,宣战在国际法上的重要性有所降低,但并未完全失去意义。①

一般来讲,宣战具有两种形式,一是具有直接效果的宣战,另一是附条件的宣战(最后通牒方式)。宣战是一项通知,它的作用在于使对方和中立国获悉战争状态的开始,战争状态开始后,交战国之间的关系就由和平关系转变为战争关系,交战国之间就开始适用战争法和中立法。战争既影响交战国之间的公法关系,又影响其国民之间的私法关系。

在交战国之间的公法关系方面,战争所导致的法律后果主要涉及下列几方面。

(1) 外交和领事关系。交战国间的外交和领事关系通常随战争状态的开始而断绝。按照国际惯例和《维也纳公约》,外交和领事人员应得到便利尽速离境,使领馆的馆舍和档案应受到尊重,馆舍、财产、档案以及其侨民的利益可以委托中立国照料。外交和领事人员在离境前仍享有特权和豁免。

(2) 条约关系。双边条约,如需要共同政治行动或以友好关系为前提的条约,当即废止;关于边界之类的永久性条约,在原则上不受影响;引渡条约、贸易条约等一般政治和经济性的条约,停止生效。至于多边条约,原则上不受影响,但对战争进行有影响的条约则停止生效。

(3) 敌国公有财产。本国领土上的敌国公有不动产,除使馆外,可以没收或征用;处于本国军事占领下之敌国领土上的敌国公有不动产,可以征用,但不得取得或变卖,若不动产属于军事性质(如桥梁等)则可以破坏。敌国公有动产,若位于本国领土上,可以没收;动产若位于本国军事占领下之敌国领土上,亦可征用,但目的须限于当地军事目的之用。海上的敌国公用船舶,一般可以拿捕和没收。

交战国国民之间的私法关系,也会受到战争的影响:

(1) 敌国国民的法律地位。处在本国领土上的敌国侨民在先前往往被拘禁,后来逐渐形成的做法是,允许他们在适当期限内撤离,

---

① 例如,纽伦堡国际军事法庭和远东国际军事法庭在其判决书中,就曾判定德国和日本发动突然袭击是违反1907年《海牙第三公约》的罪行,并对责任者据以定罪。

或者允许其有限制地居留。

（2）贸易、交往和契约。战争爆发后，交战国国民之间的贸易、交往和契约关系通常即告停止，各国一般会提出处理这类事项的特别立法。

（3）私有财产。敌国国民的私有财产原则上不受侵犯，但是可以加以限制，如禁止转移、冻结、征用等。

（二）战争行动的进行

1．战争行动进行中的限制

对战争行动的进行，国际法有非常严格的限制，这些限制可分为三类：地点方面（战场的限制）、人的方面（战斗员的限制）和事的方面（交战方法和手段的限制）。

（1）战场的限制。交战的空间称为战场，根据国际法规则，交战双方的领土（包括其殖民地、附属国和被保护国领土）、无主地、公海、公空等，均可成为战场。在合法自卫或依安理会决议而采取的制裁行动中，联合国的托管地可成为战场；若是托管国非法使用武力，则无权使托管地成为战场。至于中立国领土或已取得中立化地位的交战国领土，则不能成为战场。

（2）战斗员的限制。国际法中最古老的一条禁令，是禁止对非战斗员进行直接或间接的攻击，而这条规则的基础是区别战斗员和非战斗员。根据国际法，只有战斗员才有进行战争行为的资格，被俘获时才有权享受战俘待遇。

合法的战斗员分为正规战斗员和非正规战斗员。

交战国武装部队的成员，除医务人员和随军牧师外，都是正规战斗员。1977年的《日内瓦公约第一附加议定书》规定武装部队应符合三个条件：① 由一为其部下的行为负责的司令部统率；② 受内部纪律制度的约束；③ 应强制遵守适用于武装冲突的国际法规则。

非正规战斗员，包括民兵、志愿部队、起义居民和游击队等。按照《海牙第四公约》的规定，民兵和志愿部队，须具备四个条件方可成为合法战斗员：① 有对部下负责的指挥官领导；② 有由远方得以辨识的确定徽章；③ 公开携带武器；④ 遵守交战法则及惯例。起义居民，也有称"居民军"或"猝合军"（*Levée en Masse*），系指未被占领之地的居民,当敌军接近而来不及编制,自操武器以抵抗入侵敌军者。起义居民,只要公开携带武器并遵守交战法则和惯例,也可成为合法战斗员。游击队,是指在被占领的本国领土内外活动的有组织的抵抗运动人员。1977年的《日内瓦公约第一附加议定书》有限度地承认游击队为合法战斗员,即在每次军事交火期间和攻击部署时被敌人看得见的期间公开携带武器,并遵守交战法则和惯例。

1977年的《日内瓦公约第一附加议定书》规定,在一方控制的领土内,通过隐蔽的行动或虚构的口实,以收集或企图收集情报通知另一方者为间谍。间谍不同于侦察兵,间谍不着军服,而侦察兵在收集情报时身着军服。侦察兵是合法战斗员,被俘时享有战俘待遇,而间谍是否是合法战斗员,似有分歧。一致的看法是,间谍是一种正当的害敌手段,本身并不违反国际法,唯其被俘后不享受战俘待遇,各国一般可依本国刑法严加惩处,但国际法要求处罚前必须经过审判。

外国雇佣兵,通常是指第三国的个人受利益的引诱而被招募去参加一场战争或武装冲突。对于雇佣兵,目前的理论和实践都一致认为它不是合法的战斗员。1977年的《日内瓦公约第一附加议定书》明白规定:"外国雇佣兵不应享有作为战斗员或成为战俘的权利。"

相对于战斗员,不直接参加战斗的人员如平民、军队医务人员、随军牧师、战地记者等,被称为非战斗员。交战方不得将他们作为恶意攻击、杀害或俘获的对象,但他们如果直接参加战斗或从事敌对行动而被捕获时,可能会受特别惩罚。

(3) 交战方法和手段的限制。关于战争中的作战手段和方法,自古以来就存在种种限制,例如我国春秋时期就有"兵以鼓进,未成列者不击"的古例。人们普遍接受的观念是"各交战国在害敌手段方面的权利,并不是漫无限制的"。在这一观念基础上,国际法发展了一整套限制战争手段的原则和规则。

2. 限制战争行为的基本原则

国际法中限制战争行为的基本原则主要包括如下几项:

(1) 人道原则。基于人道的考虑,应对一些交战手段和方法加以限制,以尽量减低战争的残酷性。对于敌人,不应施加与作战目的不成比例的伤害,也不应使用引起滥杀滥伤、造成极度痛苦的作战方法和手段。

(2) 区分原则。对平民与武装部队、战斗员与非战斗员、战斗员与战争受难者、民用目标与军事目标加以区别并给以不同的对待。

(3) "军事必要"不解除交战国尊重国际法的义务的原则。交战法则是国际强行法,各国必须遵守,不得借口"军事必要"而排除适用。

(4) 条约无规定的情况,亦不解除交战国尊重国际法的义务的原则。武器和军事技术的发展远较法律的发展为速,但法律无明文规定不能成为战争中为所欲为的借口。在国际协定没有规定的情况下,平民和战斗员仍然受来源于既定习惯、人道原则和公众良心要求的国际法原则的保护和支配。这一原则由出席1899年海牙和会的俄国代表马尔顿斯首先宣布,其内容被写入《海牙第四公约》,因此也被称为"马尔顿斯条款"(Martens' Clause)。该条款的意义在于使战争与武装冲突法能适应战争和武装冲突的新发展,限制武装冲突各方采用作战手段的权利,强调对战争受难者的保护。

根据上述原则,海牙公约体系对一些特别禁止使用的手段和方法进行了如下列举:

(1) 野蛮或残酷的手段。违反人道原则的战争方法,包括使用有毒、化学和生物武器,使用引起不必要痛苦和过分伤害的武器(如爆炸性子弹、燃烧弹、发射大量碎片的集束炸弹等),拒绝受降或杀害已放下武器的敌方战斗员等。

(2) 不分皂白的作战手段。指违反区别原则,以平民和民用物体为对象的作战行为。例如,攻击不设防城市或地点;不以特定军事目标为对象的攻击;使用不能以特定军事目标为对象的作战方法和手段;将平民或民用物体集中的城镇、乡村或其他地区内许多分散而独立的军事目标视为单一的军事目标进行轰击或攻击;直接军事利益不大而对平民附带损害过分的攻击等。

(3) 背信弃义的手段。战争中并不禁止使用诈术或奇计。诈术或奇计,是旨在迷惑敌人或诱使敌方作出轻率行为,同时又不违反任何交战规则的行为,如使用伪装、假目标、假情报等。而背信弃义的手段,是指以背弃敌人的信任为目的而诱取敌人的信任,使敌人相信其有权享受或有义务给予其法定保护的行为。例如,假装有在休战旗下谈判或投降的意图;假装因伤或因病而无能力;假装具有平民、非战斗员的身份;使用国际组织或中立国的标志或制服而假装享有被保护的地位等。

(4)改变环境的作战手段。指可能改变自然环境而使人类遭受广泛、长期而严重损害的作战手段和方法,如使用某种方法改变气候、引起地震、海啸、破坏自然界的生态平衡、破坏臭氧层等。

(5)大规模毁灭性武器。对于使用原子弹这样的大规模毁灭性武器是否合法的问题,长期以来理论和实践当中都存在一定的分歧。① 世界卫生组织和联合国大会先后就此问题向国际法院请求咨询意见,1996年7月国际法院发表了咨询意见。法院认为:习惯国际法和条约国际法都未特别准许也未全面、普遍地禁止核武器的威胁和使用;威胁和使用核武器总的来讲是违反适用于武装冲突的国际法规则的,尤其违反人道主义法的原则和规则;但就目前国际法的状况和法院所掌握的事实情况而言,法院对于一国在面临生死存亡而进行自卫的极端情况下,威胁和使用核武器是否合法的问题,不能作出确定的结论。

上述交战法则都是适用于陆战的,它们如果能够适用于海战和空战,则都应该适用。但由于海战和空战有其自身的特点,所以各有一些特殊的规则。

海战的特殊规则主要包括以下内容:

(1)战斗员、军舰和商船。海军部队成员,不论是编入各类舰艇的还是编入海岸要塞的,均为合法的海战战斗员。军舰是海战的主要工具,也是攻击的目标。在海战中,交战国只能使用属于自己编制

---

① 从1961年第1653(XVI)号决议起,联合国大会曾通过了一系列决议,不断地肯定核武器是非法的。有些国家据此认为存在着禁止使用核武器的国际习惯法,但国际法院认为并不存在这样的"法律确信",因为这些联大决议的表决中有不少反对票和弃权票,而且有一些国家曾明确表示这些决议不具有拘束力。参见国际法院"关于核武器的使用和威胁是否合法的咨询意见"。学者当中,如施瓦曾伯格(G. Schwarzenberger)等主张在自卫、极端危急等情况下可以使用核武器,而多数学者则认为使用核武器违法。

的船舰攻击敌舰,禁止使用其他船只。私掠船(privateers)①是被禁止的。商船为了防御目的而配备武装是允许的,但若主动攻击敌国舰船,则将失去国际法的保护。商船如改充为战舰,就具有军舰的地位,但应符合1907年《关于商船改充为军舰公约》的规定。

(2) 潜艇攻击。第一次世界大战期间,德国实行"无限制潜艇战",不经警告就对敌国或中立国商船进行潜艇攻击,这导致了对潜艇利用的一系列限制性规定的制定:潜艇不得专为破坏通商之用;拿捕商船前,应先进行临检,只有对拒绝临检或拿捕后不按指定的航线行驶者才得攻击;在确有必要破坏商船时,须先将商船上人员置于安全地方;如果潜艇不能合法拿捕,就应放弃拿捕和攻击。

(3) 海军轰击。1907年《海牙第九公约》规定:禁止以海军轰击未设防的城市、海港、村庄、房舍及建筑,不得以港口设置自动海底触发水雷为设防;轰击处在不设防地点的军事设施前应通知有关当局限期拆除;在不超过当地的资力的前提下,海军可向地方当局征集当时必需的粮食或生活用品,被拒绝时方可轰击;轰击时必须尽力保全一切非军事用途的宗教、艺术、科学、慈善事业建筑物、历史古迹、医院及伤病员收容所。

(4) 水雷和鱼雷。为了保护国际航运和中立国的合法权利,1907年的《海牙第八公约》规定:禁止敷设没有系缆的自动触发水雷,但失去控制至多一小时后即为无害者除外;禁止敷设虽有系缆,但离开系缆后仍能为害的水雷;禁止敷设射击不中后仍具危险的鱼雷;禁止以截断贸易通航为目的在敌国沿岸或港口敷设自动触发水雷;使用系缆自动触发水雷也应尽力避免威胁海上和平航行的安全。

关于空战的特殊规则。空战的主要问题是如何限制和减少空中轰炸的残酷伤害,而迄今为止还没有一个专门规定空战规则的条约。1923年海牙法学家委员会曾拟订了一个《空战法规草案》,但仅有参考价值。目前,仅能从若干分散的条约中找到一些限制性的规定,如:禁止用气球或类似方法投掷投射物和爆炸物;只有军事航空器才

---

① 私掠船是经交战国允许并发给特别许可证书的武装私人商船,主要用以劫掠敌方的船货。私掠船过去曾被各国广泛使用,1856年以后被《巴黎宣言》所废止。

能交战;轰炸只能针对军事目标,要尽量避免轰炸宗教、艺术、科学和慈善事业建筑物、历史文物、医院及伤病员收容所;潜艇作战规则亦适用于空战,等等。

(三) 战争的结束

战争的结束是指交战国之间战争状态的终止与和平状态的恢复。战争可以通过四种方式结束:(1) 交战双方正式缔结和约以建立和平状态;(2) 交战一方发表正式宣言,声明终止战争状态;(3) 交战一方灭亡对方以结束战争;(4) 交战双方不再作战争行为,也不特别缔结和约以明白表示媾和,而不知不觉地进入和平状态。

最常见和最正式的结束战争的方式是缔结和约,因为和约可以详细地规定交战国关系中的一切重要问题,诸如和平状态的恢复、撤军、战俘的遣返、战争赔偿、外交条约关系的恢复等。而且根据和约,可以明确地知道战争与和平两种法律状态之间的时间界限。①

交战一方以单方宣言方式终止战争状态的做法比较少见。第一次世界大战结束时,美国国会曾于1920年5月通过两院联合决议,终止对德战争,1921年8月又签订《柏林条约》。同样,1919年9月中华民国国会也曾通过决议,宣布中德之间已经恢复和平状态,后于1921年5月签订了《中德条约》。这些例子都是因战胜国之间在和约内容问题上意见分歧而致,重要利益无法通过共同媾和得到满足的战胜国遂采取了这种单方面行动。

交战一方灭亡对方以结束战争,在过去曾被认为是正常的。历史上这样的例子也并非罕见。例如,1899—1902年的布尔战争,就是以英国灭亡南非共和国而结束的。1859—1870年的意大利统一战争,也是以撒丁国先后灭亡了两西西里王国、托斯卡那大公国、帕尔马公国、摩德纳公国和教皇国而结束的。不过,《巴黎非战公约》确认侵略战争为非法之后,这种结束战争的方式能否继续存在,则大成问题。

双方不缔结和约,仅通过简单停止敌对行为而结束战争,是一种例外的方式,例如1720年法国和西班牙间的战争、1801年的俄普战

---

① 除非和约另有规定,战争状态通常于和约签订之日结束。

争等,都是这样终止的。这种方式缺陷很大,容易在战争结束的事实状态和法律状态之间形成混淆,从而带来很多不便,譬如缺乏终止战争状态的精确时间、无法确定终止战争的法律后果等,因此各国总是避免采用。一般来讲,人们都认为,敌对行为的停止并不意味着战争状态在法律上的结束。

敌对行为的停止,主要通过停战或投降。

停战是根据交战双方的协议暂时停止军事行动,从法律上讲不同于和约,并不导致战争状态的终止,交战国所享有的临检、拿捕以及没收战时禁制品之类的权利依然存在。停战可以是全面的,也可以是局部的,可以定有期限,也可以不定期限。如果不定期限,交战国可随时再行开战,但应按停战条件的规定警告对方。停火类似于局部停战,但地区更有限,时间更短暂。

投降是指交战一方承认自己战败而要求对方停止战斗的一种方式。投降可以是全面的,也可以是局部的,可以是无条件的,也可以是有条件的。投降只是停止战斗行动,即使是全面无条件的投降也并不就此结束战争状态。

第二节 战时中立

一、中立的概念

据考证,中立(neutrality)一词被用作法律术语,最早见于1620年德·拉姆斯(de Ramsla)发表的《论战时中立和援助》一书。其后1625年格劳秀斯(H. Grotius)在《战争与和平法》中提出了关于"战争中间者"的两项基本规则,为中立这一概念的发展以及中立制度的形成奠定了基础。①

18世纪以后,中立的基本含义渐趋稳定。为了准确把握这一概念,传统国际法将其区分为法律和政治两个层面:(1)国际法上的中立,仅指战时中立,按照《奥本海国际法》的表述:"中立是第三国对

---

① 〔荷〕格劳秀斯:《战争与和平法》,何勤华等译,上海人民出版社2005年版,第454—455页。

各交战国所采取的并为交战国所承认的公正不偏的态度,这种态度产生了公正不偏的国家与交战国之间的权利和义务。"①(2) 与法律中立相区别,还有所谓政治意义上的中立。政治中立指的是一国所采取的坚持不卷入别国间战争的行动路线,如不参加军事同盟(不论是进攻性的还是防御性的),拒绝外国在其本国领土上设置军事基地或驻扎军队,不歧视任何特定国家等。政治中立有不结盟、中立主义、非军事化等多种表现形式,无论以哪一种形式存在,它都是一国在和平时期的政治选择而非国际法上的义务,偏离中立的路线也不会招致他国法律上的异议。

19世纪的永久中立实践对国际法上的中立概念带来了重要影响。1815年瑞士成为永久中立国,比利时和卢森堡也分别于1839年和1867年宣称永久中立,它们的永久中立地位在整个19世纪(无论是在战时,还是在平时)都始终受到了尊重。所谓永久中立,是指主权国家通过条约实现无期限和无条件的中立。永久中立,首先是一国在和平时期政治选择的结果,同时由于有条约的规定,永久中立国因此承担了国际法上的义务,在平时和战时都要保持"公正不偏"。永久中立通过条约确立,因此从形式上看,它是协议中立的一种特殊形式。协议中立是基于条约而确立的中立,无论平时还是战时都可构成。由于存在中立的条约义务,永久中立和协议中立都显然不是一种单纯的政治选择,而是一种法律上的地位,偏离这一地位将引致国际法上的后果。基于这一理解,法律中立的含义有所扩大,不再仅指战时中立,永久中立和协议中立也是国际法意义上的中立。

二、中立制度的历史与现状

(一) 传统中立制度的形成和发展

第三国不参加、不介入他国之间战争的做法,古已有之。例如,在罗马帝国与米特拉达悌(Mithridates)的战争中,交战双方都希望得到帕提亚(Partia 即安息)的援助,罗马统帅琉卡拉斯(Lucullus)遭

---

① 〔英〕劳特派特修订:《奥本海国际法》(第8版)下卷第2分册,王铁崖等译,商务印书馆1989年版,第147页。

使要求帕提亚,如果不是援助罗马,就必须严守中立。① 但劳特派特、夏尔·卢梭等多数国际法学者都认为那只是原始的中立现象,不是具有制度形式的中立,因为那时还没有关于中立的国际法规则,即使第三国实际采取了中立的立场,那也不是基于法律上的义务,反之,即使第三国偏离中立立场,也不被认为破坏了某种规则。

近代中立制度的萌生,大约可以追溯中世纪后期。14世纪中叶时,地中海沿岸国家间可能就已发展出若干关于中立的海上习惯规则,例如当时的一部海事惯例汇编《海事法集》中就记载了没收敌国货物和返还中立国货物的规则。到了17世纪,中立已被承认为国际法上的一项独立的制度,德·拉姆斯和格劳秀斯两位国际法学者在此过程中功不可没。18世纪以后,中立理论和制度均得到了进一步发展。经过宾刻舒克(C. van Bynkershoek)和法泰尔(Vattel)的论述,中立的理论逐渐系统化,"公正不偏"被宣布为中立国的强制性义务。这一义务分别为1756年英法战争中的"1756年规则"和两次武装中立宣言所确认,并被落实为一些关于中立的具体规则。进入19世纪后,中立制度更趋成熟,其发展主要受到三方面因素的影响:一是美国在法国革命和拿破仑战争期间的中立实践;二是瑞士、比利时和卢森堡成为永久中立国;三是1856年《巴黎海战宣言》第一次将中立的习惯规则编纂成为协定法。

传统中立制度的发展一直持续到第一次世界大战,1907年海牙和会在编纂中立法方面取得了出人意料的成果,十三项海牙公约中有六项涉及了中立规章。

(二) 中立制度的现状

从第一次世界大战开始,传统中立制度的发展就处于起伏之中,对其构成影响的因素主要有以下几个方面:

第一,与以往的战争不同,20世纪的两次世界大战都属于全面的和绝对的战争。所有大国和许多其他国家均卷入了这两场战争,两场战争都被看成是"关系人类命运的生死搏斗"。这一观点对中

---

① 〔古罗马〕阿庇安:《罗马史》(上卷),谢德风译,商务印书馆1979年版,第485页。

立带来两个影响:一是世界舆论普遍认为中立在道义上是说不过去的,中立国"是在规避其对人类所负的责任"①;二是各交战国均倾向于认为,在民族为生存或自由而搏斗的时刻,它们是不会被中立规则束缚住手脚的。②

第二,从1899和1907年两次海牙和会开始,和平解决国际争端原则的确立和正义战争理论的复活,在理论和实践上都削弱了传统中立制度的基础。1899和1907年的《海牙公约》都强调了中立国的调停义务,这使传统中立中的"不作为"义务开始受到削弱。正义战争理论的复活,集中表现在《国际联盟盟约》和《联合国宪章》所规定的集体安全体制当中,而集体安全体制对传统中立概念是明显有所排斥的。《联合国宪章》第2条规定:"会员国对于联合国依本宪章规定而采取的行动,应尽力予以协助;联合国对任何国家正在采取防止或执行行动时,各会员国对该国不得给予援助。"可以看到,当联合国采取封锁、禁运或军事制裁等强制措施时,会员国是不可能按照传统中立规则保持"公正不偏"立场的。

第三,传统中立制度是以国家享有"诉诸战争的绝对权利"为前提的,而这一权利已被1928年的《巴黎非战公约》所废弃。基于此,1934年国际法协会通过的布达佩斯决议认为,传统中立所固有的"公正不偏"概念已不再适合公约所规定的情况,公约的签字国有权采取区别对待的立场,对侵略国有权不遵守中立义务,而可以给予受

---

① 参见〔英〕劳特派特修订:《奥本海国际法》(第8版)下卷第2分册,王铁崖等译,商务印书馆1989年版,第132—133页。
② 第一次世界大战刚一爆发,德国就以这种主张为借口,侵入比利时和卢森堡,破坏了它们的永久中立地位,随后,德国又宣布"无限制潜艇战",未加警告就击沉大量中立国船只;由于同盟国无视中立规则,英法协约国亦宣布停止遵守有关中立的1909年《伦敦宣言》。1935年至1939年期间,美国和斯堪的纳维亚国家试图恢复被第一次世界大战所破坏的传统中立结构,美国国会于1935—1937年间先后通过了三项中立法案,丹麦、芬兰、冰岛、挪威和瑞典于1938年通过了关于中立共同规则的《斯德哥尔摩宣言》,这几项法律文件都强调了传统中立法的"不作为"和"公正不偏"义务——这些努力导致了中立在第二次世界大战前夕的短暂复兴。但第二次世界大战的爆发在几个月内就使得上述努力化为泡影,随着德国入侵丹麦、挪威、比利时、荷兰和卢森堡,中立制度再度被粗暴破坏,美国在1939—1941年间几度修改中立法案,完全放弃了"不作为"和"公正不偏"义务,美国和轴心国之间实际上处于交战状态。这些事件表明,在世界大战中,中立总是自动地而且几乎是普遍地被放弃。

侵略国包括军火在内的各种援助。总之,该公约使传统中立所依赖的法律基础发生了根本改变。

第四,第二次世界大战以后,非战争的武装冲突日益增多。这种武装冲突不构成战争状态,第三国无法按照传统战争法确立其中立地位,也因此无法明确地承担关于中立的义务和权利。针对这种情况,实践中发展出所谓"准中立"(quasi-neutrality)的概念:不参与冲突的国家具有"准中立国"的地位,一般认为,它们也有"不参与""不援助"的义务,也享有保护其国民生命财产的权利,但这些权利义务的具体范围目前并不十分确定,而且也不像战时中立国的权利义务那样严格和绝对。

第五,在传统国际法中国家是唯一的主体,而20世纪以后在主权国家之外又出现了国际组织、争取解放民族这样一些新的国际法主体。这一变化带来的结果是,除了传统的国家中立,现在又有了国际组织的中立和争取解放民族的中立。

应该承认,20世纪以后,新的国际环境的确给传统中立制度带来巨大冲击,但也不能说现代国际法已完全取消了中立。在许多场合,例如联合国未能对其采取行动的战争或武装冲突中,中立规则仍有其适用的空间。

三、中立国的权利和义务

中立是一种法律地位,代表着复杂的权利义务关系,这种权利义务关系的基础是所谓的"公正不偏"原则。在这里,权利和义务是相互关联的,中立国的义务是交战国的权利,而交战国的义务也是中立国的权利。不论站在中立国还是交战国立场,这些义务都可归纳为三类:节制、防止和容忍。

（一）节制的义务

节制的义务,也被称为"不作为"义务,它意味着中立国应自我约束,不介入交战国间的任何战争行为。中立国不仅不能直接参加战斗,也不能对交战国提供间接的援助,例如提供军队,供给武器弹药、军舰、军用飞机及其他军用器材,给予补助金、贷款、承购公债,用军舰和公船等进行军事运输,给予情报的方便等。这种援助即便是平等地给予交战国双方,也是被禁止的。

对于交战国来说,节制的义务主要指,不得在中立国领土或其管辖区域内从事战争行为或进行战争准备。例如,不得将中立国领土或其管辖区域作为作战基地;不得在中立国领土或领水区域内建立通讯设施或捕获法庭,改装商船为军舰或武装商船等。

(二) 防止的义务

中立国有义务防止违反中立规则的行为发生,它应采取措施,防止交战国为战争目的而利用其领土或其管辖的区域。例如:在中立国的领土内进行战斗、拿捕船只、招募兵员、建立作战基地或通讯设施;以中立国领土为通道输运军队或军需品;利用中立国领土武装或改装商船等。

对于交战国来说,防止的义务意味着,它应采取一切必要而可能的措施,防止虐待滞留在交战国境内或其占领区内的中立国使节或国民,防止其军队或其国民侵犯中立国及其国民的财产权利或其他权益,等等。

(三) 容忍的义务

在进行战争时,交战国依据战争法所采取的军事行动可能会使中立国国民蒙受不利,对此,中立国应在一定范围内予以容忍。例如:交战国可能会对中立国船舶进行临检和搜查;对载有战时禁制品、破坏封锁或从事非中立义务的中立国船舶予以拿捕和审判;出于军事需要,对处于交战国境内或其占领区内的中立国财产(主要是交通工具或其他有益于军事目的的财产,如军火、军需品、粮食等)予以非常征用或破坏,等等。

对于交战国来说,容忍的义务主要包括:容忍中立国与敌国保持正常的外交和商务关系;容忍中立国收容并羁留属于交战国的部队;容忍中立国收容逃亡战俘或属于敌方的伤病员;容忍中立国港口临时庇护敌方舰船或给以必要维修,等等。

第三节　国际人道法

一、国际人道法的概念和历史发展

前面我们曾提到,对于国际人道法的概念,迄今尚无一致的认识。① 对这一概念持最宽泛理解的人认为,国际人道法应包括所有确保尊重个人的国际法规则,因此人权法也应属于国际人道法的范畴。较为温和的观点则认为,国际人道法与传统的交战法则基本属同一概念,既包括属于"海牙公约体系"的内容,如交战行为应遵循的基本原则、合法的交战人员和战场、禁止使用的作战手段和方法等,也包括属于"日内瓦公约体系"的内容,即对战争受难者的保护,而且自 1945 年以后日内瓦法从海牙法中汲取了不少内容,两者之间其实已无绝对的界限。而另有学者则认为,国际人道法是战争与武装冲突法中的一个特殊部分,其发展与红十字会运动和历次日内瓦会议有着密切的联系,并由此形成了悠久而独特的传统:它关注的重点,是从人道立场出发给予伤病员、战俘和平民等战争受难者以必要的保护,因此它的核心部分是"日内瓦公约体系",虽然自 1945 年以后有若干海牙公约的规则进入了"日内瓦公约体系",但并没有对其传统的连续性和体系的完整构成根本的影响。

19 世纪以前,除了少量的习惯规则外,国际法对于伤病员、战俘等战争受难者的状况并不十分关注。1859 年意大利统一战争中,瑞士人亨利·杜南(H. Dunant)深为索尔弗利诺战役的惨状所触动,写下了《索尔弗利诺的回忆》(*Souvenir de Solferino*)一书。在书中,杜南描述了战场上的伤病员因得不到救助而大量死亡的景象,希望借此唤起人们的人道关怀,推动各国政府制定国际规章以改善伤病员的境遇。其后发起的红十字会运动得到了瑞士政府的支持和其他一些国家政府的响应。

1864 年在日内瓦召开的国际会议订立了《改善战地武装部队伤

---

① 〔日〕日本国际法学会编:《国际法辞典》,外交学院国际法教研室总校订,世界知识出版社 1985 年版,第 480—481 页。

者境遇的公约》(1864年)。该公约首先确立了陆战中伤者病者待遇的原则,规定凡负伤、患病从而失去战斗和防卫能力的战斗员,都应当不分国籍给予尊重和照顾,医务人员、医疗机构和医务运输应予保护,使其免受敌对行动的伤害。在1907年海牙和会上,上述原则被推及适用于海战。1864年的公约比较简短,在战争技术日益复杂的时代难以实现对伤病员的充分保护,为此,以后的1906年、1929年、1949年《改善战地武装部队伤者病者境遇的日内瓦公约》和1977年的《日内瓦公约第一附加议定书》都曾对它进行过修正和补充。

1864年和1906年《日内瓦公约》的人道保护只适用于战地伤病员。对于战俘和平民的地位,1907年《海牙第四公约》曾有过原则规定,但这些规定的主旨是为了限制和确定合法战斗员的范围,其重点并不在于保护战俘和平民。两次世界大战中,战俘和平民的伤亡人数惊人,他们的悲惨境遇引起了普遍的关注[①],国际社会的一个主要的反应,是确定战俘和平民的战争受难者地位,并把他们也逐步纳入《日内瓦公约》人道保护的范围。这方面的举措包括1929年《关于战俘待遇的日内瓦公约》、1949年《关于战时保护平民的日内瓦公约》等。

1949年4月至8月召开的日内瓦会议,对这一领域自1864年以来所取得的成就给予了回顾和总结,对以往各日内瓦公约(包括1907年《推行日内瓦公约于海战的海牙第十公约》)进行了全面修订,同时还制定了战时保护平民的新规则。会议的成果体现为四个新的日内瓦公约,即《改善战地武装部队伤者病者境遇之日内瓦公约》(即"日内瓦第一公约")、《改善海上武装部队伤者病者及遇船难者境遇之日内瓦公约》(即"日内瓦第二公约")、《关于战俘待遇之日内瓦公约》(即"日内瓦第三公约")和《关于战时保护平民之日内瓦公约》(即"日内瓦第四公约")。在会议中,人们已经注意到了

---

① 例如,第二次世界大战中,被德国俘获的苏联战俘中有230万人死于伤寒,被日本俘获的4.6万盟国战俘中有1.6万死亡或失踪;而在被苏联俘获的373万德国战俘中死亡或失踪的有132万人,7.5万意大利战俘和61万日本战俘中死亡或失踪的分别有6.3万和15万。随着战争范围的扩大和深入,平民的境况也越来越差,尤其是在德日占领区,大量的平民遭受了拘禁、奸淫、残杀和其他种种非人道待遇。

非战争武装冲突情况下国际人道规则的适用问题,日内瓦四公约的共同第 2 条均对此作了原则规定,将《日内瓦公约》的人道保护原则扩展适用于各类武装冲突之中。1977 年订立的两个《日内瓦公约附加议定书》对这一问题作出了更加详尽的规定,这两个附加议定书分别为:《关于保护国际性武装冲突受难者的附加议定书》(简称《第一议定书》)、《关于保护非国际性武装冲突受难者的附加议定书》(简称《第二议定书》)。至此,受人道主义保护的战争和武装冲突受难者范围大体得以确定,国际法也基本形成。

二、国际人道法的主要内容

国际人道法以"日内瓦公约体系"为其主要的渊源形式,主要内容包括:

(一) 适用范围

国际人道法的基本目的,是以人道的理由尽力减少人们所受的苦难,控制战争和武装冲突的残暴性。因此,日内瓦公约的一个基本倾向,就是要尽可能地拓展公约的适用范围,扩大公约的保护。这具体体现在以下几个方面:

1.《日内瓦公约》不仅适用于国家间的战争,也适用于国家间任何非战争的武装冲突。任何国家都不得以"未宣战"或"不存在战争状态"为借口,排除《日内瓦公约》的适用。

2.《日内瓦公约》不仅适用于国家间的战争或武装冲突,而且对一国内部的内战或称非国际武装冲突也可适用。

3. 非缔约国参加战争或武装冲突,并不排除《日内瓦公约》在缔约国之间的效力。1906 年的《改善战地武装部队伤者病者境遇的日内瓦公约》和 1907 年《推行日内瓦公约于海战的海牙第十公约》都载入了所谓的"普遍参加条款",即公约仅在交战国均为缔约国的情况下才适用,只要交战国中有一个非缔约国,则公约对全部交战国就都失去约束力。这项规定的初衷,是为了防止未参加公约的交战一方,由于不需要承担公约规定的义务而单方面地在军事上取得优势,但实际的效果却使战争受难者的处境恶化了,因为公约极容易因为一个未参加公约的小国加入战争(有时甚至仅仅是形式上的参战)

而失去效力。① 因此，从 1929 年以后，各次的《日内瓦条约》都取消了"普遍参加条款"，规定即使有非缔约国参加战争或武装冲突，其他缔约国在其相互关系上，仍受日内瓦公约的拘束。

4.《日内瓦公约》可以对非缔约国紧急适用。按照条约法的一般原则，条约对第三国没有拘束力，一个国家如果愿意受条约的拘束，就应当按照条约规定的程序加入条约，成为缔约国。然而，在战争或武装冲突的环境下，适用《日内瓦公约》之人道法则的需要可能非常紧迫，现实状况也许不容许非缔约国按照和平时期的步调成为公约的缔约国。对此，1949 年《日内瓦四公约》的共同第 2 条允许对非缔约国紧急使用：在战争或武装冲突期间，非缔约国不需履行通常的加入程序，只要接受并援用公约的规定，就可以与缔约国同等地接受公约的约束。

（二）对战时伤者、病者和遇船难者的保护

《日内瓦公约》对于战时伤者、病者和遇船难者的保护大体涉及三个方面的内容：

1. 基本待遇

根据 1977 年《日内瓦公约第一附加议定书》的规定，"伤者"和"病者"是指由于创伤、疾病、残障、精神失常需要医疗救助或照顾，而且不从事任何敌对行为的军人或平民，此外还包括产妇、新生婴儿以及其他需要立即给予医疗救助或照顾的人，如弱者或孕妇。"遇船难者"是指由于遭受不幸或所乘船舶或飞机遭受不幸而在海上或在其他水域内遇险，而且不从事任何敌对行为的军人或平民。

对于上述战争受难者，缔约国对他们主要存在三方面的义务：（1）尊重、保护并且不得加以攻击的义务。所有伤者、病者和遇船难者，均应受到尊重和保护，不应损害其个人尊严，特别如侮辱或贬损人格。对其生命的任何危害或对其人身的暴行均应严格禁止，尤其不得加以杀害、施以酷刑或供生物学的试验。对于妇女之待遇，应充

---

① 这种情形在第一次世界大战中就曾出现过，当时利比里亚于 1917 年 8 月参加战争，而它的参战几乎只有象征意义。由于它不是 1899 年及 1907 年《海牙公约》的缔约国，《海牙公约》被迫停止适用，因为公约中的"普遍参加条款"目的明确且措辞清楚，人们无法通过限制性的解释来避免这一结果。

分顾及其性别。(2) 搜寻和集中的义务。每次战斗后,冲突各方应立即采取一切可能的措施搜寻伤者、病者和遇船难者,并予以适当的照顾和保护,环境许可时,应商定停战或停火办法,以便搬移、交换或运送战场上遗落之受伤者。冲突各方应尽速登记落于其手中之每一敌方伤者、病者或死者的身份资料,尽速转送红十字国际委员会中央查访局,以便转达给上述人员的所属国。军事当局,即使在占领区,也应准许居民或救济团体自动收集和照顾任何国籍之伤者、病者,任何人不得因看护伤者、病者而被侵扰或定罪。(3) 予以适当照顾并给以人道待遇的义务。在任何情况下,缔约国都应尽最大可能给伤者、病者以其状况所需的医疗照顾,不得故意不给予医疗救助及照顾,也不得造成使其冒传染病危险的情况。缔约国对上述三方面义务的承担,应当是非歧视性的,不得基于性别、种族、国籍、宗教、政见或其他类似标准而有所区别。

2. 对医务人员、医疗机构和医疗运输的保护

医务人员、医疗机构和医疗器材是战地伤者、病者获得人道待遇必不可少的条件,因此,《日内瓦公约》规定各缔约国对医务人员、医疗机构和医疗运输应予尊重和保护。这意味着:(1) 它们在任何情况下都不能成为攻击的对象。冲突各方在攻击军事目标时要尽一切行之有效的努力,宽待医务人员、医务机构和医务运输。医务人员在被俘时不得视为战俘,冲突各方应在军事需要许可的情况下,尽可能地组织交换。对于落入手中的敌方医疗器材,冲突方应归还活动器材,但可在不改变其用途的条件下保留固定器材。(2) 对于医疗人员(特别是平民医疗人员)的人道活动,不应加以不必要的限制。冲突方应向平民医疗人员提供各种协助,准许其前往必须服务的场所执行人道主义职责,不应迫使医疗人员从事损害伤病员利益、违反医疗道德、医疗规则或《日内瓦公约》规则的行为。

3. 统一采用的识别标识

为确保对医疗人员、医疗机构和医疗运输的识别和保护,《日内瓦公约》规定了统一的识别标识,即白底红十字标志、红新月标志、

红狮与太阳*的标志。每一缔约国都应采取国内法措施,防止对上述标识的滥用,确保标识仅用于公约规定的人员和机构。

(三) 对战俘的保护

战争法在合法战斗员和非法战斗员之间作了根本区别,合法战斗员由于投降、受伤或生病等原因而被俘失去战斗力时,就具有了战俘地位。对于战俘的保护,《日内瓦公约》主要规定了以下几个方面的内容:

1. 对战俘身份的确定

1949年《日内瓦第三公约》列举了八种类型具有战俘地位的人,这八种人分别是:(1) 交战国武装部队的成员;(2) 包括抵抗运动在内的其他民兵和志愿军;(3) 自称效忠于未经拘留国承认之政府或当局的正规武装部队成员;(4) 得到特别许可随同武装部队的非战斗员,如军用飞机上的文职人员、战地记者、供应商等;(5) 冲突各方商船的全体船员或民航飞机的全体机组人员,如果他们不能得到较战俘更优惠的待遇;(6) 居民军;(7) 被占领土的武装部队中被遣散或释放的成员,占领国怀疑其可能重新加入其他的敌方部队;(8) 进入中立国而被中立国依中立法羁留的任一前列人员,如果他们不能取得较战俘更优惠的地位。

2. 一般保护

国际法对于战俘地位的基本观点是,战争是国家之间的关系,战俘的在俘,不是一种惩治措施,而是对一个解除了武装的对方所采取的预防措施。因此,战俘可以被拘禁,但应受到人道待遇,其安全、健康以及其他生存条件都应予以保证。交战方不得杀害、虐待和惩罚战俘,不得以战俘作为人质或作为报复的对象。战俘的人身、宗教信仰和尊严应得到尊重,在任何情况下,战俘都不得全部或部分放弃其根据《日内瓦公约》所享有的权利。

3. 保护战俘的具体规则

为保证战俘的人道待遇能真正得到落实,《日内瓦公约》对战俘

---

* 红狮与太阳1923年启用,1982年被取消。国际红十字与红新月运动于2007年1月14日正式启用"红水晶"标志,为以色列提供了行动方便。

保护中所涉及的各种事项进行了详尽规定:(1) 在俘的开始。战俘受讯问时,仅须回答其姓名、等级、出生日期和番号,拘留国不得强迫其提供情报。战俘有权保有私人物品。交战方应尽快将战俘撤离战斗地带,撤离必须以人道方式进行,不得令战俘冒不必要的危险。(2) 战俘的拘禁。战俘营应设在免于炮火的安全地带,并能保证战俘的卫生和健康。拘留国应提供足以保证健康的住宿、饮食和衣物,保证战俘获得必要的卫生与医药照顾。战俘的宗教、文化和体育活动应被准许。(3) 战俘劳动。拘留国可以利用战俘(军官除外)劳动,但须以其体力合格为限,并且不得强令其从事危险(如扫雷)、有碍健康或有损体面的劳动。(4) 战俘与拘留当局的关系。战俘与其家庭的通讯应被准许。战俘必须遵守拘留国武装部队中现行的法律规章,拘留国可对违反者采取司法或纪律处罚。战俘不得因个人行为而受到集体惩罚,受到司法处分时有权获得公正审判。对战俘判处死刑应特别慎重。(5) 战俘的释放和遣返。交战方之间积极敌对行动停止后,战俘应即予以释放并遣返,不得迟延。

(四) 战时对平民居民的保护

在这一问题上,国际法的基本原则是:平民应与战斗员相区别,平民居民不参加战争行动,他们应被置于敌对行动之外,受到国际法的保护。1949年《日内瓦第四公约》和1979年《日内瓦公约第一附加议定书》对此作了详细的规定:

1. 军事行动中对平民的保护

军事行动对于平民的最大危险来自不分皂白的攻击,因此公约强调必须在平民和战斗员、民用物体和军事目标之间作出区分,军事行动仅能以军事目标为对象。公约禁止以在平民中散布以恐怖为主要目的的暴力行为或暴力威胁,禁止对平民的报复,禁止将平民作为人质置于易受攻击的军事目标处。

2. 军事占领下对平民的保护

军事占领当局应在国际法许可的范围内行使管辖权,给予平民以人道待遇。占领当局不得剥夺平民的生存权,不得以领土兼并或强迫劳动为目的大规模驱逐或迁移平民,不得强迫平民为其军队或加入其军队,不得为获取情报对平民采取强制手段,不得对平民施以暴行、恐吓和侮辱,不得对平民进行集体惩罚、杀害、虐待、奸淫或用作实验。占领当局有义务维持社会秩序和居民生活,不得侵占平民的粮食和医药供应,不得废止被占领国的现行法律。

3. 对敌侨的拘禁

在战争或武装冲突发生时,在交战国或武装冲突国境内的敌国平民一般应允许离境,未离境者应得到最低限度的权利。只有当拘留国安全绝对必要时,才可以将敌侨拘禁或安置于指定地点。

第四节 战争罪行及其责任

一、第二次世界大战前的战争罪行及其责任

战争罪行(war crimes)有狭义和广义两种意义。

在20世纪以前,人们对战争罪行通常持狭义的理解,所谓战争罪行是指"违反交战法则的罪行"(crimes against rules of war),即交战国的军人或一般平民在战争中针对对方所为的违反战争法规和惯例的行为。在一些西方国际法著作中,这种狭义的战争罪行有时也被称为"普通战争罪行"(conventional war crimes)。这类犯罪的主体通常是交战国的战斗员,但也不排除一般平民犯此罪行的可能:就战斗员而言,这类罪行通常包括使用被禁止的作战手段和方法、杀害或虐待俘虏等;而对一般平民而言,一旦他们参与了害敌行动,就违背了区分战斗员和平民的原则而构成对交战法则的违反。传统国际法一向承认对此类犯罪的惩处,而且这种责任的追究从来都只针对行为者个人,即使该犯罪行为可能实际是国家机关所为——例如是根据政府或长官的命令而为——责任也并不归咎于国家,而仍要追究个人责任。在20世纪以前的国际实践中,对这种罪行的惩处一般采用交战国国内管辖,并且通常仅限于战争期间,和约签订或战争结束后一般就不再追究。①

从20世纪初开始,战争罪行的含义逐渐扩大,究其原因大体和

---

① 〔日〕日本国际法学会编:《国际法辞典》,外交学院国际法教研室总校订,世界知识出版社1985年版,第649—653页。

三个因素有关:(1) 自然法观念和正义战争理论的复兴;(2) 国家诉诸战争权的废弃;(3) 人权和人道主义观念的广泛传播和深入人心。

正义战争理论源远流长,天主教哲学家奥古斯丁和阿奎那将其系统化,到了近代即被格劳秀斯等自然法学派的学者所继承。18—19世纪,实证主义法学兴起,正义战争理论随着古典自然法的衰退而衰落,国际法不再对合法战争和非法战争进行区别,国家诉诸战争的权利被普遍承认,发动或从事战争并不构成罪行,也无须承担责任。进入20世纪以后,自然法观念和正义战争理论逐渐复苏,在1907年《海牙公约》和1913—1914年《布赖恩和平条约》中都可找到其最初的迹象,从这些条约对战争所作的限制(如必须宣战、不得以武力索债、须经过一定的"冷却期"等)中可以得出暗含的推论,即违反这些限制的战争是非法和应承担国际责任的。这一趋势在1919年的《凡尔赛和约》当中更加明显,和约明确地指出德国发动第一次世界大战是违反国际条约和国际道德的罪行,就这一罪行,和约还首次提出,除了要追究德国的国家责任外,还要追究德皇威廉二世个人的责任。在惩治方法上,和约突破了过去仅在战争期间和仅由国内处罚的传统做法,在肯定国内管辖的同时,和约还计划建立国际法庭来追究个人的战争责任。由于荷兰拒绝引渡德皇威廉二世,《凡尔赛和约》建立国际法庭来追究其个人战争责任的努力失败了,尽管如此,《凡尔赛和约》的意义依然不可忽略:它是后来纽伦堡审判和东京审判的先声,更重要的是,它首次提出,在违反交战法规的"普通战争罪行"之外,还有非法发动战争的罪行,这就使"战争罪行"的含义扩大了。

"战争罪行"含义的扩大,由于《巴黎非战公约》的签署得到了进一步的确认。公约从法律和道义上全面否定了战争,这使《凡尔赛和约》所提出的"非法发动战争的罪行"又有了微妙的变化,从公约的角度看,凡发动战争都是非法的,但公约并没有明确说到侵略战争是一项个人应为之负责的国际罪行。国际联盟曾试图在法律上对此进行补救,1923年国际联盟起草的《互助条约草案》和1924年国联大会通过的《和平解决国际争端日内瓦议定书》都曾说及侵略战争是国际罪行,但可惜的是这些条约都未得到批准。1925年和1927

年国际联盟大会曾在决议中宣称"侵略战争应被认为是一种罪行",但这些决议也不具有决定性的造法效果。

二、纽伦堡、东京审判及其意义

第二次世界大战和其后的纽伦堡、东京审判,对于"战争罪行"含义的扩大具有决定性的意义。德日法西斯国家不仅发动了侵略战争,而且在战争前和战争期间还犯下了诸如灭绝种族、屠杀平民和战俘的大量暴行。这些暴行震撼人类的良知,使人们普遍地感到,只有将这些行为确定为国际罪行并追究其个人责任才能满足正义的要求,否则就是对正义的嘲弄和对受难者的背弃。这种带有显著自然法意味的公众信念,给盟国政府以很大的支持,使它们克服了由于实订法不够明朗而产生的犹豫。1942年,盟国根据《圣詹姆斯宫宣言》成立了"战争罪调查委员会",1943年美英苏发表了《莫斯科宣言》,正式决定起诉轴心国战犯。为执行《莫斯科宣言》的规定,盟国又先后公布了《欧洲国际军事法庭宪章》和《远东国际军事法庭宪章》,起诉和惩处德日轴心国的主要战犯。

1945年11月10日,欧洲国际军事法庭在德国纽伦堡开庭,经过近一年的审理,法庭判处戈林(H. Goring)等12人绞刑,赫斯(A. Hess)等7人无期徒刑或有期徒刑,同时还判定纳粹党领导机构、秘密警察和纳粹党卫军为犯罪组织。与此同时,远东国际军事法庭也于1946年1月19日在日本东京开庭,经过两年半的审理,法庭最后判处东条英机等7人绞刑,荒木贞夫等18人无期徒刑或有期徒刑。

对国际法的发展而言,纽伦堡审判和东京审判具有下列历史性意义。

1. 《凡尔赛和约》虽然首先提出了"发动战争的罪行"的概念和以国际法庭追究国家领导人个人责任的计划,但由于没有能付诸实施而在意义上打了折扣。而且,不论是《凡尔赛和约》还是《巴黎非战公约》等,都没有能就此罪行规定一个单一罪名,也没有提出它的犯罪构成要件,这就在法律上留下了模糊之处。纽伦堡审判和东京审判的意义就在于,它们不仅实现了对战争罪犯的惩处,而且消除了以往法律的不明朗:《伦敦协定》、两个法庭的《宪章》以及法庭的判决,都明白无误地确认"发动侵略战争是一项个人应为之负责的国际罪行",这项罪行的单一罪名("反和平罪"crimes against peace)和构成要件也在上述文件中被首次阐明。

2. 两个法庭的《宪章》以及它们的审判(特别是纽伦堡审判),还确认和惩处了另一项新的国际罪行,即"反人道罪"(crimes against humanity)。① 根据法庭《宪章》的规定,第二次世界大战期间或战前,对平民的谋杀、灭绝、奴役、放逐及其他任何非人道行为,都属此类犯罪;普通战争罪中对平民的迫害行为,如果是基于政治、种族或宗教的理由,也可构成反人道罪。在东京审判中,法庭主要惩处的是后一种情况,起诉时一般是将反人道罪与普通战争罪合并惩处。而纽伦堡审判则强调要将反人道罪与普通战争罪相区别,作为单一罪行起诉,惩处的重点是纳粹德国对欧洲犹太人的大规模灭绝罪行。两个法庭的实践揭示了反人道罪的一些基本特征:(1) 这类罪行是针对平民的大规模迫害行为,犯罪对象不包括军人在内;(2) 被迫害的平民不仅包括敌国平民,而且还包括其本国、盟国或中立国的平民,其中尤以后者为重;(3) 迫害行为不限于战争期间,也包括战前;(4) 这类罪行在客观方面表现为谋杀、灭绝、奴役、放逐等行为,有明显的反人道特征,并且通常是基于政治、种族或宗教等方面的不宽容。这样,通过纽伦堡审判和东京审判,在普通战争罪之外,又确立了反和平罪和反人道罪两个新罪名,"战争罪行"含义的扩大至此有了历史性的结论。

3. 在惩处上述犯罪方面,纽伦堡审判和东京审判还确立了一系列重要的司法原则。两个法庭都在判决中确定:(1) 被告作为国家官员的地位、不违反所在国的国内法,以及政府或上级命令,都不能作为免除国际责任的理由;(2) 不仅直接犯有反和平罪、战争罪和反人道罪的个人应受到惩处,共谋上述罪行也同样应承担责任;(3) 被控犯有上述国际罪行的人有权得到公平审判。

---

① 这项罪行在1920年对奥斯曼土耳其帝国的《色佛尔和约》中曾有提及,和约称:"任何国家,甚至非直接受害国,都可以就战争期间奥斯曼土尔其帝国领土上发生的屠杀,对负有责任的战犯提起国际诉讼。"后来,由于《色佛尔和约》被1923年《洛桑条约》所取代,审判未能进行。

两个国际军事法庭的法官虽然都由同盟国的国民组成,但他们是代表国际社会和全世界人民进行审判的,无论是在程序方面还是在证据方面,法庭的审理都充分贯彻了公平审判的原则。因此纽伦堡、东京审判的合法性和公正性是不容置疑的。

三、联合国对纽伦堡、东京审判成果的继承和发展

纽伦堡审判结束后,联合国大会即于1946年12月1日以第95(1)号决议一致确认了《欧洲国际军事法庭宪章》和纽伦堡审判所包含的国际法原则。东京审判结束后,联合国国际法委员会根据联合国大会的决议,又于1950年编纂了两个《法庭宪章》和判决中所包含的原则。以这种方式,联合国承认和继承了纽伦堡、东京审判的成果。

联合国一直非常重视对战争罪及其他国际犯罪的惩处,因为这是对联合国集体安全体制的重要补充,在整体上将有助于联合国的和平事业。在这方面,联合国主要从两个方向上着手进行制度建设:(1)对一些较具体的、容易达成国际共识且直接效果又比较明显的问题,联合国一般采取短线策略,争取尽快收到成效。(2)对那些复杂敏感、牵涉利益重大、短期内难以取得成效的问题,联合国的策略是立足长远,逐步推进。这类问题主要是两个:一是要编纂和发展一部国际刑法典,就反和平罪、反人道罪等各种国际罪行的罪名、犯罪构成等制定出更为详尽的实体规则;二是要建立一个常设性的国际刑事法院,负责追究个人的国际刑事责任。

对于前一类问题,联合国比较顺利地取得了一些成果:1968年联合国通过了《战争罪行和危害人类罪不适用法定时效原则的公约》;1967年和1973年,联合国大会又分别通过了《领土庇护宣言》和《关于侦查、逮捕、引渡和惩治战争罪和危害人类罪的国际合作原则》,要求联合国会员国不在各自的领土上庇护战争罪犯,同时鼓励各国就战争犯罪和危害人类犯罪的侦查、引渡、惩治等问题进行国际司法合作。

在编纂国际刑法典和建立国际刑事法院方面,联合国曾进行了多次尝试。从1946年起,国际法委员会就致力于起草一个《危害人

类和平与安全罪治罪法》,把它视为国际刑法典编纂的一个最主要的部分,同时在1951—1954年间,联合国大会还专门成立了一个由17国专家组成的特别委员会,负责研究包括建立国际刑事法院在内的国际刑事管辖权问题。国际法委员会和17国专家委员会曾分别就各自的议题向联合国大会提交了数个草案文本,但由于东西方冷战和意识形态的严重分歧,讨论经常陷入僵局,最后大会被迫于1954年决定推迟对这两个问题的审议。1974年,由于大会以协商一致方式通过了关于"侵略定义"的决议,治罪法草案的起草工作于1981年重又启动,但仍缺乏实质进展,以至于建立国际刑事法院的问题则一直被搁置了起来。战后四十年,联合国在编纂国际刑法典方面可称道的成果不多,除了关于"侵略定义"的决议外,最重要的就是1948年《防止和惩治灭绝种族罪公约》,通过该公约,"灭绝种族罪"作为一个新的单一罪名得到了确立。

1989年苏联解体,由于摆脱了冷战格局的束缚,联合国在编纂国际刑法典和建立国际刑事法院方面又重新活跃起来。1989年,联合国大会恢复了对建立国际刑事法院问题的审议,从1990年开始,国际法委员会加快了起草治罪法的步调,同时再一次重新起草《国际刑事法院规约草案》。

1991年6月,前南斯拉夫联邦共和国内部民族之间爆发大规模武装冲突,特别是在波斯尼亚和黑山地区发生了大量令人发指的严重违反国际人道法的行为。1994年4月,卢旺达种族矛盾引发全面内战,50多万平民在种族屠杀中丧生。两起事件引起了国际社会的震惊和严重关注,联合国安理会迅速作出反应,分别以第827(1993)号决议和第955(1994)号决议决定设立"前南斯拉夫国际刑事法庭"和"卢旺达国际刑事法庭",惩处那些犯有种族清洗、大规模屠杀、严刑拷打、强奸、任意羁押等反人道罪行的个人。前南斯拉夫和卢旺达的情势使人们深刻地认识到编纂国际刑法典和建立国际刑事法院的重要性和紧迫性,联合国大会因此要求国际法委员会加快起草治罪法的进度,并把起草《国际刑事法院规约草案》的工作放在优先位置。1994年和1996年,国际法委员会先后二读通过了《国际刑事法院规约草案》和《危害人类和平与安全罪治罪法草案》。在国际法委员会草案的基础上,联合国于1998年7月17日在罗马召开多边外交会议,通过了《国际刑事法院规约》,2002年7月1日规约正式生效,国际刑事法院诞生。

通过设立国际刑事法院,联合国在惩治战争罪、反人道罪等国际罪行方面有了一个常设机制,联合国在这一方面进行制度建设的长期努力获得了实质性的进展。就目前的《国际刑事法院规约》约文看,法院管辖的犯罪主要包括灭绝种族罪、战争罪和危害人类罪,为避免歧义,规约对这些罪行一一进行了列举和界定。同时,规约还允许缔约国日后就其他国际犯罪(如侵略罪、国际恐怖主义罪和贩毒罪)的罪名定义进行协商,如能形成清晰的罪行界定,即可纳入法院管辖的范围。正如联合国秘书长安南所说:"国际刑事法院的建立,标志着人类在实现普遍人权和法治道路上迈出了一大步。"

思考题

1. 何谓国际法上的战争?它有哪些特点?
2. 试述战争与武装冲突法中有关战争的开始、进行和结束的主要规则。
3. 何谓战时中立?中立国有哪些权利和义务?
4. 试述国际人道法的历史发展和主要内容。
5. 试述战争罪行及其责任的历史演进。

后　记

本书由中山大学黄瑶教授担任主编,武汉大学杨泽伟教授和中南财经政法大学邓烈副教授参与本书的编写。全书由黄瑶教授统稿、修改定稿。撰稿人员分工如下：

黄　瑶　第一、二、八、十、十二章
杨泽伟　第三、四、五、九章
邓　烈　第六、七、十一、十三章

2007 年 3 月

全国高等教育自学考试法律专业

国际法自学考试大纲

（含考核目标）

全国高等教育自学考试指导委员会制定

出 版 前 言

为了适应社会主义现代化建设事业对培养人才的需要,我国在20世纪80年代初建立了高等教育自学考试制度。高等教育自学考试是个人自学、社会助学和国家考试相结合的一种高等教育形式,是我国高等教育体系的重要组成部分。实行高等教育自学考试制度,是落实宪法规定的"鼓励自学成才"的重要措施,是提高中华民族思想道德和科学文化素质的需要,也是培养和选拔人才的一种途径。自学考试应考者通过规定的专业课程考试并经思想品德鉴定达到毕业要求的,可以获得毕业证书,国家承认学历,并按照规定享有与普通高等学校毕业生同等的有关待遇。经过二十多年的发展,高等教育自学考试已成为我国高等教育基本制度之一,为国家培养造就了大批专门人才。

高等教育自学考试是标准参照性考试。为科学、合理地制定高等教育自学考试的考试标准,提高教育质量,全国高等教育自学考试指导委员会(以下简称"全国考委")按照国务院发布的《高等教育自学考试暂行条例》的规定,组织各方面的专家,根据自学考试发展的实际情况,对高等教育自学考试专业设置进行了研究,逐步调整、统一了专业设置标准,并陆续制订了相应的专业考试计划。在此基础上,全国考委各专业委员会按照专业考试计划的要求,从培养和选拔人才的需要出发,组织编写了相应专业的课程自学考试大纲,进一步规定了课程学习和考试的内容与范围,使考试标准更加规范、具体和明确,以利于社会助学和个人自学。

近年来,为更好地贯彻党的十六大和全国考委五届二次会议精神,适应经济社会发展的需要,反映自学考试专业建设和学科内容的发展变化,全国考委各专业委员会按照全国考委的要求,陆续进行了相应专业的课程自学考试大纲的修订或重编工作。全国考委法学类专业委员会参照全日制普通高等学校相关课程的教学基本要求,结合自学考试法律专业考试工作的实践,组织编写了新的《国际法自学考试大纲》,现经教育部批准,颁发施行。

《国际法自学考试大纲》是该课程编写教材和自学辅导书的依据,也是个人自学、社会助学和国家考试的依据,各地教育部门、考试机构应认真贯彻执行。

全国高等教育自学考试
指导委员会
2005 年 7 月

I 本课程的性质与设置目的

国际法是全国高等教育自学考试法律专业的必修课。

国际法是人类跨越国界活动和国际交往顺利进行必不可少的保障。一方面,国际法作为主要调整国家间关系的法律,它在国际关系中是判断是非曲直的标准,是伸张国际正义的法律依据,是国家维护自身权益的重要工具。另一方面,在跨界活动与交往日益频繁的当今世界,人们的生活、学习、工作、旅行等,都难免会遇到这样或那样与国际法有关的问题,国际法知识的普及程度成为衡量一国国民文化素质的标志之一。对法律专业的学生而言,学习国际法有助于开阔和增强法科生的国际视野和国际意识,而且必要的国际法知识也是当代大学生法律素质构成中不可缺少的一部分。随着全球化进程的发展,各国法律出现一定程度的趋同化趋势,国内法更多与国际性法律融合,国际法与国内法的关系愈来愈紧密。当今,中国参加了越来越多的国际组织和国际条约。例如,中国加入了世界贸易组织,而 WTO 内的关系主要是国家之间的关系,可以说,国际法是 WTO 的基础。因此,学习国际法的作用和意义愈加显得重要。

国际法产生于国际关系,同时又随着国际关系的发展变化而不断发展和丰富。传统国际法主要调整国家之间的政治、外交关系,但第二次世界大战之后,随着国际关系的不断发展和科学技术的日新月异,国际法获得了很大的发展,当代国际法的调整范围已大为扩充,包括了下列的内容:国际法上的国家、国际法上的个人、国家领土、国家责任、外交和领事关系法、条约法、海洋法、国际航空法与外空法、国际经济法、国际环境法、国际组织法、国际人权法、和平解决国际争端法、战争与武装冲突法、国际刑法,等等。可见,国际法领域的扩展与人类活动范围的拓宽紧密相连,国际法的内容日益丰富,国际法体系的发展越来越庞杂。

本课程旨在系统介绍和阐述国际法的基础知识和基本理论。自学者应全面了解国际法各个部分的主要内容,掌握国际法的基本理论知识,明确国际法作为一门法律科学的特点。本书涵盖了国际法学科各主要部门或分支的内容,但对庞杂的当代国际法体系中的一些独立性较强或者较为专门的分支,如国际经济法、国际环境法、国际知识产权法、国际刑法、国际卫生法等,限于本书的篇幅,未纳入本书中。

　　国际法是一门适用广泛的学科,从国家政府的对外交往交流,到个人的人权、国籍、域外法律地位等,均一一涉及。国际法也是一门实践性很强的学科。因此,在学习国际法的过程中,除注意掌握国际法基本理论外,还应多阅读有关国际法案例的书籍,通过案例来加深理解国际法的原则和规则,平时还应关注时事新闻,运用国际法的原则、规则或理论去分析各种涉外或国际事件中所涉及的国际法问题。

Ⅱ 课程内容

第一章 导 论

学习目的与要求 认识国际法的定义及特征、国际法基本原则的内容,掌握国际法渊源的内容、国际法与国内法关系的实践、国际强行法的概念,了解国际法主体的范围。

第一节 国际法的概念

国际法主要是调整国家之间关系的有法律拘束力的原则、规则和制度的总体。国际法的特征主要有:国际法的主体主要是国家;国际法规范是由各国共同制定的;国际法规范的强制实施主要依靠国家自身的行动。国际法的调整对象主要是国家之间的关系,这使国际法有别于国际私法和跨国法。

国际法是法律,因为国际法是由对国际社会成员具有法律约束力的各种行为规范组成的,国际法主体若违反国际法将承担国际法律责任。而且,国际实践表明,国际法不仅为世界各国所公认,而且也为各国所遵守。国际法的法律性质使它区别于国际道德和国际礼让。国际法之所以对国家有约束力,源于国际法是以国家的同意为基础。国际法的效力根据是国家的同意或共同意志。

国际法产生于国家间相互交往的关系即国际关系,同时又随着国际关系的发展变化而不断发展和丰富。1648 年的《威斯特伐利亚和约》被认为是近代国际法产生的标志。传统国际法主要调整国家之间的政治、外交关系,而当代国际法的调整范围已大为扩充。

第二节 国际法渊源

国际法渊源是国际法作为有效的法律规范所以形成的方式或程序。国际条约、国际习惯和一般法律原则是国际法的主要渊源,前两者在国际法渊源中处于最为重要的地位。司法判例和公法学家学说是确定国际法原则的辅助资料。

任何条约,不论是造法性条约还是契约性条约,都应被视为国际法的渊源。条约是国际法的主要渊源,但条约对非缔约方没有法律拘束力。

国际习惯是指各国在国际交往中不断重复的一致实践,并且被认为具有拘束力的惯例的总和。它是国际法最古老和主要的渊源。国际习惯的形成需要两个要素:惯例和法律确信意见。国际习惯的存在与否需要提出相关证据予以证明,一般应从各种正式文件资料中寻找证据。国际习惯形成以后就具有了普遍拘束力,它适用于一切没有提出异议的国家。

一般法律原则是各国法律体系所共有的原则。它一般用于填补条约和国际习惯的空缺。

司法判例和权威国际法学家的学说是确定法律原则的补助资料,其作用是作为国际法规则存在的证据。司法判例包括国际司法判例和国内司法判例。联合国和其他重要国际组织的决议是确定法律原则的补助资料,地位应高于司法判例和公法学家的学说。

第三节 国际法的主体

国际法主体是能够直接享受国际法上的权利和承担国际法上的义务,有能力独立参加国际法律关系的实体。

国家是基本的和完全的国际法主体,国际组织和争取独立的民族等其他非国家实体在一定条件下和一定范围内也是国际法主体。个人是否为国际法主体是个复杂、有争议的问题。

第四节 国际法与国内法的关系

关于国际法与国内法关系的学说主要有二元论与一元论两种。一元论认为国际法与国内法同属一个法律体系。二元论认为国际法和国内法分属于两种不同的法律体系。我们认为,国际法和国内法是不同的法律体系,但两者是互相密切联系、互相渗透和互相补充的。

关于国际法与国内法的相互关系,在国际层面,就国家遵守国际义务而言,国际法优先于国内法。在国内层面,国际法在一国国内的效力(包括国际法在国内适用的方式和在国内法上的地位),由国内法特别是宪法加以规定。

关于国际法与国内法关系的实践。就国际习惯而言,在宪法中对习惯法作出规定的国家为数不多,但凡是对习惯法作出规定的宪法,一般都对习惯法采取直接适用的方式,如英、美、日等国。至于条约,其在国内适用的方式主要有直接适用方式、间接适用或转化适用的方式、混合制三种,混合制是普遍的做法。一般而言,在国内层面上,若一国的国内法与国际法有抵触,该国法院将执行国内法,而该国将因此承担国际责任。但在实践中,各国都采取解释等各种方法尽量使两者相一致。

第五节 国际法基本原则

国际法的基本原则是指那些被各国公认的、具有普遍意义且构成国际法基础的法律原则。国际法基本原则具有强行法的性质,但不能将这两个概念等同起来。

国际强行法是国际社会作为整体接受并认为不得背离的法律规则,这样的规则只能由以后具有同样性质的强制性法律规则才能更改。与强行法相抵触的条约均属无效。

根据《联合国宪章》《国际法原则宣言》等国际文件的规定,在现阶段,国际法基本原则主要有:国家主权原则、国家平等原则、禁止使用武力原则、和平解决国际争端原则、真诚履行国际义务原则、不干涉内政原则、国际合作原则、民族自决原则、尊重人权及基本自由原则、尊重国家领土完整原则、公平互利原则,等等。中国、印度和缅甸共同倡导的和平共处五项原则,在现代国际法基本原则体系中占有重要地位。

考核目标与具体要求

识记:(1)国际法的特征;(2)国际法渊源的意义;(3)国际强行法的概念;(4)和平共处五项原则的含义及地位。

领会:(1)国家在国际法主体中的地位;(2)国际条约在国内适用的方式;(3)国际习惯法规则的形成;(4)主要的国际法基本原则的内容。

应用:运用国际法基本原则分析2003年伊拉克战争的合法性问题。

第二章 国际法上的国家

学习目的与要求 了解国际法上国家的构成条件,要求掌握国家的独立权、平等权、自卫权和管辖权等概念以及国家主权豁免原则,认识国际法上的承认制度和继承制度,明确中华人民共和国政府继承的实践。

第一节 国家的概念和类型

作为国际法意义上的国家,必须具备有定居的居民、确定的领土、一定的政权组织和主权四个要素。

按照不同的标准可将国家分为不同的类型。国家,按其结构形式,可分为单一国和复合国;按其行使主权的状况,可分为主权完全国家和主权受限制的国家,而后者又可分为永久中立国和附属国(包括附庸国和被保护国等)。

第二节 国家的基本权利和义务

国家的基本权利有四项:独立权、平等权、自卫权和管辖权。一国享有基本权利的同时,也负有尊重别国基本权利的义务。

独立权是指国家按照自己的意志处理本国事务而不受他国干涉的权利。独立权是国家主权的重要标志,它包括国家在政治上的独立和在经济上的独立。

平等权是指各国在国际法上地位平等的权利。现代国际法将平等和互利结合起来,使平等不仅具有形式上的意义,而且更有实质的意义。

自卫权是指国家为了保卫自己的生存和独立而具有的权利。广义的自卫权(又称"自保权")包括两方面的内容:国防权和狭义的自卫权。自卫权行使的前提条件须是"受到武力攻击",行使的武力限度是须遵守必要性和相称性原则。

管辖权包括属地管辖权、属人管辖权、保护性管辖权和普遍性管辖权四种,其中,属地管辖权和属人管辖权是主要的。

第三节 国家豁免

国家豁免(又称"国家主权豁免")是指国家根据国家主权和国家平等原则不受他国管辖的特权,内容主要有:(1) 一国法院不得受理以外国国家为被告或以外国国家财产为标的的诉讼;(2) 国家可以作为原告在另一国法院起诉,此时该法院可受理被告提出的同本诉有直接关系的反诉;(3) 即使国家在外国法院败诉,该国也不受强制执行的约束。

国家豁免是19世纪逐渐形成的一项国际习惯法规则。2004年《联合国国家及其财产管辖豁免公约》确认了限制豁免原则。

国家豁免的主体应是国家,即国家和政府的各种机关、联邦制国家的成员邦(州)和一国的地方政府、行使主权权力的机构和部门或其他实体以及国家代表等,均享有管辖豁免权。国家在外国法院可以放弃管辖豁免,但这并不意味着也放弃执行豁免,执行豁免的放弃必须另做明确的表示。

第四节 国际法上的承认

国际法上的承认是指国际法主体对新国家、新政府或其他情势的出现表示接受,并表明愿意与有关实体发展正常关系的单方面行为。承认的方式有明示承认和默示承认,国家承认还可区分为法律上的承认和事实上的承认。

国家承认是指既存国家以明示或默示的方式对新国家出现这一事实的确认,并表示愿意与新国家建立外交关系的单方面国家行为。国家承认的法律效果主要有:(1) 两国之间可建立正常的外交关系和领事关系;(2) 双方可缔结各方面的条约;(3) 承认国尊重新国家作为国际法主体所享有的一切权利,承认新国家的诉讼权及其财产的管辖豁免权。承认的法律效果有溯及力。

政府承认是指既存国家承认某一新政府为国家的正式代表,并表明愿意同它建立或继续保持正常关系的行为。对中华人民共和国的承认属于政府承认。政府承认的条件是"有效统治"。政府承认的法律效果与国家承认的法律效果相似。

第五节 国际法上的继承

国际法上的继承是指国际法上的权利和义务由一个承受者转移给另一个承受者所发生的法律关系。国际法上的继承可分为国家继承、政府继承和国际组织的继承。

国家继承是因国家领土变更而引起一国的权利和义务转移给另一国的法律关系。国家继承必须具备两个条件:一是国家继承的合法性;二是国家继承的权利和义务必须与所涉领土有关联。国家继承的对象主要有如下两大类:(1)条约方面的继承。"人身条约"随着被继承国的消灭而消灭,政治性条约一般不继承,"非人身条约"应予继承。但上述规则并不排除有关国家达成协议或通过谈判来解决条约的继承问题。(2)关于条约以外事项的继承。在国家财产的继承上,不动产随领土转移,动产按所涉领土的实际生存原则转移。关于国家档案的继承,国家档案不能在继承国和被继承国之间按比例分配,但可以复制以供使用。关于国家债务的继承,国债和地方化债务都在继承的范围,但地方债务不属于国家债务的范围。"恶债"不予继承。

政府继承是指由于革命或政变导致政权更迭,旧政府在国际法上的权利和义务由新政府所取代的法律关系。中华人民共和国政府继承的实践,丰富了国际法上政府继承的内容。

考核目标与具体要求

识记:(1)国际法上国家的构成要素;(2)国家的独立权、平等权、自卫权和管辖权以及国家豁免的概念;(3)国际法上承认制度和继承制度的概念和种类。

领会:(1)国家自卫权行使的条件;(2)普遍管辖权行使的限制;(3)国家豁免原则的内容及享有国家豁免权的主体;(4)国家承认或政府承认的法律效果;(5)国家继承的对象及条件。

应用:分析两航公司案、光华寮案和湖广铁路债券案所涉及的国际法问题。

第三章 国际法上的个人

学习目的与要求 通过本章的学习,理解国籍的概念和意义、国籍取得与丧失以及解决国籍冲突的原则与规则;掌握《中华人民共和国国籍法》的基本内容、国际法上外国人待遇的一般原则;了解难民身份的确立及其法律地位、引渡和庇护的规则以及中华人民共和国关于引渡和庇护的法律制度。

第一节 国 籍

国籍是个人作为某一国家的国民的法律资格。从国际法的角度来看,国籍对个人和国家都有重大意义。国籍法是各国规定其国民国籍的取得、丧失或变更等问题的法律。国籍法是国内法,但国际社会制定了诸多有关国籍问题的国际公约。

国籍的取得主要有两种方式:(1)因出生而取得一国国籍,此国籍称原始国籍。赋予原始国籍的标准主要有血统主义(包括双系血统主义和单系血统主义)、出生地主义和混合主义三种。(2)因加入而取得一国国籍,此称继有国籍。继有国籍可分为两类:自愿申请入籍(也称"归化")和因婚姻、收养而取得的继有国籍。此外,因加入而取得一国国籍的情形还包括:选择国籍、认知(准婚生)、国家继承、接受公职和强制入籍等。

国籍的丧失是指一个人丧失某一特定国家的国民身份或资格。它分为两种:(1)自愿丧失国籍,即基于当事人的意愿而丧失国籍;(2)非自愿丧失国籍,主要是由于入籍、婚姻、收养、剥夺等原因而丧失原有国籍。

国籍的冲突有两种情形:积极的国籍冲突和消极的国籍冲突。前者是指一个人具有两个或两个以上国籍的情况;后者是指一个人不具有任何国籍的情况。

1980年《中华人民共和国国籍法》的基本原则是:(1) 平等原则;(2) 血统主义与出生地主义相结合原则;(3) 不承认双重国籍原则。

第二节 外国人的法律地位

外国人是指在一个国家境内不具有所在国国籍而具有其他国籍的人。广义的外国人还包括外国法人。无国籍的人一般也纳入外国人的范畴。

外国人的法律地位问题,主要涉及外国人与所在国之间的权利与义务关系,包括外国人应服从所在国的管辖,外国人应当享有的待遇,外国人入境、出境和居留应当遵守的规定等。

关于外国人的入境。国家没有准许外国人入境的义务,外国人也没有要求入境的权利。各国通常都在互惠的基础上允许外国人为合法目的而入境,但一般需要持有本国签发的有效护照和有拟进入的国家发的签证,也有些国家之间互免签证。各国有权拒绝精神病患者、传染病患者和刑事罪犯等几类外国人入境。

关于外国人的居留。合法进入一国境内的外国人必须遵守居留国的法律、法令,并要办理相关的居留登记手续。关于外国人在居留国所享有的权利和承担的义务,由居留国的法律来规定。外国人一般不能享受政治权利,也没有为居留国服兵役的义务。

关于外国人的出境。外国人离境的条件,通常由所在国的国内法加以规定,一般须履行当地的义务并办理出境手续。对于合法离境的外国人,应当允许其按照居留国的法律规定带走其财产。根据国际法,一国在特定情况下有权限令外国人离境或将其驱逐出境,但不得滥用这项权利。

在长期的国际实践中,国际社会逐渐形成了一些有关外国人待遇问题的一般原则,常见的有以下几种:(1) 国民待遇,它是指一个国家在某些事项上给予外国人与本国国民相同的待遇。(2) 最惠国待遇,即一国(施惠国)给予另一国(受惠国)的国民(或法人)的待遇,不低于现在或将来给予任何第三国国民(或法人)在该国所享受的待遇。(3) 互惠待遇,这是指各国基于平等互利的原则,互相给予对方国民某种权利、利益或优惠。(4) 差别待遇,它包括两种情况:一种是外国公民或法人的民事权利在某些方面小于本国公民或法人;另一种是对不同国籍的外国公民或法人给予不同的待遇。

关于外国人在中华人民共和国的法律地位,1985年《中华人民共和国外国人入境出境管理法》和1986年《中华人民共和国外国人入境出境管理法实施细则》(1994年修订),对外国人的入境、居留和出境等问题作出了具体细致的规定。

第三节　难　　民

难民是指因种族、宗教、国籍、特殊社会团体成员或政治见解,而有恐惧被迫害的正当理由,置身在原籍国领域外不愿或不能返回原籍国或受该国保护的人。

根据1951年《关于难民地位的公约》和1967年《关于难民地位议定书》的规定,某人欲成为难民,必须同时具备以下两方面的条件:(1) 主观条件,即当事人畏惧迫害。这指的是当事人有正当理由畏惧因种族、宗教、国籍、属于某一社会团体或具有某种政治见解等原因而受到迫害。(2) 客观条件,即当事人留在其本国之外或经常居住地国之外,且不能或不愿受其本国保护或返回其经常居住地国。

根据1951年《关于难民地位的公约》和1967年《关于难民地位议定书》的规定,难民的法律地位主要体现在以下几个方面:第一,不推回原则,即不送回原国,这是指国家不得以任何方式将难民驱逐或送回至其生命或自由因为他的种族、宗教、国籍、参加某一个社会团体或具有某种政治见解而受威胁的领土边界。第二,国民待遇原则。第三,不低于一般外国人待遇原则。第四,最惠国待遇原则。

1982年,我国分别加入了1951年《关于难民地位的公约》和1967年《关于难民地位议定书》。上述公约和议定书是目前我国保护国际难民的主要法律依据。此外,我国还积极参与保护难民的国际活动。

第四节　引渡和庇护制度

引渡是指一国应外国的请求,把正处在自己领土之内而受到该外国通缉或判刑的人,移交给外国审判或处罚的行为。

政治犯不引渡原则是在法国大革命以后逐渐确立的。一般认为,决定哪个罪行为政治犯,需要考虑以下几个因素:(1) 犯罪的动机;(2) 犯罪行为时的情况;(3) 只包括若干特定罪行为政治罪,如叛乱或企图叛乱;(4) 罪行是针对一个特定的政治组织或引渡的请求国;(5) 犯罪的行为必须在敌对两派争夺一国政权的情况下发生,因此无政府主义者或恐怖分子不包括在内。

关于引渡的规则。(1) 引渡的条件。虽然各国的引渡法和有关的引渡条约所规定的引渡条件也不完全一致,但在实践中已形成以下一些公认的国际习惯法规则。① 双重犯罪原则;② 本国国民不引渡原则。(2) 请求引渡的主体。一般情况下,有权提出引渡请求的国家,主要有:① 罪犯本人所属的国家;② 犯罪行为发生地国家;③ 受害的国家,即犯罪结果发生地国家。当有数个国家为同一罪行或不同罪行请求引渡同一人时,原则上,被请求国有权决定把罪犯引渡给何国。(3) 罪行特定原则和再引渡的限制。许多国家的引渡法和有关的引渡条约都规定了"罪行特定原则"。(4) 引渡的程序。引渡一般通过请求国与被请求国之间的外交途径进行。

庇护通常包括领土庇护和域外庇护两种。前者是指国家基于主权,对于因被外国当局通缉或受迫害而来避难的外国人,准其入境和居留,并给予保护。后者又称外交庇护,它是指一国的使领馆、军舰或商船对于所在地国家的罪犯给予保护。

领土庇护的对象主要是政治避难者,故而一般又称政治避难。享受领土庇护的外国人的地位,原则上与一般外国侨民相同,享有合法的居留权。他们处在所在国的领土管辖权之下,应服从所在国的法律。

在拉丁美洲国家间,长期以来形成了外国使馆给予驻在国国民以外交庇护的习惯。然而,拉美国家的这种外交庇护严格限制在

"紧急情况"下适用,它仅仅是拉美区域性的国际法,不具有一般国际法的意义。

2000年《中华人民共和国引渡法》为我国国内有关机关处理中外之间的引渡问题提供了重要的国内法依据。该引渡法规定了本国国民不引渡原则和政治犯不引渡原则。至于庇护,我国对因政治原因而遭到外国追诉或迫害的外国人给予保护,对犯有破坏和平罪、战争罪、反人道罪等国际条约规定的国际罪行者拒绝给予保护。此外,我国既不实行域外庇护,也反对别国在中华人民共和国境内进行域外庇护活动。

考核目标与具体要求

识记:(1)国籍的概念和国籍的取得与丧失;(2)外国人的概念及其入境、拘留和出境和一般规则;(3)难民、引渡、庇护的概念。

领会:(1)国籍冲突的原因、后果及解决;(2)《中华人民共和国国籍法》的基本原则;(3)外国人待遇的一般原则;(4)难民的法律地位;(5)引渡和庇护的规则。

应用:(1)掌握外国人入境、拘留和出境的规则,加强对进出我国和在我国境内居留的外国人的管理;(2)掌握引渡和庇护的制度以及《中华人民共和国引渡法》,正确处理与我国相关的引渡和庇护问题。

第四章 国际法上的领土

学习目的与要求 通过本章的学习,理解国家领土的概念及其构成、领土主权及其限制;掌握国家领土的取得方式、领土争端产生的原因及其解决;了解边界和边境制度、南极与北极的法律地位和法律制度。

第一节 国家领土和领土主权

国家领土是指隶属于国家主权的地球的特定部分。国家领土包括领陆、领水、领陆和领水之下的底土以及领陆和领水之上的领空等四个部分。

领土主权是指国家对其领土范围内的人和物所行使的最高的和排他的权力。它主要包括三方面的内容:领土管辖权、领土所有权和领土完整不可侵犯。

根据一般国际法的原则和规则,国家在行使领土主权时通常受到两种限制:一种是一般性限制,即对一切国家或大多数国家领土主权的限制;另一种是特殊限制,即根据国际条约对特定国家的领土主权所作的限制,如共管、租借、势力范围和国际地役等。

第二节 领土取得与领土争端解决

传统国际法上领土取得的方式主要有五种:(1)先占。它又称占领,是指一国有意识地占有无主地并取得对它的主权的行为。(2)时效。它是指一国原先不正当地和非法地占有某块领土,并且已经在相当时期内不受干扰地加以占有,以致造成了一种信念,认为事物现状是符合国际秩序的,那么该国就取得该土地的主权。(3)添附。这是指由于自然的因素或人为的原因而形成新的土地,从而使国家领土增加。(4) 割让。即一国根据条约将其领土的一部分移转给另一个国家。(5) 征服。它是指一国以武力兼并他国的全部或部分领土,从而取得该领土的主权。

现代国际法上产生了一些新的领土变更方式,其主要有:(1) 民族自决。这是指一切处于外国殖民统治、外国占领和外国奴役下的民族,具有自己决定自己的命运与政治地位、建立独立的主权国家和自主地处理其内外事务的权利。民族自决既可以采取和平的方式,也可以通过武装斗争来实现。民族自决是现代国际关系中最常见的领土取得或变更的方式。(2) 全民公决。它又称公民投票,是指由当地居民以投票方式决定有关领土的归属。

引发国家间领土争端的原因是多方面的,但解决领土争端应坚持的一个基本原则是利用和平方法,而不是诉诸武力。实践中,解决领土争端的方式主要有两种:(1) 通过双方谈判,签订边界条约;(2) 提交仲裁或国际司法程序。

第三节 边界和边境制度

边界又称国家边界或国界,是划分国家领土范围的界线。国家边界可以分为陆地边界、水域边界、海上边界、空中边界以及地下边界等。

国家之间划分边界线主要有三种方法:自然划界法,几何学划界法,天文学划界法。

边境是国家边界线两边的一定区域。边境制度的主要内容是:边界标志的维护,地方居民的往来,界河和边境土地的利用以及边界争端的处理等。

关于中国与周边国家之间的领土和边界问题。同我国接壤的陆上邻国有 15 个,在海上与我国相邻或相向的国家有 8 个。到目前为止,我国已同 12 个邻国签订了边界条约,全部或基本解决了与这些国家的陆地边界问题。此外,我国还与日本、朝鲜、韩国等国建立了海洋法磋商机制。但全面彻底地解决我国边界和海洋争端问题仍任重道远。

第四节　南北极地区及其法律地位

1959年在华盛顿签署的《南极条约》(1961年生效),其主要内容有:(1)南极只能用于和平之目的;(2)各国在南极洲享有科学调查的自由;(3)冻结对南极的领土要求;(4)缔约各方有权指派观察员在任何时间进入南极任何地区进行视察;(5)建立缔约国协商会议制度。

迄今为止,还没有国际协议对北极的法律地位问题加以规定。1990年签订的《八国条约》主要规定的是各国在北极的科学研究行为规范和环保责任,并没有对各国领土和资源的分配作出界定。1990年,北极地区有关国家成立了国际北极科学委员会。2004年中国第一个北极科学考察站——"黄河站"建成并投入使用。

考核目标与具体要求

识记:(1)国家领土的概念及其构成;(2)传统的国家领土取得方式。

领会:(1)领土主权的含义及其限制;(2)现代国家领土变更的新方式。

应用:如何妥善解决中国与周边国家之间的领土和边界问题。

第五章 海 洋 法

学习目的与要求 通过本章的学习,了解内水、领海、毗连区、专属经济区、大陆架、用于国际航行的海峡、群岛水域、公海和国际海底区域等海域的概念和法律地位;理解领海、专属经济区、大陆架、公海和国际海底区域的法律制度;掌握相邻或相向国家间大陆架的划界原则、大陆架和专属经济区的区别、国际海底区域制度的新发展等。

第一节 概 述

海洋法是有关各种海域的法律地位和调整各国在各种海域从事有关活动的原则、规则和制度的总称。

在海洋法的编纂方面,联合国先后召开了三次海洋法会议。第一次海洋法会议于1958年在日内瓦召开,该会议制定并通过了四个公约,即《领海与毗连区公约》《公海公约》《捕鱼和养护公海生物资源公约》以及《大陆架公约》。第二次海洋法会议于1960年在日内瓦举行,但会议无果而终。第三次联合国海洋法会议始于1973年12月,并于1982年12月终于通过了《联合国海洋法公约》。

中华人民共和国成立后颁布了一系列有关领海、专属经济区、大陆架、海峡、港口管理、船舶管理、保护水产资源、防止污染等方面的法令、条例、规定和规则。例如,1992年颁布了《中华人民共和国领海及毗连区法》,1998年颁布了《中华人民共和国专属经济区和大陆架法》。

第二节 内水与领海

内水是指一国领海基线内的一切水域。它包括一国的港口、海湾和海峡以及领海基线与海岸之间的海域。内水是国家领土的组成部分。它与国家的陆地领土具有相同的法律地位,国家对其享有完全的、排他的主权。

领海是指沿着国家的海岸或内水,受国家主权支配和管辖下的一定宽度的海水带。领海的宽度从领海基线量起不超过 12 海里。领海是沿海国领土的组成部分,它处于沿海国主权支配之下,但外国船舶有无害通过权。

领海的基线是指测算领海宽度的一条起算线。领海基线主要有三种:正常基线、直线基线、混合基线。

关于领海的法律地位。(1)沿海国对领海享有的权利主要包括:① 沿海国的主权及于领海的上空及其海床和底土;② 沿海国对其领海享有属地优越权;③ 沿海国对其领海内的一切资源享有开发和利用的专属权利;④ 沿海国对其领海上空享有专属权利;⑤ 沿海国享有沿海航运及贸易的专属权利;⑥ 沿海国在领海内有司法管辖权。(2)外国船舶在沿海国领海有无害通过权。

第三节 毗连区与专属经济区

毗连区是毗连领海但在领海之外,并由沿海国对海关、财政、卫生、移民等类事项行使必要管制而划定的海域。毗连区的范围从领海基线量起不得超过 24 海里。

专属经济区是领海以外并邻接领海的一个区域,它从领海基线量起不超过 200 海里。沿海国对此海域内的自然资源有勘探与开发、养护与管理的主权权利,并对此海域内的人工岛屿和设施、海洋科研和海洋环保享有管辖权;其他国家在此海域享有航行、飞越、铺设海底电缆和管道的自由。可见,专属经济区既不是公海的一部分,也不是领海,其法律地位自成一类。

中华人民共和国的专属经济区,为中华人民共和国领海以外并邻接领海的区域,从领海基线量起延至 200 海里。我国与海岸相邻或者相向国家之间关于专属经济区的主张重叠的,在国际法的基础上按照公平原则以协议划定界限。

第四节 大 陆 架

在国际法上,沿海国的大陆架包括其领海以外依其陆地领土的全部自然延伸,扩展到大陆边外缘的海底区域的海床和底土。

沿海国对大陆架的权利主要有:(1)沿海国为勘探大陆架和开发其自然资源的目的,对大陆架行使主权权利;(2)沿海国对大陆架资源的勘探和开发的权利是专属性的;(3)沿海国对大陆架的权利并不取决于有效或象征的占领或任何明文公告;(4)沿海国有授权和管理为一切目的在大陆架上进行钻探的专属权利;(5)沿海国对大陆架的权利不影响上覆水域或水域上空的法律地位。

其他国家在大陆架主要享有以下的权利和自由:(1)在大陆架上覆水域或水域上空的航行和飞越的权利;(2)在大陆架上铺设海底电缆和管道的权利。

相邻或相向国家间大陆架的界限,应在国际法的基础上以协议划定,以便得到公平解决。按照自然延伸原则及公平原则来解决大陆架的划界问题,正在为越来越多的国家所接受。

关于大陆架和专属经济区的关系。这两个海域在200海里是一个重叠区域,都是国家的管辖范围,沿海国的权利也有重叠,两者的关系非常密切。但大陆架和专属经济区又有很大区别:第一,两者的形成方式和过程不同;第二,两者的法律根据不同;第三,沿海国在这两个区域内的权利义务不同;第四,两者的范围不同。

第五节 用于国际航行的海峡与群岛水域

用于国际航行的海峡是指连接两端都是公海或专属经济区而供国际航行之用的海峡。《联合国海洋法公约》对用于国际航行的海峡规定了三种通行制度:过境通行制度、无害通过制度和特殊公约制度。

群岛国可用连接其最外缘岛屿的直线作为群岛直线基线,而群岛基线所包围的水域称为"群岛水域"。群岛国的主权及于群岛水域及其上空、海床和底土、以及其中所包含的资源。但群岛国在行使主权权利时受到了一些限制。总之,群岛国的群岛水域制度是介于领海与内水之间的一种制度,但又兼有海峡过境通行制度的性质,它为《联合国海洋法公约》所新创。

第六节 公 海

公海是指不包括在国家的专属经济区、领海或内水或群岛国的群岛水域内的全部海域。公海有六项自由:航行自由、飞越自由、铺设海底电缆和管道的自由、建造国际法所容许的人工岛屿和其他设施的自由、捕鱼自由、科学研究的自由。

公海的法律制度包括:(1)航行制度。所有国家均享有在公海上航行的权利。船舶在公海上航行,只服从国际法和船旗国的法律。此外,军舰和政府非商业性服务的船舶在公海上享有完全豁免权,不受船旗国以外任何其他国家的管辖。(2)制止海盗行为。任何国家的军舰、军用飞机或经授权的政府船舶或飞机,都可以在公海上拿捕海盗船或飞机,并由拿捕国予以审判和惩罚。(3)禁止贩运奴隶。(4)禁止贩运毒品。(5)禁止从公海上进行非法广播。(6)登临权。它又称临检权,是指一国的军舰在公海上对于有合理根据被认为犯有国际罪行或其他违反国际法行为嫌疑的商船,有登临和检查的权利。凡有合理根据可以认为具有下列嫌疑之一者,军舰就可以行使登临权:从事海盗行为、从事奴隶贩卖、从事未经许可的广播、没有国籍、虽悬挂外国旗帜或拒不展示其旗帜而事实上却与该军舰属同一国籍。(7)紧追权。它是指沿海国对违反该国法律并从该国管辖范围内的水域驶向公海的外国船舶进行追赶的权利。紧追任务只能由军舰、军用飞机或特别授权的其他公务船舶或飞机执行。(8)捕鱼制度。为了保护公海渔业资源,近百年来在海洋国家间缔结了一些渔业协定,规定了捕鱼国在养护和管理跨界鱼类种群和高度洄游鱼类种群方面与沿海国进行合作的义务。

第七节　国际海底区域

国际海底区域,简称"区域",是指国家管辖权范围以外的海床、洋底及其底土。《联合国海洋法公约》第 11 部分对区域的法律地位作了详细的规定:(1) 国际海底区域及其资源是人类的共同继承财产;(2) 任何国家不应对"区域"的任何部分或其资源主张或行使主权或主权权利;(3) 对"区域"内资源的一切权利属于全人类;(4) "区域"的开发要为全人类谋福利;(5) "区域"应开放给所有国家,专为和平目的利用;(6) "区域"的法律地位不影响其上覆水域或水域上空的法律地位。

国际海底区域内资源的开发采用平行开发制度,即"区域"资源的勘探和开发,既可以由国际海底管理局企业部进行,也可以由缔约国或国营企业、或在缔约国担保下的具有缔约国国籍或由这类国家或其国民有效控制的自然人或法人、或符合公约规定的任何组织,与国际海底管理局以协作方式进行。具体做法是:申请者须向管理局同时提出两块具有同等价值的可开发国际海底矿区,管理局可以从中选择一块,另一块作为合同区,由申请者在与管理局签订合同后自己开发。

国际海底管理局的主要职能是处理请求核准勘探工作计划的申请并监督已核准勘探工作计划的履行等。该管理局的组织机构包括大会、理事会、秘书处、企业部。

1994 年联合国大会通过的《关于执行 1982 年 12 月 10 日〈联合国海洋法公约〉第 11 部分的协定》,对《联合国海洋法公约》第 11 部分作了根本性的修改。其修改的内容主要涉及缔约国的费用承担、企业部、决策程序、技术转让、生产限额、补偿基金、公约的财政条款和审查会议等方面。

考核目标与具体要求

识记:《联合国海洋法公约》规定的九个海域的概念和法律

地位。

领会:(1)领海、专属经济区、大陆架、公海和国际海底区域的法律制度;(2)大陆架和专属经济区的区别;(3)国际海底区域制度的新发展。

应用:(1)相邻或相向国家间大陆架的划界原则和方法;(2)如何更好地维护我国的海洋权益。

第六章 航空法与外层空间法

学习目的和要求 通过本章的学习,了解空气空间和外层空间的法律地位,掌握国际航空制度的主要内容,对有关民用航空安全的三个主要公约有较深入的理解,对外层空间的基本法律制度和重要法律问题有基本的认识。

第一节 航 空 法

空气空间可分为领空和公空。国家领陆和领海的上空是"领空",国家对其享有完全和排他的主权。领空之外是"公空",各国享有飞行的自由。

根据领空主权原则,外国航空器须得到地面国同意后才能进入其领空。国家可个别给予同意,也可签订航空协定建立航空关系,相互给予同意。

目前最重要的全球民用航空协定是1944年的《芝加哥公约》,它规定了空中航行和国际民用航空运输的一般规则。该公约确认了领空主权原则,将航空器区分为民用航空器和国家航空器,规定航空器实行登记国籍制度,并将国际民航飞行区分为航班飞行和非航班飞行。

为了保障民用航空安全,国际社会制定了一系列公约,其中最重要的是《东京公约》《海牙公约》和《蒙特利尔公约》。这三个公约对危害民用航空安全的犯罪行为、管辖原则和引渡制度作了规定。

第二节 外层空间法

空气空间与外层空间之间的界限存在争议,有地球同步轨道说、航空器上升最高限度说、卫星最低轨道说、功能说等不同主张。

月球和其他天体都属于外层空间的范畴,外层空间不能成为国家主权支配的对象,所有国家均享有探索和利用的自由。

《外空条约》及其他国际协定规定了外层空间的基本法律制度:登记公开制度、宇航员援救制度和空间损害责任制度。而1979年《月球协定》专门规定了月球探索和利用的具体制度,明确了月球及其自然资源是人类共同继承财产。

外层空间活动中的特殊法律问题主要有:卫星国际直接电视直播问题、卫星遥感问题、在外层空间使用核动力源的问题等。

考核目标与具体要求

识记:国家航空器、航班飞行与非航班飞行、空中劫持的概念。

领会:(1)比较空气空间和外层空间的法律地位;(2)国际航空制度的主要内容;(3)比较有关民用航空安全的三个主要公约的主要内容;(4)外层空间的基本法律制度。

应用:运用空间法知识,思考国家应如何行使和维护领空主权,一国在签订双边航空协定或制定本国的航空立法时应考虑哪些国际航空法的原则和规则,在外空活动中应如何加强国际合作并贯彻外空活动的国际法原则。

第七章 外交和领事关系法

学习目的和要求 通过本章的学习,了解外交与领事关系法的基本概念,掌握外交关系法和领事关系法的基本内容,深入理解外交和领事机关的体系、职责、以及特权与豁免制度。

第一节 概 说

外交和领事关系法是国际法最古老的部门之一。领事关系与外交关系既有联系又有区别。

古代的国家间外交主要以临时使节为基础,这与以常设使节为特征的近现代外交制度形成了鲜明的对比。20世纪以来,外交与领事关系法呈现出一系列新的特点,从过去较为分散的状态朝着较为集中的方向发展。

第二节 外交关系法

各国的外交关系机关常分为中央机关和派出机关两大部分。后者也被称为使团,可分为临时使团和常驻使团。

使馆负有代表本国、保护本国及国民利益、交涉、了解报告、促进交往五项主要职责,还可以在不违反国际法的前提下,执行其他职务。建立外交关系和互设使馆,需由两国协议为之。使馆人员分为外交官、行政技术人员、服务人员。使馆馆长和三军武官的派任,原则上要事先征得接受国的同意;其他人员,原则上派遣国可自由委派,但接受国也可随时宣告其不可接受。馆长在呈递国书后开始执行职务。

外交特权与豁免的依据以职务需要说为主、兼顾代表性说。使馆的特权与豁免包括使馆馆舍不受侵犯、档案文件不受侵犯、通讯自由、免纳捐税及关税等。

外交官的特权与豁免包括人身和财产不得侵犯、享有司法管辖豁免和作证义务的豁免、行动及旅行的自由、免纳捐税关税、免除海关查验等。除外交官外,外交官的家属、使馆其他人员亦享有一定的特权与豁免。

使馆及其人员也负有国际法上的义务,不得滥用特权与豁免。

第三节 领事关系法

领事机关负有护侨、促进两国商贸发展、调查发展情况、办理护照与签证、帮助、执行公证和其他民事登记、监督检查等职责。

建立领事关系和互设领馆需由两国协议为之。领馆依馆长的等级来确定,分为总领馆、领馆、副领馆和领事代理处四级,但在实践中,也可实行总领馆、领馆和副领馆的三级领馆制。

领馆的人员分为领事官员、行政技术人员、服务人员。国际法并不要求在派任领馆馆长时须事先征求接受国同意,但是,领馆馆长必须经接受国以发给"领事证书"的形式给予准允后,方能执行职务。接受国得随时通知派遣国,宣告某一领事官员或其他领馆人员为不能接受。领事职务可因多种原因而终止。

领馆及其人员所享有的特权与豁免水平,整体上相对于使馆及其人员为低。

考核目标与具体要求

识记:外交关系和领事关系、常驻使团和临时使团、代办和临时代办、专职领事和名誉领事。

领会:(1) 外交代表与领事的异同;(2) 外交特权与豁免和领事特权与豁免的异同。

应用:结合外交与领事关系法的有关知识,深入理解我国有关外交和领事关系的国内法规,提高观察国际问题、处理涉外事务的能力。

第八章 条 约 法

学习目的与要求 了解条约的特征和适用,掌握条约缔结的程序、条约保留的规则和条约对第三方的效力问题,对条约的解释规则和造成条约无效、终止的情况或原因应有较深入的认识。

第一节 概 述

条约是国际法主体间以国际法为准而缔结的确立其相互权利和义务的国际书面协议。条约的主要特征是:条约的双方或各方都必须是国际法主体,条约为缔约主体创设国际权利和义务,条约必须以国际法为准,条约以书面形式为主。

条约的名称主要有条约、公约、协定、换文、宪章、盟约、规约、议定书、宣言和联合声明,等等。但条约名称的不同并不影响它们的法律性质。

第二节 条约的缔结

缔约能力是指在国际法上可以合法缔结条约的能力或资格,有缔约能力的行为者即条约的主体。而缔约权即缔结条约的权力。国家缔约权的行使由每个国家自由地在本国宪法中作出安排,具体规定国家的哪个机关有权代表国家对外缔结条约。

国际法对缔约程序没有统一的规定。实践中,国家之间缔约的程序一般包括谈判、签署、批准、交换批准书几个阶段。上述缔约程序仅是一般性的,并非为每一条约缔结的必经程序,但绝大多数条约的产生都必须经过谈判和签署两个阶段。缔约程序可由各国以国内法加以规定,如1990年的《中华人民共和国缔结条约程序法》。

缔约各方在条约生效后应将条约送请联合国秘书处登记并由它

公布,但未登记并不影响条约的法律效力,只是不能在联合国机构上引用。

条约的加入是指没有在条约上签字的国家表示同意接受条约约束的一种正式法律行为。国家既可加入已生效的条约,也可加入尚未生效的条约。

条约的保留是指一国在签署、批准、接受、赞同或加入条约时所作的单方面声明,不管其采用怎么样的措辞或名称,其目的是排除或更改条约的某些规定对该国适用时的法律效果。

多边条约常发生保留问题。保留是国家的主权权利,但保留也受一定的限制,下列三种情况不得保留:条约本身禁止保留;条约仅准许特定的保留而有关的保留不在其内;保留不符合条约的目的与宗旨。

第三节 条约的效力

条约生效的方式和日期依条约的规定或谈判国之间达成的协议。

条约必须遵守原则是指凡有效的条约对其各当事方均有约束力,必须由各当事方善意履行。该原则是国际法一项最基本的原则,其核心内容是条约必须得到善意履行。缔约国应采取必要的措施,保证已生效的条约在其领土内得到实施。

条约的适用是指有效成立的条约之实施。条约一般自生效之日起开始适用,不溯及既往,除非条约另有规定。原则上,条约适用于当事国的全部领土,但在例外情况下,国家也可限制条约适用的领土范围。

关于条约的冲突,一般有三种解决方法:条约本身有明文规定其同其他国际条约之关系的,遵从条约的规定;后法优于前法,适用后条约;在同为先后两个条约的当事国间适用后约,在同为两条约的当事国与仅为其中一个条约的当事国间适用两国均为当事国的条约。

条约的效力原则上不及于第三国,但在某些情况下,条约可为第三国规定义务或权利。实践中,关于边界和领土变更的条约所规定的新的边界或领土的归属,应被第三国所尊重。

第四节 条约的解释和修订

条约的解释是指对条约的整体、某个条款或词句、适用条件等的正确含义所作的揭示和说明。条约的解释者可以是当事国、国际组织、国际仲裁机关或司法机关等有权解释主体。

关于条约解释的规则。首先,条约解释的一般规则是:善意解释条约,根据约文的通常意义解释条约,联系上下文解释条约,条约的解释应符合其目的与宗旨。其次,作为条约解释的一种补充手段,需要参考条约起草时的准备资料来解释条约。最后,以两种或两种以上文字写成的条约,除规定遇有解释分歧时应以某种文字为准外,每种文字的约文应同样作准;作准文字以外的其他文字的译文,解释时只供参考;应推定条约用语在各种作准约文内意义相同;解释分歧按上述方法仍不能奏效时,应采用在考虑条约的目的与宗旨下最能调和各种文本的意义。

条约的修正与修改统称为"条约的修订"。条约的修正是指全体当事国对条约规定的更改,而条约的修改则是若干当事国之间对条约规定的更改。通常所说的条约修改或修正,实际上包括了严格意义上的条约修正和修改的两种情况。条约的修正须按条约规定的程序进行,一般要求有多数缔约方表决并经多数缔约方批准后,修正才能生效。

第五节 条约的无效、终止和暂停施行

条约无效的理由主要有:违反国内法关于缔约权限的规定,错误,诈欺和贿赂,强迫,与国际强行法相抵触。

条约的终止与条约的暂停施行是两个不同的概念。前者指整个条约对当事方永久地失去效力,而后者是指一个或数个当事方于一定期限内暂停施行条约的一部或全部,但条约本身并不因此而终止,必要时,依一定程序可恢复条约的施行。

条约终止的可能原因有:条约期满、条约履行完毕、条约解除条件成立、单方面废约或退约、新约取代旧约、条约不能履行、当事方共同同意终止、情况的基本改变、一方重大违约、断绝外交或领事关系、发生敌对行为、与新强行法冲突,等等。条约暂停施行的原因包括:条约本身的规定、全体当事国同意停止施行条约、一方违约、情势变迁等。

考核目标与具体要求

识记:(1)条约的定义及名称;(2)条约缔结的一般程序;(3)条约保留的概念;(4)条约解释的规则。

领会:(1)条约保留的法律效果;(2)条约冲突的解决;(3)条约对第三方的效力;(4)造成条约无效的情况;(5)条约终止的可能原因。

应用:(1)条约必须遵守原则与情势变迁原则之间的关系;(2)我国关于缔结和批准条约的程序。

第九章 国际法律责任

学习目的与要求 通过本章的学习,了解国际法律责任的概念及特征;理解国家对国际不法行为的责任、国际法不加禁止行为所造成的损害的责任以及国际刑事责任;掌握国家的国际不法行为责任与国际法不加禁止行为造成损害的责任之区别。

第一节 概　　述

国际法律责任是指国际法主体对其国际不法行为或其他损害行为所应承担的法律责任。特征包括:(1)国际法律责任的主体不仅包括国家,还包括国际组织、争取独立的民族等非国家实体。(2)国际法律责任产生的原因不仅包括国际不法行为,而且包括国际法不加禁止的损害行为。(3)国际法律责任的实质是一种法律责任。

国际法律责任制度是追究一国违背其国际义务而承担国际责任的法律依据,是促使各国履行其国际义务的外在动力,它有利于维护受害者的合法权益。

关于国际法律责任的编纂,2001年联合国国际法委员会二读通过了《国家对国际不法行为的责任条款草案》和由19个条款组成的《预防危险活动的跨界损害的条款草案》,并于2006年8月二读通过了《关于危险活动造成的跨界损害案件中损失分配的原则草案》。该草案主要规定了对跨界损害的受害者提供及时和充分的赔偿,界定了损害的范围,确立了严格责任制,明确了国家、经营者以及其他实体分担损失的原则、确保提供赔偿的程序,要求国家为此制定国内法规并进行区域或国际合作。此外,截至2006年8月,国际法委员会通过了《国际组织责任条款草案》案文第1—30条。

第二节　国家对国际不法行为的责任

国家对其国际不法行为所承担的责任,简称国家责任,也称国家的国际责任。

一国的国际不法行为由两个要素构成:行为归于国家和该行为违背了该国的国际义务。一国国际不法行为,既有单独属于一国的国家行为,也有属于一国参与或介入他国的行为。(1)行为归于国家。可以单独归于一国的行为包括:① 一国的国家机关的行为;② 行使政府权力要素的人或实体的行为;③ 由另一国交由一国支配的机关的行为;④ 逾越权限或违背指示的行为;⑤ 受到国家指挥或控制的行为;⑥ 正式当局不存在或缺席时实施的行为;⑦ 叛乱运动或其他运动的行为;⑧ 经一国确认并当作其本身行为的行为。(2)违背国际义务。如果一国的行为不符合国际义务对它的要求,那么该行为即为违背国际义务的行为。

国家责任的免除事由主要有:(1)同意;(2)自卫;(3)反措施;(4)不可抗力;(5)危难;(6)危急情况。

国家责任的形式主要有:(1)停止不法行为;(2)保证不重犯;(3)赔偿。赔偿包括恢复原状、补偿和抵偿等方式。对国际不法行为造成损害的充分赔偿,可以单独或综合地采取这些方式。

第三节　国际法不加禁止行为所造成的损害的责任问题

首先,关于预防危险活动的跨界损害问题。2001年的《预防危险活动的跨界损害的条款草案》,旨在引起重大跨界损害的危险活动的核准和管制方面的预防责任。各国在预防危险活动所造成的跨界损害方面的一般责任包括:预防责任、合作责任、履行责任。各国在预防危险活动所造成的跨界损害方面的具体责任包括:(1)核准;(2)危险的评估;(3)通知;(4)预防措施的协商;(5)提供和交换资料;(6)不歧视;(7)和平解决争端。

其次,关于危险活动造成的跨界损害案件中损失分配的原则问题。《关于危险活动造成的跨界损害案件中损失分配的原则草案》所处理的核心问题是跨界损害,注重的是一国境内的活动在另一国管辖范围内引起的损害。该草案的主要内容包括:(1)对跨界损害的受害者提供及时和充分的赔偿;(2)确立了严格责任制;(3)明确了国家、经营者以及其他实体分担损失的原则;(4)确保提供赔偿的程序;(5)要求国家为此制定国内法规并进行区域或国际合作。

第四节　国际刑事责任问题

国际法上的国际刑事责任问题主要涉及国家的刑事责任和个人的刑事责任。

关于国家的刑事责任问题,不但国际法学界有不同的看法,而且到目前为止还没有一项国际公约对其作出明确的规定。况且,2001年国家责任条款草案还删除了"国家罪行"的概念,对国家的刑事责任问题也未作规定。

国际法上的个人刑事责任是指个人因其所犯国际罪行依据国际法应承担的刑事责任。当代国际法已经明确承认了对某些违反国际法行为负责的个人的刑事责任原则。2002年7月国际刑事法院正式成立,它对建立和完善有关个人刑事责任的国际法律机制具有重要意义。

考核目标与具体要求

识记:(1)国际法律责任的概念及特征;(2)国际不法行为的构成要件;(3)国家责任的免除和责任形式。

领会:(1)国际法不加禁止行为所造成的损害的责任;(2)国家的国际不法行为责任与国际法不加禁止行为造成损害的责任的区别。

应用:运用国际法律责任制度分析各种国际不法行为和国际法不加禁止行为,并确认行为主体应承担何种责任。

第十章 国际组织法

学习目的与要求 认识国际组织法的概念,掌握国际组织的组织结构、职能范围、表决制度和决议,深入了解联合国法律制度,了解国际组织的法律人格、联合国专门机构和区域性国际组织。

第一节 国际组织与国际组织法的概念

政府间国际组织是指由两个以上国家或其政府为实现特定目的,依据国际条约而建立的常设机构。而非政府国际组织是由不同国家的民间团体或个人设立的国际机构。国际法着重研究的是政府间国际组织。

国际组织法是指用以调整国际组织的创立、法律地位、组织的内部和外部活动以及有关法律关系问题的法律规范的总称。国际组织的内部法包括:国际组织的组织约章,该组织依据组织约章所通过的各种决定、决议和其他文件,以及该组织业已确立的惯例等。

第二节 国际组织的一般法律制度

国际组织的法律人格是指国际组织具有的能独立参加国际关系并直接承受国际法上的权利和义务的主体资格。其法律人格的获得首先取决于建立国际组织的组织约章的明文规定,但多数情况下需要通过对国际组织的目的与职能的解释来证明组织约章默示赋予国际组织法律人格。国际组织的法律人格体现为其缔约能力、使节权、享受特权与豁免、承认与被承认权、国际责任能力等。

政府间国际组织的成员(会员)主要是国家,此外也有非国家实体。国际组织的成员可分为正式成员、联系成员、部分成员、附属成员和观察员五种。

国际组织一般都设有三种内部机构:决策机构、执行机构、行政管理机构。此外,少数国际组织还设有司法机构以解决某些国际争端。

国际组织的表决制度有四种:全体一致同意、多数同意制(包括简单多数、特定多数、多数加特定成员通过)、加权表决制和协商一致。国际组织的决议是指国际组织的某一机构,依程序规则以书面形式通过的决定。国际组织的内部决议对国际组织内部及对成员国产生法律上的拘束力,而外部决议一般没有法律效力,但少数特殊情况除外。

第三节 联合国法律制度

《联合国宪章》是创立联合国的一项多边国际条约,是联合国的基本文件。联合国是一个具有国际法律人格的政府间国际组织,现有192个会员国。联合国的宗旨有四项:维持国际和平及安全,发展国际间的友好关系,促进国际合作,构成一协调各国行动的中心。

联合国有六个主要机关:(1)大会。它由联合国全体成员国组成。大会具有广泛的职权,它主要是一个审议和建议的机关。大会的决议一般只有建议性质而没有法律拘束力。(2)安全理事会。它由5个常任理事国和10个非常任理事国组成。安理会是在维持国际和平与安全方面负主要责任的机关。安理会为维持或恢复国际和平的目的作出的决定,对联合国所有会员国都有法律约束力。安理会常任理事国享有双重否决权。(3)经济及社会理事会。它由54个理事国组成,它对促进国际社会在经社、文教、卫生等领域的合作以及人权事业的发展负有主要责任。(4)托管理事会。其职权主要是审查托管当局提交的报告和托管领土居民的请愿书,派出视察团视察托管领土等。(5)国际法院,它是联合国的主要司法机关。(6)秘书处。它负责联合国的行政管理,为联合国各机构服务,并执行这些机构制定的方案和政策。

联合国专门机构是指根据特别协定同联合国建立关系的、或根据联合国决定而创设的对某一特定业务领域负有广泛国际责任的政府间专门性国际组织。目前联合国专门机构有 17 个。

第四节 区域性国际组织

区域性国际组织是指在同一地域内的国家或者虽不在同一地域内,但以维护该区域利益为目的的国家所组成的国际组织与集团。世界上主要的区域性国际组织有:非洲联盟、美洲国家组织、东南亚国家联盟和欧洲联盟,等等。

考核目标与具体要求

识记:(1)国际组织及国际组织法的概念;(2)国际组织的主要机构及其职能;(3)联合国的宗旨、主要机关及其职权。

领会:(1)国际组织的法律人格;(2)国际组织决议的效力;(3)区域性国际组织与联合国的关系。

应用:联合国安理会在维持国际和平与安全方面有哪些作用?

第十一章 国际法上的人权

学习目的和要求 通过本章的学习,了解国际人权法的概念和历史发展,掌握国际人权公约的基本内容,正确理解人权的国际保护以及中华人民共和国在人权问题上的基本立场。

第一节 概 说

对人权概念,国际上存在着不同的主张。国际人权法是有关保护人的基本权利和自由的国际法原则、规则和制度的总称。国际人权法的渊源主要是国际条约,其次是国际习惯。

第一次世界大战以前,人权主要是国内法问题,战后人权概念开始进入国际法领域。《联合国宪章》首次对人权问题作出了原则规定。在其影响下,联合国制定了"国际人权宪章"。"国际人权宪章"和其他人权国际公约和文件,构成了现代国际人权法的主要部分。

第二节 国际人权公约的基本内容

《世界人权宣言》和《经济、社会、文化权利国际公约》和《公民权利和政治权利国际公约》一起被统称为"国际人权宪章",它是当代国际人权法的最重要基本文件。

《世界人权宣言》是人权的纲领性文件,对个人基本权利和自由作了规定。《公民权利和政治权利国际公约》规定个人的公民权利和政治权利,包括生命权、司法权利、人身权利和政治权利等。为保证缔约国"立即实施"公约义务,《公约》设立了人权事务委员会和多种监督程序。《经济、社会和文化权利国际公约》规定了个人在经济、社会及文化方面的权利,包括:工作权、休息权、社会保障的权利和文化权利。对于这些权利的实现,缔约国承担"逐渐促进"的义务。

国际社会还针对一些重大或经常性的人权问题制定公约,采取特殊的保护措施,涉及的领域包括:种族灭绝、种族歧视、奴隶制度和强迫劳动、难民和无国籍状态、酷刑和不人道待遇等。

第三节 国际人权保护机制

联合国系统内的人权机构可以区分为一般性机构和专门的人权机构。其中一般性机构包括联合国六大机关、教科文组织和世界卫生组织等。专门机构主要有人权理事会、人权高级专员办公室、防止歧视和保护少数者委员会和妇女地位委员会等。在联合国系统之外,非政府人权保护组织的作用亦十分显著。

人权公约项下的人权监督机制主要有报告及审查制度、来文及和解程序、个人申诉制度等。不以人权公约为基础的特殊监督机制是联合国 1503 程序。

区域人权保护制度主要包括《欧洲人权公约》体制、美洲人权保护制度和《非洲人权和民族权宪章》体制。

第四节 中华人民共和国在人权问题上的立场

中国一贯信守联合国宪章的宗旨和原则,尊重基本人权和自由,反对一切践踏民族自决和实行种族歧视的政策,主张在相互理解、相互尊重、求同存异的基础上,开展人权领域内的平等对话和交流,反对任何国家在人权问题上片面推行自己的价值观念、政治标准和发展模式,反对借口人权问题干涉别国内政。

考核目标与具体要求

识记:人权、国际人权法、克减权、国际人权宪章的概念,主要的国际人权公约及其基本内容。

领会:(1) 人权保护的国际机构和实施制度;(2) 中华人民共和

国在人权问题上的立场。

应用：了解西方国家与发展中国家之间在人权问题上的不同立场，分析其背后的原因，运用马克思主义关于人权问题的观点，探讨人权和主权之间的相互关系。

第十二章 国际争端的和平解决

学习目的与要求 认识和平解决国际争端的各种政治方法的特点,掌握解决国际争端的各种法律方法的规则和程序,了解国际组织解决国际争端的机制。

第一节 国际争端及其解决方法

国际争端是国际法主体之间的争端,它可分为法律性争端和政治性争端两种。

传统国际法解决国际争端的方法分为强制方法和非强制方法两类。强制方法主要有反报、报复、平时封锁和干涉;非强制方法即现代国际法上的和平解决争端方法,可归纳为政治方法(也称"外交方法")、法律方法和通过国际组织解决国际争端方法。

第二节 国际争端的政治解决方法

政治解决方法是指法律方法以外的由争端当事国直接解决或由争端双方以外的第三方介入解决的方法。这种方法适合于解决任何性质的国际争端,但其所提出的调停建议或调查报告没有法律拘束力。政治解决方法包括谈判、协商、斡旋、调停、调查、和解等。

第三节 国际争端的法律解决方法

法律方法是指采用仲裁或司法方法解决国际争端,作出的裁决或判决对当事国有法律约束力。但法律解决方法只能在当事国自愿接受的基础上进行。

国际仲裁是指两个主权国家自愿将争端提交给它们自行选任的

仲裁人处理,并相约服从其裁决的一种解决国际争端方法。仲裁的法律依据是双方当事国签订的仲裁协定或仲裁条款。国际仲裁法庭的组成有不同的方式,但均由当事国来决定。国际仲裁所适用的法律,除非仲裁协定有特别的规定,一般适用国际法。仲裁裁决对提交仲裁的争端当事国有拘束力,当事国对裁决必须执行。1900年成立的常设仲裁法院备有一份仲裁员名单,此名单供争端当事国从中选任仲裁员组成仲裁法庭以处理争端案件。

司法解决是当事国将它们之间的争端提交国际性的司法机构进行解决。国际司法机构中唯一有一般管辖权的常设性法院是国际法院,此外,还有一批具有特殊管辖权的国际性和区域性法院或法庭。

国际法院的前身是常设国际法院。国际法院于1946年正式成立,它是联合国的主要司法机关。该法院由15名法官组成,管辖权包括诉讼管辖权和咨询管辖权。国际法院的诉讼当事方只能是国家,管辖权的确立方式有自愿管辖、协定管辖和任意强制管辖三种。法院的判决对该案和该案的当事国及其他诉讼参加国有拘束力,判决不得上诉。此外,国际法院应有关国际组织或机构的请求,对有关法律问题提供权威性的意见。但其咨询意见只有咨询性质,没有法律拘束力。

第四节　通过国际组织解决国际争端

许多国际组织的组织约章都将争端的和平解决列为其重要职能,并规定了相应的解决机制。通过国际组织解决争端的方法,既有政治方法也有法律方法。

关于通过联合国的政治机关解决国际争端。(1)在安理会方面,首先,它在和平解决国际争端上有调查和建议等职权;其次,安理会的执行行动,包括武力行动和非武力的制裁措施,在制止威胁和平、破坏和平和侵略行为方面起着重要作用。安理会的执行行动是联合国集体安全制度的重要内容之一。最后,联合国维和行动是联合国体制内和平解决争端程序与强制执行行动之间的一种补充。(2)大会在和平解决国际争端上拥有一定的权限,其有关解决争端的建议虽然没有拘束力,但有重要的舆论和政治影响力。(3)联合国秘书长在和平解决争端上有一定的职权,并做了大量的工作。

关于利用区域机关或区域办法解决国际争端。区域办法只适用于区域性国际争端的解决。联合国安理会在采取执行行动时可利用区域办法或区域机关,但区域机关若要采取武力执行行动,须获得安理会的预先和明确的授权。

考核目标与具体要求

识记:正确区别下列几对概念:谈判与协商,斡旋与调停,国际仲裁与国际商事仲裁,司法解决与仲裁,联合国维持和平行动与联合国强制执行措施。

领会:(1)国际法院在和平解决争端和促进国际法发展方面的作用;(2)国际仲裁在解决国际争端中的作用。

应用:(1)争端当事国怎样求助国际法院解决争端;(2)联合国集体安全制如何发生作用。

第十三章　战争与武装冲突法

学习目的和要求　通过本章的学习,掌握战争的概念、特征及其导致的法律后果,认识国际法对作战手段及方法的限制、国际法在保护战时伤病员、战俘、平民等战争受难者中的作用,了解战时中立国的地位及其权利和义务。

第一节　战争与武装冲突法的体系与内容

国际法上的战争主要指两个或两个以上的敌对国家为推行国家政策而大规模使用武力,并由此形成的法律状态。传统国际法只对战争行为进行规范,但却并不禁止战争。20世纪以后,国家诉诸战争的权利先是受到限制,继而被彻底否定。

战争以宣战开始。战争既影响交战国之间的公法关系,又影响其国民之间的私法关系。缔结和约是结束战争最常见和最正式的方式。

对战争行动的进行,国际法有战场、战斗员和作战方法三方面的限制。交战双方的领土、无主地、公海、公空等,均可成为战场。只有战斗员才有进行战争行为的资格。国际法中限制战争行为的基本原则主要包括:人道原则、区分平民与战斗员的原则、"军事必要"不解除交战国尊重国际法的义务的原则、条约无规定亦不解除交战国尊重国际法的义务的原则等。禁止使用的作战手段和方法包括野蛮或残酷的手段、不分皂白的作战手段、背信弃义的手段、改变环境的作战手段等。

第二节　战 时 中 立

国际法上的中立是指第三国对各交战国所采取的并为交战国所

承认的公正不偏的态度,这种态度产生了公正不偏的国家与交战国之间的权利和义务。

中立作为一种法律地位,其基础是"公正不偏"原则,其可归纳为节制的义务、防止的义务和容忍的义务。

第三节 国际人道法

国际人道法以"日内瓦公约体系"为主要的渊源形式,主要内容包括对战时伤病员的保护、对医务人员和医疗机构的保护、对战俘的保护和对平民的保护。

第四节 战争罪行及其责任

20世纪以前,战争罪行是指"违反交战法则的罪行",对这种罪行的惩处一般采用交战国国内管辖,并且通常仅限于战争期间。从20世纪初开始,战争罪行的含义逐渐扩大。

纽伦堡审判和东京审判首次实现了对德、日主要战犯的惩处,明白地确认"反和平罪"并阐明了该罪行的犯罪构成。纽伦堡国际军事法庭和远东国际军事法庭还确认和惩处了另一项新的国际罪行,即"反人道罪"。纽伦堡审判和东京审判宣告了被称为"纽伦堡原则"的司法原则,联合国确认了这些原则,并将其编纂成为普遍性的国际法准则。

联合国将对战争罪及其他国际犯罪的惩处视为对联合国集体安全体制的重要补充。2002年正式成立的国际刑事法院,其任务是审判那些犯有灭绝种族罪、战争罪、反人道罪和侵略罪等最严重国际罪行的个人,追究他们的国际刑事责任。

考核目标与具体要求

识记:(1)战争的法律概念;(2)海牙条约体系和日内瓦条约体系;(3)战争法的基本原则;(4)禁止使用的作战方法和手段;

(5) 中立国的权利和义务;(6) 纽伦堡原则。

领会:(1) 国际人道法的主要内容;(2) 纽伦堡审判和东京审判的意义;(3) 马尔顿斯条款的意义。

应用:运用战争与武装冲突法的有关知识,观察和分析当今各热点地区的各种相关事态,提高理解、洞察国际问题和现象的能力。

Ⅲ 有关说明与实施要求

为了使本大纲的内容在个人自学、社会助学和考试命题中得以实施,现对有关问题作如下说明:

一、关于考核目标

本大纲在全面列出考核内容的基础上,指出了考核目标。指出考核目标的目的在于使自学应考者明确考试的内容与要求,使社会助学者便于进行针对性的辅导;使考试命题的范围更加明确,从而便于安排试题的知识能力层次和难易程度。

本大纲在考核目标中一般按照识记、领会、应用三个层次,规定应考者应达到的能力层次要求。这三个能力层次相互之间并没有非常严格的界限,故学习时应联系起来综合性地理解。各能力层次的具体含义如下:

识记:要求考生能知道有关名词、概念、知识的含义,并能正确认识和表述。

领会:在识记的基础上,全面把握基本概念、基本原理,掌握有关概念和原理的区别与联系。

应用:要求考生在领会的基础上,运用基础理论和基本知识,分析和解决有关的理论问题和实际问题。

二、自学书目

(一) 学习教材

《国际法》,全国高等教育自学考试指导委员会组编,黄瑶主编,北京大学出版社 2007 年版。

(二) 参考书

《国际法自学考试指导与题解》,全国高等教育自学考试指导委员会法学专业委员会组编,北京大学出版社出版。

三、对社会助学的要求

指导自学应考者应在全面系统学习指定教材的基础上,掌握全部考试内容和考核知识点;应根据本大纲列出的考试内容和考核目标,对自学应考者进行切实有效的辅导;应将识记、领会和应用三者要求结合起来理解。在全面辅导的基础上,应着重培养和提高自考者的分析问题、解决问题的能力。

四、关于命题考试的要求

1. 本课程的命题考试,应根据本大纲所列的考试内容和考核目标进行。考试命题内容的覆盖面要大,并适当突出重点章节,体现本课程的内容重点。

2. 考试题目对不同能力层次所要求的分数比例一般是:"识记"占35%,"领会"占30%,"应用"占35%。

3. 应合理安排试题的难易程度,试题的难度可分为:易、较易、较难和难四个等级。每份试卷中不同难度试题的分数比例一般为:2:3:3:2。应注意的是,试题的难易程度与能力层次有一定的联系,但两者并不等同,在各能力层次中都会存在不同难易程度的考题。

4. 本课程考试命题的题型一般有单项选择题、多项选择题、简答题、论述题和案例分析题等五种。题型举例见附录。

题 型 举 例

一、单项选择题(在每小题列出的四个备选项中只有一个是正确的答案,请将其号码填写在题后的括号内)

国家在其领土范围内享有(　　)。

A. 属地管辖权　　　　　　B. 属人管辖权
C. 属时管辖权　　　　　　D. 属物管辖权

二、多项选择题(在每小题列出的五个备选项中至少有两个是正确的答案,请将其号码填写在题后的括号内。正确答案未选全或有选错的,该小题无分)

有权请求引渡的国家是(　　)。

A. 犯罪行为发生地国　　　B. 受害国
C. 罪犯国籍国　　　　　　D. 罪犯居留地国
E. 罪犯有不动产的国家

三、简答题

1. 国家有哪些基本权利?
2. 简述条约缔结的程序。

四、论述题

试论联合国安理会在维持国际和平与安全中的作用。

五、案例分析题

J持有A国护照旅行,在B国机场时因携带480克海洛因而被拘捕。经B国法院审判被判处死刑。在拘捕和审讯期间,B国法院自始至终未通知A国领事馆。当A国领事获悉J将要被执行死刑后,立即向B国政府提出抗议,指责B国违反《维也纳领事关系公约》,要求B国撤销该判决并赔偿J因此而遭受的一切损失,但被B国法院拒绝。于是,A国政府将争端提交到国际法院,并请求国际法院指示临时保全措施。在国际法院下达临时保全措施命令后的两

天,B国法院对J执行了死刑。请回答:

(1) B国的行为是否违反了《维也纳领事关系公约》?

(2) B国不理会国际法院的命令而对J执行死刑,是否构成违反国际法的行为?为什么?

后　　记

中国社会科学院法学研究所王可菊研究员、中山大学法学院陈致中教授、北京大学法学院饶戈平教授参加了大纲审稿会,为本大纲的修改定稿提出了宝贵意见,在此表示衷心的感谢。

全国高等教育自学考试指导委员会
法学类专业委员会
2007 年 7 月